高等教育“十二五”系列规划教材

高校信息素质教程

（第2版）

林豪慧　孙丽芳　主编

陈晓瑜　陈蔚丽

陈如好　林佳瑜　黄　梅　编著

電子工業出版社

Publishing House of Electronics Industry

北京 • BEIJING

内 容 简 介

本书以培养大学生信息素质为宗旨，简介了国内外信息素质教育现状、发展趋势及高等教育信息素质能力标准，全面介绍了信息素质的基础知识和实际技能，结合当代大学生的学习特点和信息需求，提供了搜索信息和利用信息的丰富实例。全书共 10 章，内容包括：绪论（信息素质）、信息与信息资源、信息检索基础、国内学术信息资源、国外学术信息资源、专利与标准信息资源、免费学术信息资源获取、在线参考工具资源、文献管理软件、信息评价、分析与利用。

本书既可作为对本科生和研究生开设信息素质教育课程的教材，也可作为教学、科研、工程技术和社会各界人士检索信息资源时的参考。

图书在版编目（CIP）数据

高校信息素质教程 / 林豪慧，孙丽芳主编. —2 版. —北京：电子工业出版社，2013.8
（高等教育“十二五”系列规划教材）
ISBN 978-7-121-20602-3

Ⅰ. ①高… Ⅱ. ①林… ②孙… Ⅲ. ①信息技术－高等学校－教材 Ⅳ. ①G202

中国版本图书馆 CIP 数据核字（2013）第 120155 号

策划编辑：张云怡
责任编辑：张云怡
印　　刷：北京京师印务有限公司
装　　订：北京京师印务有限公司
出版发行：电子工业出版社
　　　　　北京市海淀区万寿路 173 信箱　邮编 100036
开　　本：787×1 092　1/16　印张：19.5　字数：499.2 千字
印　　次：2013 年 8 月第 1 次印刷
印　　数：4 000 册　　定价：37.90 元

FOREWORD 前言

21 世纪是信息化社会，信息素质成为评价人才的重要因素，利用现代信息技术获取信息的能力，已成为一种基本生存手段和必要的技能。美国著名未来学家阿尔温·托夫勒在《权力的转移》中指出：“谁掌握了知识和信息，谁就掌握了支配他人的权力。”可见，在信息社会中，人们利用现代信息技术获取自己需要信息的能力，已是人们在信息社会中不被淘汰的必备素质。据统计，人的一生中，在大学阶段获得的知识只占所需知识的 10%，其余 90%则需要在工作中不断学习和获取。因此大学生只有通过良好的信息素质教育，培养良好的信息素质，才能变“学会知识”为“会学知识”，才能在激烈的竞争环境中立于不败之地，更好地适应社会信息化的发展，成为建设我国小康社会的栋梁之才。

我国的信息素质教育发端于 1984 年教育部颁发的在高校开设文献检索课的文件，此后有条件的高校正式开设文献检索课。2002 年版的普通高校图书馆规程明确了图书馆开展信息素质教育的任务。文件和规程从宏观上规定了高等院校必须开展信息素质教育，但对于信息素质教育目标、教学规划、教学要求及教学效果的评估缺乏指导性意见，各高校的文献检索课自行开设、自行选用教材，有很多院校只把它当做一门普通课程甚至选修课看待，信息素质教育并没有得到与其角色相当的重视。同时，信息素质教育的师资力量不足，也难以全面展开信息素质教育。大学生存在信息意识淡薄、对信息的重要性认识不足、对信息缺乏敏锐性、信息欲望不强、对信息素质教育的关注程度较低、信息能力有限、信息的综合利用技能较差等问题，主要体现在搜索能力有限，不熟悉检索系统的检索语言、检索运算符以及相关的检索技巧，不能有效地表达检索需求，检索策略不够合理，不能及时根据检索结果进行有效调整等方面。

为了满足当前信息素质教育的需要，本书以培养学生信息素质为宗旨，简介了国内外信息素质教育现状、发展趋势及高等教育信息素质能力标准，全面介绍了信息素质的基础知识和实际技能，结合当代大学生的学习特点和信息需求，提供了搜索信息和利用信息的丰富实例。本书重点介绍了信息素质、信息与信息资源、信息检索基础、国内学术信息资源、国外学术信息资源、专利与标准信息资源、免费学术信息资源获取、在线参考工具资源、文献管理软件、信息评价、分析与利用等内容，充分反映信息素质教育的最新进展，不仅为初学者提供了一个学习现代信息资源检索方法与技能的空间，同时也为人们全方位获取有关信息资源提供了相关的知识和必备的技能。

本书结构合理，内容全面系统，取材新颖，注重实用，是一本通用性、实用性很强的信息素质教育的教材。本书特点是注重信息需求意识和能力的培养，不仅介绍信息检索理论、技术和技巧，还介绍信息获取途径和方法、信息利用实例，从而有利于提升大学生的信息能力。本书既可作为对本科生和研究生开设信息素质教育课程的教材，也可以作为教学、科研、工程技术和社会各界人士检索信息资源时的参考。

信息技术发展日新月异，在信息搜索领域，信息搜索系统在平台界面、检索功能、系统技术等各方面都在不断更新发展，在本书第 1 版出版后的短短三年时间里，很多数据库的检索界面和技术均有了改版更新，更加贴合用户的使用需求。为了及时反映信息检索技术和产品的发展变化，本书做了此次修订再版，主要变化在于：一是增加介绍了一部分中英文数据库资源，二是及时反映数据库的检索界面与功能变化，三是修订和丰富了数据库检索应用的实例，四是扩充了网络免费信息获取的内容，五是增加了信息聚合工具 RSS 和文献管理类软件的使用介绍，使读者掌握获取信息和管理信息的高效方法，提升信息利用的效率。

本书共分 10 章，第 1 章、第 9 章由林豪慧编写，第 2 章、第 7 章由陈晓瑜编写，第 3 章由孙丽芳和陈如好编写，第 4 章由林豪慧、孙丽芳、黄梅编写，第 5 章由陈蔚丽编写，第 6 章由孙丽芳、林豪慧编写，第 8 章由林佳瑜编写，第 10 章由林豪慧、孙丽芳、陈如好编写。全书由林豪慧、孙丽芳策划，并对书稿进行统筹、修改和定稿。

由于时间仓促，加之编者水平有限，本书难免有疏漏和不妥之处，恳请同行专家和读者批评指正。

本书在编写中参考了大量相关的文献资料，在此谨致以诚挚的谢意！

编　者

2013.5

CONTENTS 目录

第1章 绪论

本章要点

- 信息素质的概念和表现形式。
- 信息素质的特征。
- 信息素质的评价标准。
- 信息素质教育的教学模式。
- 信息素质的作用。

信息社会的到来改变了人们的生活方式、学习方式和思维方式。在信息社会中，信息的获取、分析、处理、发布和应用的能力是现代人最基本的能力和文化水平的标志，对信息的获取和使用是个人在激烈的社会竞争中的砝码，对现代化信息工具的使用会迅速拉开人与人之间的差距。在信息产业发展和社会信息化的过程中，“信息素质”这一名词应运而生。对个人而言，信息素质是信息社会人的整体素质的一部分，对整个国家来说，国民是否具备相当的信息素质，是否掌握足够的信息技能，已经成为影响一个国家竞争力的重要方面。

1.1 信息素质的概念

1.1.1 信息素质的提出

信息素质（Information Literacy，IL）又称信息素养。这一概念是从图书馆检索技能发展和演变而来的，1974年由美国信息产业协会（IIA）主席保罗·泽考斯基（Paul Zurkowski）首次提出。当时，他在给美国图书馆与信息科学委员会的报告中，将信息素养定义为“利用大量的信息工具及主要信息源使问题得到解答的技能”。保罗·泽考斯基的这个定义，其内涵有三个方面：一是在具体问题中使用相关信息；二是具有利用信息工具和主要信息源的知识与技能；三是利用信息的目的是解决具体问题。简单地说，信息素质就是获取、评价以及使用信息资源的能力。

1.1.2 信息素质的概念

1. 国外提出的定义

1976 年，黎・伯奇纳（Lee Burehinal）又提出了信息素质新定义。他认为：“一个具备信息素质的人需掌握一系列新的技能，包括高效地检索与利用所需信息解决实际问题的能力。”1979 年美国信息协会将信息素质解释为“人们在解决问题时利用信息的技术和技能”。以上几种定义中，信息素质都被看做一种掌握并利用信息的技能。

1979 年，罗伯特・泰勒（Robert Taylor）认为信息素质应包含以下几方面的因素：在大部分的问题解决方案中使用恰当的事实与信息；各种可获得信息源的基础知识；信息的存储组织是一个持续的过程，它与用户的信息需求同样重要；必须掌握信息获取的策略与方法。

1980 年以后，以计算机技术为核心的信息技术得到了日新月异的发展，信息技术也在各行各业中得到广泛应用。在这种形势下，各国专家学者和机构对信息素质概念的内涵做了大量理论研究和探讨，使得信息素质的含义不断深化，不仅包括各种信息技术和技能，而且包括个体对待信息的态度。日本学者指出，信息素质应包括四个方面的内容：一是判断、选择、处理、创造和传递信息的能力；二是对信息社会的特性和信息化对社会和人类影响的理解；三是对信息重要性的认识和信息责任感；四是对信息科学的基础及信息手段的特性和基本操作的掌握。美国信息学家霍顿（Forest Horton）认为计算机在信息时代将体现其潜在的价值，他指出：“相对于计算机素质而言，信息素质反映了整个社会对知识爆炸的认识水平，是计算机信息处理系统在问题处理和决策过程中对所需信息进行标识、存取等提供知识的水平。”这一定义标志着计算机信息处理已被引入信息素质概念中。1983 年，霍顿提出，教育部门应开设信息素质课程，以提高人们对电子邮件、数据分析以及图书馆网络的使用能力。实际上，这已经把信息素质与计算机和网络联系了起来。1987 年，信息学家帕特里亚・布里维克（Patrieia Breivik）将信息素质概括为一种了解提供信息的系统，并能鉴别信息的价值，选择获取信息的最佳渠道，掌握获取和存储信息的基本技能。

1989 年，美国图书馆协会（ALA）和美国教育传播与技术协会（AECT）提出了被接受和最为广泛使用的信息素质定义：“具有信息素养的人能够知道什么时候需要信息，能够有效地获取、评价和利用所需要的信息。”这个概念指出了信息素质的四个基本点：信息素质是一种技术与技能；信息素质的技术与技能是运用信息工具与主要信息源的知识与技能；是否具备信息素质的标准是能否利用信息解决问题；信息素质需要培养。这四个基本点中，“运用信息工具与主要信息源的知识与技能并解决问题”是信息素质的核心，而这个核心也就是保罗・泽考斯基向图书馆界提出培养社会成员信息素质的主要原因。简言之，信息素质的核心是信息能力，特别指检索、评价和利用信息的能力，也就是说，能够快速地、有效地获取信息，能够熟练地、批判性地评价信息，能够精确地、创造性地使用信息。这是信息时代学习能力中最重要的能力。它不再强调技术，而是强调采取各种方式获取需要的信息来解决实际问题。因此，它非常宽泛，适用于各类群体，包括没有受过高等教育的普通民众。信息素质这个概念也从图书情报界迅速扩展到教育界甚至全球各个领域。

1992 年，道伊尔（Doyle C. S.）在《信息素养全美论坛的总结报告》中进一步将信息素质定义为：“一个具有信息素养的人，他能够认识到精确和完整的信息是做出合理决策的基础，确定对信息的需求，形成基于信息需求的问题，确定潜在的信息源，制定成功的检索方案，从包括基于计算机和其他信息源中获取信息、评价信息、组织信息并实际应用，将新信息与原有的知识体系进行融合，在运用批判的观点思考和解决问题的过程中使用信息。”这个定义使信息素质的内涵具体化了。1996 年美国学院和学校协会南部学院委员会对信息素质的定义如下：“具有确定、评价和利用信息的能力，成为独立的终身学习者。”1998 年在全美图书馆协会和美国教育传播与技术协会的出版物《信息能力：创建学习的伙伴》中，从信息技术、独立学习和社会责任等方面更进一步扩展和丰富了信息素质的内涵和外延。

2002 年 8 月，国际图书馆学会联合会在原用户教育圆桌会议分部基础上成立了信息素质分部，标志着信息素质有了自己的独立研究组织。

2. 国内提出的定义

进入 21 世纪以来，国内对信息素质概念的关注不断增加，对信息素质概念的研究趋于深刻和全面，对信息素质问题的讨论从 2000 年起逐渐进入高潮。人们对其认识和使用可以总结为以下几点：

- 对国外定义的直接翻译和引进。在讨论信息素质和信息素质教育问题时，直接引用国外信息素质的概念，引用最多的是泽考斯基和美国图书馆协会 IL 主席委员会提出的概念。
- 在信息素质名称的基础上，根据汉语中素质、素养的意义，并结合哲学、心理学等学科知识对信息素质加以定义，将信息素质定性为与信息活动的个性和品质。其具体内涵则包括信息意识、信息能力、信息道德等。
- 结合上述两方面拼合而成的定义，即既引用了国外的一般定义，又包含了国内素质的定义。
- 从以计算机为代表的信息技术角度来定义信息素质，特别强调对计算机等信息技术的掌握。

从总体上看，国内对信息素质概念的认识基本不存在大的差异。

3. 信息素质的内涵

信息素质概念的灵活性决定了信息素质内涵的丰富性。信息素质的概念经历了从“能力说”到“要素说”这一过程。要素说有代表性的有以下几种：

二要素说：“信息素质是人认识、创造、利用信息的品质和素养，它包含两方面的基本内容，即信息意识、信息能力。”

三要素说：“信息素质有其自身的内容结构，包括信息意识素质、信息能力素质、信息道德素质”；“信息意识，即人们对信息的自觉反应，是人的社会意识的一部分。信息意识影响着人们对信息的需求心理和行为。信息道德是指在信息活动中信息创造者、信息服务者及使用者必须遵守的行为准则和规范。信息能力，即人们搜集、存储、处理、探索、利用和传递信息的能力，它是一个人信息素质的核心所在。”另一说是：“信息素质可以广义地理解为信息化社会中的个体成员所具备的各种信息知识、信息能力和信息品质（包括信息智慧、信息道德、信息觉悟、信息观念、信息心理等）。”

四要素说：在原有注重信息知识和能力的基础上，增加了信息意识、信息道德等内容。

六要素说：“信息素质可以理解为在信息社会中个体成员在获取和利用信息过程中自身具备的多项基本条件及其有机构成，主要表现在信息意识、信息知识、信息观念、信息道德、信息潜能、信息心理等方面。”

本书采用四要素说，即信息素质的内涵包括四个方面：信息意识、信息知识、信息能力、信息道德。信息意识是指人们对信息的敏感程度和观念，信息知识是对信息的科学认识，信息能力是发现、评价、利用和交流信息的能力，信息道德是在信息活动中应遵循的道德规范。

（1）信息意识。意识，是人的头脑对于客观物质世界的反应，是感觉、思维等各种过程的总和。它是一种自觉的心理活动，是人对客观现实的自觉反应。信息意识是人对各种信息的自觉心理反应，主要指人们对信息的认识、观念、态度和需求等，是人们对自然界和社会的各种现象、行为、理论观点等从信息角度的理解、感受和评价。它主要包括以下几个方面：

- 是否认识到信息的价值。认识到信息在信息时代的重要作用，确立在信息时代尊重知识、终身学习、勇于创新的观念。
- 是否有对信息需求的欲望。对信息有积极的内在需求，指捕捉、分析、判断和吸收信息的自觉程度。每个人除了自身有对信息的需求外，还应善于将社会对个人的要求自觉地转化为个人内在的信息需求。
- 是否对信息现象敏感和会利用信息。对信息具有敏感性和洞察力，迅速有效地发现并掌握有价值的信息，并善于从他人看来微不足道，甚至毫无价值的信息中发现信息的隐含意义和价值，善于识别信息的真伪，善于将信息现象与实际工作、生活、学习迅速联系起来，善于从信息中找到解决问题的关键。

皮介郑提出过类似的观点，他认为信息意识包括以下几点：

- 信息需求的自我认识，即在面临任何问题时都能意识到相关的信息可能有助于问题的解决，从而激发进一步的信息行为。
- 对信息具有特殊的、敏锐的感受力，能够从大量司空见惯甚至微不足道的事物和社会现象中，发现有价值的信息。
- 对信息具有持久的注意力，能把人的心理活动指向长久地集中于对信息的发现、了解、搜集、组织和利用上，并成为一种习惯性的态度倾向。
- 对信息价值具有判断力和洞察力，能从浩如烟海、杂乱无序的信息中去粗取精，去伪存真，进行识别，并做出正确的判断和选择。

信息意识是信息素质的灵魂，属于社会意识范畴，是社会意识在信息领域中的具体运用，是人们对外界信息环境变化的一种能动的反应，同时也是信息主体对信息的认识过程，对信息主体的信息行为必然起着控制性作用，信息意识的强弱直接影响到信息主体的信息行为效果。信息意识本身取决于两方面因素：一是对信息的科学认识；二是对自身信息需求的认识。信息意识的能动作用主要体现在三个方面：一是信息意识影响其信息需求的准确表达；二是信息意识支配其信息行为；三是信息意识决定着信息的利用效果。

信息意识不是先天就有或通过传授就可以获得的，而是在自身素质的基础上，通过后天学习和社会生活实践形成和发展起来的。虽然信息社会为人们提供了大量的信息，但是如果主体的信息意识不强，这些信息对他们来说就会毫无价值。全球知识经济的迅速发展，对信息意识的需求也不断提高，这就要求信息主体具有敏锐的信息感受力、判断力和洞察力。培养信息意识可从以下几个方面着手。

- 当代大学生应对信息具有科学、全面的认识，在信息知识的学习中树立起对信息、信息化、信息社会、信息技术等事物和现象的科学观点和信息价值观，增强信息意识。如果对信息缺乏科学、正确的认识，不具备大量、系统的信息知识，就不能有效地获取、判断和利用对自己有用的信息。

- 必须打牢信息意识的基础，即提高自身的科学文化素质，拓宽知识面。在学生时代获取知识不应该局限于书本教材，而要尽可能多地接触各种类型的信息媒介，互联网、广播电视、期刊报纸、古籍典章等都是培养信息意识的源泉。要改变学习思路，摒弃被动接受的学习模式，勤于思考，培养创造性思维。有了主动性的创造性思维，信息主体才能在纷繁复杂的信息中发现有价值的信息。面对信息要做到有意识地去粗取精、去伪存真，从而做出正确的判断、选择和利用。
- 要优化信息环境，创造便利的信息学习条件，加强信息意识的培养。优良的信息环境除了信息设备、信息媒介的多样化和现代化，更重要的是创造一个积极健康的信息氛围，促进对信息的关注度、理解度和参与度，同时增强信息紧迫感、危机感、责任感和利益归属感，提高信息需求意识、获取意识和交流意识。

只有这样内外兼修，经过长期的培养和实践，才能全方位地逐步提高信息意识。

（2）信息知识。信息意识支配着信息主体的信息行为，而信息意识本身又取决于信息主体对信息的认识。大学生应对信息具有科学的、全面的、深入的认识，必须掌握开展信息活动（确定信息问题、获取评价利用和交流信息的活动）所必须具备的基本原理、概念和方法性知识，具体包括两个方面。一是信息的基础知识，主要是指信息的概念、内涵、特征，信息资源的类型、特点，信息组织的理论和基本方法，信息搜集和管理的基础知识，信息检索的原理、步骤、方法、类型等知识，检索工具的知识，信息分析方法和原则，信息交流的形式、类型和模式等。二是信息技术知识，包括信息技术的基本常识（如信息技术常用名词术语、各种信息技术及其特点和应用、信息技术的发展历史与趋势等），信息系统结构和工作原理，信息技术的作用与影响等。

要积累信息知识，可通过课堂教学和课外自觉进行系统地学习，以对信息知识有一个比较完整的了解；可根据自身情况有针对性地参加专门培训，如图书馆用户教育、信息检索与利用课、数据库专题培训和讲座等；然后再通过实践操作，真正掌握相关知识。

作为信息素质的重要组成部分，信息知识是不可或缺的内容。它体现了人们对信息和信息技术的了解程度，通过了解和掌握这些知识，人们的信息意识才能得到进一步强化；同时信息知识也是形成信息能力的基本前提，无法想象一个没有起码信息知识的人会具有优秀的信息能力。

（3）信息能力。信息能力是社会成员在信息社会中进行各项活动时灵活运用各种方式，尤其是通过现代信息技术来发掘、利用信息资源的能力，主要包括信息获取能力、信息处理能力、信息表达能力、信息交流能力、信息应用能力，以及对信息系统与信息进行评价的能力等。美国加利福尼亚州立大学的学习资源和教学技术委员会信息能力研究所下的定义是："以各种形式发现、评价、利用和交流信息的能力。"这也是信息时代重要的生存能力。它是一种在技术层面、操作层面和能力层面上的素质，是个体主动选择和运用信息及信息手段的基本素质，是多种能力的融合或综合，也是信息素质的具体表现形式。具体来说，信息能力主要包括以下内容。

- 信息需求分析和表达能力：指能够有效地意识到潜在的信息需求，并将它转化为显在的信息需求；能分析信息需求，确定所需信息的学科范围、时间范围等；能够通过各种交流方式进一步认识和明确信息需求，并能够用确切的语言表达出来。

- 信息获取能力：指从各种信息资源中广泛收集与所需内容有关信息的能力。能够根据自己的学习目标主动地、多途径地收集各种学习资料与信息，能熟练使用阅读、访问、讨论、参观、实验、资料检索、电子视听感知等获取信息的方法。

它首先表现为根据了解和掌握的信息资源知识，确定信息获取来源，以保证信息获取的全面性；其次是能熟练使用各种信息工具，特别是网络传播工具，如采集工具、编译工具、发送工具、存储工具等，保证信息获取的准确性；再次是熟悉和掌握检索方法，能制定合理的检索策略，保证信息获取的快捷性。信息获取能力是利用信息的前提。

信息的检索和收集，不仅要有信息检索的知识和技能，也需要具有计算机和网络等现代技术的应用能力。在现代社会，信息能力离不开对计算机、互联网等信息工具的操作和利用，许多研究者将计算机、互联网等信息工具的利用能力单独剥离出来，称为信息技术能力。

- 信息处理能力：指能对收集的信息进行鉴别、筛选、归纳、分类、分析、综合、抽象、概括、存储、记忆、遴选等。
- 信息评价能力：指对特定信息进行科学客观、实事求是的评估，以达到去粗取精、去伪存真的目的。也就是说，能从众多的信息中选择相关信息，从相关信息中筛选出有用信息，并经过分析综合，分辨出核心信息和有价值的信息以供利用。在信息社会，信息数量巨大、交叉重复、真伪并存、虚实难辨、混杂无序、良莠不齐。因此，需要对信息进行组织、加工、分析，去粗取精，去伪存真，由此及彼，由表及里，提炼、吸取符合自身需要的信息，信息评价能力就显得格外重要。
- 信息利用能力：指把信息运用于实践中的能力。善于运用所接收的信息解决问题，改进学习方法，调整学习计划，扩充自己的知识信息库与学习方法库，让信息发挥最大的社会和经济效益；善于挖掘信息同实际学习和工作的结合点，使有价值的信息在实践中得以运用；善于将别人看来无关紧要的信息与实际情况密切联系，运用创造性思维，创造性地利用信息。这种能力是把信息同学习、工作相结合的能力。
- 信息表达能力：指在信息收集的基础上，能准确地概述、综合和表达对自己和他人有益的信息，使之简洁明了、通俗流畅并且富有感染力和个性特色。
- 信息创新能力：指在对信息进行分析判断、加工整合的基础上，创造新信息和新知识的能力。善于运用创造性思维、灵感思维与发散思维方法，通过比较分析、相关分析，寻找信息生长点，发现与创造新的信息。
- 信息协作能力：指能够利用各种信息协作途径和工具开展广泛的信息协作，使之成为延伸自己的高效手段，能与外界建立经常的、和谐的、多维的信息协作关系。例如，能开展网上的自然科学实验协作，进行网上交互写作、网上交谈讨论与网上协作性科学研究。
- 信息免疫能力：浩瀚的信息资源往往良莠不齐，需要有正确的人生观、价值观、甄别能力以及自控、自律和自我调节能力，能够自觉清除信息垃圾，避开有害信息，抵制不良信息的侵蚀和干扰，具备合乎时代的信息伦理素质。

显然，这些能力是围绕个体学习者为适应信息化社会或者学习化社会而提出的。随着信息化社会的迅猛发展，具备这些能力越来越显示出重要性和紧迫性。作为生活在信息生活中的每个人，都应该对照信息能力的各个方面，积极主动地调整自己的知识结构、知识获取形式和知识处理能力，适应社会的要求。要提高信息能力，应从以下几个方面着手。

- 要掌握一定的计算机、网络、媒体等技能。在信息文化环境中，计算机是人们学习其他科学知识的重要工具，计算机技能是信息社会的劳动者必须具备的工作技能和生活技能。网络是一个巨大的信息仓库，只要掌握了一定的信息检索技巧，就能获取所需要的各种信息。在信息文化环境下，每个人都有机会对大众媒体进行分析、评价、制作以及利用，媒体技能不仅包括利用信息的能力，还包括有效地创造和传播信息的能力。
- 要充分利用图书馆等信息机构提供的服务。图书馆、博物馆等信息部门，是专门收集、整理、保存、传播人类文明成果并提供学习和利用的科学、文化、教育和科研机构，是人类文明在时间和空间中得以传承的不可或缺的中介性信息机构，担负着保存人类文化遗产、开展社会教育、开发智力资源和提供文化娱乐等职能。在信息环境下，这些传统的信息机构与现代计算机、网络技术相结合，焕发出更强大的生命力。与现代搜索引擎相比，网络信息服务机构具有不可比拟的巨大优势，一批具有专业知识背景的专家学者可随时随地解答用户咨询，提供经过信息加工整理的更专业的信息服务。例如，图书馆提供虚拟参考咨询服务，用户可以通过电子邮件、BBS、电话、博客、微博或专门的网络聊天室向图书馆员咨询，获得实时或非实时的解答。
- 要有意识地培养自己处理信息及生成和创造有用信息的能力。对于从多种渠道收集来的信息，要有意识地训练自己根据不同的信息需求进行归纳、分类、存储、记忆、鉴别、筛选、分析、综合、概括和表达等。例如，掌握区别普通信息和学术信息对同一主题的处理方法；能区别一次文献、二次文献和三次文献；针对不同内容和形式的信息进行区别利用；在信息收集的基础上，锻炼自己准确地概述、综合和表述所需要的信息，使之简洁明了、通俗流畅并且富有个性特色；能将收集到的多种信息进行交互作用，结合自己的创造性思维，创造出新信息，达到信息收集的最终目的。
- 锻炼自己的信息协作能力。尝试运用获取的信息解决问题，并利用信息和信息工具与他人进行交流和合作，使之成为自己社交生活的延伸，与外界社会建立多种和谐的协作关系，让信息发挥最大的经济效益和社会效益。

上述几个方面的信息能力是围绕个体学习者适应信息化社会的要求而提出的，对能力的要求循序渐进、逐步加深，在自觉而有意识的培养和实践中逐渐积累。随着现代信息技术的迅速发展，计算机、网络、通信技术的日新月异，在当今信息活动的各个环节中，几乎都离不开信息技术的支持。因此，大学生应具有熟练应用信息技术的能力，较好地掌握信息开发工具和手段，并具有良好的不断掌握信息新技术的素质，将以上几项信息能力充分发挥出来。

（4）信息道德。信息道德可以定义为人们在信息活动中应遵循的行为规范，如保护知识产权、尊重个人隐私、抵制不良信息等。它以“善”为目标，以非强制力为手段，调整在信息生产、传播、利用和管理等信息活动中人们之间行为规范的准则。当代社会是高度发展的信息化社会，信息化犹如一把双刃剑，在给人类带来积极影响的同时，也出现了许多信息时代所特有的道德问题。我们每个人都需要具备一定的信息道德素质，来规范自身的信息行为。一个具有良好信息素质的人，应该是一个具有较好的信息道德修养的人。

信息道德的目标是促使社会个体遵循一定的信息伦理与道德准则来规范自身的信息行为与活动。其内容主要包括以下几点。

- 信息主体的活动目标应与社会整体目标协调一致，并承担相应的社会责任和义务。

- 遵循信息法律与法则，抵制各种违法、反动、迷信、污秽的信息，不制作、传播、消费不良信息。
- 在信息活动中坚持公正、平等、真实原则。
- 尊重他人的知识产权，尊重个人隐私，不非法进入未经许可的信息系统，正确处理信息创造、信息服务、信息使用三者之间的关系。
- 正确处理信息创造、信息传播、信息使用三类主体之间的关系。
- 恰当使用与合理发展信息技术，不利用信息技术进行犯罪活动等。

网络世界是一个自由的虚拟世界，在开放性的信息环境中，容纳了千千万万机构和个人提供的无数信息和观点。但是自由并不意味着无度，也不是任意而为，而必须遵守一定的道德准则和行为规范。以网络为依托的信息社会，是网下现实世界和网上虚拟世界的总和。由于网络的虚拟性和隐蔽性，虚拟世界里的网络犯罪和违背伦理道德的事情屡屡发生，对现实世界造成了极其不好甚至恶劣的影响。因此，必须构建信息社会的伦理道德体系。

1986 年，美国管理信息科学专家梅森提出信息时代的四个主要伦理议题：信息隐私权、信息准确性、信息产权和信息资源存取，即著名的“PAPA”理论，这成为解决信息伦理道德问题最具影响的理论之一。对于大学生来说，应具有正确的信息伦理道德修养，学会对媒体信息进行判断和选择，自觉地选择对学习、生活有用的内容，自觉抵制不健康的内容，不组织和参与非法活动，不利用计算机网络从事危害他人信息系统和网络安全、侵犯他人合法权益的活动。结合“PAPA”理论，可以从以下几个方面努力。

- 处理好信息隐私权和信息共享的关系。隐私，是不愿意告诉他人或不愿意公开的事。个人隐私信息包括姓名、出生年月、身高体重、身份证号、感情经历、婚姻家庭、职业、病患、财务状况、家庭住址、银行密码或其他密码等信息。尊重他人隐私是人类文明进步的重要标志，是对人性自由和尊严的尊重，是一项基本的社会道德要求。如何保护个人隐私是网络时代的一个重要问题。而同时，在信息社会，必然存在着信息资源共享。因此，对于个人来说，我们每个人都应该有保护自己和他人隐私的意识：在什么情况和什么条件保障下，个人资料和信息必须或是可以向他人透露；什么资料必须自己保留，不可向他人透露；什么样的个人资料可以与什么样的人分享；不要未经允许在网上公布他人的任何信息。
- 处理好信息准确性和道德约束的关系。梅森提出人们享有获得准确信息的权利，以及信息提供者有义务提供准确的信息。然而由于网络缺乏有效的约束和监控机制，使得信息发布者可以利用网络自由的环境不加控制地传播信息，包括虚假信息、非法信息甚至反动信息，给人造成经济损失、精神伤害等，给社会带来不利甚至恶劣影响。信息的准确性对社会影响巨大，我们每一个发布和传播信息的人都应该加强对自身的道德约束，倡导和加强网络自律，认真严谨地对待网络时代赋予的言论自由权利。
- 处理好信息产权和信息利用的关系。“PAPA”理论关于信息产权的观点是，信息生产者享有对自己所生产和开发的信息产品的权利。然而，在以信息共享为显著特征的信息时代，信息产权还涉及如何界定信息使用者是合法利用信息还是侵犯他人信息产权的问题。搜索引擎的出现使得互联网上各种文字信息、图像信息、声音信息和视频信息唾手可得，极大地满足了人们的信息需求，还原了互联网的本质，即众生平等和自由共享，但也使得传统的版权的权利性质受到了挑战，面临重新界定的问题。因此，我们在利用信息的时候，应根据相关的法律规定，以合法合理地使用为原则。

- 抵制信息犯罪。信息犯罪是违背信息道德的极端行为，对社会造成的危害更是显而易见。信息犯罪的类型多种多样，常见的有信息窃取和盗用、信息欺诈和勒索、信息攻击和破坏、信息污染和滥用。越是具有较高信息能力的人，如果缺乏应有的道德修养和法律意识，就越容易实施信息犯罪。大学生应自觉抵制信息犯罪。

信息道德是社会公德、职业道德、家庭美德的重要组成部分。随着社会信息化、网络化程度的逐渐提高，信息道德在信息素质中的地位越来越重要，信息道德教育的主要内容是培养正确的信息道德观，增强信息安全意识，自觉遵守信息法律法规，提高信息保密的自觉性，合法获取自己所需的有价值的信息，发布经过自己研究而创造出来的有价值的信息。作为新一代的大学生，应积极提高自己的信息道德修养，遵守信息道德规范，明确自己的信息权利和义务，对自己的信息行为负责，防止出现违背信息道德的行为。

构成信息素质内涵的四个要素，是一个相互联系、相互依存的统一体：信息意识是先导和前提，信息知识是基础，信息能力居于核心地位，信息道德则是信息活动的风向标和准则，它保证信息主体的信息行为遵循正确的方向，从而维护信息世界的正常秩序，确保人们在信息活动中的利益和社会整体利益的一致性。

1.1.3 信息素质的特征

信息素质是一个复合概念，包含了多方面的内容，既包括信息意识和道德伦理，又包括信息技术的操作能力、各种软件的应用能力、信息资源的利用能力、信息的创造与表达能力，还包括信息的评价能力、开发新的信息资源与软件的能力。这些决定了信息素质的多重特点。

1. 信息素质的知识性

知识是信息素质的重要内容。知识性是一个承前启后的环节，要把无序的信息经过整理转化成为能够理解的有序的知识，还要把知识变为智能作用于人类社会。知识对人的信息素质的影响，取决于知识的广度、深度和对知识的运用能力。知识的广度能够提高对信息的敏感程度，有利于从纷繁杂乱的信息中建立有机的联系；深厚的知识功底能够提高对信息的筛选和跟踪能力，有利于从浩瀚的信息中采撷到真正有用的信息；运用知识的能力能够提高对信息的改造能力，信息只有成为知识后，它的传播才会更加有效，才更有利于知识的提升。

2. 信息素质的层次性

信息素质是多层面、内涵丰富的概念，包括知识学习、精神心理品质、能力训练等。信息素质的层次性主要表现为，从生理—社会层次来看，信息素质包括信息生理素质、信息心理素质与信息社会素质；从形成的难易层次来看，信息素质可分为信息创新素质、信息利用素质、信息输入/输出素质等；从社会的角度看，不同的社会群体，由于社会分工不同、工作性质不同、承担的任务不同、知识层次不同、文化背景不同、生活状态不同、信息需求不同，从而也有不同层次的信息素质，对其应达到的信息素质水平也不应有绝对统一的标准，如对于大学这个特定的范围，除了所有信息行为、信息任务所共有的一般信息素质要求外，不同办学层次如本科与专科、博士研究生与硕士研究生、不同年级与专业或学科领域还会有特殊的信息素质要求。信息素质的层次性还意味着，对具体的人来说，所处的层次是会随着认识与能力的发展而变化的。

3. 信息素质的普及性

对每一个人来说，信息素质可以说是信息社会的基本素质要求。信息素质的普及性有两个特点。

一是普遍存在。信息素质是现代信息社会的人应该具备的一种广泛的基本素质，与我们每个人的生活、工作和学习息息相关，人们的日常生活和工作学习都离不开信息技术的发展与信息系统的使用，人们经常要接触各种各样的信息系统，如网上银行、基金证券系统、购物网站、订票网站、通信系统、各种数据库等，人们遇到问题时也经常想到利用信息技术去寻求答案和帮助。从高校开设这门课程的情况来看，信息素质教育不是针对某些大学或某些专业大学生的教育，而是一种面向所有大学生的普及教育。

二是没有绝对权威。对于信息素质，没有年龄大小、职务高低的区分，没有绝对的权威。我们可以看到，有许多年轻人，他们的学历可能比较低，但他们的信息素质远远超过年龄比他们大许多的人；在许多学校中，学生的信息能力超过了他们的老师。这是因为，现代社会的信息技术几乎无所不在，人们可能不经过学校教育就能接触到信息技术，提高了信息能力，并经过自学，发展到较高的层次，而一个年龄较长的人或一位教师，如果忽视了继续学习，就会停滞不前，落后于信息技术的发展。即使是信息专家，当一种新的软件、一种新的信息技术方法或一种新的信息理论出现，也仍需要进一步学习；而一个年轻人，如果肯钻研，在一个领域中深入探索，那么他就有可能取得高于常人的成就，成为这一领域的专家。所以说，信息素质没有绝对的权威。

4. 信息素质的应用性

信息素质的应用性是指人们在处理和运用信息时，在技术、诀窍、方法和能力等方面所表现出来的素质。从根本上来说，信息素质概念原本是在信息技术革命和信息技术广泛渗透社会和人类进入信息时代背景下产生的，因而对信息技术的掌握和应用贯穿于信息活动的始终，信息素质的所有内容最终必然表现在人们利用信息技术、使用信息系统上。信息素质的应用性主要表现在以下三个方面。

第一，信息素质集中表现在应用能力上。如果一个人能熟练地使用信息工具进行信息资源的访问，能够高效准确地查找到各种有用信息并且加以利用，那么可以说他的信息素质是较高的。也就是说，在评判一个人的信息素质时，能力方面的素质的权重要比其他方面更高一些。在一般情况下，对计算机、网络、多媒体信息技术的掌握和应用程度，对信息检索的熟练程度，是衡量一个人信息素质的重要标准，也是较为客观的指标。同时，在判断不同层次的人们的信息素质时，信息能力在综合判断中所占的权重是逐渐提高的。

第二，信息素质的表现具体落实在应用操作上。所有的信息素质都不是表现在语言上，而是表现在行动上，即信息素质高低的具体表现落实在对信息技术和系统的应用操作上。评价一个人的信息素质，不是根据这个人的语言，而是根据他对信息技术的应用操作，可以看他每天使用信息系统的情况，使用信息系统在做什么，有什么成果。对于信息技术知识方面的素质，人们判断的依据是能不能有助于解决具体问题。也就是说，不是看人们如何说，而是看如何做，如果只能空泛地谈论信息技术和信息系统，信息素质仅仅表现在理论学习上，却没有较好的应用操作能力，遇到计算机有一点小毛病就手足无措，不知如何是好，不能视为具有较高的信息素质。

第三，信息素质的培养必须通过大量的实际操作、训练和使用，使受教育者掌握相应的技能。就信息知识来说，只有通过具体操作信息系统，才能从具体上升到抽象，从实践上升到理论，从感性认识上升到理性认识，使人们对信息知识有比较深刻的认识和理解；信息能力也必须通过操作信息系统才能提高，这是毋庸置疑的道理；对于信息道德问题，也只有让人们去使用信息技术，才能发现问题与提出解决问题的办法。因此，信息素质的培养必须要提供学习者操作信息系统的条件。

5. 信息素质的发展性

信息素质的发展性指其培养是一个渐次演进的过程，并且不同的信息素质间具有一定的内在联系。信息素质的发展变化性表明了其可塑性、可变性，通过学习与实践，可以不断优化信息素质的结构，不断提高与发展其整体水平。

一个人的信息素质是不断发展的。从最初接触信息系统开始，可能一开始会觉得系统有些复杂，有不明白的地方，但经过实践使用后，就会发现信息系统并不是那么神秘，其使用方法是十分程式化的，只要遵循那些规则，通常都会比较顺利。尽管还只是入门，进行了最简单的应用而且不太熟练，但是已经具有了基本的信息意识和情感，对于信息技术有了一些基本知识，而且有了最基本的信息系统操作能力。在了解了一些工具的使用以后，感到很方便，因此也就会用得更多一些。一段时间后，不同个体的信息行为可能会分流。例如，有人愿意在互联网上浏览，阅读电子文献；有人愿意使用网络数据库检索；有人愿意采用网络工具建立自己个人的一些信息库，方便家庭生活和工作需要；有人选择在网络上发展自己的事业。在这样一种使用信息系统的过程中，个人的信息意识、信息知识、信息能力、信息道德等各方面都能得到不同程度的提高。学习无止境，信息素质的整体提高也是持续不断的。当然，每个阶段可能都会有一些人放弃而不发展下去，但是总体上看，信息社会中利用信息技术的人仍然还是较多的，而且能够使用信息技术进行工作的人还会越来越多。

一个人在不同的学习阶段，存在着和知识积累程度相对应的不同的信息需求。因此，信息素质的教育必须和实际的信息需求结合起来，逐步深化和发展，才会收到良好的效果。另外，信息素质的培养必须兼顾个人的能力、态度和习惯等方面，只有通过长期渐进的教育才能达到目的。因而信息素质教育必然是一个循序渐进的过程。

1.1.4 信息素质的意义

美国教育技术 CEO 论坛 2001 年第 4 季度报告指出，21 世纪的能力素质包括 5 个方面：基本学习技能（指读、写、算）、信息素质、创新思维能力、人际交往与合作精神，以及实践能力。可以说，信息素质是现代人才的必备条件之一。信息素质是人的一种基本生存素质。人总是生活在一定的自然环境与社会环境中，必然和环境发生一定的物质、能量与信息交换。信息素质决定着人与环境的信息交换能力，决定着人对环境的适应能力与改造能力，决定着人的学习、工作与生活质量。

1. 时代发展的现实要求

毫无疑问，一个人获取信息和处理信息的能力，对于他进入职业、融入社会以及文化环境都是一个决定性因素。瞬息万变的未来社会和飞速发展的科学技术，早已使人们置身于信息的海洋之中，准确而迅速地获取信息，充分而有效地利用信息，是生活在信息社会中的每一个人必须具有的素质。

信息素质在当代科技迅速发展和信息资源极其丰富的环境下变得越来越重要。由于环境变得越来越复杂，个人在学习、工作和生活中面临着多样化的、丰富的信息选择。信息可以来自图书馆、社区、行会、媒体和互联网。越来越多的未经过滤的信息的出现使得它们失去了真实性、正确性和可靠性。另外，个人很难理解和评估以图片、声像和文本的形式存在的信息。信息的不可靠性和不断增加的数量对社会形成威胁。如果缺乏有效利用信息的能力，大量信息本身并不能使大众从中汲取知识。无数事业有成者的事例和成功的经验里，无不包含掌握信息、利用信息所起的作用。信息素质已成为衡量人才的标准之一。

信息素质对于现代大学生有着极其重要的作用，是大学生成为现代人才的必要素质。信息素质教育不仅要培养大学生的现代知识检索技能，更重要的是培养大学生对现代信息环境的理解能力、应变能力，运用信息的自觉性、主动性、独立性、合理性和合法性，以及独立解决问题的能力和主动探究的精神。因此，在校期间对学生进行信息素质教育，将使其终身受益。高校必须通过信息素质教育完善学生的知识结构，强化信息技能，全面提高人才的整体素质，给人才提供不断发展的机会。

2. 终身学习的需要

《布拉格宣言》已经把终身学习提高到作为一种基本人权的高度，并认为信息素质是有效地参与信息社会的一个先决条件。在联合国教科文组织（UNESCO），国际图书馆协会联合会（IFLA）和美国全国信息素质论坛联合召开了国际高级信息素质和终身研讨会，发表了《信息社会灯塔：善于信息素质和终身学习的亚历山大宣言》，明确宣称信息素质和终身学习是信息社会的灯塔，照亮了发展、繁荣和自由的方向。

信息时代的一个重要特征是知识的迅速增长和快速老化。在人的一生中，大学阶段只能获取所需知识的10%，其余90%的知识都要在工作中不断学习和获取，因此，人们时时需要“充电”，更新知识结构，扩大知识面，以应对目前岗位的新要求和未来岗位的新格局，占得先机，捕捉机遇。终身学习可以有多种方式，最为现实的是在从事职业活动和社会活动中学习，这里的学习显然应是对知识的不断汲取和对信息的持续利用。终身学习的效果和信息素质的高低有着密切的关系，通过信息素质的培养，可以掌握获取和处理信息知识的能力，了解如何通过图书馆、网络以及其他信息源和渠道获取和使用信息资源，从而掌握终身学习所需的基本方法。信息素质为终身学习奠定基础，是终身学习的重要组成部分。它适用于各个学科、各种学习环境和教育水平，可以让学习者掌握内容，扩展研究的范围，有更多主动性和自主性。

3. 科研和创新能力培养的需要

人类的信息、知识、情报和文献资源每天每月都在急速地增长。有人比喻当今世界上信息资料的发展是一种“知识爆炸”。由于信息资料数量的急速增长，质与量都在不断地变化，任何一个科研工作者要想在茫茫的信息资料之中找到自己需要的东西，不学会利用信息检索方法，只能是望洋兴叹、束手无策。如果能利用信息检索的方法，充分了解国内和国外、前人和他人对拟探索或研究的问题已做过的工作、已取得的成就、发展动向等信息，就能做到心中有数，防止重复研究，将有限的时间和精力用于创造性的研究中。因此，今天培养大学生获取信息的能力，实际上就等于提高了他们未来的科研效率。

创新是我们所处时代最为推崇的一种品质，是人类生命力的最集中体现。大学生中的很多人日后都将会从事物质生产和知识生产的科学研究。因此，科研创新是大学生在信息时代必须具备的知识技能，是大学生从事未来工作的基本功。而信息素质直接影响着创新思维和创新能力的发展。

首先，信息是科研创新行为产生的必要条件。信息是正确认识事物的媒介，是科研工作者进行科研创新实践的基本因子，是创新行为产生的必要条件。任何一个理论问题的论证，任何一个科研创新成果的产生，都需要搜集相应的信息来排除研究中的不确定性。据美国科学基金委员会、凯斯学院研究基金会以及日本国家统计局的初步统计，一个科研人员在一个研究项目中，用于查找和阅读情报资料的时间要占完成该研究课题时间的 50.9%，而计划思考时间占 7.7%，实践和研究时间占 32.1%，编写研究报告的时间占 9.3%。由此可见，查阅文献资料是科学研究的重要前提，对于科研创新非常重要。科研人员要想在他人已经研究过的课题基础上进一步提高和创新，就要在别人提供的信息和文献资料的基础上进一步深入研究，或者给予补充和提高，或者进行反驳、重新立论等，使科研活动走上新的台阶。

其次，信息技能是科研创新的核心要求。在以知识为基础，以知识为动作资本的知识经济时代，信息技能的高低直接影响和制约着科研创新的核心能力。一个信息意识强的人在科研创新过程中会不断地关注与科研课题相关的信息，随时获取信息、分析信息、利用信息，从而启动创新思维，促使创新意识的产生。一个获取信息、利用信息能力强的人能够即时综合信息，生成新的知识，从而促使科研创新方案的形成。科研创新是以获取相关方面的信息、分析信息、创造信息为前提条件的。如果信息素质低下，科研创新就难以突破。

高等院校是培养科研创新人才的重要基地，是科研的重要场所和国家创新体系的重要组成部分。科技部和教育部联合制定的《关于充分发挥高等学校科技创新作用的若干意见》进一步确立了高等院校在国家创新体系中的重要地位。我国很多高等院校都在向研究型大学方向发展，而科研创新是研究型大学的本质要求。科研创新是高校责无旁贷的任务，培养科研创新技能、信息素质是必不可少的。可以说，教育信息化和以学生为重心的教学模式、创新教育的出现是支持信息素质学的设置的理论基础。

21 世纪是一个充满竞争和挑战的时代，这个时代正面临着新一轮的技术革命，迎接未来科学技术的挑战，最重要的是坚持创新、勇于创新。江泽民同志说过，创新是一个民族的灵魂，是一个国家兴旺发达的不竭动力。创新的关键是人才，必须有一批又一批的人才脱颖而出。人才的知识创新需具有广博的知识和良好的智能结构，信息素质正是获取知识和增值知识应具备的基本素质。

1.2 信息素质的评价

1.2.1 信息素质评价概述

信息素质评价是根据一定的目的和标准，采用科学的态度和方法，对个人或组织进行的综合信息能力的考查过程。它既可以是对一个国家或地区的整体评价，也可以是对某个特定人的个体评价，具体地说，就是要判断被评价对象的信息素质水平，并衡量这些信息素质对其工作、学习和生活的价值和意义。群体评价往往是建立在个体评价的基础之上的，因此，个体信息素质评价，是信息素质评价的基础和核心。

当前，信息素质已成为大学生必备的信息素质，信息素质教育也因此成为高等教育的重要组成部分。对大学生开展信息素质水平评价，是非常有必要和有意义的。一方面，它是个人素质评价的重要参考和依据，可以让学生在正确认识自己的优势与不足的基础上，从正反两个方面受到激励，增强其提高信息素质的积极性和主动性；另一方面，它是高校实施信息素质教育的指南，通过科学地测量与评价，学校可以准确地掌握大学生信息素质的状态，看到成绩与不足，并制定出科学的培养方案，使大学生朝着有利于提高自身信息素质的方向发展。

1. 信息素质评价的类型

信息素质评价可分为通用信息素质评价和基于学科的信息素质评价。

通用信息素质是适用于任何学科与日常生活中，持久的、可在不同学科之间进行转移的识别、检索、评价与利用信息的能力。

基于学科的信息素质是适用于学生所学学科的专门的信息素质，包括能够了解本学科信息的类别与类型，了解本学科常用的检索系统与检索策略，能够对本学科文献的内容做出有效的评价，能够完成本学科学术论文的写作等。例如，美国化学学会提出，化学相关专业的本科生应能够有效地使用和评价同行评审的文献，并且会使用 SciFinder Scholar（《化学文摘》网络版）等网络检索工具。

2. 信息素质评价的方式

信息素质评价从属性上可划分为定性的和定量的、形成性的和总结性的评价。

（1）定性评价和定量评价。定性评价是指在特定背景下，通过现场观察甚至亲自参与，或是与有关人员进行深入交谈，以及查阅有关书面材料等方式，对评价对象的属性在概念或程度上作质的规定，然后进行分析评定，以说明评价对象的性质和程度。目前，国内不少高校图书馆都采用定性评价方式对信息素质教育方式或学生的学习成果进行判断，通常采取的形式有行为观察评价、问题研讨、研究性学习和情境测验等。

定量评价是指对评价对象进行数量化的分析和计算，从而判断出它的价值的评价。例如，利用标准化测试题向评价对象获取评价信息的测验法就是一种典型的定量评价方式。

定性评价与定量评价各有利弊，定性评价简便易行，但不如定量评价精确具体；定量评价尽管可以使一些概念精确化，评价的区分度大，主观性、模糊性降低，但适用范围较窄。在实际评价工作中，大量存在的是不能量化或不易量化的评价对象。因此，应该将定性评价与定量评价结合起来使用。

（2）形成性评价与总结性评价。美国大学与研究型图书馆协会（ACRL）在高等教育信息素质能力标准中提出信息素质教育要兼顾形成性评价与总结性评价，从过程和结果的双重角度来保障信息素质教育质量。形成性评价能够及时提供反馈信息以实现对信息素质课程的不断改进，或者对多种课程方案进行价值判断或选择。总结性评价用于检验课程计划实施后教学效果达到目标的程度，以获得对课程质量整体的看法。高校信息素质教育的方式主要有信息检索与利用课、新生培训、讲座、读者手册、网络教程等。形成性评价就是评价上述教育方式是否实现了信息素质教育预期的目标；总结性评价是评价通过信息素质教育，学生获得的知识、技能以及学生对信息素质重要性的认识。由于有效的教育方式才能带来学生知识、技能、态度的改变，所以这两种评价内容不是孤立存在的，而是相互融合的，学生成果评价提供了方式评价必需的信息。

由于信息素质教育活动的复杂性、多因素的制约性以及技术和手段的局限性，所以任何一种教育评价方法都不是万能的，每一种评价方式都有自己的特点、长处和缺陷，都有特定的适用范围和界限。因此，素质教育主张把各种评价方法结合起来，如把定性评价与定量评价、自评与他评、形成性评价与总结性评价、过程评价与结果评价等方式相结合，这样既可以充分发挥各种评价方式的优势和长处，又可以弥补单一评价方式的缺点和不足，从而使评价的结果更加客观和公正。

3. 信息素质评价的方法

在信息素质评价中，有许多行之有效的测评方法，如标准化考试、信息检索实际操作、自我汇报、行为观察、学生学习成果汇总（包括学生平时的作业、论文）、满意程度调查、学习日志或研究笔记、案例研究、项目型作业、专题调研报告或实践活动等，来考查信息素质教育活动实施的效果。具体可以归纳为调查法、测验法、访谈法和观察法等。

（1）调查法。调查法是指评价者依据信息素质评价标准，拟定调查项目，通过调查与问卷等方式采集评价信息的方法。

调查表与问卷都是收集评价信息的调查方法。两者的区别在于问卷侧重意见、态度的征询，调查表侧重数据、事实的收集。调查表具有调查范围广泛、数据可靠、简便易行等特点。问卷调查的问题设计得比较困难，如果问题不明确或题量过大或被调查者不合作，都会影响结论的代表性。

（2）测验法。测验法是用一组标准化测试题向测验对象获取评价信息的方法。测验法非常有效并且便于操作，是各类教育中最为常用的评估方法，缺点是无法对某些信息素质评价指标进行测量，如对利用获得的信息解决实际问题的能力等指标的测量。一部分人认为测试应该基于课程，即通过考试来检验学生具有的信息素质到底如何；另一部分人则认为，既然信息素质主要是指有关信息查找、利用的能力，对信息素质的测试就应该通过实践进行，即考核学生实际查找利用信息的表现。

目前，美国肯特大学的信息素养能力标准化评估项目 SAILS（Standardized Assessment of Information Literacy Skills）已成为信息素质标准化测试的典范。SAILS 基于 ACRL 美国高等教育信息素质能力标准，提供了针对信息素质各方面能力指标的标准化测试题，题目类型为选择题。试题针对的对象是大学本科学生，测试时随机从题库中抽取 40～45 个问题，需要学生用 35 分钟完成。SAILS 为各个参加标准化测试的机构提供了基于相同标准的比较报告，可以按年级和专业提供每个机构与其他机构学生间的成绩比较。

（3）访谈法。访谈法是评价者或训练有素的访谈人员与评价对象的面对面谈话，逐一提出问题，请其回答，从而直接收集评价信息的一种方法。访谈不受文字理解能力的限制，对各种文化程度的人都可访谈，并且可以深入交谈，也可以追问。其优点是简便易行，但由于样本小，需要投入较多的人力、物力和时间，应用上受到限制。

对于某些利用测验法不便进行测量的信息素质评价指标，或是利用调查法无法深入了解评价对象的信息素质，访谈法是一种非常有效的采集评价信息的方法，通过面对面的访谈，可以直观地了解被评价对象的各项信息素质。

（4）观察法。观察法是指评价者根据评价的目的和方案，在自然状态和条件控制下，对评价对象进行系统的或零散的、连续的或间断的、直接的或间接的观察，并做出具体的、翔实的记录，从而全面、准确地采集评价信息的方法。

通常可以布置给学生具体的信息任务，要求学生在规定的时间内完成。要求学生将其解决信息问题的全过程记录下来，并形成信息调研报告或日志。教师可通过观察学生的具体实践和记录来考查学生的信息素质。这是观察法在信息素质评价中的典型应用。

观察法比较适用于信息意识、信息问题解决能力、信息道德水平等的评估，但缺点是耗费较多时间和精力，如果记录不全面，观察不仔细，就难以得出恰当的评价结果。

4. 信息素质评价的实施步骤

信息素质的评价，无论是针对个人还是群体，无论是通用信息素质能力评价还是基于学科的信息素质能力评价，都要在实施之前进行合理的规划和设计，形成评价计划并逐步实施，才能够取得比较客观和可信的评价结果。具体而言，信息素质评价一般可分为以下几个步骤。

（1）确定评价对象，明确评价目的。确定要对哪些人进行评价，为什么要评价，对需要达到的目的要进行具体的、明确的表述。

（2）制定或选择评价标准。从评价目的出发，对被测评对象应达到的目标做出明确的规定。可根据实际情况制定评价标准，也可以从现有的并被同行认可的评价标准中选择一个。

（3）选择评价方法。根据评价的对象、目的、选用的评价标准以及各种实际情况，依据各种评价方法的适用性，选择合适的评价方法。

（4）收集和整理评价数据和信息。收集评价数据和信息是实施评价的重要环节，信息收集的多少和质量的高低直接关系到评价结果的科学性。评价数据和信息的收集应遵循全面性、准确性及真实性原则。并对收集到的信息进行检查、分析和整理。

（5）形成评价结果。以测评准则和标准为客观尺度，根据整理后的评价信息，进行分项评定，并运用教育理论知识和统计方法，将评价信息汇总成被评价对象的整体综合结论。这要求评价者对汇总的各级测评结果进行定性、定量分析，形成测评意见。必要时，可以对测评对象做出优劣程度的区分，或得出是否达到应有标准的结论。

（6）结果分析和建议。为了充分说明评价结果，有效地促进被评价对象提高信息素质，还需要对有关资料进行细致分析，并对被评价对象的优劣状况进行系统评论，以帮助他们找出存在的问题和问题的症结所在，在此基础上，确定改进的方向。

1.2.2 高等教育信息素养评价标准

高校信息素质教育的最终目标是要培养出适应信息时代需要的大学生，信息素质的标准则是根据这个目标来确定的。在信息素质标准的基础上制定评估标准，它是对信息素质水平高低进行评估所规定的指标及其要达到的要求，表现为具体化的目标体系。

国外对学生的信息素质教育开展较早，美国多个高校开展了信息素质能力指标体系研究项目。目前世界上信息素质能力指标体系的主要标准有美国 ACRL（Association of College & Research Libraries）大学和研究图书馆协会标准，英国 SCONUL（Society of College, National and University Libraries）国家和大学图书馆标准，以及澳大利亚 CAUL（Council of Australian University Librarian）大学图书馆协会标准。

从目前情况看，国内信息素质评价标准还是以引进国外有关评价标准为主，也进行了在国外评价标准基础上在某一局部范围开展的建立国内信息素质评价标准的研制。国外的评价标准多以信息素养为名，为了方便叙述，在国外有关标准中沿用其原有的表达。

1. 美国信息素养评价标准

1989 年，美国图书馆协会（ALA）公布“信息素养统辖委员会最终报告”，提出信息素养包括四项内容，即能认识到何时需要信息，怎么找到、评估和有效利用所需的信息。此后美国许多州、学区、州立大学系统和地方研究机构陆续制定各自的信息素养能力标准。2000 年 1

月，美国大学与研究图书馆协会（ACRL）在得克萨斯州的圣安东尼奥召开了美国图书馆协会会议，会上审议并通过了《美国高等教育信息素养能力标准》（*Information Literacy Competency Standards for Higher Education*），并于 2004 年 2 月获美国独立大学理事会（CIC）的认可。美国的信息素养评价标准的制定由下而上历经了 10 多年，比较成熟，迄今已被墨西哥、澳大利亚、南非和西班牙等欧洲若干国家采用或参照采用。

《美国高等教育信息素养能力标准》为评估信息素养提供了一个框架。它延伸了美国学校图书管理员协会信息素养标准工作组的成果，为高等教育提供了与中小学一样能列出信息素养能力的机会，从而使得各个年级的学生有相应的标准，提出了确定可以证明学生具有信息素养的指标。标准要求学生总结经验教训，回到上一步，修改搜索信息的方法，然后重复同样的步骤，许多能力会被多次使用。学生也会发现能力标准很有用处，因为它为学生提供了一个指导他们决定怎样处理信息的框架。这会促使学生感到培养学习方法的需要，让他们认识到收集、分析和使用信息所需的明确的行动。所有的学生必须表现出这个标准中描述的能力，但每个人的能力会有高低快慢之分。

《美国高等教育信息素养能力标准》列出的能力中包括 5 个标准和 22 个表现指标。5 个标准内容如下：①有信息素养的学生有能力决定所需信息的性质和范围；②有信息素养的学生可以有效地获得需要的信息；③有信息素养的学生评估信息和它的出处，然后把挑选的信息融合到他（她）们的知识库和价值体系中；④不管个人还是一个团体的成员，有信息素养的学生能够有效地利用信息来实现特定的目的；⑤有信息素养的学生熟悉许多与信息使用有关的经济、法律和社会问题，并能合理合法地获取信息。这些标准考量了各个水平高等教育学生的需要，列出一系列的成果来评估学生在培养信息素养上取得的进展，这些成果为教师和图书管理员根据各个机构的不同情况制定、衡量学生学习方法提供了指导准则。标准主要内容见附录 A 中《美国高等教育信息素养能力标准》。

2. 英国信息素养评价标准

在英国，可以看到英国高校与国家图书馆学会（Society of College，National and University Libraries，SCONUL）在整个高等教育信息素养教育运动中的主导作用。SCONUL 是英国历史上最悠久的图书馆联盟，成立于 1950 年，涵盖了英国和爱尔兰，影响力较大。1997 年起，SCONUL 专门成立信息素养咨询委员会（Advisory Committee on Information Literacy，ACIL），致力于高等教育领域信息素养教育工作的研究。ACIL 认为信息素养的内涵十分宽泛，包括图书馆用户教育、信息技能培训和教育以及高等教育领域中的学习、教育和研究环境中使用信息的相关核心技能等。

1999 年，ACIL 创建了现在广为流传的“信息素养的 7 个支柱模型”（seven pillars of information literacy），发布了高等教育信息技能意见书，意见书中定义了信息技能；阐述了信息技能对高校学生十分重要的原因；确定了在英国和爱尔兰高等教育领域中，信息素养教育运动的规模和范围；明确了信息素养教育成功范例的原则。该模型早于美国 ACRL 的“高等教育信息素养标准”，包括了与美国信息素养标准类同的 7 项评价指标。该模型既融合了相关技能，又实现了对信息技能和信息技术技能的区分，阐明了两者之间的关系。而且该模型为实现信息素养与高校课程（从大一新生到研究生以及研究学者）之间的整合提供了一个概略图。ACIL 此后将关注点转向信息素养和课程的交互领域，致力于实现信息素养与高校课程之间的整合。2004 年，ACIL 对该模型进行了重新设计，对指标进行了修订和扩展。

该模型不是“标准”，但类似于一个粗略的评价指标体系，包含了 7 个一级指标，18 个二级指标。一级指标概括为基本的图书馆技能和 IT 技能两类。ACIL 的信息素养的 7 个支柱模型勾勒了一个从学习图书馆基本技能和 IT 技能的新手到熟练的信息素养专家所需能力的概略图。大学一年级学生大部分是新手，可以仅练习前 4 项基本技能，而研究生将目标定位为信息素养专家，努力获得第 7 项技能。主要内容见附录 A 中《英国信息素养的 7 个支柱模型》。

3. 澳大利亚和新西兰信息素养评价标准

澳大利亚政府非常重视信息素质教育。1991 年澳大利亚的政府报告提出“澳大利亚是信息化的社会”，并强调教育系统是培养具有良好信息素质人群的最好场所。澳大利亚大学图书馆协会（CAUL）在 2000 年 10 月 27 日至 28 日堪培拉（Canberra）会议上，在《美国高等教育信息素养能力标准》的基础上，形成了自己的《澳大利亚信息素养标准》（*Information Literacy Standards*），共 7 项标准、25 个指标、102 项指标说明。该标准主要应用于高等教育，也适用于其他各层次的信息素质教育。2004 年修订形成了《澳大利亚和新西兰信息素质框架》（*Australian and New Zealand Information Literacy Framework*），分为 6 项标准、19 个指标和 67 项指标说明。框架主要内容如下。

标准一：具有信息素养的学生能确定信息需求的性质和范围。包括限定和解释信息需求，了解各种信息源的用途、范围和适用性，对信息需求的性质和范围进行再评价，利用多种信息源做出决策。

标准二：具有信息素养的学生能有效、充分地存取所需的信息。包括选择最恰当的工具发现信息，制定和实施有效的检索策略，利用适当的方法获得信息，不断更新信息源、信息技术、信息存取工具和检索方法。

标准三：具有信息素养的学生能批判地评估信息和信息查找过程，包括评价所获得的信息的有用性和相关性，比较从各种信息源中获取的信息，评价其可靠性、有效性、准确性、权威性、及时性和观点的公正性，了解信息在创造过程中文化、物理或其他因素的影响，理解知识背景对解释信息的影响，承认和了解自己的偏见和文化背景，评价信息查找过程并对检索策略进行必要的修改。

标准四：具有信息素养的学生能有效地管理收集到的信息或自己生成的信息，包括记录所需信息和所有相关的引用信息，以书目形式编辑参考文献，系统地组织和管理所获得的信息。

标准五：具有信息素养的学生能结合以前的知识和新的理解来扩展、再组织或创造新的知识。

标准六：具有信息素养的学生能了解信息获取和利用的文化、道德、经济、法律及其他社会问题，在遵守伦理道德和法律法规基础上存取和使用信息。

此外，澳大利亚的一些大学还根据国家信息素质标准，制定了本学校的信息素质标准。如昆士兰中央大学构建了该校的信息素质大纲，在 7 条标准中明确了特定的学习成果、资源和评价思想，目的是将信息素质教育纳入学校的各门课程。

4. 其他一些类似标准

日本是亚洲较早重视学生信息素质教育的国家。“信息运用能力”这一概念在日本最早是在 1986 年 4 月的临时教育审议会上提出的。1991 年日本文部省公布了《信息教育指南》。这个具有指导性的文件指出了“信息运用能力”所包含的四个方面的内容：①信息的判断、选择、处理能力和信息的创造、传递的能力；②对信息社会的特性以及信息化对社会和人类影响的理解；③对信息重要性和信息的责任感的认识；④掌握信息科学基础以及信息手段（特别是计算机）的特性和基本操作。1997 年 10 月日本“协力者会议”提出了题为“面向体系化信息教育的实施”的报告，就信息教育的现状、今后学校教育中信息教育的作用以及修订学习指导要领等展开了详细的论述。

1997 年，新加坡教育部出版《信息素质指南》，内容包括说明、评估与评价、学生执行标准等。20 世纪 90 年代韩国确立了“国家信息化促进基本计划”，到 2000 年年末，韩国已完成了对所有中小学计算机的普及、互联网的链接等信息基础设施建设以及教师培训等第一阶段的“教育信息化综合计划”。其最终目标是实现开放式教育，建立适应终身学习的教育体制，培养适应知识信息社会的创造型人才。韩国教育部还制定了《中小学信息通信技术必修化计划》，从 2001 年开始向小学所有年级学生进行每周 1 小时以上义务信息教育。另外，还在中学阶段实行信息素质认证制。

此外，俄罗斯等国的教育部门也制订了一些类似标准的计划、规定。

5. 国内信息素质评价标准

和国外相比，我国信息素质评价标准仍然处在研究阶段，并没有全国性的或行业性的信息素质评价标准。

（1）国家文件中有关信息素质的规定。我国政府及国家有关部门也提出过信息素质的判定标准，但是由于重视程度、研究力度不够，国内信息素质评价标准缺乏权威性，影响力小。1999 年国家文件《中共中央国务院关于深化教育改革全面推进素质教育的决定》中规定，“在高中阶段的学校和有条件的初中、小学普及计算机操作和信息技术教育”，并提出了培养学生信息素质的 6 个标准：①对信息的关注；②能够研究和判别可供选择的信息及观点的优劣、可行性；③能够选择各种信息源，熟悉使用各种信息工具以获取信息的能力；④能对某一课题找到相应的信息，进行综述及纵观其现状和发展趋势；⑤获得继续自我教育的基础；⑥发挥主动性和独立性。

2000 年我国《中小学信息技术课程指导纲要（试行）》对我国 21 世纪学生提出了 6 个方面的信息素质教育和培养目标：①信息获取能力；②信息分析能力；③信息加工能力；④信息创新能力；⑤信息利用能力；⑥信息意识和信息交流能力。

（2）地方团体制定的信息素质能力评价标准。在研究国外信息素质评价标准的基础上，国内学者针对中国情况，从个人到学术团体，均在探索构建国内信息素质标准的思路和方法。其中最具代表性的是北京高校图书馆学会完成的《北京地区高校信息素质能力评价指标体系》。2003 年，清华大学主持开展了北京高校图书馆学会项目“北京地区信息素质能力示范性框架研究”，2005 年该项目发布了以学会名义制定和发布的标准体系，分为 7 个一级指标、19 个二级指标和 61 个三级指标。7 个一级指标内容如下：①具备信息素质的学生能够了解信息以及信息素质能力在现代社会中的作用、价值与力量；②具备信息素质的学生能够确定所需信息的性质与范围；③具备信息素质的学生能够有效地获取所需要的信息；④具备信息素质的学生能够正确地评价信息及其信息源，并且把选择的信息融入自身的知识体系中，重构新的知识体系；⑤具备信息素质的学生能够有效地管理、组织与交流信息；⑥具备信息素质的学生作为个人或群体的一员能够有效地利用信息来完成一项具体的任务；⑦具备信息素质的学生了解与信息检索、利用相关的法律、伦理和社会经济问题，能够合理、合法地检索和利用信息。具体内容见附录 A 中《北京地区高校信息素养能力标准体系》。作为地区性的评价体系，它还不是一个正式标准。到目前为止，我国高等教育部门尚未出台高校信息素质能力标准。

2006 年，中国科学技术信息研究所承接了联合国教科文组织的中国国民信息素质教育研究项目，建立了相应的信息素质评价指标体系。该评价指标体系分为两级指标，其中一级评价指标 3 项，分别是信息意识、信息能力、信息观念与伦理，二级评价指标 15 项。信息意识指标包括：对信息素质概念的了解；寻求查找信息帮助；参加信息素质活动情况；对提高信息素质方式的认识。信息能力包括：计算机应用水平；常用信息资源；常用信息查找方法；主要信息获取渠道；科研活动能力；数据库利用；检索主要困难；需要培训的信息技能。信息观念与伦理包括：引用他人论文的做法；对知识产权的态度；对信息服务适当收费的态度。

1.2.3 各学科信息素质评价标准

可以说，信息素质是各学科、各种学习环境和各种层次的教育都需要的一种基本素质。不过，不同学科的信息资源具有不同的个性，在学科课程学习时，需要学习和掌握学科信息的利用方法。另外，一些学科会在学习过程的某些环节如知识创造、学术活动中更强调对某些能力的掌握，所以在不同学科领域的衡量机制下，一些能力会比别的能力占有更多的比重。因此，有必要制定学科层次的信息素质价指标体系，拟定适用于不同学科的评估方法和策略，以评价个体对某一学科信息认知、获取和评价的能力。

在国外，很多专业学会或教育机构在其制定的各个专业的高等教育培养目标中明确提出了学生应具备的专业学科信息素质或信息能力。例如，在美国心理学学会（APA）2002 年公布的《心理学专业本科生的学习目标和效果》中，指出心理学专业本科生的 10 个学习目标，其中目标 6 就是“信息与技术素质”，具体内容如下。

目标 6　信息与技术素质

6.1 在以下各个阶段具备相应的信息素质：

- 制定可在数据库中进行检索的检索式。
- 从众多信息源中基于以下的分析选择合适的资源：

——资源的数量、质量；

——资源存在的潜在偏见；

——一次文献和二次文献、一手资料和二手资料、同行评审资源和非同行评审资源之间的相对价值。

- 阅读并准确地总结心理学方面的科学文献。

6.2 能够使用恰当的软件完成通俗易懂的包含方法描述、统计数据、定性分析以及一些图表和数据的心理学论文。

6.3 合理地使用信息和技术。

- 正确地引用不同媒体的源文献。
- 避免剽窃。
- 避免误报统计结果。
- 尊重知识产权。

6.4 具备以下的计算机技能：

- 会使用基本的文字处理、数据库、电子邮件、电子表格和数据分析软件。
- 能够在互联网上搜索高质量的信息。
- 能够用正确的礼节与他人通过电子邮件进行沟通，并且在沟通过程中使用适当的网络安全防护措施。

美国化学学会（ACS）下设的职业训练委员会（CPT）在 2007 年 2 月制定的《本科生化学教育：指南及评价程序（草案）》第七部分（学生技能的培养）的第二节——化学文献技能中，专门阐述了化学专业本科生所应具备的信息素质，包括能够有效地利用经过同行评审的科学文献，并能用批判的眼光来评价技术论文，会使用包括《化学文摘（CA）》在内的在线数据库检索特定的信息。

国外的图书馆界也成立了多个专业图书馆协会，如北美艺术图书馆协会（ALNA）、美国音乐图书馆协会（MLA）等。同时美国大学与研究图书馆学会也设立了多个专业学科组，如“人类学与社会学组”、“法律与政治组”、“科学与工程技术组”等，这些学科组的一个很重要的任务就是制定该学科的信息素质评价标准，目前已有多个相关学科的标准出台，如《科学和工程技术领域信息素质标准》、《人类学与社会学学生的信息素质标准》等。

在《科学和工程技术领域信息素质标准》中，科学与工程技术领域的信息素质被定义为明确信息需求、获取信息、评价信息，进而修订获取信息的策略，合理合法地利用信息并且运用于终身学习中。在科学、工程和技术这些快速发展并且瞬息万变的学科领域里，跟踪学科发展的前沿知识及实证数据显得特别重要，这些领域的学生需要获取本领域大量的信息资源，但在识别、评价、获取和利用信息时将会面临许多挑战。例如，同行评议的论文一般发表在价格高昂的期刊上，所以并不总是容易获得灰色文献，必须对发布这些信息的机构非常了解；科学、工程和技术领域交叉学科很多，往往需要掌握不止一个学科信息资源的知识；信息的格式多种多样，获取这些信息需要掌握某些软件并具有实际经验；此外，科学、工程与技术领域要求学生不仅在书面的作业和研究论文中展示才能，还要在某一特定领域有所建树，如实验、实验室研究和机械制图等。该标准的目标就是提供可以被科学、工程和技术领域教育者使用的文件，以帮助指导信息素质相关的教育并评估学生的进步情况。

《人类学与社会学学生的信息素质标准》在《高等教育信息素质能力标准》的基础上，将其内容融合成四大部分，即知道需要何种信息；有效并合理地使用所需信息源；能对所得到的信息进行评估并将其整合到自己的知识库中；有效且合法地利用所获取的信息完成并公布诸如学术论文、调查报告等任务。该标准的每部分还给出了具体的评价指标，如是否会使用人类学、社会学百科全书；是否能够区分人类学、社会学中的一次信息和二次信息；是否了解并会使用人类学、社会学的专业数据库（Anthropology Plus，Sociological Abstracts，Social Sciences Citation Index，Population Index）等；是否会利用一些多媒体设备或计算机软件来阅读相关资料（如人口普查资料、移民图、声像资料等）；是否会利用所获资料并按照美国人类学学会或美国社会学学会所规定的格式完成学术论文等。教师通过了解学生是否能完成这些具体任务来评估学生的信息素质。

1.3 大学生信息素质教育

1.3.1 大学生信息素质教育的内容

信息素质是当今综合素质中必不可少的一种重要素质。“餐人以鱼，其食一饷；授人以渔，其食一生。”显然，信息素质不是与生俱来的，也不是天上掉下来的，而是经过后天的学习、实践才逐步获得和形成的。所以，要想真正具备较高的信息素质，最有效的方法是接受信息素质教育。

所谓信息素质教育，就是以提高人的信息素质为目的的教育活动，要培养受教育者具备利用各种方法和手段获取、评价、利用信息的技能，使受教育者在信息意识、信息知识、信息能力、信息道德等多方面达到适应信息化社会的要求。

大学生的信息素质提升不是一蹴而就的，而是一个渐进的连续过程，并将伴随终生。因此，高校的信息素质教育应贯穿于大学生学习的全过程。国外采用分层次对在校学生进行信息素质教学的较多。例如，瑞典查尔莫斯大学菲埃尔勃兰特（Fiallbrant）博士实践探索的“三阶段模式”，即面向大学新生的导向阶段、面向三四年级大学生的信息检索入门阶段、面向研究生或未受过检索知识培训的教师的信息检索高级阶段。三阶段模式至今仍被世界各地的高校信息素质教育工作者所推崇和效仿，而我国高校信息素质教育，实际操作多是一次性教育。

信息素质教育的三阶段教学内容，一般是分成基础层次、普通层次和高级层次。具体内容见表 1-1。也有学者提出，信息检索教育的内容可进行模块化构造，并将之分成普及型课程模块、专业型课程模块和拓展型课程模块，在普及型模块中设信息素质通识教育和信息素质基础教育，在专业型模块中设信息检索教育概要和信息技术教育，在拓展型模块中设信息采集、信息吸收和信息创作与交流，这与三阶段划分有异曲同工之效。当然，每个阶段的学习内容划分只是一种基本的划分，不同阶段教学内容之间实际是循序渐进又互有交叉重复的。

表 1-1 信息素质教育三阶段的教学内容

教育层次	课程内容	适用对象
基础层	信息、文献、情报、知识的基本知识	专科一、二年级和本科一年级
	图书馆入馆教育	
	图书馆资源简介	
	计算机和网络基础知识	
	信息获取的基本工具	
	信息道德	
普通层	信息理论	专科三年级和本科二、三年级
	信息相关学科及学习理论	
	信息检索的基本知识	
	信息检索的策略与技术	专科三年级和本科二、三年级
	信息加工	
	信息利用与知识产权	
高级层	信息的组织	本科四年级和研究生
	信息的评价	
	信息的利用	
	学习理论、学习方式	
	知识管理、知识创新	
	科研选题、查新、设计	
	学位论文写作	
	信息的交流与传播	

1.3.2 大学生信息素质教育的教学模式

对大学生进行信息素质教育的形式丰富多彩，常见的形式有信息素质教育课程、嵌入其他课程的信息素质教育、读者培训活动、在线指导等。信息素质教育课程是将信息素质教育有关内容以课程形式，由教师专门讲授并指导实践，早期名称多为文献检索课程，教学内容以讲授各种信息资源的使用方法为主，如今则向着尽量覆盖更多的信息素质相关内容的方向发展。将信息素质教育的内容嵌入到专业课程中，是国外近年来采用较多、成效较好的一种方式，一般是院系、图书馆和教学管理部门相互合作，共同完成信息素质教育的目标。读者培训活动在国内大多数高校图书馆都有开展，较为普遍，通常是开展讲座、短期培训、现场咨询、一对一辅导等多种形式。在线指导则是为了满足人们远程访问的需要和更加及时快捷地获取信息的需求而开展的基于网络的信息素质指导活动，形式多种多样，如文本式的图书馆利用指导、信息查找指南、在线信息素质教育课件、可互动的多媒体信息素质教育软件和学习测试程序等。

在我国，信息检索课是大学生信息素质教育的主要方式，也是最有效的信息素质教育形式。从 1984 年我国高校开设此课以来，国内教师提出和实施了不少有成效的教学模式和方法，如学导式教学法、综合贯通教学法、引导探究式教学法、兴趣教学法、一条龙式教学法、教学三步法、愉快教学模式、科研导入法、启发式教学法、模块式教学模式、实验教学法、案例教学法和互动式教学模式等，并不断探索研究新的模式。近年来，建构主义、人本主义的教学理念得到国内教育工作者的广泛关注与重视，不少学者根据其教学理念和信息素质教育本身的特点进行了研究和尝试，提出了不少在网络环境下行之有效的信息素质教育的教学模式，如以学生为中心的自主学习模式、基于资源的学习模式、协作学习模式、项目化学习模式、研究性学习模式、参与式教学模式等。

对于信息素质教育的教学模式的选择与建立，有三个基本点需要加以重视。第一，从某种程度上讲，信息素质的提高，是通过解决围绕我们身边的由信息化产生的种种信息问题来实现的，所以问题是一个基本点；第二，信息素质的提高，是要通过处理各种具体问题来实现的，所以，实践是一个基本点；第三，由于信息素质的提高是要依靠信息能力来实现的，而这些仅靠授课的学习方式是不可能实现的，所以，学习方式也是一个基本点。基于此认识以及建构主义、人本主义学习理论的应用，下面介绍有代表性的几种信息素质教学模式。

（1）基于资源的协作式教学模式。基于资源的协作式教学模式，是大学生在完成学习任务的过程中，相互沟通、相互协作、共同负责，通过对各种不同的学习资源的开发和利用，来完成课程的学习，是一种更新知识、拓展知识的学习。

基于资源的协作学习是以学习者为中心的，学习者积极主动地参加学习，在学习过程中使用大量的学习资源。教师则围绕所确定的问题或任务，提供相应的学习资源，以促进学生在相关领域知识的基础上展开学习，迅速掌握信息素质教育课程的学习内容。在信息素质学习中，学习资源可分成静态资源和动态资源两种。静态资源主要是教师围绕所确定的问题提供的学习资源，如信息资源介绍和链接入口、问题的相关背景知识，用以促进学生在相关领域知识的基础上展开学习，突出学习活动的意义性、理解性和反思性。动态资源包括学生在学习过程中收集的资料、获取的数据、积累下来的作品等，使学习资源能够在学习过程中不断丰富和更新，实现有效共享。

该教学模式的构成可分为提出问题—组成协作小组—协作学习—成果展示—全班讨论—

总结评价 6 个步骤。第一步，由教师根据课程内容提出问题；第二步，若干人一组，自由组合成协作小组；第三步，学生作为学习主体协作学习，浏览教材及相关网站内容，理解课程内容；第四步，各个协作学习小组根据已布置的问题，经学习讨论合作，把成果展示出来；第五步，各组派代表上讲台将各自的研究成果以精练的语言表达出来，每小组讲完后，教师和学生一起讨论，各抒己见，畅所欲言，深化对问题的理解，训练提高对知识的掌握运用能力；第六步，教师组织学生对前面的知识、规律、思想方法进行归纳、整理，教师在学生归纳、总结的基础上，进行必要的补充、完善和梳理，进行总结评价工作。在这个学习过程中，教师充当着类似主持人或裁判的角色，制定单元教学目标，提供部分学习资料，给学生适当的提示和启发，掌控学习进程，并对学习成果进行评价。

这种教学模式利于创设宽松、民主、愉悦的教学环境，让学生自由提出问题和表达不解，使不同学生针对相同的学习内容，利用不同的学习资源，从不同的角度展开讨论、帮助或分工合作，通过集体的力量理解教学内容，掌握信息技能，提高学习能力、交往能力和创新能力，有效促进学生对知识的建构。

（2）基于问题的情境教学模式。情境教学模式是指在教学过程中，教师有目的地引入或创设具有一定情绪色彩的、以形象为主体的、生动具体的场景，以引起学生一定的态度体验，从而帮助学生理解教材，并使学生的心理机能得到发展的教学方法。运用情境教学模式时，先提出教学任务，而后优选教学方案，根据教学任务、班级特点及教师本人素质，选择创设情境的途径。一般创设情境的途径有以下方式：生动展现情境、实物演示情境、图画再现情境、音乐渲染情境、表演体会情境和语言描述情境。

问题和问题情境的设计是这种教学模式的核心。所提出的问题要用学习目标定向，将问题与其背后的信息素质基础知识（如信息资源选择、检索入口、检索方式等）联系起来，涵盖信息素质要素的各个方面，问题情境尽可能是模拟的、开放的、真实的或近似真实的，能够在学生的经验世界中产生共鸣，使学生感到问题的意义、挑战性和趣味性，同时也便于分工与合作，促使学生进行聚焦性、反思性的学习，把学生引导到系统的信息素质培养上来。

问题情境模式要求教师在教学中要在学习总体目标的框架上把总目标分解为一个个小目标，将所要学习的新知识隐含在一个或几个任务之中，学生通过对提出的任务进行分析、讨论，找出解决问题的方法；使不同的学生可以有不同的观点或思路，学习结果体现为多样化的产品或作品，以便进行交流。教师不是将已提前准备好的内容教给学生，而是在课堂上展现出与现实中专家解决问题相类似的探索过程，提供解决问题的范式，并指导学生进行探索，以促进学生解决问题的能力的提高。

问题情境教学模式可培养大学生从信息资源获取信息、组织信息并实际应用的能力，同时将新信息与原有知识系统进行融合，让学习不再是一种机械的记忆活动，而是一种吸引人的无止境的发现过程，调动学生的积极性，培养学生的创新能力。

（3）自主学习模式。信息素质教学的目的要求不仅是让知识进入学生的头脑，更重要的是让学生学会掌握和运用信息技能，学会思考和分析，从而提高解决问题的能力；信息素质教学的过程不仅是知识的简单转移，还要在学生原有的知识经验基础上实现知识的建构，通过思考和建构过程，把知识变成学生自己的思想。学习的建构过程需要学生自主选择加工信息，自主式学习模式也是一种可行的信息素质教学模式。

自主学习模式就是在教师的指导下，学生通过自学、讨论、交流等方式，积极主动地进行学习的一种教学模式。这种模式注重开发以学生为中心的、信息丰富的、基于问询式的学习，以学生在课堂上的自主参与为特色，课堂的绝大部分时间留给学生，教师仅用极少的时间进行“点拨”，关注学生的学习兴趣，强调形成积极主动的学习态度。

较为典型的自主学习教学模式的程序有以下几种。第一种：设疑激趣—指导自学—讨论答辩—启发释疑—练习小结。第二种：预习—展示—反馈。第三种：提出问题—指示方法—学生学习（包括六步学习：自学—启发—复习—作业—改错—小结）—明了学情—研讨学习—强化小结。

（4）参与式教学模式。参与式教学法是最近一二十年发展起来的一种新型教学法，是一种合作式或协作式的教学法，这种教学法是指受教育者在明确教学目标的前提下，运用一定的科学方法，积极主动地、创造性地介入教学活动的每一个环节，从而获取知识、发展能力、接受教育的过程。这种教学方式倡导以学习者为中心、以具体实践活动为主、以平等参与和互动为理念，充分应用灵活多样、直观形象的教学手段，让学习者有自由思考、运用自己智慧的时间和机会，鼓励学生积极参与教学过程，加强教师与学生之间以及学生与学生之间的信息交流和反馈，使学生深刻领会和掌握所学知识，并能将这种知识运用到实践中。

中国科学院院士、清华大学教授过增元认为，参与式教学法有4个特点：开放式的教学内容；提问式的讲课；无标准答案的习题；论文形式的考试。基于这4个特点，信息素质教育也适合采用参与式教学模式。具体教学中，可以采用正规的参与教学法，也可以在传统的教学过程中加入参与式教学法的元素；除了班级教学以外，也可以采用小组教学、课堂讨论、个别化教学、网络教学等多种教学手段。

参与式教学法有利于学生自我设计，根据自己的兴趣拓宽知识面，提高自己独立思考和解决实际问题的能力，使学生从知识的被动接受者转变为问题的主动探索者，教师则从信息传递的提供者、领导者转变为信息互动的推动者、指导者。

信息素质的教学模式没有固定的范式。以上的几种教学模式是从各个不同角度的探讨，它们之间并不是相互对立的，而是相通的，所追求的目标也完全是一致的，都是为了提高学生的信息素质。综合上述教学模式的精髓，较理想的信息素质教学模式应该是将信息素质教育融入各专业课程的教学中，根据课程需要组织相应的信息资源，根据学科特点创设一定的情境任务，开展小组协作讨论，以学生为主体、教师为指导，充分发挥学生在学习过程中的积极性、主动性和创造性，从而较好地实现信息素质教育。

练习与思考1

1. 信息素质与我们的生活息息相关，你能否举个例子加以说明。
2. 根据信息素质的构成要素，谈谈当代大学生应该如何提高自身的信息素质。
3. 美国图书馆协会（ALA）提出的信息素质定义是什么？你怎样理解？
4. 谈谈你对信息素质在终身学习方面的作用的认识。
5. 结合自己所学专业，谈谈你对本专业信息素质评价指标的设想。
6. 你如何理解信息的合理使用？
7. 下面给出一个自主学习程度测试题，请你自测一下自己的自主学习程度。

自主学习程度测试

说明：你的自主学习程度如何？请回答下列自主学习程度测试题。共25题，每题均设A、B、C、D、E5个备选答案，请你根据实际情况进行选择，每题只能选一个答案。5个备选字母代表意思如下：A．很符合自己的情况；B．比较符合自己的情况；C．很难回答；D．比较不符合自己的情况；E．很不符合自己的情况。统计得分方法：A记4分，B记3分，C记2分，D记1分，E记0分。最后汇总计分，得出你自主学习程度。80分以上为优秀，自主学习程度高，60～80分为中等，60分以下为自主学习程度低。

（1）课外经常阅读与自己学习无直接关系的书籍。

（2）课后阅读时记下不懂之处。

（3）在观察和思考时，重视自己的看法。

（4）课前重视做好预习，课后主动复习当日所学课程。

（5）主动按照一定的方法参与讨论。

（6）做笔记时把材料归纳成条文或图表，以便理解。

（7）听老师讲解问题时，眼睛注视着老师。

（8）自觉利用参考书和习题集。

（9）有意注意归纳并写出学习要点。

（10）经常查阅字典、手册和工具书。

（11）面临考试，制订复习计划，有紧张感。

（12）上课时认为重要的内容，就格外注意听讲和理解。

（13）阅读中若有不懂的地方，非弄懂不可。

（14）有意识地联系其他科内容进行学习。

（15）动笔解题前，先有个设想，然后抓住解题要点解题。

（16）阅读中认为重要的或需要记住的地方，就画线或做记号。

（17）经常向老师或他人请教不懂的问题。

（18）课后喜欢讨论学习中遇到的问题。

（19）喜欢吸取别人好的学习方法。

（20）对需要记住的公式、定理等反复进行记忆。

（21）观察实物或参考有关的资料进行学习和复习。

（22）听课时做好笔记。

（23）重视学习效果，不浪费时间。

（24）如果实在不能独立解答题目，就看看答案再做。

（25）能制订切实可行的学习计划。

第 2 章 信息与信息资源

本章要点

- 信息的基本概念、特性、分类，以及与知识、情报、文献的区别和相互联系。
- 信息资源的多种分类方式。
- 文献信息资源按照载体形式、出版形式、加工层次划分为不同的文献，熟悉各种具体的文献形式。

人类已经迈进 21 世纪，有人说这个世纪将是信息时代。人们在信息时代将如何生存？如何提高生存质量？如何能跟上时代前进的步伐，推动社会进步？其中的关键问题之一是怎样捕捉信息、利用信息，这就涉及新世纪人们应掌握的一种展本技能——信息检索。那么，了解掌握与信息相关的一些基础知识就变得非常必要，因为它们是学习信息检索的前提。本章重点介绍了信息的相关概念以及文献信息资源的不同分类方式，尤其是按加工层次进行的分类，通过学习本章，能够清楚地辨析各种不同的信息源。

2.1 信息及其相关概念

2.1.1 信息

1. 信息的含义

在人类社会与自然界中，由日常生活到科学研究，信息无处不在，无时不有，我们在社会各个角落经常都能听到“信息”二字，如人或动物的大脑通过感官能接收到的有关外界及其变化的消息就是一种信息，人与人之间的消息交换也是一种信息，人与机器之间，机器与机器之间的消息交换也是一种信息。同样，外交家注重国际关系的微妙变化，经商者关心市场商情，军事家捕捉战争风云的瞬息变幻，这些都是我们在社会各个角落能听到的“信息”，可以说，有史以来，人们从来没有像今天这样重视信息、研究信息、利用信息。究竟什么是信息？随着社会的不断发展，科学技术的不断进步，我们对过去称为“情报”，而现在称为“信息”的这一概念，必须适应时代的变革，扩展对它的认识。但由于信息的内涵十分广泛，目前仍然是众说纷纭，并无严格定义，不同学者从不同角度对信息做出各种定义。例如，在文献信息学中，信息往往被理解为知识内容；而心理学家认为信息不是知识，知识存在于人们的大脑中，信息则是存在于人们意识之外的东西，如自然界、印刷品、硬盘以及空气中。在遗传学中，信息被作为一种遗传物质DNA的结构形式、组织方式来下定义；而在管理学界，信息则被理解为管理活动的特征及其发展情况的统称。图书情报学家认为，信息可以定义事物和记录，记录所包含的信息是读者通过阅读而获得的。我国《辞海》载："信息是指对消息接收者来说预先不知道的报道。"我国国家标准《情报与文献工作词汇基本术语》（GB 4894—1985）载："信息是物质存在的一种方式，形态和运动状态，也是事物的一种普遍属性，一般指数据、消息中所包含的意义，可以使消息中所描述事件的不定性减少。"日本《广辞苑》载："信息是对某种事物的预报。"美国《韦氏大辞典》："信息是通信的事实，是在观察中得到的数据、新闻和认识"。信息论的奠基人香农认为："信息是用来消除不定性的东西。"控制论专家维纳认为："信息就是人与外界互相作用过程中相互交换的内容和名称。"我国学者周怀珍认为："信息是物质和能量在空间和时间中分配的不均匀程度。"

对信息有以上一系列的不同定义，主要原因在于：首先，信息本身是一个多元化、多层次、多功能的复杂综合物；其次，信息科学是一门新学科、大学科，它有许多分支学科，没有确切的内涵与外延，信息伴随着社会、经济与科学技术不断地发展；再次，人们根据不同的研究与使用目的，从不同的角度与层次着手，对"信息"的理解与解释也不尽相同。为了便于理解，这里我们综合各种定义合理的内涵，将信息的定义概括如下：信息是事物的存在方式和运动状态的反映，并借助于一定的物质载体传输和存储。对于这个定义，可以从两个方面理解：其一，客观世界中不同的事物是千差万别的，呈现出不同的状态和特征，从而在人们认识的过程中形成不同的信息；其二，人们感知外部世界，通常是通过声频或视频的变化而产生的，正如我们能听到雷鸣、鼓乐，能看到闪电、图像。应该说，信息是有实质内容的，并不是虚无缥缈的，不是人们主观想象的。

随着人类的进步和科学技术的不断发展，人们对信息的定义不断深化与明确，并且通过获取、识别自然界和社会界的各类信息来区分各类事物。人们从不同层次、不同侧面对信息的概念给予不同的解释，对信息赋予不同的内涵与外延，从而达到认识世界与改造世界的目的。

2. 信息的特征

分析研究信息的特性，不仅有利于加深对信息概念的理解，而且更有助于对信息资源的利用。从信息内容及存在形式上看，信息具有以下一些特性。

（1）传递性。传递性是信息的本质特性之一。所谓信息的运动过程，就是信息的传递与反馈过程，信息的获取必须依赖信息的传递。信息的传递是同物质和能量的传递相关的，在传递的过程中必将伴有一定的物质运动的传递或变换。同时，信息的传递并不是被动地依赖于物质及其间的相互反映，人们进行信息交流和传递的时候，可以根据自己的目的选择适当的物质载体及运动形式。客观存在的信息，通过人的智慧被感知以后，将其转换成语言、文字、图形、代码等可传递、可接收的形式，并且依据一定的物质进行存储和传输，所以信息具有传递性。信息可以全向传递，也可以定向传递，由于信息的传递性，使信息有可能在短时间内广泛扩散。

（2）时效性。信息具有较强的时效性。信息的时效性是指如果信息不能及时反映事物存在的方式和运动状态，那么这一信息就会失去效用。客观事物总是不断地发生变化，因而信息的时效性也是不断变化的。如果不能适时使用最新信息，信息就会失去其原有的价值，如时效性很强的天气预报、股票信息、交易信息、科学信息等。

（3）共享性。信息不仅可以传递、转换，而且可以共享。信息的共享性是指同一内容的信息可以在同一时间被两个或两个以上的用户使用，并且信息的提供者并不因为将信息提供给他人共用而失去原有信息的内容和信息量。我们对信息的收集、整理、加工、存储，主要是为了使信息能够共享。当然，信息的共享性并不排除某些特殊信息的独占性和利用的有偿性，如军事、商业、专利信息等。

（4）客观性。信息是客观存在的，信息的产生源于物质，信息产生后又必须依附于物质。就世界整体而言，信息的根源是物质世界，信息是物质的基本属性，由于物质是客观存在的，所以信息的存在也是不以人们的意志为转移的。

3. 信息的分类

信息广泛存在于自然界、生物界和人类社会。信息具有广义的内涵，信息的类型也可根据不同的角度来进行不同的分类。但无论是哪一种分类，其目的都是为了在对信息归类后呈现出各自的特征，从而有利于人们有针对性地研究和利用信息。了解信息的类型不仅有助于加深对信息内涵及其特征的认识，也有助于丰富信息检索的知识。

尽管信息是多种多样、多方面、多层次的，但按其来源分主要有三类信息，即自然信息、社会信息和知识信息。自然信息，即来自自然界的信息，包括天文、地理、生物、物理、化学等。社会信息，即人类社会活动的信息，如管理、金融、商业信息及各种情报。知识信息，即以各种方式记录下来的古今中外的知识和专家学者的经验。

按照广义信息论对信息所做的最高层次上的分类，信息基本分成两大类：自然信息与文化信息。所谓自然信息，概括地说，是指非生物与生物物质系统、人类社会系统以质能波动形式呈现出现来的多维结构、状态与过程。而文化信息则是指一切经过人类利用语言、文字、符号、图像和其他智能形式加工过的自然信息。

常见的信息分类标准如下。

按信息学科内容和应用角度划分，可分为政治信息、科技信息、文化信息、经济信息、军事信息、教育信息等。

按感知方式划分，可分为直接信息和间接信息。

按信息所依附的载体划分，可分为文献信息、口头信息、电子信息、生物信息等。

按信息的记录符号划分，可分为语音信息、图像信息、文字信息、数据信息等。

按信息的运动状态划分，可分为连续信息、离散信息。

按信息的加工层次划分，可分为初始信息（又称感知信息、原生信息）和再生信息（又称二次信息、三次信息），后者是对初始信息进行加工并输出其结果的形式，也是信息检索的主要对象。

2.1.2 知识

知识（Knowledge）是人们对客观事物的存在和运动规律的认识，是人类在改造客观世界的实践中积累起来的认识和经验的总和。

《辞海》对知识的解释是人类认识的成果或结晶，包括经验知识和理论知识。其初级形态是经验知识，高级形态是系统的科学理论。美国霍华德大学图书馆副馆长何光国教授认为，知识是经验累积的记录；事实组织的系统化；对事实的理解；一种理解的行为或状态；人的已知和未知。当代科学辞典认为：知识是一种特定的人类信息，是整个信息的一部分。

知识提供某种经过思考的判断和某种实验的结果，是信息经过多次反复以及人们的加工整理而序列化后形成的。信息经过人脑的储存、识别、加工、处理及转换等形式而形成知识。人们不仅能通过信息感知世界、认识世界和改造世界，而且能将获得的信息转变成知识，作为认识和改造世界的武器。人类在接收了社会和自然界的大量信息后，通过实践活动和大脑的思维活动，将这些信息结合实践活动进行分析与综合，形成新的认识，这种经过加工、孕育后的信息就成为知识。或者说，知识是同类信息的深化、积累，是优化了的信息的总汇和结晶。从外延来看，知识包含在信息之中。

知识也具有实践性、规律性、渗透性及继承性等属性。

2.1.3 情报

情报（Information）为外来语，主要指“信息、资讯、消息”。“情报”一词最早产生于军事领域，是战时关于敌情的报告，以后在不同的历史时期有着不同的含义。但是，无论情报的内容与形式如何变化，其共同之处就是情报是指为一定目的收集和传递的有特定效用的知识。在此我们认为情报是指被传递的知识或事实，是知识的激活，是运用一定的媒体（载体），越过空间和时间传递给特定用户，解决科研、生产中的具体问题所需要的特定知识和信息。它具有知识性、传递性和效用性 3 个基本属性。

1. 情报的知识性

情报的本质必须是知识，因为没有一定的知识内容，就不能成为情报。人们在生产和社会活动中，通过各种媒介手段（书刊、广播、会议、参观等），随时都在接收、传递和利用大量的感性和理性知识。这些知识中就包含着人们所需要的情报。

2. 情报的传递性

情报的传递性是指知识要变成情报，必须经过运动。人们的脑海中或任何文献上无论存储或记载着多么丰富的知识，如果不进行传递交流，人们无法知道其是否存在，就不能成为情报。情报的传递性表明情报必须借助一定的物质形式才能传递和利用。例如，声波、电波、印刷物等都是传递情报的物质形式。

必须通过一定的传递手段把情报源的有关情报传递给情报的接收者，情报才能被利用，才能发挥其价值。因此，知识必须经过传递才能成为情报。

3. 情报的效用性

运动着的知识也不都是情报，只有那些能满足特定要求的运动的知识才可称为情报。

例如，每天通过广播传递的大量信息是典型的运动的知识。但对大多数人来说，这些广播内容只是消息，而只有少数人利用广播的内容增加了知识或解决了问题，这部分人可将其称为情报。

2.1.4 文献

国家标准局于 1983 年颁布的《文献著录总则》（GB 3792.1—1983）中将“文献”（literature，document）一词定义为，文献是记录有知识的一切载体。在这看似简单的定义里，实际包含了作为文献的 3 个基本要素：①记录知识的具体内容；②记录知识的手段，如文字、图像、符号、声频、视频等；③记录知识的物质载体，如纸张、光盘、录像带等。由此可见，人类创造积累的知识，用文字、图形、符号、声频、视频等手段记录保存下来，并用以交流传播的一切物质形态的载体，都称为文献。

在阅读文献时，人们关注的不只是文献的载体和形态，更注重文献中传递的信息、蕴涵的知识。文献因载有知识和信息才有存在的价值和意义，而知识和信息因附着于文献这一载体之上，才得以超越时空地保存和传递。

2.1.5 信息、知识、情报和文献的关系

综上所述，人们通过对表征客观世界之客观信息的获取、加工等一系列思维过程，形成了反映客观事物本质和规律的具有主观色彩的知识，将知识以某种方式系统化地记录于某种载体之上而形成文献。当知识对特定用户而言具有意义和价值时，则成为情报。它们之间的关系，可用图 2-1 表示。

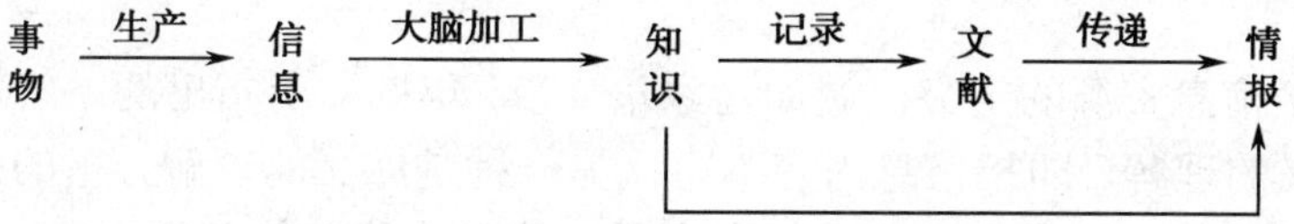

图 2-1 信息、知识情报和文献的形成

图 2-2 表示其外延关系。简言之，信息包括了知识、文献和情报，知识、文献和情报三者有相交部分但并不重合。文献可以提供信息、知识和情报，但信息、知识和情报获得的方式并不完全是文献。信息是情报和知识的载体，情报是特指的专业信息。知识是信息的内核，是信息中的精华部分，信息的价值取决于其精华部分的价值。如果说信息是食物，那么知识则是食物中的营养成分。知识依存于信息，信息经过提炼和加工可成为知识；知识组织最终要通过信息组织方式来实现。信息是原料，经过人类的认识活动，成为已知的知识。而被传递、被激活的有用的信息就是情报。

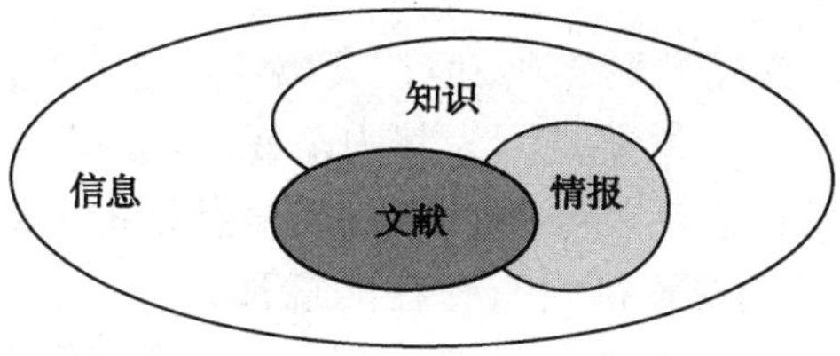

图 2-2 信息、知识情报和文献的关系

2.2 信息资源

2.2.1 信息资源概述

国内学者对信息资源概念及其有关问题进行了研究，比较有代表性的定义有以下几种。

1991 年，孟广均在给《知识工程》的贺词中写道：“信息资源包括所有的记录、文件、

设施、设备、人员、供给、系统和搜集、存储、处理、传递信息所需要的其他机器。”

1996 年，霍国庆撰文认为：“信息资源也就是可以利用的信息的集合……换言之，信息资源是经过人类开发与组织的信息的集合。”

1997 年，符福峘在其《信息资源学》一书中，将信息资源定义为：“信息是与操作信息有关的物理设施、人力、资金和运行机制等的总称。”

1999 年，代根兴、周晓燕撰文探讨信息资源的定义，在比较和分析了众多定义后，将信息资源定义为：“信息资源是经过人类选取、组织、序化的有用信息的集合。”

2000 年，吴慰慈、高波考察了各种信息资源的定义，将信息资源的定义表述为：“信息资源是经过人类采集、开发并组织的各种媒介信息的有机集合。”

2004 年，马费成在《信息资源开发与管理》一书中定义：“所谓信息资源，就是指人类在信息活动中积累起来的以信息为核心的各类信息活动要素（信息技术、设备、设施、信息生产者）的集合。”

综观以上关于信息资源的定义，诚如乌家培 1996 年撰文所指出的：“对信息资源有两种理解。一种是狭义的理解，即指信息内容本身。另一种是广义的理解，指的是除信息内容本身外，还包括与其紧密相连的信息设备、信息人员、信息系统、信息网络等。”

我们认为信息资源可从狭义和广义两个角度来理解。狭义的信息资源把信息资源等同于知识、资料和消息，即只是指信息本身的集合，无论信息资源是以声音、图形、图像等形式表达出来的，还是以文献、实物、数据库等载体记录下来的，其信息内容都是一样的，都是要经过加工处理的、对决策者有用的数据。准确地说，狭义的信息资源仅仅指信息内容，指信息本身或信息的集合。广义的信息资源认为信息资源是一个贯穿于人类社会信息活动中从事信息生产、分配、交换、流通、消费的全过程的多要素集合，包括信息劳动的对象——信息（数据）；信息劳动的设备——计算机等工具；信息劳动的技术——网络、通信和计算机技术等信息技术手段；信息劳动者——信息专业人员，如信息生产人员、信息管理人员、信息服务人员、信息传递人员等。

相比较而言，狭义的观点忽视了系统观，但却突出了信息本身这一信息资源的核心和实质。信息资源之所以是一种经济资源，主要是因为其中蕴涵的信息具有十分重要的经济功能，而信息生产者、信息技术与设备等信息活动要素只不过是信息这种资源开发利用的必要条件，没有信息要素的存在，其他信息活动要素都没有存在的意义。

广义的信息资源观点把信息活动的各种要素都纳入信息资源的范畴，相对来说，更有利于全面、系统地把握信息资源的内涵。信息是构成信息资源的根本要素。人们开发利用信息资源的目的，就是为了充分发挥信息的效用，实现信息的价值。但信息并不等同于信息资源，而只是其中的一个要素。这是因为，信息效用的发挥和信息价值的实现都是有条件的。信息的搜集、处理、存储、传递和应用等都必须采用特定的技术手段即信息技术才能得以实施，信息的有效运动过程必须有特定的专业人员即信息人员才能对其加以控制和协调。信息、信息技术与设备和信息人员构成了完整的信息资源概念体系。

2.2.2 信息资源的类型

信息资源的类型划分没有固定的标准，主要取决于人们分析问题的不同需要。可以根据不同需要从多个角度来进行划分。同信息资源的特征与信息的特征基本一致的原因同样，狭义的信息资源可以看做信息本身，所以对信息资源的分类应该与信息的分类基本一致。

1. 按性质划分

按性质可以将信息资源划分为自然信息资源和社会信息资源两类。自然信息资源是产生于自然界的信息资源，如地质信息资源、地理信息资源、太空信息资源、气象信息资源、地震信息资源、生命信息资源、海洋信息资源等；社会信息资源是产生于人类生产与社会实践活动过程中的信息资源，按内容可以分为教育信息资源、体育信息资源、法律信息资源、物质信息资源、经济信息资源、医疗信息资源等。

2. 按载体划分

按载体可以将信息资源划分为人脑信息资源、实物信息资源、文献信息资源、电子信息资源。人脑信息资源是以人的大脑为载体的信息资源，是人脑资源的一大部分；实物信息资源是以自然物质为载体的信息资源，可分为自然实物信息资源（如地球、河流、山川、大气等）和人工实物信息资源（如雕塑、碑石、建筑等）；文献信息资源是以文献为载体的信息资源，如图书信息资源、期刊信息资源、声像信息资源等；电子信息资源是运用电子技术，以数字方式存储在电子媒体上的信息资源，如网络、电视、广播等。

3. 按表现形态划分

按表现形态可以将信息资源划分为潜在信息资源与现实信息资源。潜在信息资源是指个人在认知和创造过程中储存在大脑中的信息资源，只能为个人所理解和利用，无法为他人直接理解和利用，是一种没有表达出来的、有限再生的信息资源。现实信息资源是指潜在信息资源经过个人表述后能够为他人所利用的信息资源。其主要特征是具有社会性，通过特定的符号表述和传递，可以广泛地连续反复地为人类所利用，是一种无限再生的信息资源。

4. 按信息开发程度划分

按信息开发程度可以将信息资源划分为零次信息资源、一次信息资源、二次信息资源、三次信息资源。零次信息资源是指在信息流动过程中未经过加工和组织的信息资源；一次信息资源是以零次信息资源为基础，对自然状态和社会表象的信息以及大脑存储的信息进行粗加工，经过各种方式表达的信息资源；二次信息资源是指在一次信息资源基础上，进行加工整理和提炼压缩所得到的产物；三次信息资源是用一定的方法对大量的二次信息资源进行再加工，产生的系统化成果。

5. 按构成要素划分

按构成要素可以将信息资源划分为信息内容资源、信息技术资源和信息人才资源。

6. 按信息资源的组成关系划分

按信息资源的组成关系可以将信息资源划分为元信息资源、本信息资源和表信息资源。

7. 按信息资源所处的空间位置划分

按信息资源所处的空间位置可以将信息资源划分为国际信息资源、国家信息资源、地区信息资源、单位信息资源、个人信息资源。

2.2.3 文献信息资源

文献信息资源是指用一定的记录手段将系统化的信息内容存储在纸张、胶片、磁带、磁盘和光盘等物质载体上而形成的一类信息资源。换言之，文献信息资源就是指包含有信息的各种类型的文献。文献的基本功能是存储与传播信息。文献是社会信息交流系统中最重要的成分之一。它是社会文明发展历史的客观记录，是人类思想成果的存在形式，也是科学与文化传播的主要手段。正是借助于文献，科学研究才能得以继承和发展，社会文明才能得以发扬光大，个人知识才能变成社会知识。文献信息资源是人类最丰富、最宝贵的信息资源，也是信息量最大的一种信息资源。文献信息资源按照不同的划分方法，可以分为不同的类型。

1. 按载体形式划分

（1）印刷型信息资源。印刷型信息资源是一种传统的、常见的信息资源，是指通过油印、铅印、胶印等各种印刷手段将信息记录在纸张上的信息资源，其特点是使用方便，易于携带和阅读，但体积大，不易整理和保存。

（2）缩微型信息资源。缩微型信息资源包括缩微胶卷、缩微平片，是指利用光学技术将信息记录在感光材料上的信息资源。其特点是体积小、易保存、存储密度高，但是它的使用需要专门的设备和环境。

（3）声像型信息资源。声像型信息资源包括唱片、录音带、录像带、电影、幻灯片等，是指通过专门的设备，使用声、光、磁、电技术将信息以声音、图像等形式记录下来的信息资源，其特点是直观形象，但需要专门的设备。

（4）电子型信息资源。电子型信息资源是指通过编码技术将信息转换为计算机可识别的语言，并将信息记录在磁带、磁盘、光盘上的信息资源，它需要用计算机才能读取信息，具有存储容量大、存取速度快、体积小、可共享等特点，但价格较贵，保存条件较高。电子型信息资源主要包括电子图书、电子期刊、电子会议录等，如果这些电子信息资源能够在互联网或局域网内检索，就被视为网络信息资源。

2. 按出版类型划分

（1）图书（book）。图书是一种成熟而稳定的出版物，是对已有的研究成果、生产技术、实践经验或某一知识体系的概括和论述。它的特点是内容全面系统、观点相对成熟，但它的出版周期较长，报道速度慢，具有相对滞后性。图书是传播知识，教育和培养人才的主要工具。

（2）期刊（serials，periodicals，journal，magazine）。期刊是一种有固定名称，有一定出版规律的连续出版物。其特点是出版周期短，报道速度快，数量大，内容丰富新颖，能及时反映当代社会和科技的发展水平和动向，因此查阅期刊是科研人员进行研究不可缺少的信息资源。

（3）报纸（newspaper，paper）。报纸是一种出版周期最短、发行量最大的出版物，它报道的内容极为广泛，和人们的生活息息相关，是人们日常生活中最常接触到的信息资源。报纸的信息具有极强的时效性，信息量大，这也造成报纸查找的不便。

（4）会议文献（conference document，conference paper）。会议文献是指发表在各种学术会议上的论文和报告。它学术性很强，往往反映了当前的学科进展和发展动态，是获取最新信息的重要来源。

（5）专利文献（patent document）。专利文献是指与专利制度有关的所有专利文件，包括专利说明书、专利公报、专利分类表、专利检索工具以及专利的法律文件。其中，专利说明书是主体，它具有统一编号、数量大、内容丰富新颖、实用可靠以及报道迅速等特点。

（6）学位论文（dissertation，thesis）。学位论文是指高等院校或研究机构的毕业生和研究生为取得学位而撰写的论文，它的级别可分为学士论文、硕士论文和博士论文。尤其是博士论文，具有一定的创造性，所论及的内容较为专深，对科研、生产和教学有较大的参考价值。

（7）科技报告（science & technical reports）。科技报告是科技人员从事某一专题研究所取得成果和科研进展的实际记录。其特点是反映新技术较快，内容比较专深新颖，数据比较可靠，保密性较强，有相当一部分科技报告不公开发行。科技报告每份单独成册，有专门编号用以识别报告类型及其主持机构。

（8）标准文献（standard literature）。标准文献是描述有关产品和工程质量、规格、工艺流程及其测试方法等的技术文件，是一种经权威机构批准的规章性文献，具有一定的法律约束力。

（9）产品资料（product literature）。产品资料是国内外生产厂商或经销商为推销产品而印发的商业宣传品，按其内容性质大体上可以分为产品目录、产品样本、产品说明书等，该类文献直观性强、数据翔实，是宝贵的科技信息资源、商贸信息资源和竞争情报资源。

（10）技术档案（technical records）。技术档案是科研部门在生产建设和技术活动中形成的具体工程对象的技术文件、图样、图表、照片、原始记录或其复制品。其内容包括任务书、审批文件、研究计划、技术指标、技术措施、调查材料、设计计算和工艺记录等。它是科研和生产建设中积累经验、提高质量的重要依据。此类文件具有明显的保密性和内部控制使用的特点。

（11）政府出版物（government publication）。政府出版物是各国政府部门及其所属机构所发表的各类文件，主要包括行政政策性文件和科技文件两种。

3. 按加工层次划分

（1）一次文献。一次文献是以作者本人的科研工作成果为依据而创作的原始文献，如专著、期刊论文、科技报告、会议论文、专利文献和学位论文等，具有新颖性、创造性和系统性等特征，参考和使用价值较高。但由于其量大、分散而无序，给读者的查找和利用带来极大的不便。

（2）二次文献。二次文献是将大量无序、分散的一次文献收集、整理、加工、著录其特征（如著者、篇名、分类、主题、出处等），并按一定的顺序加以编排，形成供读者检索所需一次文献线索的新的文献形式。这种工具性文献包括目录、题录、文摘、索引及相应的数据库，因其具有检索功能而称为检索工具或检索系统。

从上述定义的引申来看，二次文献信息是关于文献的文献、关于信息的信息，也称为二次信息。因此，现在网上的 Yahoo！、Google 等主题指南、搜索引擎，这些关于数据库和网页的信息集合，其功能作用等同于上述二次文献，所以称为网络检索工具。提供网上信息资源检索和导航服务的专门站点或服务器，它同样是对采集到的网上信息进行加工整理，建立起存储和管理网络信息的索引数据库，为用户提供网络信息检索导引。

相对于一次文献而言，二次文献是从分散到集中、从无序到有序、从繁杂到简约，因而具备了可查检的便捷性，用于解决读者查阅所需特定文献线索的问题。知识和信息的散乱无序性与用户使用的特定选择性之间的矛盾，一直是困扰学者学术生涯的一道永恒的难题，在知识爆炸、信息泛滥的今天，这个矛盾愈加突出，仅靠“学海无涯苦作舟”的勤奋和坚韧，实难登上光辉的彼岸，唯有驾驭好二次文献这一叶扁舟，方可自由荡漾于知识和信息的海洋。正因为如此，包括网上检索工具在内的二次文献及其利用也就成为信息检索课的核心内容。

（3）三次文献。科技人员围绕某一专题，借助于二次文献，在充分研究与利用大量一次文献的基础上，即经过阅读、分析、归纳、概括，而撰写成的新的文献即三次文献，它们或综述已取得的成果进展，或加评论，或预测发展趋势，形式有综述（review）、述评（comment）、进展（advance，progress）、现状（update）、发展趋势（trend）等期刊文献和百科全书、年鉴、手册等参考工具书。许多学术期刊上均辟有综述栏目，而且出版专门刊载三次文献的综述性期刊也越来越多。

与一次文献的产生所不同的是，三次文献是以现有一次文献中的知识信息为基本研究素材，对其进一步加工、整理、重组，使之成为更加有序化的知识信息产品。但由于同样融入了作者的智力劳动，所以和一次文献一样同属智力产品，因而使三次文献具有信息含量大、综合性强和参考价值大等特点，可使读者不必大量阅读一次文献，就可借此比较全面地了解某一专题、某一领域当前的研究水平和动态。当学者面临知识和信息的海量无限性与其时间精力的相对有限性这一困扰时，三次文献不失为一条最佳捷径。

（4）零次文献。零次文献指未经信息加工，直接记录在载体上的原始信息，如实验数据、观测记录、调查材料等。这些未融入正式交流渠道的信息，往往反映的是研究工作取得的最新发现，或是遇到的最新问题，或是针对某些问题的最新想法等，而这一切无疑是启发科研人员的思路、形成创造性思维的最佳思维素材。

综上所述，各级别文献的形成及相互关系，如图 2-3 所示。

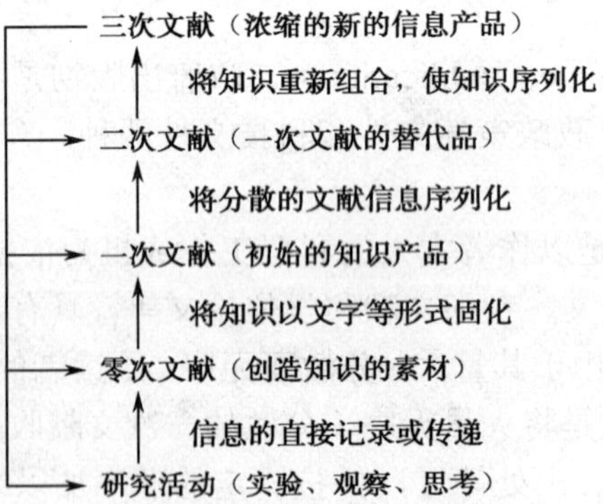

图 2-3　各级别文献的形成

练习与思考 2

1．比较信息、知识、情报和文献概念的异同。

2．文献主要包括哪些载体形式？

3．文献按出版类型如何划分？

4．简述零次文献、一次文献、二次文献和三次文献的异同。

第3章

信息检索基础

本章要点

- 信息检索的原理、系统和效果评价。
- 信息检索的基本步骤。
- 课题概念，包括核心概念的分析与提取方法。
- 检索语言、标引方法和实例。
- 检索策略构建；常用检索技术；逻辑检索、字段限定、截词符和位置算符。

信息检索知识是信息素质的核心内容。本章从信息检索的基本概念入手，阐述信息检索的原理、系统构成、效果评价和信息检索的步骤，进而较为详细地介绍检索步骤中的难点——分析提取检索概念、以检索语言表述课题需求以及检索策略的构成和调整方法。

3.1 信息检索的原理、系统和效果评价

3.1.1 信息检索的原理

研究信息检索的原理是为了提示信息查找过程的实质，提高检索效率。完整的信息检索包括信息存储和检索两个过程。在存储过程中，信息处理人员广泛收集信息，分别著录（即记录）信息的内外部特征，按照检索标识，整理标引信息，最终形成检索系统。在检索过程中，信息检索人员要使用同样检索标识，从检索系统中查获所需的信息。信息检索过程的实质是将检索提问标识与存储在检索工具（系统）中的标引标识进行比较，两者一致或信息标引的标识包含着检索提问标识的信息就是检索命中的信息，这就是信息检索原理。

无论是手工检索工具，比如各种文摘刊物，还是计算机检索系统，比如各种文献信息数据库，它们的检索原理是基本相同的。信息检索原理的示意图如图3-1所示。信息的存储就是将搜集到的一次信息，经过著录其特征（如题名、著者、主题词、分类号等）而形成款目，并将这些款目组织起来成为二次信息的过程。信息的检索是针对已存储好的二次信息库进行的，是存储的逆过程。存储是为了检索，而快速而有效的检索则依赖于存储。没有存储，检索就无从

谈起。这是存储与检索相辅相成、相互依存的关系。

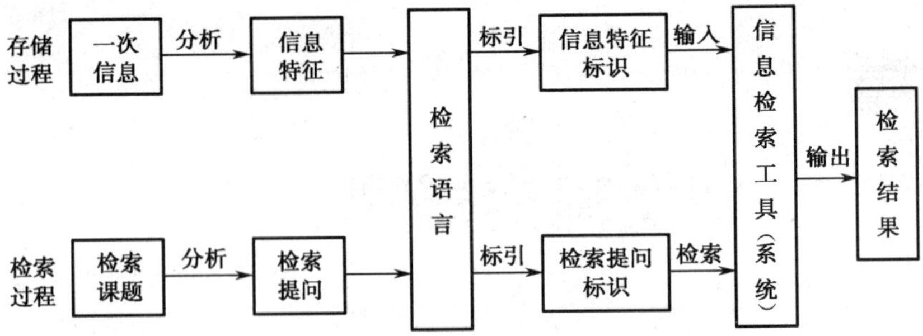

图 3-1　信息检索原理示意图

我们以《新华字典》为例来说明这一基本原理。《新华字典》首先由编辑人员收集汉字及其注音、释义和用法，将它们一一记录下来（记录的结果称为款目）。然后按照汉语拼音为序，编成字典的正文。为方便使用起见，又以部首笔画为序，排成检字表（又称部首笔画索引），这个过程称为字典的编辑过程。我们使用字典时，或者直接在正文中以拼音顺序，或者利用检字表以偏旁部首顺序，就能找到所需的汉字及其信息。这个过程称为字典的查找过程。《新华字典》的这两个索引顺序，一个是正文中的汉字拼音，另一个是检字索引中的偏旁部首，它们既是编辑汉字的依据，又是查找汉字的依据，这种依据称为检索标识。

3.1.2　信息检索系统

信息检索系统是指根据特定的信息需求而建立起来的一种有关信息搜集、加工、存储和检索的程序化系统，其主要目的是为人们提供信息服务。这种系统可以是供手工检索使用的卡片目录、书目、索引等，也可以是计算机化了的信息检索系统，如光盘数据库、网络数据库等。虽然这两者的一些具体要求有所差异，但其基本构成、类型和基本原理却是相同的。

1. 信息检索系统的构成

（1）广义的信息检索系统的构成。广义的信息检索系统一般由四个要素构成。

① 检索文档。检索文档（file）即标有检索标识的信息集合（information set），如手工检索系统中的书目、索引和文摘中由文献款目组成的记录、工具书中的条目或短文组成的主体，计算机检索系统中的数据库。

② 技术设备。技术设备指能储存信息的技术设备，如输入装置、储存器、输出装置、通信设备等。

③ 语言工具。语言工具指检索语言、标引规则、输入和输出标准等。

④ 作用于系统的人。包括信息加工、标引人员、录入人员、检索人员、系统管理维修人员等。

（2）狭义的信息检索系统的构成。狭义的手工信息检索系统和计算机信息检索系统的构成可见表 3-1。

表 3-1 手工信息检索系统和计算机信息检索系统的内容构成

系统 内容 组成	手工检索系统 （印刷型出版物）	计算机检索系统 （机读数据库）
使用指南	正文前部分： 使用说明、目次表、样例等	帮助文档 help
主体部分	正文部分 条目 著录项	主文档 记录 字段
索引部分	正文后部分：辅助索引	倒排（索引）文档
检索语言	主题词表 分类表	主题索引 分类索引
其他	正文后部分： 资源来源目录、附录、对照表	

正文部分是检索系统的主体部分。它是反映文献信息特征的那些条目的有序集合，每个条目由若干数据著录项组成，条目按序有址，如文摘号或索引号。手工检索系统中大多数检索刊物的正文部分按学科分类体系的序列编排，提供分类检索途径（检索点）。计算机检索系统的正文部分是系统的主文档。

手工检索系统的辅助索引（subsidiary index）是对正文分类检索方式的补充。常见的辅助索引有作者索引、主题索引等。对应于计算机检索系统，索引以倒排文档形式出现。计算机检索系统的倒排索引品种要远多于手工检索系统，如还有年份、语种、文献类型索引等。

分类表（classification table）与主题词表（thesaurus）是用户分别用于浏览、确定分类类目、类号和主题词的工具。准确选择分类号、主题词是获得满意检索结果的前提。

使用说明、样例、Help 介绍检索系统的学科范围、结构、功能和使用方法，是用户使用前必读的内容。

资源来源目录是被检索工具摘录过的一次文献的清单，描述期刊、会议录或其他出版物的名称、代码及出版和收藏等情况，是用户获取原文的一个主要依据。

2. 印刷型信息检索系统的类型

印刷型信息检索系统的类型可以分为目录、题录和文摘三种类型。

（1）目录。目录（bibliography）是一批相关文献的著录集合，它是以报道文献出版或收藏信息为主要功能的工具。目录通常以一个完整的出版单价或收藏单位为著录的基本单位，即以文献的“本”、“种”或“件”为报道单位。它对文献信息的描述比较简单，以图书为例，每一个条目的著录项（elements）包括书名、卷（期）数、作者、出版地、出版社、出版时间及收藏情况等。目录著录格式如图 3-2 所示。

（2）题录。题录是将图书、报刊等文献中论文的篇目按照一定的排检方法编排而成的，供人们查找篇目出处的工具。它按照论文的篇名顺序排列，按“篇”报道，具有“广”、“全”、“快”的特点。著录项通常包括篇名、著者（或含其所在单位）和来源出处，如我国的《全国报刊索引》等。题录著录格式如图 3-3 所示。

文献检索与信息素养教育/秦殿启编著.——南京：南京大学出版社，2008.8
258 页；16 厘米
ISBN 978-7-305-05393-1
I.文… II.秦… III.①情报检索 ②信息学 IV.G252.7G201

图 3-2　目录著录格式

09000458　统一用户数据库设计及其应用/解冲锋（北京研究院网络业务部宽带业务研究）
何潇 刘波//信息网络.——2009，（4）.——40-42

图 3-3　题录著录格式

（3）文摘。文摘（abstract）不仅描述文献的外表特征，而且还揭示文献的内容特征，是带有摘要内容的、扩展了的题录，它比题录多出文摘正文（摘要）等。文摘著录格式如图 3-4 所示。文摘分为以下 3 种：

① 指示性文摘：是原文的简介，一般在 100 字左右，有的仅一句话。

② 报道性文摘：是原文的浓缩，文字一般在 200～300 字。基本上能反映原文的技术内容，信息量大，参考价值高。

③ 评论性文摘：在上述款目内容的基础上，还包括文摘评论员的分析和见解。

0900371　具有输出时延的网络控制系统故障检测张捷［刊，中］/张捷，薄煜明，胡维礼//
控制工程.——2009，（3）. ——254-256
考虑一类具有长时延的网络控制系统，假定其传感器到控制器之间存在输出时延，对其进行故障检测研究……参 4

图 3-4　文摘著录格式

3. 计算机信息检索系统

（1）计算机信息检索系统构成。计算机信息检索系统由计算机检索终端、通信设施、数据库、检索软件及其他应用软件四大部分构成，其中数据库是检索系统的核心部分。

（2）数据库的定义和构成。根据 ISO/DIS 5127 号标准，数据库（database）的定义为：“至少由一种文档组成，并能满足某一特定目的或某一特定数据处理系统需要的一种数据集合。”通俗地说，数据库就是在计算机存储设备上按一定方式存储的相互关联的数据集合，是计算机技术与情报检索技术相结合的产物，是计算机信息检索的基础。

从使用者观点观察，数据库主要由文档、记录、字段三个层次构成。

① 文档。文档（file），也称文件，在逻辑上是由大量性质相同的记录组成的集合，它是数据库中数据组织的基本形式，包括顺排文档和倒排文档。一般来说，一个数据库至少包括一个顺排文档和一个倒排文档。顺排文档是将数据库的全部记录按照记录号的大小排列而成的信息集合，见表 3-2，它构成数据库的主体内容。但是顺排文档中主题词等特征标识的存储呈无

序性，而直接用于检索时对记录的存取只能按顺序号进行。倒排文档正是为解决顺排文档的这个问题而编制的。倒排文档按照信息资源的属性列出具有同一属性的所有记录，见表 3-3，即以记录的特征标识作为排列依据，其后列出含有此标识的记录号，也就是把记录中可检字段（作者、主题词、题名、分类号等）按照某种顺序加以组织后得到的一种文档，或者说是按照不同的字段组织成不同的倒排文档（如作者倒排文档、主题词倒排文档等）。

表 3-2 顺排文档的记录排列示意图

记 录 号	主 题 词
1	计算机、管理、企业
2	企业、网络
3	网络、管理、企业
…	……

表 3-3 倒排文档的记录排列示意图

标 识 词	记 录 号
管理	1，3
计算机	1
企业	1，2，3
网络	2，3
……	…

② 记录。记录（record）由若干个字段组成，它是机器可存取的基本单位，是顺序记录在磁带上供计算机去读的格式化数据，用于数据资源的交换与共享。因为格式规范，程序便能准确地识别每条记录及其数据著录项的内容。国际标准化组织（ISO）颁布的标准有 ISO—2709 格式，它包括头标（leader）、目次（directory）、数据区（date field）及记录分隔符。我国制定的 GB2901—82 标准参照 ISO—2709，具有中国特色。

记录有逻辑记录（logical record）和物理记录（physical record）之分。逻辑记录与存储环境无关，它是把一些在逻辑上相关的数据组织到一起的数据集合，是面向用户的记录，对应于手工检索系统中的一个条目。物理记录则是指硬件设备上的一个基本存储单位，是计算机内存与外存间进行数据交换的基本单位。

数据库的记录示例如图 3-5 所示，该条记录是 EBSCO 期刊文献题录信息。

③ 字段。字段（field）是记录的基本单元，用于描述事物的某一属性，字段与文献记录中的著录项相对应。字段包括：文献号字段、题名字段、作者字段、会议字段、出版字段、语种字段、文摘字段、主题词字段、类目（类号）字段等。更进一步的细分还有子字段，它们是字段的一个部分。各字段有其自己特征的标识符，其内容称作字段值（field value）或属性值（attribute value）。常见的字段名称和代码见表 3-4。

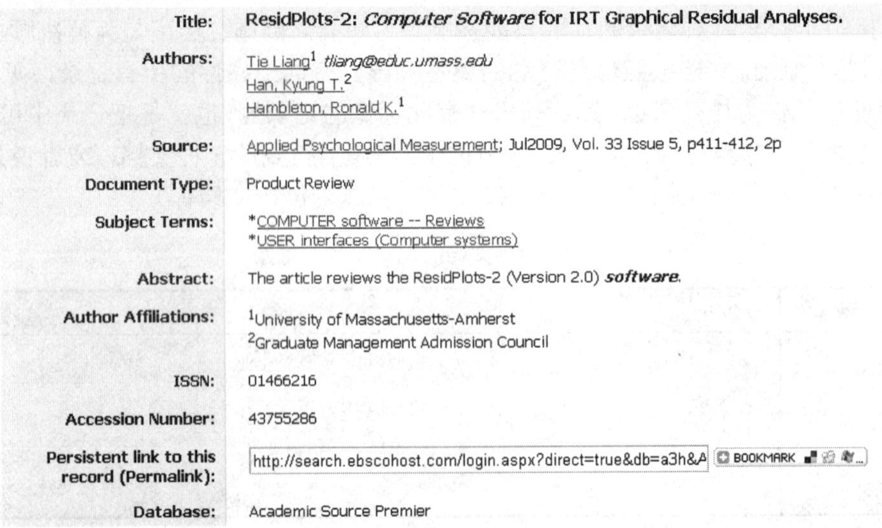

Title:	ResidPlots-2: *Computer Software* for IRT Graphical Residual Analyses.
Authors:	Tie Liang[1] *tliang@educ.umass.edu* Han, Kyung T.[2] Hambleton, Ronald K.[1]
Source:	Applied Psychological Measurement; Jul2009, Vol. 33 Issue 5, p411-412, 2p
Document Type:	Product Review
Subject Terms:	*COMPUTER software -- Reviews *USER interfaces (Computer systems)
Abstract:	The article reviews the ResidPlots-2 (Version 2.0) ***software***.
Author Affiliations:	[1]University of Massachusetts-Amherst [2]Graduate Management Admission Council
ISSN:	01466216
Accession Number:	43755286
Persistent link to this record (Permalink):	http://search.ebscohost.com/login.aspx?direct=true&db=a3h&A BOOKMARK
Database:	Academic Source Premier

图 3-5 EBSCO 数据库记录示例

表 3-4 文献数据库中常见的字段

基本字段			常见的辅助字段		
中文字段名称	英文字段全称	英文字段简称	中文字段名称	英文字段全称	英文字段简称
题目	Title	TI	作者	Author	AU
文摘	Abstract	AB	作者单位	Author Affiliation	AF
叙词	Descriptor	DE	期刊名称	Serials Title	ST
关键词	Keyword	KW	语种	Language	LA

（3）数据库的类型。按照国际上通用的分类方法，可划分为参考数据库和源数据库。

① 参考数据库。参考数据库是指引用户到另一信息源获得原文或其他细节的一类数据库，它又包括书目数据库和指南数据库。

书目数据库是指存储某个领域的二次文献（如文摘、题录、目录等书目数据）的一类数据库，有时又称二次文献数据库，或称文献数据库。如联机公共检索目录 OPAC（Online Public Access Catalog）、美国化学文摘数据库、中文社科报刊篇名数据库、中文科技期刊数据库、中国人大书报资料中心复印报刊资料索引等。

指南数据库是指存储关于某些机构、人物、出版物、项目、程序和活动等对象的简要描述，指引用户从其他有关信息源获得更详细的一类数据库，也称指示性数据库。如机构名录数据库、人物传记数据库、产品数据库、基金数据库、软件数据库等。

② 源数据库。源数据库是能直接提供原始资料或具体数据的自足性数据库，用户不必再查阅其他信息源。它又划分为以下几个类型：

- 全文数据库：全文数据库是指存储原始文献全文或其中主要部分的一种源数据库，简称全文库。收录文献以期刊论文、会议论文、政府出版物、研究报告、法律条文和案例、商业信息为主。如 EBSCO 全文数据库、中国人大书报资料中心复印报刊资料全文数据库。

- 电子图书：最初的电子图书主要以百科全书、字典词典等工具书为主，近年来发展迅速，已涉及很多学科领域，文学作品、学术专著、教学参考书所占比例越来越大，电子图书正在逐步发展成为比较主要的数字信息资源。
- 电子期刊：电子期刊是指以数字形式存储在光、磁等介质（如 CD-ROM、磁盘）上，并可通过计算机设备进行本地或远程读取使用的连续出版物。它包括与纸本期刊并行的电子期刊，如著名的《科学》（Science）、《自然》（Nature）、中国学术期刊、万方的数字化期刊等；纯电子期刊，如《数字图书馆杂志》、《新物理学杂志》。
- 数值数据库：专门提供以数值方式表示的数据（或包括其统计处理表示法）的一种源数据库，如各种统计数据库、财务数据库、科技数据库等。
- 文本—数值数据库：能同时提供文本信息和数值数据的一种源数据库，如某些公司信息库、产品市场报告数据库和物性数据库。
- 术语数据库：专门存储名词术语信息、词语信息以及术语工作和语言规范工作成果的一种源数据库，各种电子化辞书也包括在内。
- 图像数据库：用来存储各种图像或图形信息及有关文字说明资料的一种源数据库，主要应用于建筑、设计、广告、产品目录、图片、照片等资料类型的计算机存储与检索。

3.1.3 检索效果评价

所谓检索效果（retrieval effectiveness），是指检索结果的有效程度。检索效果包括技术效果和经济效果两方面，技术效果主要指系统的性能和服务质量，它是由检索系统实现其功能的能力所确定的；经济效果主要指检索系统服务所花费的成本和时间，它是由检索系统完成其检索服务的代价所确定的。检索效果评价是根据一定评价指标对实施信息检索活动所取得的成果进行客观、科学的评价，以进一步完善检索工作的过程。常用的评价指标有收录范围、查全率、查准率、响应时间、用户负担和输出形式等，其中主要的指标是查全率和查准率。

1. 查全率与查准率

在检索过程中，检索系统中参加检索的全部文献可分成“有关”、“无关”和“查出”、“未查出”四个量。如果以 a 表示查出的“有关”文献，b 表示查出的“无关”文献，c 表示未查出的“有关”文献，d 表示未查出的“无关”文献，它们之间的关系可用表 3-5 表示。

表 3-5 检索系统检索效果评估相关数据表

课题相关性 / 系统相关性	相关文献	无关文献	总计
检出文献	a（命中的）	b（误检的）	a+b
未检出文献	c（漏检的）	d（应拒的）	c+d
总计	a+c	b+d	a+b+c+d

分析表 3-5 检出文献（a+b，即从系统中检索出来的文献）以及未检出文献（c+d，即未从系统中检索出来的文献）是从系统相关性观察检索的效率，而相关文献（a+c，即与用户需求相符的文献）以及无关文献（b+d，即与用户需求不相符的文献）是从用户相关性观察检索的效率。任何一次检索结果都必然有这四个量，根据上述表中四种关系，可以对查全率和全准率

进行定义和计算推导。

查全率（recall ratio）是指检出的相关文献数与库内相关文献总数之比，又称“检全率”、“命中率”，可用下式表示：

$$查全率=\frac{检出的相关文献数}{库内相关文献总数}\times 100\%=\frac{a}{a+c}\times 100\%$$

查准率（precision ratio）是指检出的相关文献数与检出的文献总数之比，又称“检准率”、“相关率”，可用下式表示：

$$查准率=\frac{检出的相关文献数}{检出的文献总数}\times 100\%=\frac{a}{a+b}\times 100\%$$

一系列的试验结果表明查全率与查准率之间存在互逆关系。从不同检索语言出发得到的试验结果都表明了这种关系，即查全率高时，查准率较低。要想做到查全，势必会要对检索范围和限制逐步放宽，则结果是会把很多不相关的文献也带进来，影响了查准率；反之亦然。

例如，心理学是包括教育心理学的大概念，把“心理学”作为检索词具有泛指性，能提高查全率，但是正因为检索范围的扩大，使得查准率降低。同样，把“教育心理学”作为检索词具有针对性，能提高检索词的专指性，排除非相关信息，但是也降低了查全率。前者查全率高，虽查出的文献量大，但误检的较多；后者漏检率高，丢失了大量的有关文献。

一般来说，如果检索时所用检索语言的泛指性强，检出的文献多，那么查全率将会提高，但误检率也同时增大，因而查准率降低；如果检索语言专指性强，查准的文献多，则查准率提高，但漏检率也同时增大，因而查全率降低。所以，欲达到较好的检索效果必须兼顾两者，不能单纯追求其中某一个，应当根据具体课题的要求，合理调整查全率和查准率，保证检索效果。比如，需了解某项研究的全面情况则要求查全率高，需了解某项技术的具体问题则要求查准率高。理论上说，一般查全率在60%～70%之间，即在c和d之间，是检索的最佳效果。

2．检索实例评价

接触检索课题后，可先把查找的课题分成若干概念，用一个或一个以上的检索词来描述每个概念，然后每一个概念作为一个独立小课题进行查找（逻辑或），最后将所有概念组合起来查找（逻辑与），得到所需的结果。例如，某次在DIALOG数据库中检索课题“车辆二氧化碳气体保护自动堆焊”，用户原选取的主题词和逻辑式如图3-6所示。

vehicle	184 376 篇
carbon-dioxide	37 277 篇
welding	83 600 篇
1*2*3	1 篇

图3-6　检索式示例

对检索出的文献记录进行检查与评价，看是否查全、查准，以便修改检索式或改选数据库。本例中，最终所得文献为1，那是不是数据库中只有这1篇文献呢？回答是否定的。那么问题出在哪儿呢？主要出在第一个主题词“vehicle”和第二个主题词“carbon-dioxide”上。因为在这一课题中，“vehicle（车辆）”和“carbon-dioxide（二氧化碳）”并不是代表这一概念的唯一的词，它还有一组同义词，“vehicle”应包括“automobile”和“car”；“carbon-dioxide”

应包括“CO_2”。而原用户疏忽了这一点，只取其中之一，挂一漏万，以致造成上述后果。针对上述情况，采取了补救方法，修改后的检索式如图 3-7 所示，提高了检索效果。

vehicle	184 376 篇
automobile	24 732 篇
car	46 993 篇
carbon-dioxide	37 277 篇
CO_2	11 447 篇
welding	83 600 篇
(1+2+3)*(4+5)*6	10 篇

图 3-7 修改检索式示例

3.2 信息检索的基本步骤

3.2.1 分析课题

分析课题是实施检索中最重要的一步，是检索效率高低或成败的关键。面对一个课题需要找出它的研究范围，国内外研究现状以及将要达到的目的。

1. 明确检索目的

明确检索目的指明确所需信息的用途，是为编写教材、撰写学科总结或进行专题综述系统收集信息？还是为申请专利或鉴定科技成果需利用信息为依据说明其新颖性和创新性？还是为解决某一技术问题，需利用相关的技术信息提供借鉴或参考？还是为技术预测或决策提供背景材料？等等。

2. 明确检索要求

明确检索要求是指明确所需信息的类型、语种、数量、文献范围和年代等，以控制对查新、查准、查全的指标要求及其侧重。

（1）信息的类型。如果要了解科技的最新动态、学科的进展、了解前沿、探索未知，则强调一个“新”字；如果要解决研究中的具体问题，则要强调一个“准”字；如果要了解一个全过程、写综述、作鉴定、报成果，就要回溯大量文献，要求检索全面、详尽、系统，则要强调一个“全”字。检索目的不同，主题分析选取主题范围的广度与深度则不同。若要系统、全面地收集有关信息，选取主题范围的面要宽些，所得信息的泛指性要强些；若需有关信息为某一技术问题提供解决的方案作参考或借鉴，选取主题范围的面要窄些，所得信息的专指度要高些。

课题的类型主要包括下面几种情况：

- 查全型。开题、编写教材、基础研究或应用理论研究的课题。
- 查准型。用户需要查询在科研、生产进行当中遇到的非常专指或细微的问题。
- 动态型。研究开发和应用新技术、新理论的课题。

● 查新型。指某项技术或新产品在研制开发完成后，要对同类研究项目或相关研究项目等有关的专利及非专利文献资料对比分析所进行的检索。

（2）确定检索的时间范围。每项研究理论和技术都有其发生、形成和发展的过程，为提高检索效率，检索时应根据研究课题的背景，即有关知识发展的形成期、高峰期和稳定期来确定检索的时间范围，对发展较快的学科领域应首先查找最近几年的文献。

（3）确定检索需要的语种。

（4）了解课题对查新、查准、查全等方面的具体要求。

3. 分析课题的主题内容

找出课题所涉及的主要内容和相关内容，形成主要概念和次要概念，选取主题词。要注意课题分析获得的是反映课题主要内容的概念，而不是文献篇名中字面的罗列和堆砌，也就是说在选择主题词时，不要犯字面上组配的错误，要用概念组配。选择主题词时，如果有专指性的概念，就要用它来标引或查找，不能用上位词（广义词）来组配，也不能用下位词（狭义词）来替代。同时，提取主题概念时要注意挖掘隐含的主题概念，将表达同一概念的同义词列出。例如，查找“计算机”这个概念的信息，也可使用“电脑”一词查询，而二者之间是逻辑“或”的关系。

3.2.2 选择信息检索系统

根据课题分析的结果，确定了自己的检索目的和主题内容之后，下一步就是选择适用的检索系统。要根据课题要求，选择与所查课题和信息需求相适应、学科专业对口、覆盖信息面广、报道及时、揭示信息内容准确、有一定深度的数据库以及检索功能比较完善的检索系统。对检索系统的正确选择必须建立在对可利用资源全面了解的基础上，同时充分认识各种检索系统的类型、内容、意义和功能。如需要系统掌握某学科知识，可以选择图书；如需要写研究项目开题报告、学术研究和技术攻关，可以选择研究报告、科技论文、学位论文、会议文献等；如需要进行发明创造、工艺改革、新产品设计、引进设备和签订合同，可以选择专利说明书、标准文献、产品资料等。

选择检索系统的原则有以下几点。

（1）一般来讲，学科属性是考察检索系统是否适用的首选因素。首先要保证所选择的资源与检索课题的学科一致；其次应考虑所选资源在该学科领域的权威性如何，尽量使用权威性的专业数据库作为检索工具。例如，学化学的要查 CA、Beilstein/Gmelin 化学数据库，学生物的一定离不开 BA 或 BP。

（2）了解检索系统收编的范围和特色收藏。它包括资源收录的资料跨越的历史年代、覆盖的地理范围、是单语种还是包括多种语言、信息类型是什么等。

（3）了解检索系统的检索方法和功能。

（4）了解并有效利用检索系统的助检手段和辅助工具，如检索帮助、培训课程等。

课题的检索范围包括时间、地理、文献形式和资料类型的范围。在实际的检索过程中，课题检索的范围实际受两个因素的制约：一是检索课题本身提出的要求，二是可利用资源的数量。前者可以参照上述的课题类型、检索课题的信息量、深度及时间要求来决定，后者则依赖于图书馆信息资源建设的状况。另外，检索的范围与该课题的学科特点也有很大关系，社会人文科学方面的课题受地域因素的制约，在资料的检索范围上也应当有所侧重，如有关中国社会问题的研究应着重参考有关的国内文献。对于科学技术特别是高科技领域如计算机或通信方面的课题，仅仅查阅国内的文献是不够的，还必须查阅先进国家的研究情况。

3.2.3 分析提取检索概念

1. 了解课题的背景知识

了解课题的背景知识是进行课题检索的基础，课题的背景知识包括课题研究的对象及其所属的学科，主要涉及内容包括研究方法、使用器材、主要研究单位和人员等。获取背景知识，可以询问专业人员，也可以阅读一些入门的相关文献。

2. 分析提取课题概念

(1)分析出课题所涉及的主要概念和辅助概念，并找出能表达这些概念的若干个词或词组。

- 主要概念，又称核心概念，是指课题研究的主要对象，课题研究的主要对象包括课题归属的专业学科名称，还包括课题涉及的具体原理、研究方法、材料工艺、应用领域等。例如，课题“甜味剂的过敏反应”的主要概念是“甜味剂”和“过敏反应”。
- 辅助概念，又称普通概念，其含义是指一些没有专业意义的概念。例如，课题“聚乙烯的合成”，其主要概念是“聚乙烯”，辅助概念是“合成”。

在实际检索中，主要概念、辅助概念体现为主要检索词、辅助检索词。课题中与这两类词共同出现的还有禁用词。所谓禁用词是指没有实质检索意义，检索过程中一般不使用的词，既包括介词、冠词和连词等虚词，也包括没有事物含义的普通名词、代词、动词和形容词，如发展、研究等。

(2) 确定检索概念的一般方法。

① 切分。切分是对课题的语句以自由词为单位进行拆分，转换为检索的最小单元分割，自由词切分仅适用于自然语言检索。例如，检索“高亚音速飞机的飞行控制”相关文献，直接切分：高亚音速飞机丨的丨飞行控制。当词切分后将失去原来的意思时，不应再切分，即必须注意保持意思的完整。如“中国科学院”不可切分为“中国”和“科学院”。这类词一般都是一些专用名词，如地名、机构名等。

② 删除。删除是对自然语言中不具有实质性检索意义的介词、连词、虚词等，或使用频率较低的词，或专指性太高、过分宽泛的词，或过分具体的限定词、禁用词，一律予以删除。例如，“与”、“的”、“关系”、“研究”、“分析”、“应用”、“方法”、“发展”等都应予以删除。

在分析提取课题概念的过程中，有些检索词中已经含有的某些概念，在概念分析中应予以排除。例如，课题“玻璃纤维增强石膏制品”，从字面上看，这个课题可划为三个概念，即“玻璃纤维”、“增强”、“石膏制品”，但石膏制品中加入玻璃纤维，其目的就是为了增强石膏制品，因此可将“增强”这一概念排除在外。又如，课题“内弹道高温高压高密度的气体状态方程”，如果把“内弹道”、“高温”、“高压”、“高密度”、“气体”、“状态方程”六个概念全部组配起来，会造成大量漏检。实际上，内弹道状态方程必然是高温、高压、高密度的情况，而且，弹道状态方程也必然是针对气体而言的。

③ 替换。替换是对表达不清晰或易造成检索误差的词用更明确、具体的词予以替换。例如，“绿色包装”中“绿色”，应替换为“环保”、“可降解”、“无污染”等。

④ 补充。补充是进行同义词、近义词、相关词、缩写词、翻译名等方面的查缺补漏。例

如，“计算机”应考虑补充“微机”、“电脑”、“PC”等。

⑤ 组合。组合是对概念进行语义上的组配、合并，使概念的集合转换为主题词的集合。自由词的概念组合方式有4种。

- 概念相交组合。即内涵不同、外延部分重合的两个相同性质概念之间的组配。组配的结果产生一个新概念，这个概念分别属于这两个概念的下位概念。例如：青年*科学家=青年科学家。
- 概念限定组合。即两个不同性质概念之间的组配，其中一个概念反映了另一概念的某一方面、某一特征或时空中的某一部分。限定的结果也产生一个新概念，它表示该事物的某一方面或某一特征。例如：数学*基础理论=数学基础理论。

以上两种组配方式所得到的新概念都是原组和概念的下位概念，缩小了检索范围，提高了概念的专指度，提高查准率。

- 概念概括组合。即两个或两个以上的同级概念相加或并列，组配结果形成一个新概念，作为原来概念的属概念。例如：文学理论+艺术理论=文艺理论。
- 概念联结组合。这种组配表示几个概念之间的联系，并不形成新的概念。例如：档案学+图书馆学=档案学和图书馆学。

组合的条件如下：

- 当组配表达会产生意义失真时，不用组合表达。例如，用“蘑菇”和“战术”两个词来组合表达“蘑菇战术”这个概念，“蘑菇”一词在检索时独立使用会产生误检，所以应直接采用专指性词组，即用“蘑菇战术”这一词。
- 某些专业词汇和专有名词不必用组配，可直接采用专指性词组。例如“收录两用机”。
- 当组配表达不可能得到组配长处时，就采用专指性词组。例如，“文化水平”一词就不必分拆成“文化”+“水平”。因为“水平”一词并没有检索意义，不能成为一个检索词。

⑥ 增加。对于提取的检索词，除了具有所期望的意义之外，是否还有别的含义，如果有，就应该给它增加“限义词”，分析隐含概念。

增加“限义词”的方法包括：直接增加限义词、挖掘隐含词、提取潜在的检索词，还可以把限义词以逻辑的方式加入，采用逻辑“与”或逻辑“非”的方法来增加限义同。

分析隐含概念就是挖掘潜在的主题词，还可通过对上位词、下位词、同类词关系分析得到其他相关主题词。例如，检索“F117A潜隐战斗机”的相关文献，主题词是“隐身飞机”和“F117A飞机”，隐含主题是“武器”；又如“智力测试”，隐含着“能力测试”、“态度测试”、“创造力测试”等概念。

3. 获取课题的背景知识，分析课题概念的实例

获取背景知识方法，可以询问专业人员，也可以阅读一些入门的相关印刷型文献和浏览网上相关信息。例如，可以通过图书馆的馆藏目录检索系统查找相关的手册或者教科书，或者通过网络期刊数据库查找相关的期刊论文，或者使用网络搜索引擎查找网上相关的资源。

经过对课题背景知识的了解，应形成100～200字的表述材料，以有助于进一步分析课题概念。下面是通过Google搜索引擎方法获取课题“新一代可降解塑料薄膜研究”背景知识的示例。

网站（http://www.biotech.org.cn/news/news/show.php?id=65319）记载：降解塑料按引起降解的环境条件可分为光降解塑料、生物降解塑料、化学降解塑料与组合降解塑料等类型。光降解塑料是指一类在日光照射或暴露于其他强光源下时，发生劣化分裂反应，从而失去机械强度并进而分解的塑料材料。只要在高分子材料中加入可促进光降解的结构或基团就可成为光降解塑料。光降解塑料的制备方法有两种：共聚法和添加剂法。生物降解塑料是指在土壤中能被微生物分解的塑料，借助于细菌或其水解酵素能将材料分解为二氧化碳、水、蜂巢状多孔材质和盐类，它们进一步经微生物作用后可彻底分解，重新进入生物圈，是目前各国研究与开发的热点。化学降解塑料是指通过空气中的氧气或者土壤中水分的作用而分解的塑料，包括氧化降解塑料和水解降解塑料。组合降解塑料是指光解、微生物、物化等多因素的综合降解。为加速降解塑料的发展，各国正致力于加速研究和建立统一的降解塑料的定义、降解机理、评价方法和标准，探索及培育能降解普通塑料的菌株，使目前广泛使用的普通塑料用后具有易降解性，以适应环保要求，同时十分重视培育可生产聚酯的生物性植物等，以降低生物降解塑料的成本，有利于推广应用。

整理上述内容后，提取本课题的概念：

- 主要概念：降解塑料；
- 辅助概念：新一代；
- 禁用词：可、的、研究；
- 扩展主要概念：降解塑料扩展成光降解塑料、生物降解塑料、化学降解塑料、组合降解塑料等。

3.2.4 检索策略的构成和调整

1. 检索字段

检索字段是指文献信息的特征项目，对应于数据库中的字段标目，是检索的出发点，以前常用“检索途径”这一术语，现在常用的名称还有“检索项”、“检索入口”、“检索点”等。常用的检索字段主要有分类、主题、作者、团体作者、篇名、摘要、关键词、号码等。每种文献均有内容特征及其相关的外表特征，分类、主题等字段反映文献信息的内容特征，作者、名称和号码等字段反映文献信息的外表特征。检索时从文献的特征出发，将其特征值与检索系统中的标目数据进行比较，通过匹配达到检索目的。

（1）分类字段。分类字段检索是从文献内容所属的学科类别出发来检索文献，它依据的是一个可参照的分类体系，具体表现为分类表、分类目录、分类索引、分类导航、分类专辑等，检索时可使用分类号或分类类目。分类检索能满足族性检索的需求，查全率较高。

（2）主题字段。主题字段检索是以课题的主题内容为出发点，按主题词（包含关键词、叙词、标题词等）来查找文献。主题字段对应文献主题概念，主要包括题名、关键词、摘要。以主题作为检索途径能满足特性检索的需求，查准率较高，适合查找比较具体的课题。

（3）作者字段。作者字段检索是从文献的作者姓名出发来检索其文献。作者包括个人作者和团体作者，个人作者广义上还应包括汇编者、编者、主办者、译者等；团体作者包括作者所在单位。

（4）名称字段。名称字段检索是从各种事物的名称出发来检索文献信息。名称包括书名、刊名、资料名、出版物名、出版社名、会议名、物质名称等，也包括人名和机构名。书名索引、会议名称索引、书目索引、刊名索引等都提供了从名称进行检索的途径。

（5）号码字段。号码字段检索是以号码特征来检索文献信息。号码包括文献的编号、代码等，它们是文献信息的一些特有的外表标识，号码多种多样，通常用数字、字母或用它们结合的形式或以分段的方式来表示其各部分的含义。例如，图书有国际标准书号 ISBN；期刊有国际标准刊号 ISSN；科技报告有报告号、合同号、拨款号等；专利文献有专利号、入藏号、公司代码等；馆藏单位编有馆藏号、索取号、排架号等。它们各自按号码顺序，或以数序、或以字序、或以混合序列检索，比较机械、单纯，不易错检或漏检，若已知书名、刊名、作者姓名或序号数码的文献，可直接判断该文献的有与无。

在确定检索字段时，一般应注意以下两个方面的问题：

- 族性检索以选用分类检索较好，而特性检索则宜选用主题检索。
- 充分利用已知文献检索工具的外表特征线索。

确定文献检索标志，应重点注意以下四个方面的问题：

① 如果采用分类号、标题词、叙词等规范化的检索语言作为文献检索标志，则必须注意正确使用相应的分类法和分类表、标题词表、叙词表等，以及其他文献检索词表或词典，以便准确应用文献检索标志。

② 如果采用关键词、单元词等非规范化的检索语言作为文献检索标志，则应对自然语言中的同义词、多义词、近义词等要有所识别和掌握，在选定检索词时应尽可能把有关的同义词、多义词、近义词等考虑周全，以免漏检。

③ 如果选用的文献检索标志属于先组式检索语言（分类号、标题词等），则必须考虑先组式检索语言的特点和组织原则，了解它们与上下左右概念之间的关系与联系。

④ 在选择后组式检索语言（叙词、单元词等）的情况下，利用后组式的语词组成检索式时，应力求简明，切忌繁复。

2. 检索方法

检索方法是为实现检索方案中的检索目标所采用的具体操作方法和手段的总称。检索方法很多，在检索过程中应根据检索系统的功能和检索者的实际需求，灵活运用各种检索方法，以达到满意的检索效果。常用的检索方法有以下几种。

（1）常用法。常用法又称工具法，即利用各种检索工具查找文献的方法，常用法有三种。

① 顺查法。按时间顺序由远及近逐年查找文献的方法。但要注意所查课题的研究开始年份，否则只是浪费时间。如艾滋病，1981 年以前无报道，因此检索此课题要从 1981 年往后逐年查找。顺查法的优点是漏检率低，能全面系统地了解所检索课题的过去和现状，从而看它的发展趋势和演变过程。其缺点是费时，要知道所查课题的开始年代，一般用于重大课题和各学科发展史以及新兴学科等方面的研究课题的全面检索。

② 倒查法。与顺查法相反，是按逆时间顺序由近及远逐年查找文献的方法，目的是获取近期发表的最新文献，是一般科研人员最常用方法。在确认某项成果是否有创新时，也适合用倒查法。

③ 抽查法。针对学科专业发展特点，选择学科发展迅速、论文发表较集中的时间前后逐年检索，至基本掌握课题情况为止，能用较少的时间获得较多的文献，但必须知道学科发展特点和发展迅速的时期才能达到预期效果。这种方法多用于写专题调查报告。

（2）追溯法。追溯法是利用已掌握文献后面的参考文献或引用文献追踪查找相关文献的方法，也称追踪法或引文追溯法，具体有两种方法：一种是利用原始文献后附的参考文献追溯检索；另一种是利用专门编制的引文索引进行追溯查找。它的优点是在没有检索工具的情况下，根据原始文献所附的参考文献检索相关文献，较切题，但有片面性，文章漏检率高，陈旧知识占多数为其缺点。

（3）分段法。分段法是将常用法与追溯法交替使用的方法，也称循环法或交替法，既利用检索工具，也利用文献后所附参考文献进行追溯，两种方法交替，分期分段使用，能获得一定年限内相关文献的资料线索，节省检索时间。分段法兼有常用法和追溯法的优点，可以查得较为全面而准确的文献，是实际中采用较多的方法。对于查新工作中的文献检索，可以根据查新项目的性质和检索要求将上述检索方法融汇在一起，灵活处理。

（4）浏览法。浏览法即对纸质型或电子文献目次内容的浏览方法。因检索工具刊物反映文献有时差问题，可利用新到期刊目录进行浏览，但只能获得本馆馆藏文献，有局限性，不全面，不系统，不能作为查阅文献的主要方法。

3. 检索策略的构成

在计算机检索过程中，检索提问与存储标识之间的对比匹配是计算机进行的，要构造一个既能表达检索课题需求，又能为计算机识别的检索表达式。检索表达式是检索策略的具体体现，是上机检索的依据。它将各个检索字段、检索词、不同属性值和词间关系组织在一个检索式中，表达复杂的检索提问，完成检索任务。检索式在检索中可一次完成，也可分多步完成。一个课题的检索式表达未必是唯一的，有各种选择、描述、限定和组配方式，这些关系通过算符来体现。不同的课题，不同的检索目的，有不同的检索方法和策略。一般来说，使用逻辑与算符越多，专指性越强，查准率就越高；使用逻辑或算符越多，检索范围就越大，查全率就越高；使用逻辑非算符去掉不相关的概念，也可提高查准率，但用时要慎重，以免漏检。另外，在制定检索策略时，不要连续使用多个位置和逻辑算符，以免限制过严而漏检文献。

例如：检索课题"高效精密磁流变效应平面研磨数字化控制机床"

检索词：磁流变；MR；平面；研磨；抛光；机床；NC；数控机床

检索式：（1）（磁流变+MR）*（研磨+抛光）*平面；

（2）（磁流变+MR）*（机床+数控机床+ NC）

4. 检索策略的调整

检索过程是一个动态的随机过程，在某些检索环节中，会产生一些与检索目标相差甚远的检索结果。为了得到比较满意的最终结果，检索式往往需要经过多次判断、多次修改，哪一步不恰当就返回到哪一步去重新执行。例如，检索出来的文献量太多，就需要考虑适当紧缩检索式，通过增加限定、使用下位词等方式减少检出量；反之，则要采取相反的措施。检索策略的调整可以从以下几个步骤来考虑。

（1）评估检索结果。在实施检索之后，对检索结果有一个大致的浏览，便可以确定初步的检索策略是成功还是失败。请观察系统的检中结果：一是记录是否提供你对所研究课题的全面的认识和了解？二是记录是否涵盖部分或某些部分的研究课题？三是记录是否涵盖你的研究课题所包括的国家或地方的情况？四是记录是否涵盖其他国家或地方的情况？五是检查数据库显示的记录，若发现以下三种情况：显示太多和研究课题不相关的记录；显示太少和研究课题相关的记录；没有和研究课题相关的记录，就必须重新思考并建立检索命题，对检索策略进行优化，进行缩检或扩检。

（2）优化检索策略。

① 检索的细化，即缩小检索范围。大致有以下几种细化方式：

- 主题细化，如高等教育—教学法，就是在“高等教育”主题下根据不同的次主题细分，使资料更为精确。或者用主题词表、索引词表选择更专指的主题词或关键词。
- 通过浏览结果选择更专指的词。
- 运用算符 AND、OR、NOT、WITH、NEAR 等加以限制或排除。
- 指定字段检索。
- 从年代、地理、语言及文献类型上限制。例如，限定检索结果为书本或期刊等；限定某个主题在特定地点的资料，如哲学—德国；限定某地特定主题，如阿根廷—历史，等等。

② 检索的扩展，即扩大检索范围。大致有以下几种扩展方式：

- 对已确定的检索词进行其同义词、近义词、相关词、缩写和全称检索，提高检全率，防止漏检。例如，查找有关“计算机”的文献，其检索词也可以是“微机”、“电脑”。查找“环境污染”相关资料，除了输入检索词“环境污染”直接进行查询外，还可从“大气污染”、“水污染”、“化学污染”、“工业污染”等相关方面着手查询。
- 利用系统的助检手段和功能。有的系统提供树形词表浏览，使我们可以用规范词、相关词、更广义的上位词进行扩展。有的系统如中国知网，可以直接提供相关性文献查找的功能，只要在检索结果列表中单击“相关文献”，系统便自动搜索与选中结果主题最相关的文献。
- 利用论文的参考文献。当找到和课题相关的论文时，可参考其引用的参考文献。还可以利用引文数据库，由找到一篇相关文献开始，从文献引用与被引用的关系入手，采用“滚雪球”的方式找到更多的相关的参考资料。
- 使用逻辑非检索或截词检索。

（3）提高系统输出文献相关性的方法。对于系统输出不相关文献篇数过多的情况，应分析是否可能是如下原因造成：检索词方面是否选用了多义性的检索词；截词截得过短；检索算符方面是否在应该使用逻辑与（AND）的场合使用了逻辑或（OR）。针对不同原因，调整策略的方法有减少同义词或同族相关词，增加限制概念，用逻辑与（AND）将它们连接起来，使用字段限制，使用适当的位置算符，使用逻辑非（NOT）算符排除无关概念等。

3.2.5 记录和阅读文献线索

当利用检索工具查到与检索提问相一致的线索时，应仔细阅读各条线索，若内容切题则要及时完整地记录下来，以备进一步索取原始文献。

3.2.6 索取原始文献

当文献类型和出版物的全称明确以后，即可利用各种馆藏目录或联合目录查找所需文献的收藏单位，进行借阅或复制；或通过网络全文数据库检索，直接得到原文；通过搜索引擎搜索获得部分原文；通过作者个人主页或博客获得原文；与作者联系获得原文；通过国际联机检索系统订购原文等。

3.3 检索语言、标引方法和实例

3.3.1 检索语言及其定义

用来描述文献、组织文献记录，进行文献检索的标识系统，称为检索语言。检索语言是存储信息与检索信息所使用的共同语言，它是标引人员与检索人员之间沟通思想、取得一致理解的桥梁，是标引和检索之间的约定语言，是一种人工语言。

就检索语言的实质而言，它是从自然语言中精选出来并加以规范化的一套词汇符号，是概括信息资源内容或外表特征及相互关系的概念标识体系。检索语言由词汇和语法两部分组成。词汇是指收录在分类表、词表中所有的标识（分类号、检索号、代码等），是可识别的语词；语法是指如何运用标识来准确表达信息资源内容和特征，以有效实现信息资源检索的规则。由于信息资源检索的匹配过程是通过检索语言的匹配来实现的，检索语言的质量好坏以及对它的使用正确与否直接影响检索效率的高低，因此用户检索能力的提高也离不开对检索语言的了解和掌握。

检索语言能描述文献内容特征、外表特征和表达情报提问。文献内容特征的检索语言主要有分类语言和主题语言。文献外表特征的检索语言是指将不同的文献按照文献题名、作者姓名、出版者等的字序进行排列，或者按照报告号、专利号等号码的数序进行排列，形成以文献题名、作者姓名及号码为检索途径来满足用户需求的检索语言。

3.3.2 分类语言及其标引方法和实例

1. 分类语言

以学科体系为基础将各种概念按学科性质和逻辑层次结构进行分类和系统排序，用分类号和相应的分类款目来表达各种概念，能反映事物的从属派生关系，便于按学科门类进行族性检索。按照分类方式的不同，分类语言又分为体系分类语言、组配分类语言和混合分类语言。下面介绍体系分类语言。

体系分类语言是一种直接体现知识分类的等级关系的标识系统，是按文献内容特征进行分类的检索语言。其主要特点是按学科、专业集中文献，并从知识分类角度揭示各类文献在内容上的区别和联系，提供从学科分类角度检索文献的途径。

所谓“类”是指具有许多共同属性事物的集合。凡用来表达同一事物的概念称为“类目”。每类事物，除了有共同的属性外，还有其个性，也就是说还可以用个性相近事物为标准再进行划分。例如，通信类可以划分为通信系统、有线通信、电话、电报、传真等子类目。“通信”属于被划分的类，一般称其为“母类”或“上位类”（即属概念），经过一次划分所形成的一系列概念，如通信系统、有线通信、电话、电报、传真等称为“子类”或“下位类”（即种概念）。子类与子类之间称同位类（并列概念）。子类中的某一概念还可再进行划分，如通信系统，又分成数字通信系统、扩展频谱通信系统、多址通信系统等，依此层层细分下去。由此可见，体系分类语言是以学科的分类为基础，概括文献的内容特征及某些外表特征，运用概念划分的方法，按知识门类的逻辑次序，从总到分、从一般到具体、从简单到复杂，进行层层划分，从而产生许多不同级别的类目，层层隶属，形成一个严格按学科门类划分和排列的等级制体系。

体系分类语言广泛用于图书、资料的分类和检索，它是图书情报界使用最普遍的一种检索语言，它的具体体现形式就是图书分类法。比较有影响的有《中国图书馆图书分类法》、《国际十进分类法》和《杜威分类法》等。

《中国图书馆图书分类法》简称“中图法”，是1971年由北京图书馆、中国科学技术情报所等单位共同编制完成的，于1974年出版，并经过多次修订与再版，目前已修订至第五版，称《中国图书馆分类法》，由基本部类和基本大类、简表、详表、通用复分表组成。

（1）“中图法”的基本部类和基本大类。基本部类又称基本序列，由五大部类组成。基本大类又称大纲，是在基本部类的基础上展开的第一级类目，分22个大类组成，用A～Z的22个字母表示，具体见表3-6。

表3-6 “中图法”基本部类和基本大类表

基本部类	基本大类
1. 马克思主义、列宁主义、毛泽东思想、邓小平理论	A. 马克思主义、列宁主义、毛泽东思想、邓小平理论
2. 哲学	B. 哲学、宗教
3. 社会科学	C. 社会科学总论 D. 政治、法律 E. 军事 F. 经济 G. 文化、科学、教育、体育 H. 语言 I. 文学 J. 艺术 K. 历史、地理
4. 自然科学总论	N. 自然科学总论 O. 数理科学和化学 P. 天文学、地球科学 Q. 生物科学 R. 医药、卫生 S. 农业科学 T. 工业技术 U. 交通运输 V. 航空、航天 X. 环境科学、安全科学
5. 综合性图书	Z. 综合性图书

（2）简表。简表是在基本大类上展开的二级类目表，通过简表可了解分类概貌。工业技术大类的简表见表3-7。

表3-7 “中图法”T工业技术大类简表（二级类目表）

TB 一般工业技术	TL 原子能技术
TD 矿业工程	TM 电工技术
TE 石油、天然气工业	TN 无线电电子学、电信技术
TF 冶金工业	TP 自动化技术、计算机技术
TG 金属学与金属工艺	TQ 化学工业
TH 机械、仪表工业	TS 轻工业、手工业
TJ 武器工业	TU 建筑科学
TK 能源与动力工程	TV 水利工程

（3）详表。详表是分类表的主体，它依次详细列出类号、类目和注释。此处以“计算机软

件”说明其类号、类目展开示例，见表3-8。

表3-8 “计算机软件”类号、类目展开示例

TP3 计算技术、计算机技术
TP31 计算机软件
TP311 程序设计、软件工程
TP312 程序语言、算法语言
TP313 汇编程序
TP314 编译程序、解释程序
TP315 管理程序、管理系统
TP316 操作系统
TP317 程序包（应用软件）
TP319 专用应用软件
……

（4）通用复分表。通用复分表是对主表中列举的类目进行细分，以辅助详表中的不足。通用复分表由总论复分表、世界地区表、中国地区表、国际时代表、中国时代表、世界种族与民族表、中国民族表和通用时间、地点表组成，附在详表之后。

2. 确定课题分类号的方法

确定课题的分类号是分类途径检索文献的关键。下面介绍的是单概念课题和多概念课题的分类方法以及上位类分类方法。所谓单概念课题是指课题涉及的主题概念只有一个，例如“刑法”、“股票”、“语法”等都属于单概念课题。使用分类表给单概念课题确定类号的一般方法是了解分类表的体系结构，重点掌握大类的分布；在相关的大类中，由大而小，逐步查找最接近于课题要求的类号。

涉及两个或两个以上概念的课题即为多概念课题，例如“计算机在人口预测研究中的应用”（含“计算机”、“人口预测”两个概念）就属多概念课题。给多概念课题确定分类号的方法，除了应用单概念课题分类方法以外，还应注意以下几点。

（1）并列概念课题。对于涉及同一研究对象的几个方面或者涉及几个并列研究对象的课题，凡是有主次者，应取其重点或主要研究对象归类。例如“新闻宣传研究”，如果侧重于“新闻”，在《中图法》中取“G212 新闻采访和报道”；如果侧重“宣传”，则应取“G223 广播电视宣传和群众工作”。如果涉及同一研究对象的几个方面都需要检索时，则应在所涉及的几个类中同时查找。还是这个例子，“新闻”和“宣传”都希望查找，则两个类号都应该查找。

（2）应用性课题。研究一种理论、方法等在某方面应用或对某方面影响的课题，应在所应用或受影响的类目中查找。例如，“计算机在人口预测方面的应用”的《中图法》类号应归入“人口预测”所在的类号“C923”，而不应归入“计算机的应用”所在的类号“TP39”。研究一种理论、方法、工艺等在多方面应用或对多方面造成影响的课题则在该理论、方法、工艺等本身所属的类目中查找。例如，“计算机在人文社会科学方面的应用”应归入“计算机的应用”所在的类号“TP39”。

（3）上位类分类方法。这种归类法是一种特殊的分类方法。它是指欲查课题在分类表中无

符合要求的专指类目时，可以归入它的紧邻上位类。确定合适的上位类号是这种分类方法的关键。例如，“电影音乐合成”在《中图法》中没有现成的类号可用。经分析，“电影音乐合成”是一项影视技术。因此，“电影音乐合成”的类号，可以用上位法选择“J93 电影、电视拍摄艺术与技术”下的“J933 录音”。

3. 确定课题分类号的实例

利用分类途径查找文献的一般步骤：分析所需查找文献的内容主题；判断该主题在分类法中属于哪一大类，然后再从大类一级一级往下寻找，直到查到具体类目为止，记下分类号；根据检索到的分类号在检索工具中检索，便可查得所需文献。例如，查找“塑料吹塑成型”的《中图法》相关分类号如下：

（1）分析课题。塑料是一种化工产品，按其学科属性分析，它属于工业技术中的化学工业大类，本课题属于塑料化工工艺。

（2）从分类表中逐级向下查找，得 TQ320.664，塑料吹塑成型。

3.3.3 叙词语言及其标引方法和实例

主题语言是一种描述性语言。它用语词直接表达文献的主题，这些语词就是表达主题概念的标识。将这些作为标识的语词按字顺排列并使用参照系统来间接表达各种概念之间的关系，这就是主题语言。根据词语的选词原则、组配方式、规范方法，主题词语言可以分为叙词语言、标题词语言和关键词语言。

1. 叙词语言的定义

叙词语言是主题语言的高级形式。叙词语言是以表达文献主题内容的概念单元为基础，经过规范化处理、可进行逻辑组配的一种主题语言。它的基本性质是概念组配，概念组配是概念的分析和综合，而不是简单地依据字面意义进行组词和拆词。叙词语言是后组式检索语言，有一套较完整的参照系统，能显示叙词之间的相互关系，对于熟悉自己专业词汇的科技人员来说，从叙词表中找到切题的叙词后，只要组配得当，就能大大提高检索效率。常用的叙词语言检索工具有《汉语主题表》、《INSPEC 叙词表》（INSPEC Thesaurus）等。

概念组配与字面组配在形式上有时相同，有时不同；而从性质上来看两者区别是很大的。字面组配是词的分析与组合（拆词），概念组配是概念的分析与综合（拆义）。例如：

字面组配	概念组配
模拟+控制→模拟控制	模拟+控制→模拟控制
香蕉+苹果→香蕉苹果	香蕉味食品+苹果→香蕉苹果

在以上第一例中，无论是字面组配还是概念组配，其结果都是“模拟控制”。第二例中，根据字面组配原理，“香蕉”和“苹果”组配是“香蕉苹果”，而概念组配的结果应是指“一种香蕉和苹果杂交的品种”，而这样的品种目前是不存在的，所谓“香蕉苹果”只能是一种有香蕉味的苹果。因此，根据概念组配原理，这个概念应当用“香蕉味的食品”和“苹果”两个词组配，才符合概念逻辑。

2. 叙词表

（1）《汉语主题词表》。《汉语主题词表》是由中国科学技术信息研究所、国家图书馆主编的我国第一部大型综合性汉语叙词表，共三卷 10 分册，分为自然科学和社会科学两个部分。第一卷包括两个分册，为社会科学部分；第二卷包括 7 分册，为自然科学部分，其中，第 1～4 分册为主表，第5分册为词族索引，第6分册为范畴索引，第7分册为英汉对照索引；第三卷为附表。

① 主表，也称字顺表，是《汉语主题词表》的主体部分。所有正式（规范）与非正式（非规范）主题词按汉语拼音顺序排列，该表是标引和检索汉语文献、组织目录的主要工具。主题词条目的结构如下：

Xian xiang guan②
显像管①　　　　　　[56E] ④
Kinescope③
Picture tube③
D⑤　　电视显像管
　　　　监视管
F⑥　　彩色显像管
　　　　固体显像管
　　　　黑白显像管
S⑦　　电子束管
Z⑧　　电子管
C⑨　　显示管
　　　　指示管

说明：①条目主题词，②主题词汉语拼音，③英译名，④范畴分类号，⑤代项（同义词），⑥分项（下位词），⑦属项（上位词），⑧族首词，⑨参项符号（相关词）。

条目主题词的参照项是指示词之间的语义关系，主要有同义关系、属分关系和相关关系。其语义参照系统见表3-9。

表3-9　叙词的语义参照系统

语义参照关系	参　照　项	中文符号	英文符号	作　　用
同义关系	用	Y	USE	指引相应的正式主题词
	代	D	UF	指引相应的非正式主题词
属分关系	属	S	BT	指引所从属的上位主题词
	分	F	NT	指引所含的下位主题词
	族	Z	TT	指引所从属的族首词
相关关系	参	C	RT	指引有语义关系的相关词

② 词族索引，以族首词为条目词，按其汉语拼音排序，按级别展开成词族系统，用加“.”号方式表示级别，同《INSPEC叙词表》的等级表。

③ 范畴索引，即分类索引，它按学科范畴把全部主题词编列成分类体系，以便从分类角度查找有关的主题词。自然科学部分划分为43个大类，展开成333个二级类及770个三级类，每类都有范畴号标记，采用数字与字母混合号码形式，如39C。

④ 英汉对照索引，按英文字顺排序，将英文主题词与汉语主题词对应，是通过英译名来选择主题词的辅助工具。

⑤ 附表，是从主表衍生出来的一种专用词汇表，共有四种，包括世界各国地区名称、自

然地理区域名称、组织机构名称和人名。

（2）《INSPEC 叙词表》。《INSPE 叙词表》（INSPEC Thesaurus）是《科学文摘》（Science Abstracts）检索工具配套使用的规范词表，它由国际物理与工程情报服务部（International Information Services for the Physics and Engineering Communities，INSPEC）编辑出版。该词表自 1973 年出版以来，每隔数年修订一次，是用主题途径检索 SA 时，确定正式叙词的依据。

INSPEC 叙词表由字顺表和等级表两部分组成。字顺表展开叙词的同义词，表达正式主题词的上下位和相关关系，以及该叙词所属的分类号和计算机检索分类号。等级表展开叙词的等级关系，可帮助读者确定正式叙词和扩大检索范围。现已有机读版的联机叙词表。

① 字顺表（Alphabetic Display of Thesaurus Terms）。字顺表按其所收录的词汇的字母顺序编排，表中叙词为黑体字，每个叙词下有若干可参照的相关词汇，有专门的参照项标识来表示它们的关系，这些参照项均采用大写黑体缩略形式，其样例如下。

television picture tubes

UF	display tubes, television
	Kinescope
	Picture tubes, television
NT	color television picture tubes
BT	cathode-ray tubes
	television equipment
TT	electron tubes
	telecommunication equipment
RT	fluorescent screens
	phosphors
CC	B2360
FC	b2360-k
DI	January 1973

Television signals

USE video signals

说明如下：

UF：Used For，意为替代，指出本叙词所替代的非规范词，UF 后的词不能作叙词检索。

NT：Narrower Term，意为狭义词，指出本叙词的下位词，紧缩检索概念，该下位词也是叙词，可用于检索。

BT：Broader Term，意为广义词，指出本叙词的上位词，扩宽检索概念，该上位词也是叙词。

TT：Top Term，意为族首词，指出本叙词的最高上位词，它也是叙词。

RT：Related Term，意为相关词，指出与本叙词概念相关的其他叙词。

CC：Classification Code，意为分类码，对应《科学文摘》中的类号。

DI：Date of Input，意为录用日期，是词表收集该词的起始年月。

词表中也列入一些非规范词，它们使用斜体字，其后用“USE”标识，意为“用”，来指向应该使用的叙词。

② 等级表（Hierarchical List of Thesaurus Terms）。等级表按族首词的字顺排列，每个族首词之下由上而下逐级列出其下位、下下位词，级别由点数来标识，其样例如下。

laser beam applications

. laser applications in medicine

. laser beam machining

. laser beam welding

. laser materials processing

. . laser abation

. . . pulsed laser deposition

. . . . . .

. plasma heating by laser

. plasma production by laser

. . laser fusion

. . remote sensing by laser beam

③ 联机版的叙词表（Journal，Classification & Thesaurus，JCT）。样例如下：

①—— Control Number：15191

②—— Status：C

③—— Record Type：Thesaurus Term Record

④—— Used for Terms：Web servers | World Wide Web

⑤—— Prior Terms：internetworking | wide area networks

⑥—— Date of Introduction：January 1995

⑦—— Thesaurus Terms：Internet

⑧—— Narrower Terms：Internet telephony

⑨—— Broader Terms：information networks

⑩—— Related Terms：digital libraries，information resources，internetworking，intranets，Java，Perl，quality of service

⑪—— Top Terms：computer applications，digital systems，distributed processing，networks (circuits)， telecommunication

说明：①控制号；②分辑号；③记录类型；④非正式用词；⑤优先用词；⑥叙词正式采用的时间；⑦正式叙词；⑧下位词；⑨上位词；⑩相关词；⑪族首词。

（3）《Ei 叙词表》。《Ei 叙词表》（Ei thesaurus）的结构格式样例如下：

Acoustic imaging

SN：Production of real-time images of the Internal Structure of opaque objects

DT：Predates 1975

UF：Acoustic lenses

BT：Imaging techniques

NT：Ultrasonic Imaging

RT：Acoustic holography

Acoustics

Diagnosis

Lenses

其中，“SN”即“Scope Notes”，意为范围注释，“DT”即“Date”。

3. **确定课题叙词的方法**

由于叙词语言的优越性能，利用汉语主题词表等叙词表给课题标引（即选择）合适的主题词就比较容易。通常这种标引步骤可分为课题分析、查表选词和试查定词三步。

（1）课题分析。进行课题主题分析时，应根据课题涉及的主要对象，研究手段、使用方法、条件、研究目的、用途作深入的分析，切忌仅依据课题名称确定主题词。分析中应特别注意提取课题研究的主要事物概念。

（2）查表选词。查表选词实质上是在分析已得概念的基础上对课题作的试标引。标引主题词有两种情况，一种是分析所得概念在主题词表中已有对应的主题词，另一种是主题词表中没有对应的主题词。这两种情况可以有直接、组配和上位三种标引方法。直接标引是指当主题词表中已有和课题概念相同的主题词时，即应直接使用该主题词。这种标引方法情况适用于多数的单概念课题。组配标引适用于多概念课题与复合主题课题的标引。

多概念课题的主题要素由不相容的逻辑关系构成。不相容逻辑关系包括矛盾关系、反对关系和并列关系。例如，生—死、是—非、男—女，一对词所表达的概念为两方面相反，非此即彼，不存在其他状态，是矛盾关系；大—小、上—下、天—地、方—圆等，一对词所表达的概念意义在逻辑上处于反对关系，它们表示事物、现象的两种状态，并不排斥其他的状态，如方—圆之外，还有三角、菱形、椭圆等形状。红外线与紫外线是并列关系。在对这些多概念课题作标引时，应分别选用主题词。

所谓复合主题课题，是指主题要素之间的关系是相容关系的课题。复合主题课题分析出来的主题要素之间的关系包括同一关系（“微机”与“电脑”一般是同一事物的不同说法，是等义词）、属种关系、全面与某一方面的关系（“中国历史”与“清史”；“经济运行指标”与“GDP”，一般是上下位概念）以及交叉关系（“中国人”与“学生”）等。对于复合主题课题，要使用适合课题的专指性的正式主题词。例如，同一关系的课题应使用主题词表中的正式主题词；属种关系、整体与部分关系、全面与某一方面的关系的课题取适当的下位词或相关词；交叉关系的课题可根据需要取其之一或两者都查。

上位词标引是指当主题词表中没有课题对应的主题词时，又不能使用组配法标引时，可采用最近一级的上位词标引。

（3）试查定词。使用主题词表选择的主题词，都必须通过主题索引试查，由实际检索结果来确定究竟哪些词是可用的，哪些词是不可用的。另外在选词过程中，下列一些事项也需要注意：首先，要查的课题中包含几个事物概念，就应选择几个主题词。只查其中一个主题词是无法做到查全的。其次，不要选择那些缺乏主题意义的泛指性词作为检索主题词，如“研究”、“发展”和“分析”等。再次，表示文献类型的名词，如手册、报告、传记、书评等，除非当它们被当做探讨对象时才作为主题词使用，一般只作为副主题词或说明语使用。例如，要查找“Review of the grammar structure development”，应查的主题词是“grammar structure”、“review”和“development”，一般应在副主题词、说明语、甚至篇名、文摘中查找。与此同理，表示事件发生的时间、地点一类的词，表示事物非常具体的性质、特点等的词，也都应该在副主题词、说明语甚至篇名文摘中查找。例如，要查找“researches on computing economic models in

Canada”，应查的主题词是“economic models”和“computer simulation”，而“researches”、“Canada”都应在说明语、甚至篇名、文摘中查找。最后，特别要注意选择那些能代表课题实质意义的词作为主题词，不能从字面上选词。例如，要确定“运用计算机程序建立股票趋势预测模型”这个课题的主题词，直接使用“计算机程序”和“股票趋势预测模型”，不如分别使用“计算机”、“预测”、“股票”、“模型”，然后再将它们组配起来。

4. 确定课题叙词的实例

下面介绍一个确定美国《工程索引》叙词的实例。

课题：确定“手机专用集成电路”的美国《工程索引》叙词。

（1）分析课题概念。“手机专用集成电路”含“手机”和“专用集成电路”两个显见概念和“个人通信设备”一个隐含概念。将其译成英语，分别为“cellular telephone”、“application specific integrated circuits”和“personal communication devices”。

（2）查找美国《工程索引》叙词表。在美国《工程索引》叙词表（Thesaurus）的文本框中分别输入“application specific integrated circuits”、“cellular telephone systems”和“personal communication systems”，得到以下信息：

Application specific integrated circuits
Used for： *ASIC*
Custom integrated circuits
Semicustom integrated circuits
Broader Terms： Monolithic integrated circuits
Related Terms： Design for testability
Digital integrated circuits
Logic design
VLSI circuits

Cellular telephone systems
Used for: *Personal communications*
Prior Terms: *Telephone--Personal signaling*
Broader Terms: Cellular radio systems
Telephone systems
Related Terms: Data privacy
Personal digital assistants

Personal communication systems
Used for: Personal communication networks
Personal communication services
Broader Terms: Telecommunication systems
Broader Terms: Microcellular radio systems
Mobile telecommunication systems
Personal computing
Picocellular radio systems
Telephone systems

根据主题词表的定义，凡在取代词（Used for）和曾用词（Prior Terms）项下列出的词都不能使用。而上位词（Broader Terms）、下位词（Narrower Terms）和相关词（Broader Terms）都属于可选词范围。就“手机专用集成电路”这个课题而言，从以上给出的主题词信息，我们可以选择“Application specific integrated circuits”，“Cellular telephone systems”和“Personal communication systems”等作为本课题的主题词。

3.3.4 关键词语言及实例

1. 关键词语言定义

关键词语言是以关键词作为文献内容标识和检索依据的一种主题词语言。关键词是选自文献题目、文摘乃至正文中具有实质意义的语词，它是不受词表控制的非规范化语言。美国的《化学题录》主题词索引及美国《化学文摘》的关键词索引均以关键词语言编辑。

在计算机检索中，大多数系统具有主题词检索功能，因为通过主题词检索可以缩小检索范围，提高准确度和检索速度。为了便于用户检索使用，一般在系统中预先将本数据库系统所定义的全部主题词存入系统，用户可以根据系统的主题词库直接检索，不必牢记各个主题词或翻查主题词表。

很多情况下，我们并不十分了解自己要检索的文献归属于哪一个主题词下，或用一两个主题词很难代表要查找文献的全部含义，这时，可以使用自由词或关键词检索。计算机系统可以对所有的词进行检索，并对每个词在每篇文献中出现的频率进行统计，可以根据某一词出现的频率判断某篇文献与某一主题的相关程度。一般主题词的检索局限在题名、文摘、全文等字段中，而自由词或关键词的检索则不局限于字段，可以对所有字段进行自由检索。

从课题出发确定关键词的方法，涉及分析提取课题主要概念和辅助概念、检索概念的切分、删除、补充、组合等，见 3.2.3 节。

2. 确定课题关键词的步骤

确定课题关键词的步骤主要是以下三步。

（1）分析课题，提取概念。对课题仔细进行分析，特别要分析课题涉及的事物名称，包括研究的主要手段、方法、目的等，所有这些事物名称均可以作为课题概念提取的对象。当然，课题涉及的最主要的事物名称应作为首先考虑的检索概念。

（2）整理概念，扩充同义词汇。将分析所得的概念整理归纳，分成若干个组面，每一组用同义词、近义词、缩写词、复数形式等予以扩展。例如，将“外商投资管理”这个课题分成“外商”、“投资”、“管理”三组，“外商”的同义词和近义词可扩展出“独资”和“合资”等，“投资”的同义词和近义词可扩展出“资本”和“股权”等，“管理”的同义词和近义词可扩展出“法规”和“规定”等。使用扩充后的同义词作为查找关键词，可以避免检索过程中的许多漏检情况。

（3）运用所得词汇试查，确定课题适用的关键词。运用分析所得的词汇在所选择的检索工具中试查，以便通过检索结果来检验分析所得的词汇的实际查找效果，进而确定课题适用的关键词。

3. 确定课题关键词的实例

课题：一种聚合物与轮胎粉复合改性沥青及路面封缝材料的研制与开发。

（1）分析课题，提取概念。本课题主要概念：聚合物、轮胎粉、改性沥青、封缝、材料；

辅助概念：一种、研制、开发；禁用词：与、及。

（2）整理概念，扩充同义词汇。聚合物扩展成：聚氨酯（PU）、环氧树脂、丁苯橡胶（SBR）、热塑性弹性体（SBS、SIS）；轮胎粉扩展成：橡胶粉、胶粉；改性沥青扩展成：AR、沥青改性；材料扩展成：生产工艺。

（3）运用分析所得词汇试查，确定课题适用的关键词。

3.4 数据库检索技术

计算机信息检索过程实际上是检索词与标引词比较的过程。单个检索词的计算机检索比较简单，两个或两个以上的检索词则需要根据检索课题的要求，运用检索算符对检索词进行组配。在计算机信息检索系统中，基本的检索算符有布尔逻辑算符、截词符、字段限定算符、位置算符等。

3.4.1 布尔逻辑算符

规定检索词之间的逻辑关系的算符，称为布尔逻辑算符。主要的布尔逻辑算符有：逻辑与（AND）、逻辑或（OR）、逻辑非（NOT）。

1. 逻辑与

逻辑与用来组配不同的检索概念，其含义是检出的记录必须同时含有所有的检索词，如图 3-8 所示。可用“AND”、“and”或“*”表示，组配方式为“A and B”或“A*B”，表示数据库中必须同时含有 A、B 两词的文献为命中文献。其作用是增加限制条件，即增加检索的专指性，以缩小提问范围，减少文献输出量，可提高查准率。

2. 逻辑或

逻辑或用来组配具有同义或同族概念的词，如同义词、相关词等，其含义是检出的记录中至少含有两个检索词中的一个，如图 3-9 所示。可用“OR”、“or”或“+”表示，组配方式为“A OR B”或者“A+B”，表示数据库中凡含有 A 或者 B 检索词或者同时含有检索词 A 和 B 的文献均为命中文献。使用逻辑或相当于增加检索主题的同义词、近义词和相关词，其作用是放宽提问范围，增加检索结果，起扩检作用，可提高查全率。

3. 逻辑非

逻辑非用来排除含有某些词的记录，即检出的记录中只能含有 NOT 算符前的检索词，但不能同时含有其后的词，如图 3-10 所示。可用“NOT”、“not”或“-”表示，组配方式为“A not B”或者“A-B”，表示数据库中含有 A 词而不含有 B 词的文献为命中文献。其作用是排除不希望出现的检索词，它和“*”的作用相似，能够缩小命中文献范围，增强检索的准确性。

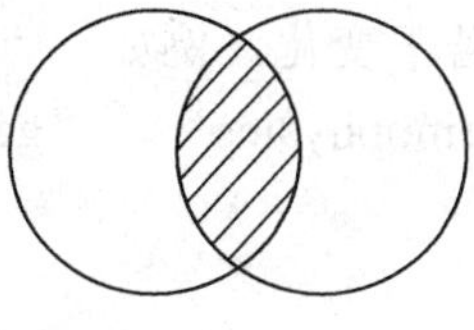

图 3-8　逻辑与

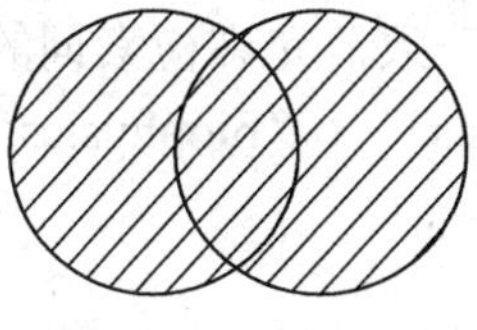

图 3-9　逻辑或

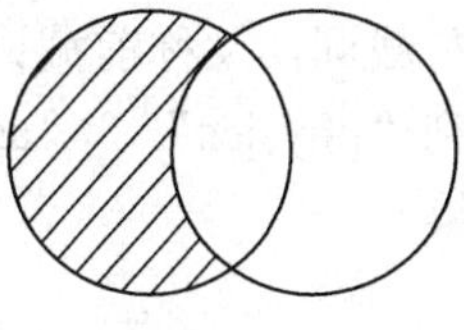

图 3-10　逻辑非

三种布尔逻辑算符的优先级从高到低为逻辑非（NOT）→逻辑与（AND）→逻辑或（OR），同一组检索提问中既含有 OR，又含有 AND 时，可以用优先算符“（）”来改变运算顺序，将 OR 前后的词放入括号中，计算机将优先运算括号内的算符，如（financial or monetary）and bonds not（chemical or atomic）。

3.4.2 字段限定算符

字段限定符，即字段代码。在检索系统中，为了提高查准率，缩小检索范围，通常有一些限制的手段和方法。使用这些方法进行检索通常称为限制检索（Limit Search）。常用的限制方法是字段限定。

数据库中每条记录都有许多字段，将检索词限定在特定的字段中进行检索就叫做字段限定检索，通常在检索式中加入字段代码来限定检索字段。字段代码与检索词之间可用后缀符（如“/”）或前缀符（如“=”）连接起来。

例如，“education/TI”、“high school/DE”、“teaching/AB，ID”，分别是指将“education（教育）”限定在 TI（题目）字段中检索，“high school”限定在 DE（叙词）字段中检索，“Teaching”限定在 AB（文摘）字段和 ID（自由标引词）字段中检索。

又如，“AU=wang haiyan”、“JN=psychology abstracts”、“LA=English”，分别是指将“wang haiyan”限定在 AU（作者）字段中，“Psychology abstracts”限定在 JN（刊名）字段中，“English”则限定在 LA（语种）字段中，以缩小检索范围。

各个检索系统的字段限定符和前缀后缀符号可能各有不同。在菜单式检索界面中，通常用户只要在下拉菜单中选择某个字段名称，在提问框中输入检索词，就可完成字段限定检索。

3.4.3 截词符

不同的数据库和搜索引擎有不同的截词符号，如 DIALOG 系统中用“?”，Elsevier SDOL 系统中用“*”。

截词检索是指在检索式中用截词符号来表示检索词的某一部分的词形变化，因此检索词的不变部分加上由截词符号所代表的任何变化形式所构成的词汇都是符合要求的检索词，结果中只要包含其中任意一个就满足检索要求。截词检索的主要目的是提高查全率。截词检索的类型有以下几种：

（1）右截词，又称后截词、前方一致。它允许检索词的词尾有若干变化，右截词主要用在：①词的单复数；②年代；③作者；④同根词。例如，“comput*”将检索出“computer”、“computing”、“computerised”、“computerized”、“computerization”等结果。

（2）中间截词。允许检索词中间有若干变化，中间截词可用于解决有些单词的英、美国家拼写方式不同，或者有些词在某个元音位置上出现的单、复数的不同拼写。例如，“wom*n”将检索出“woman”、“women”的结果。

（3）左截词，又称前截词、后方一致，允许检索词的词前有若干变化。例如，“*physics”就可检索到“physics”、“astrophysics”、“biophysics”、“chemophysics”、“geophysics”等词的结果。

3.4.4 位置算符

位置算符用于表达检索词间的位置关系。位置检索适用于两个检索词以指定间隔或者指定顺序出现的场合。例如，以词组形式表达的概念；彼此相邻的两个或两个以上的词；被禁用词或特殊符分隔的词以及化学分子式等。如果布尔逻辑算符是表示两个概念之间的逻辑关系，那么位置算符表示的就是两个概念在信息中的实际物理位置关系。常用的位置算符如下。

1. 词位置检索算符

词位置检索算符即邻近检索算符，表示两个检索词或短语之间的距离和位置关系。

（1）（W）算符与（nW）算符。

① 位置算符（W）。表达式：A（w）B，表示AB两词靠近，次序为A先B后，顺序不可颠倒，而且检索词之间不允许有其他的词或字母，但允许有空格或连字符号。例如，“communication（w）satellite”或者“communication（）satellite”，可检索出“communication satellite”、“communication-satellite”。

② 位置算符（nW）。表达式：A（nW）B，其中W的含义为Word，表示AB两词靠近，次序为A先B后，中间最多可加n个词，但两个检索词的次序还是不能颠倒。例如，“communication（2W）satellite”，可检索出“communication satellite”、“communication though satellite”、“communication on the satellite”词组的记录。

（2）（N）算符与（nN）算符。

① 位置算符（N）。表达式：A（n）B，其中n含义为near，表示AB两词靠近，次序可变。例如，“money（N）supply”可检索出“money supply”和“supply money”两个词组。

② 位置算符（nN）。表达式：A（nN）B，表示AB两词靠近，次序可变，中间最多可加n个词。例如，“cotton（2N）processing”，表示凡含有“cotton processing”、“processing of cotton”和“processing of Egyptian cotton”的文献记录都算检索命中。

（3）ADJ。类似于词组检索，表示两词前后顺序固定。

（4）拼写词TYPO[ ]。可进行同义词不同拼写的检索，例如，“TYPO[fibre]”，可找出“fibre”、“fiber”。

（5）“”。用“”标注的检索式表示完全匹配的短语/词组检索。一般来说，在查询框内输入一个或多个关键字，且两个检索词之间没有任何其他符号，检索系统会将这两个检索词之间的关系设为默认值（and或or）。若将这两个检索词看成为一个短语或词组进行检索，就必须使用一定的标识号来表明该词组或短语。最常用的是将该词组用双引号或括号标识出来。

2. 同字段检索算符

（1）（F）算符。表达式为A（F）B，其中F的含义为Field，表示AB两词在同一字段中，次序可变，中间可插任意检索词。例如，“pollution（F）control”表示检索词在同一字段中，可查出“control and management of industrial pollution”。字段类型可用后缀限定。例如：“environmental（F）impact/DE”，TI表示这两个词必须同时出现在叙词和篇名字段中。

（2）（L）算符。该算符是“Link（连接）”的缩写，（L）两侧的检索词之间有一定的从属关系。在某些数据库中，存在着主标题词与副标题词，副标题词一般是修饰主标题词或限定主标题词的，二者之间有一定的从属关系。

3．子字段检索算符（S）

（S）算符的表达式为 A（S）B，其中 S 的含义为 Sentence，表示算符两侧的检索词出现在同一个子字段中，在文摘中可以用来限定在同一句子中检索，并且检索词之间的词数可以是不定的，且前后关系不限。例如，literature （S） foundation，只要 literature 和 foundation 两词出现在同一句子中，就满足检索条件。（S）算符比词位置检索算符（W）、（N）的词间位置关系更宽松。在某些检索中，用户对检索词之间的位置关系的要求不像（W）、（N）那么严格，但还是要求有一定的上下文关系，那么使用（S）算符检索比较合适。

练习与思考3

1．课题“investigation on computer application in the machine tool design”中哪些词宜选做主要检索词？哪些词宜选作辅助检索词？哪些词属于禁用词？

2．以下是课题“金融监管体系”的背景材料。请整理成 100 字左右的背景知识，并提取课题涉及的主要概念。

网站（http://www.cs.com.cn/yh/04/200708/t20070810_1177098.htm）指出：国金融监管体制的建设大体分为两个阶段：第一阶段是 1998 年以前由中国人民银行统一实施金融监管；第二阶段是从 1998 年开始，对证券业和保险业的监管从中国人民银行统一监管中分离出来，分别由中国证券监督管理委员会和中国保险监督管理委员会负责，形成了由中国人民银行、证监会和保监会三家分业监管的格局。2003 年中国银行监督管理委员会正式组建，接管了中国人民银行的银行监管职能，由此我国正式确立了分业经营、分业监管、三会分工的金融监管体制。

陈柳钦在《中国信息报》（2002 年 8 月 23 日）载文“中国金融监管体系的要素构成”指出：完善的金融监管体系需要相应的法律支持体系、有效的金融监管体制、科学的金融监管信息系统、高效的金融风险预警体系和“四位一体”（央行监管、自我约束、行业自律和社会监督）的监管方式体系。

3．如果需要给“计算机在语言处理中的应用”这个课题标引《中图法》类号，应该使用“TP399 计算机技术在其他方面的应用”，还是使用“H087 数理语言学”？回答并说明理由。

4．对课题“便携式收录机”，使用同物异名方法、上位概念方法和下位概念方法，各扩展一个检索词。

5．简述什么是数据库、记录、字段、顺排文档和倒排文档。

6．简述扩展课题概念的两种主要方法。

7．简述逻辑算符、位置算符和字段限制的种类和作用。

8．简述调整检索策略的方法。

第4章 国内学术信息资源

本章要点

- 综合性全文数据库中国知网、维普、万方的检索利用。
- 专业性数据库中宏库、国研网、国泰安、Resset、北大法宝等资源。
- 馆藏图书、电子图书、产品样本、视频信息资源。
- 信息资源发现系统。

具有信息素养的人能够知道什么时候需要信息，能够有效地获取、评价和利用所需要的信息。在学习、工作和科研过程中，我们往往需要高效获取可靠的学术信息，这就需要能检索和利用高质量的、收录全面的、权威的、学术专业性强的学术信息资源。这些期刊论文、学位论文、会议论文等学术信息资源往往需付费后方能使用。高等院校和科研单位为了保障教学及科研工作的信息需求，通常会购买所需的学术信息资源，借助于高校图书馆主页或研究机构主页提供链接，采用 IP 限制，供其局域网用户或授权用户免费使用。另外，数据库运营商为了推广其产品，会不定期地提供免费试用的数据库，可留意高校图书馆主页发布的试用数据库信息。本章将为大家介绍多种常用的国内学术型数据库资源。

4.1 中国知网（CNKI）——中国知识基础设施工程

4.1.1 中国知网（CNKI）简介

国家知识基础设施（National Knowledge Infrastructure，NKI）的概念源于世界银行《1998年度世界发展报告》。该报告指出，发展中国家应着重建设国家知识基础设施，以尽快缩小与发达国家的差距，提高国家知识和技术的创新能力，增强国际竞争力。CNKI 工程是以实现中国知识资源传播共享与增值利用为目标的信息化建设项目，由清华大学、清华同方发起，始建于 1999 年 6 月。

1. 资源与服务

中国知网提供以下资源与服务。

（1）资源总库。资源总库分为源数据库、特色资源、国外资源、行业知识库、作品欣赏、指标索引六个部分，前三部分的构成如图 4-1 所示。

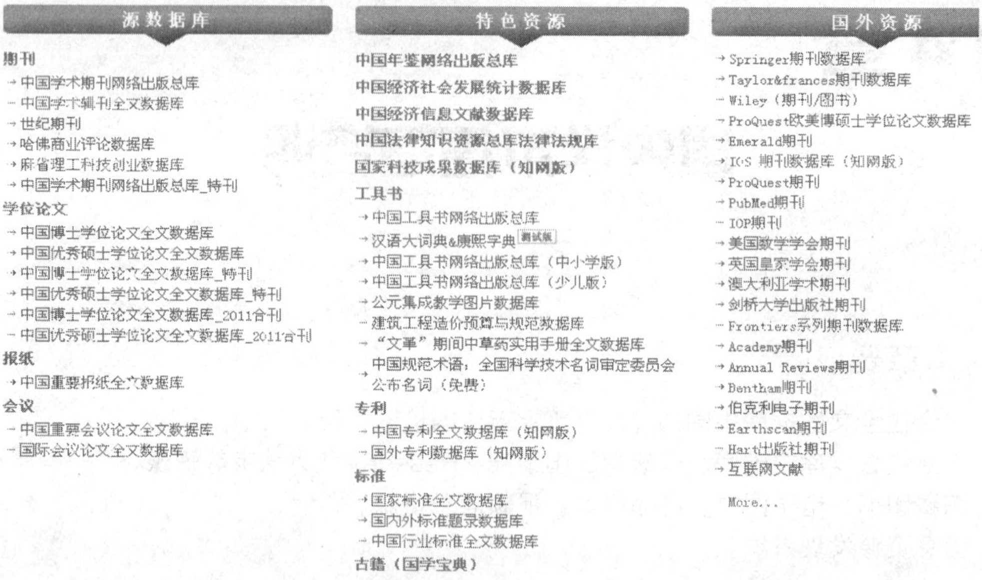

图 4-1　CNKI 的资源与服务

（2）国际文献总库。国际文献总库提供 1200 多家国外出版社的文献，其检索界面如图 4-2 所示。

图 4-2　CNKI 国际文献检索

（3）行业知识服务平台。该平台是面向行业网络的知识发现及共享平台，现提供医药卫生、农业、企业、党政机关、法律、基础教育六大类，每类提供若干子数据库。

（4）个人/机构数字图书馆。该数字图书馆提供个性化定制及服务。个人数字图书馆可自动跟踪读者所研究主题的最新发文，为读者提供管理评价本人成果的平台，连通机构馆后可免费下载文献，以及打造属于用户个人的个性化阅览室。机构数字图书馆可提供文献资源一站式整合发现平台，构建层级化的机构管理体系，提供详尽准确的资源使用情况统计，以及为机构定制个性化信息门户。

用户可以免费使用题录和文摘。非团体订购的用户，付费阅读下载全文。CNKI 的使用形式包括 Web 版（网上包库、镜像托管）、镜像站版、光盘版、流量计费。通常的出版周期是中心网站版每工作日出版，镜像版和光盘版每月 10 日出版（法定节假日除外）。

2. CNKI 知识搜索

CNKI 知识搜索（http://search.cnki.net）是一个功能强大的专业知识搜索引擎，它采用了文献排序技术、分组技术以及用户搜索意图智能分析技术，能够对用户的简单搜索请求做多方位的智能解析，在返回最相关、最重要文献的基础上，对全部相关文献提供专业分组、全方位排序、相关知识等服务，让用户对当前的搜索结果有全面了解。

CNKI 文献搜索以 CNKI 总库资源为基础，共涵盖了中国学术期刊、博硕士论文、会议论文、报纸文献、专利标准等近 4000 多万篇专业学术文献，包括学术文献、定义、翻译、数字、工具书、学术趋势、图形搜索、表格搜索等栏目，是专业学术研究的好助手。CNKI 知识搜索如图 4-3 所示。

图 4-3 CNKI 知识搜索

CNKI 翻译助手汇集了从 CNKI 系列数据库中挖掘整理出的 800 余万常用词汇、专业术语、成语、俚语、固定用法、词组等中英文词条以及 1500 余万双语例句、500 余万双语文摘，形成海量中英在线词典和双语平行语料库。其数据实时更新，内容涵盖自然科学和社会科学的各个领域。CNKI 翻译助手不同于一般的英汉互译工具，不只是简单提供英汉词语、短语的翻译，而是对用户需求翻译的词或句子，在给出依据学术文献的专业翻译和与之相关解释的基础上，还给出与翻译请求在结构上相似、内容上相关的例句进行追溯，以求达到准确的理解及翻译。

4.1.2 中国知网（CNKI）的检索

1. 检索算符

（1）逻辑算符，包括与（and）、或（or）、非（not），也可用“*”、“+”、“-”来代替。三种逻辑运算符的优先级相同，如要改变组合的顺序，使用英文半角圆括号“()”将条件括起。使用时，符号前后须空一个字节。

（2）字符。所有符号和英文字母都必须使用英文半角字符。

（3）位置算符。使用“同句”、“同段”、“词频”时，需用一组西文单引号将多个检索词及其运算符括起，如“'流体 # 力学'”。

（4）检索字段。专业检索支持对以下检索字段的检索，可用相应的代码来表示，见表 4-1。各子数据库的检索字段根据文献类型特点不同而有所不同，具体参见数据库网站。

表 4-1 CNKI 检索字段代码与检索字段对照表

代码	字段	代码	字段	代码	字段	代码	字段	代码	字段
SU	主题	TI	题名	KY	关键词	AB	摘要	FT	全文
AU	作者	FI	第一责任人	AF	机构	JN	中/英文刊名	RF	引文

续表

代码	字段	代码	字段	代码	字段	代码	字段	代码	字段
YE	年	CLC	中图分类号	FU	基金	SN	ISSN	CN	统一刊号
IB	ISBN	CF	被引频次						

（5）可使用运算符。列表说明如下，见表 4-2。

表 4-2　CNKI 运算符的使用

运算符	检索功能	检索含义	举例	适用检索项
='str1'*'str2'	并且包含	包含 str1 和 str2	TI='转基因'*'水稻'	所有检索项
='str1'+'str2'	或者包含	包含 str1 或者 str2	TI='转基因'+'水稻'	
='str1'-'str2'	不包含	包含 str1 不包含 str2	TI='转基因'-'水稻'	
='str'	精确	精确匹配词串 str	AU='袁隆平'	作者、第一责任人、机构、中文刊名&英文刊名
='str /SUB N'	序位包含	第 n 位包含检索词 str	AU='刘强/SUB 1 '	
%'str'	包含	包含词 str 或 str 切分的词	TI%'转基因水稻'	全文、主题、题名、关键词、摘要、中图分类号
='str'	包含	包含检索词 str	TI='转基因水稻'	
=' str1 /SEN N str2 '	同段，按次序出现，间隔小于 N 句		FT='转基因 /SEN 0 水稻'	
=' str1 /NEAR N str2 '	同句，间隔小于 N 个词		AB='转基因 /NEAR 5 水稻'	主题、题名、关键词、摘要、中图分类号
=' str1 /PREV N str2 '	同句，按词序出现，间隔小于 N 个词		AB='转基因 /PREV 5 水稻'	
=' str1 /AFT N str2 '	同句，按词序出现，间隔大于 N 个词		AB='转基因 /AFT 5 水稻'	
=' str1 /PEG N str2 '	全文，词间隔小于 N 段		AB='转基因 /PEG 5 水稻'	
=' str $ N '	检索词出现 N 次		TI='转基因 $ 2'	

（6）检索式示例。

- AU=钱伟长 and AF=清华大学 and（TI=物理 or AB=物理），检索钱伟长在清华大学期间发表的题名或摘要中都包含“物理”的文章。
- TI=中国 and KY=生态文明 and（AU%胡+李），可以检索到篇名中包括“中国”并且关键词包括“生态文明”并且作者为“李”姓或者“胡”姓的所有文献。
- SU=（经济发展+可持续发展）*转变-泡沫，可以检索到主题包括“经济发展”或者“可持续发展”并且包含“转变”，同时排除与“泡沫”有关的文献。

2．检索方式

（1）浏览。各种文献类型均可使用导航方式，可按学科、字母顺序浏览，如图 4-4 所示为期刊导航。此外，学位论文还提供地域导航、211 工程院校导航、985 工程院校导航、教育部直属院校导航，报纸还提供地域导航、中央级和地方级报纸导航。

（2）检索。检索有初级检索、高级检索、专业检索三种常见检索方式，此外，依文献类型的不同，还有作者发文检索、科研基金检索、句子检索、文献来源检索等方式。

初级检索在主页上即有提供，浏览页面也有提供，如图 4-4 上部检索框所示。

图 4-4 CNKI 期刊导航

高级检索等其他检索方式在页面左边均提供文献分类目录，用户可选择学科领域。高级检索、专业检索、作者发文检索、科研基金检索、句子检索、文献来源检索，如图 4-5～图 4-10 所示，左栏可选择学科，右栏可输入内容检索条件（选择检索字段、输入检索词、选择逻辑算符）和检索控制条件（发表时间、文献来源、作者等）进行检索，可通过⊞ ⊟按钮增减检索条件框。专业检索则是输入检索表达式。最后单击“检索”按钮。

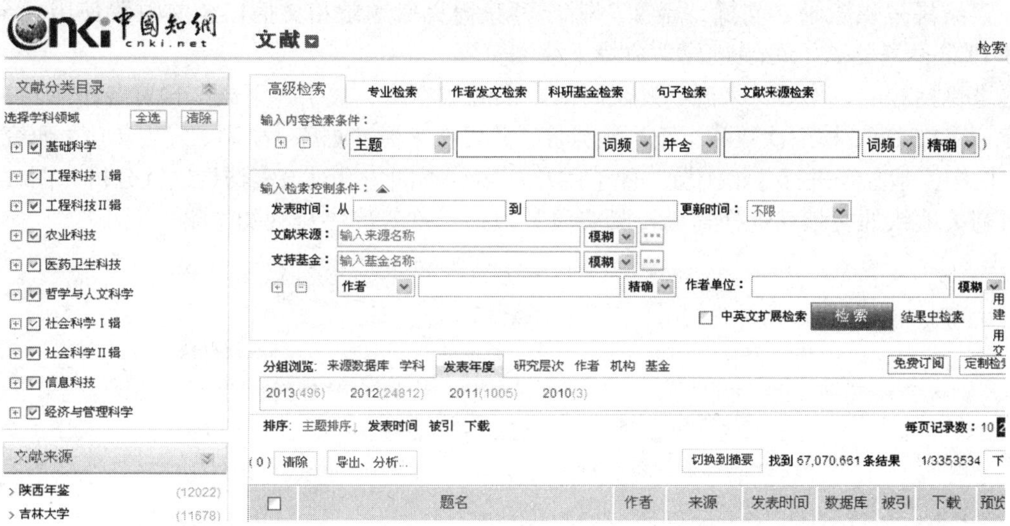

图 4-5 CNKI 高级检索

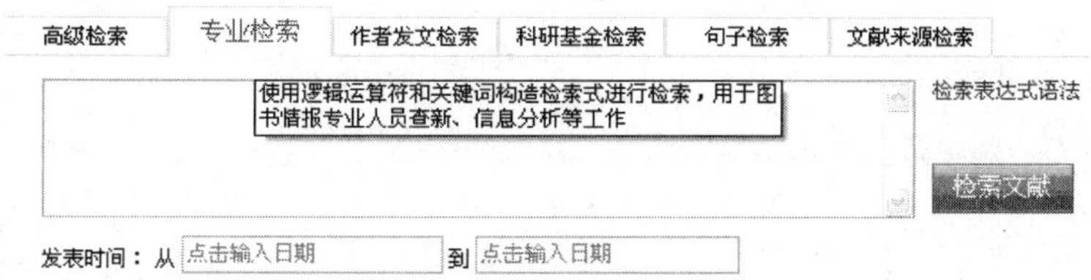

图 4-6 CNKI 专业检索

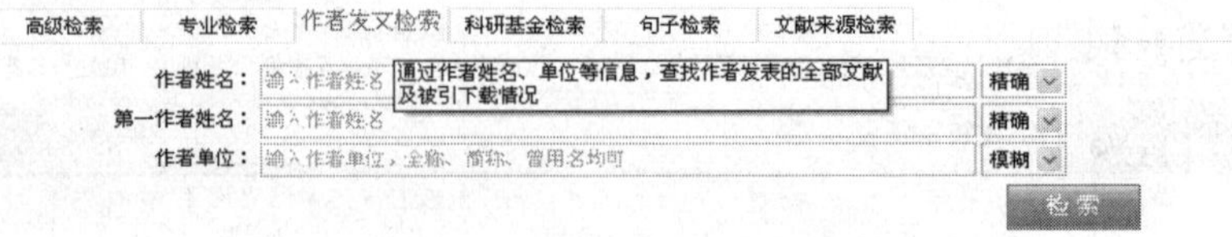

图 4-7　CNKI 作者发文检索

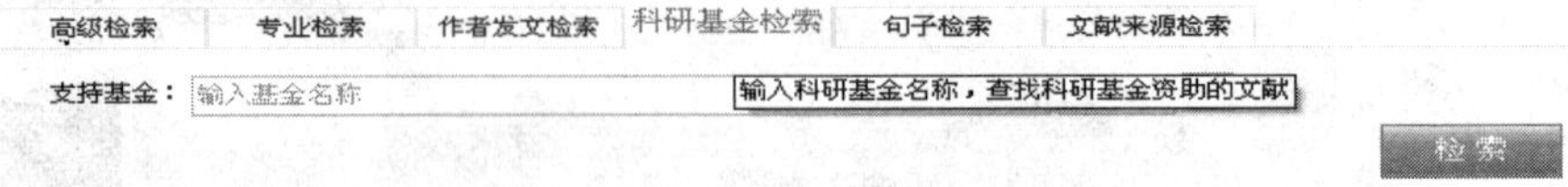

图 4-8　科研基金检索

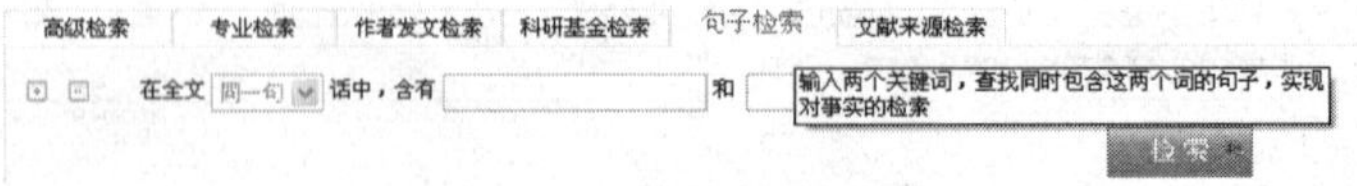

图 4-9　CNKI 句子检索

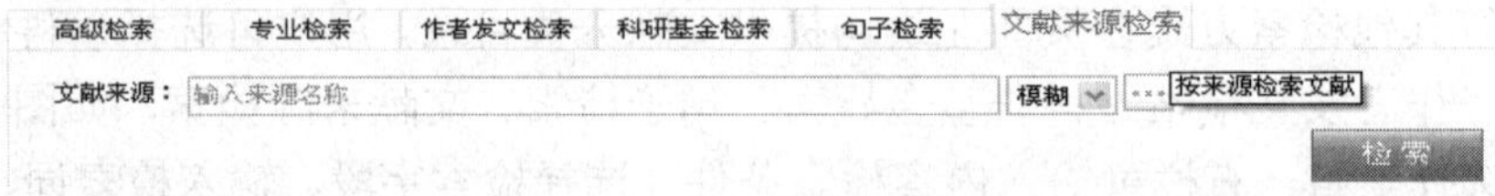

图 4-10　CNKI 文献来源检索

3. **检索结果**

检索结果提供题录、文摘、全文。用户可获得免费题录和文摘，全文收费使用。全文有 CAJ 和 PDF 两种格式，可通过网站免费下载浏览器。

题录包括题名、作者、来源、发表时间、来源数据库、被引、下载、预览各个项目，可按相关度、发表时间、被引次数和下载次数排序，并可按来源数据库、学科、发表年度、研究层次、作者、机构、基金等进行分组浏览，便于用户从多种不同角度对检索结果进行分析。图 4-11 显示了对有关地铁的文献（选择篇名检索字段）按被引次数降序排列的结果。

图 4-11　CNKI 结果显示（题录）

文献的详细文摘如图 4-12 所示。

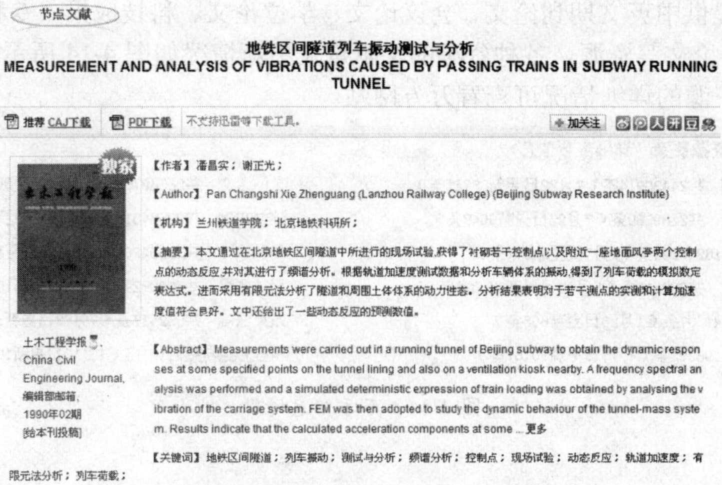

图 4-12 CNKI 节点文献（文摘）

可以选择记录并对所选记录进行清除、导出、分析、阅读、定制、生成检索报告等操作，导出格式多达 10 种：CAJ-CD 格式引文、查新（引文格式）、查新（自定义引文格式）、CNKI E-Learning、CNKI 桌面版个人数字图书馆、Refworks、EndNote、NoteExpress、NoteFirst、自定义格式（支持需输出更多文献信息的查新等用途），方便用户学习和研究使用。

4.2 万方数据知识服务平台

4.2.1 万方数据知识服务平台简介

万方数据知识服务平台（http://www.wanfangdata.com.cn，简称“万方”）的主页如图 4-13 所示。

图 4-13 万方主页

1. 信息资源

万方一站式提供中英文期刊论文、会议论文、学位论文、科技成果、专利、标准、法律法规、新方志、OA 论文等资源。各种资源的文献量及更新情况如图 4-14 所示（2013 年 7 月 24 日记录）。各类资源的详细情况可查看万方网站。

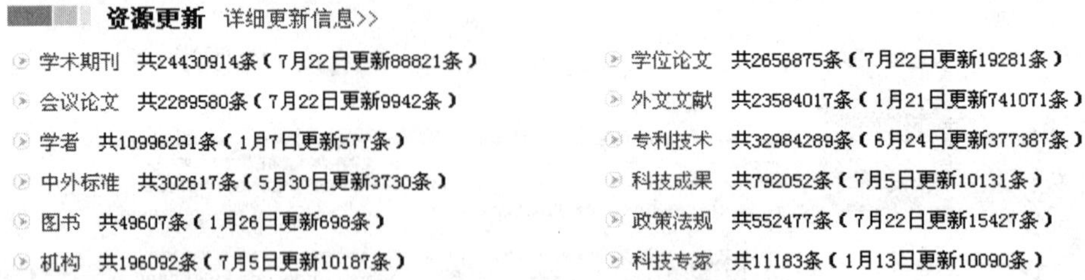

图 4-14　万方信息资源

2. 信息服务

万方提供的特色增值服务包括知识检索系统、多维导航体系、知识脉络分析、查新咨询平台、热点专题、引用通知、科技文献、商务信息等。

- 行业知识服务：现可提供电力行业、冶金行业和船舶行业知识服务，依行业提供论文、期刊、专利、标准、成果和机构信息。
- 编辑部专用服务：优先出版经录用且定稿的论文，缩短学术交流时滞，扩大期刊影响力；提供 DOI 注册，为数字内容注册全球唯一标识，实现永久定位；期刊统计分析与评价，多角度展示期刊学术水平与传播使用情况。
- 作者专用服务：投稿服务，汇集最新和权威征稿信息，帮助作者选定投稿期刊；OA 论文托管，提供论文开放存取服务，免费发表和下载；引用通知，帮助读者了解订阅论文的被引用情况及引文变更情况。
- 多维导航体系：为不同文献类型提供了不同的导航体系，学术期刊可按学科、地区、首字母浏览，学位论文可按学科专业、学校浏览，会议论文可按会议类型、主办单位浏览，专利可按国际专利分类表浏览，成果可按行业、学科、地区浏览，标准可按中国标准分类表浏览，法规可按效力级别、内容分类，新方志可按地区、专辑浏览，专题可按最新热点专题浏览。
- 知识脉络分析：基于海量信息资源进行分析，分析知识点和领域的研究趋势及热点变迁，多维度可视化揭示。
- 学术统计分析：分析学科领域的热点、前沿及知识点的关注度变化。
- 新方志：全方位呈现地方的政治、经济、文化等信息。
- 万方学术圈：让人与知识进行精彩互动。
- 论文相似性检测：检测学术成果，规范论文写作。
- 查新检索和跨库检索：提供高级检索、专业检索、辅助分析工具，对查新点的新颖性进行查证，检索结果导出，推荐检索词等。
- 科技文献分析：提供 40 个重点发展领域主题文献数据库。
- 移动阅读设备：轻巧便捷，可随时随地上网、下载、阅读。

4.2.2 万方数据知识服务平台的检索

1. 检索算符

（1）逻辑算符。万方支持多种符号表达，可以使用 and、or、not，也可以使用*、+、-，空格默认为逻辑与的关系。

（2）精确检索。可使用引号（“”）或书名号（《》）将检索词括起来，表示精确匹配。例如：

- 作者：“张晓”，表示作者字段中含有并且只含有“张晓”的结果。

（3）检索字段。检索字段的表达很灵活，可以使用中文，也可以使用英文，如“标题”、“title”均可使用。

（4）检索表达式构成。万方将其检索表达式称为 PQ 表达式，平台首页和检索结果等页面的检索输入框均默认接受 PQ 表达式。表达式可由多个部分组成，每个部分由冒号分隔符（：）分隔为左右两部分，冒号分隔符左侧为限定的检索字段，右侧为要检索的词或短语，即“检索字段：检索词”，如标题：转基因；Title：转基因；作者：芮玉奎；Author：芮玉奎。

PQ 表达式中的符号（空格、冒号、引号、横线）可任意使用全角、半角符号及任意的组合形式，非常方便。

2. 检索方式

（1）一框式检索，见平台首页、检索结果页面。简单、自然，可直接输入单个检索词，或多个检索词，也可输入检索表达式，如：

- 转基因
- 转基因 生物安全
- 关键词：（转基因*生物安全） 作者：钱迎倩
- 作者：张晓林 标题：数字图书馆

此外，万方可自动推荐关键词，帮助用户进行检索词的选用，如图 4-15 所示。

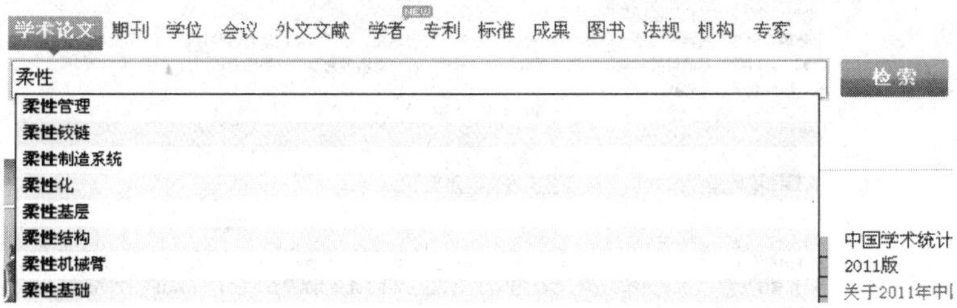

图 4-15 自动推荐关键词

（2）高级检索和专业检索，分别如图 4-16 和图 4-17 所示。高级检索是在指定的范围内，通过增加检索条件满足用户更加复杂的要求，检索到满意的信息。专业检索由用户填写检索表达式，可完成复杂条件的组合检索。

3. 检索结果

检索结果页面提供记录列表，如图 4-18 所示。每条记录包括题名、出处、作者、简短摘要、文献类型、被引用次数、关键词。可查看详细文摘、查看和下载全文（PDF 格式）、导出记录、定制引用通知，提供期刊、作者等项的热点链接。页面左侧栏按学科、论文类型、发表时间表、期刊对检索结果进行分类，右侧栏提供相关学者，可快速了解结果全貌和相关信息。

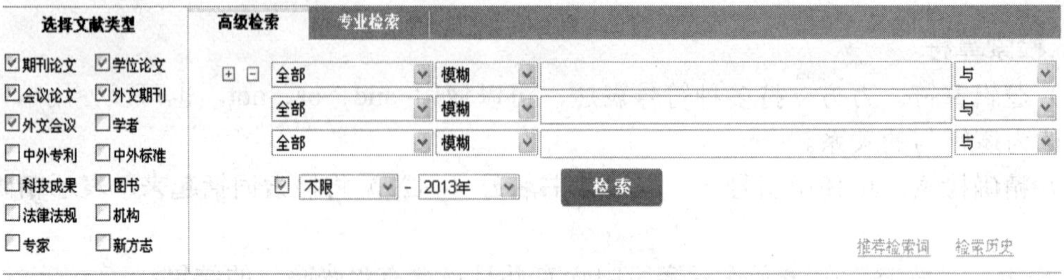

图 4-16　万方——高级检索

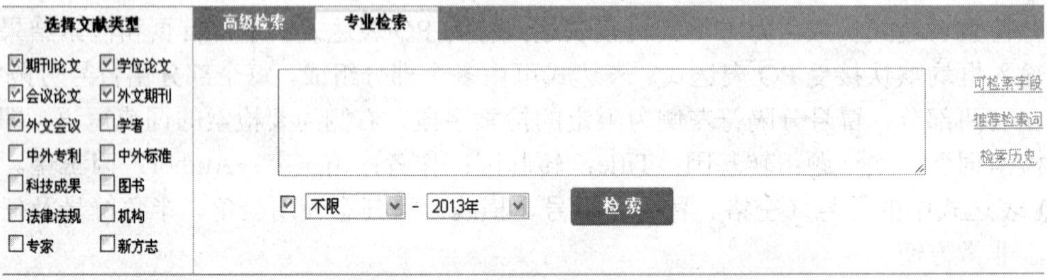

图 4-17　万方——专业检索

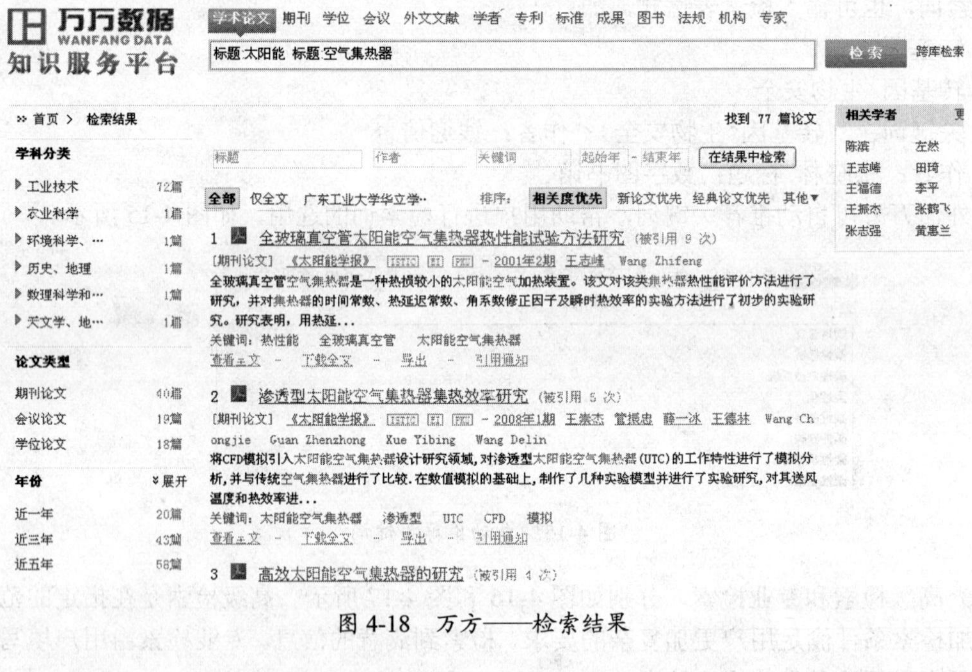

图 4-18　万方——检索结果

导出文献提供导出列表、参考文献格式、NoteExpress、RefWorks、NoteFirst、EndNote、自定义格式格式，其中参考文献格式如图 4-19 所示，可进行复制和导出操作。

详细文摘如图 4-20 所示，除文献基本信息外，还提供相关学者和相关检索词。

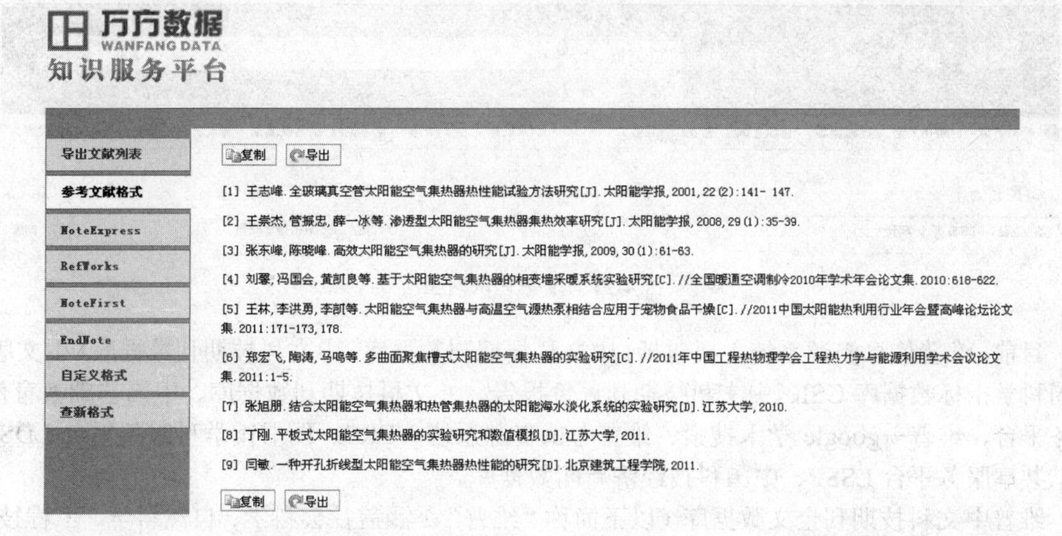

图 4-19 万方——参考文献导出

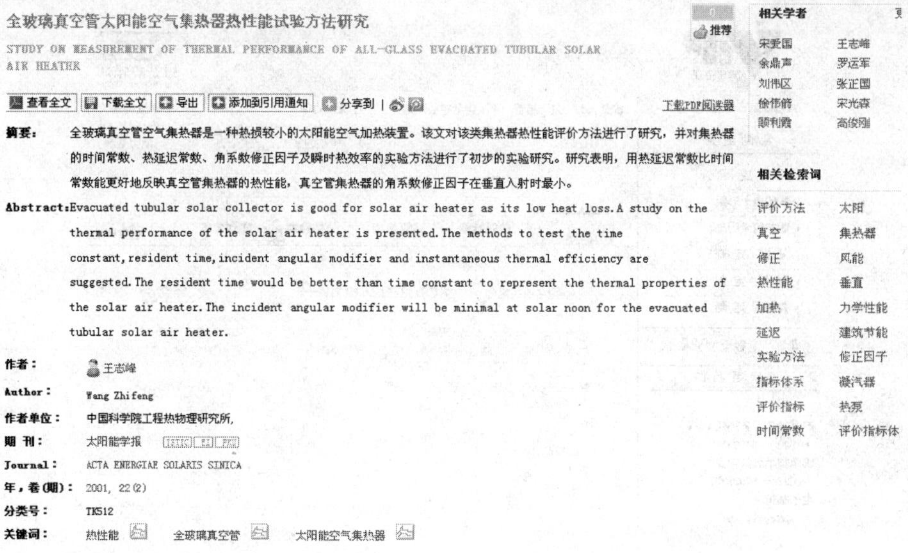

图 4-20 万方——期刊论文文摘

4.3 维普信息资源系统

4.3.1 维普信息资源系统简介

维普信息资源系统是由 1993 创立的中国科技情报所重庆分所，现为重庆维普资讯有限公司的数据库研究中心研制开发的。中心网站称为维普资讯网（http://www.cqvip.com），是仓储式在线出版平台，建成于 2000 年，网站主页如图 4-21 所示。

图 4-21 维普资讯网主页

目前，维普信息资源系统主要包括：中文科技期刊数据库、中文科技期刊数据库（引文版）、中国科学指标数据库 CSI、中文科技期刊评价报告、外文科技期刊数据库、中国基础教育信息服务平台、维普—google 学术搜索、维普考试资源系统 VERS、图书馆学科服务平台 LDSP、文献共享服务平台 LSSP、中国科技经济新闻数据库。

维普中文科技期刊全文数据库（以下简称“维普”）涵盖社会科学、自然科学、工程技术、农业、医药卫生、经济、教育和图书情报等学科，收录 1989 年至今的近 9000 种期刊所刊载的 3000 余万篇文献。其镜像站主页如图 4-22 所示。

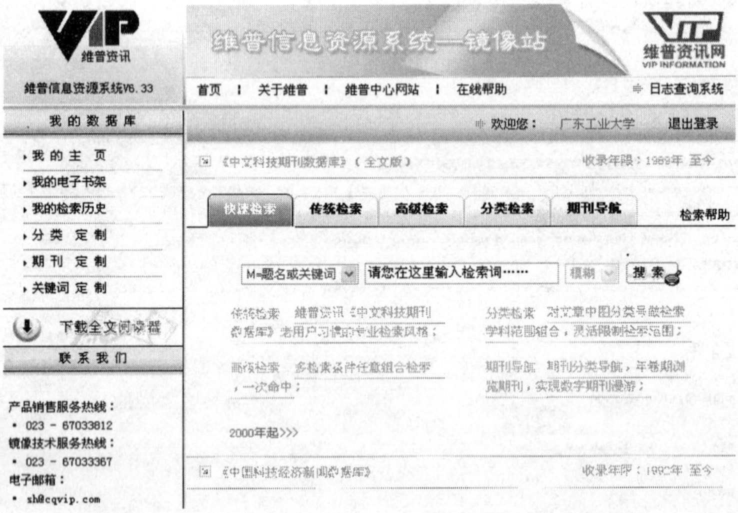

图 4-22 维普中文科技期刊数据库镜像站主页（快速检索）

4.3.2 维普中文科技期刊数据库的检索

1. 检索算符

（1）逻辑算符。逻辑与（*）、逻辑或（+）、逻辑非（-）。

（2）检索字段代码。检索字段代码与检索字段对照表如表 4-3 所示。

表 4-3 维普检索字段代码与检索字段对照表

代　码	字　段	代　码	字　段	代　码	字　段
U	任意字段	C	分类号	Z	作者简介

续表

代　码	字　段	代　码	字　段	代　码	字　段
M	题名或关键词	A	作者	I	基金资助
T	题名	F	第一作者	L	栏目信息
K	关键词	S	机构		
R	文摘	J	刊名		

（3）逻辑算符与检索字段代码使用示例。

① T=信息素质*A=孙平，可检索到篇名字段包含“信息素质”并且作者为“孙平”的文献。

② (k=(cad+cam)+t=雷达)*r=机械-k=模具，可检索到关键词字段含有“CAD”或“CAM”，或者篇名字段含有“雷达”，同时文摘字段中含有“机械”但需排除关键词字段中含有“模具”的文献。

2. 检索方式

维普中文科技期刊全文数据库提供5种检索方式：快速检索、传统检索、高级检索、分类检索和期刊导航，分别如图4-23～图4-26所示。高级检索界面的下半部分提供专家检索方式，由用户自行输入检索式，进行多条件的复杂组配和灵活检索，规则可参见范例。

3. 检索结果

检索结果记录格式包括题录、文摘和全文。题录（概要显示）如图4-27所示，文摘可选择文摘显示、全记录显示（如图4-28所示）、详细阅览（如图4-29所示）。全文为PDF格式。题录和文摘可免费获得，全文需有权限。

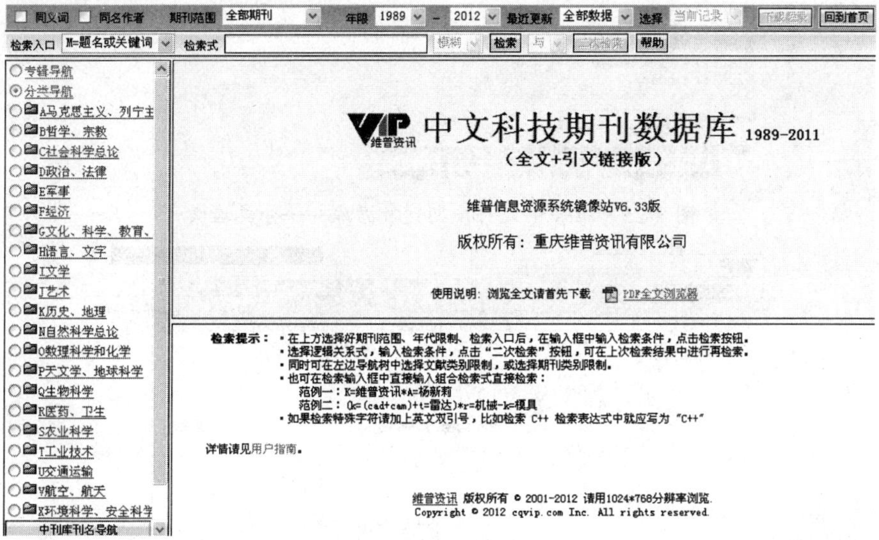

图4-23　维普中文科技期刊数据库——传统检索

图 4-24　维普中文科技期刊数据库——高级检索

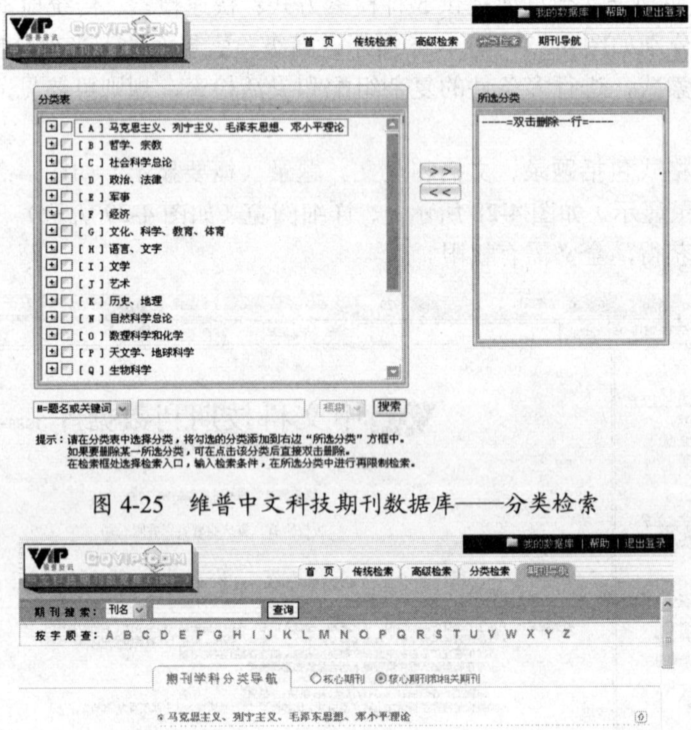

图 4-25　维普中文科技期刊数据库——分类检索

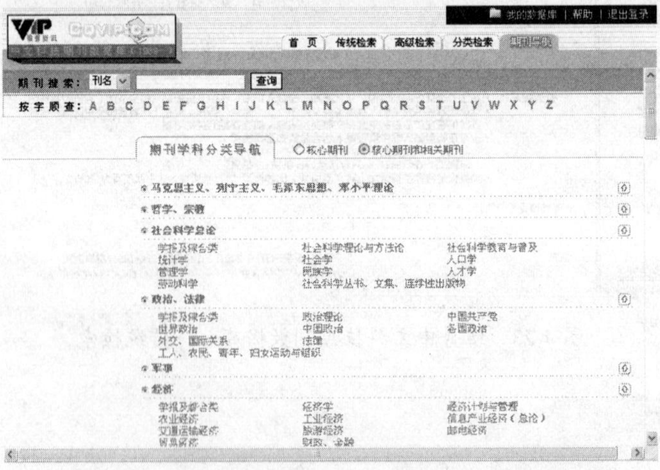

图 4-26　维普中文科技期刊数据库——期刊导航

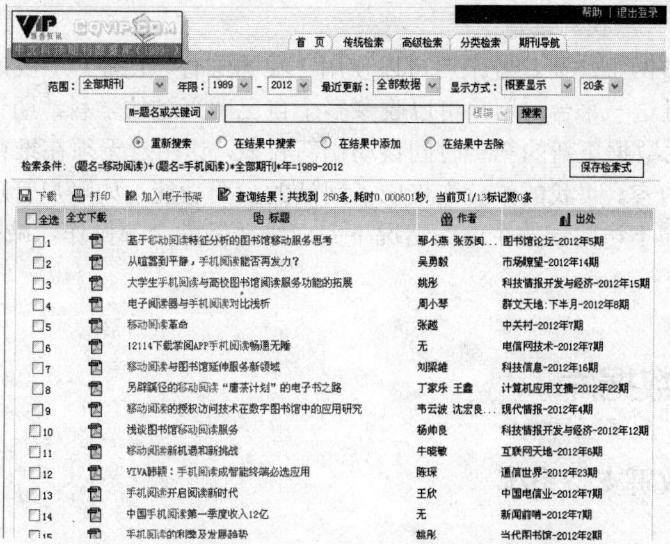

图 4-27　维普中文科技期刊数据库——题录格式

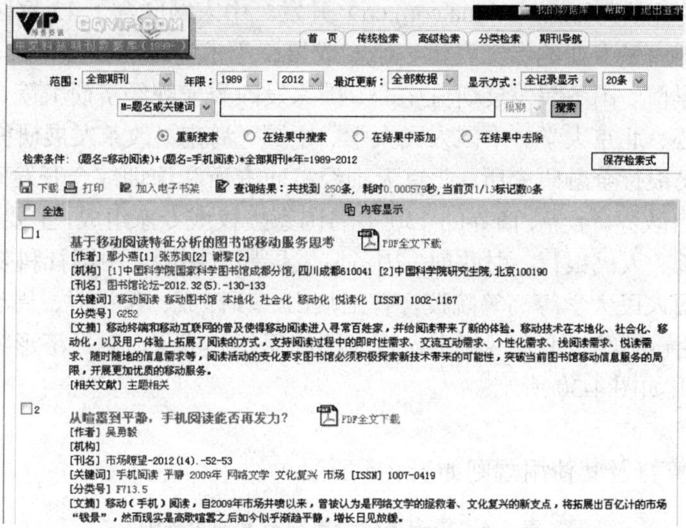

图 4-28　维普中文科技期刊数据库——文摘（全记录显示）

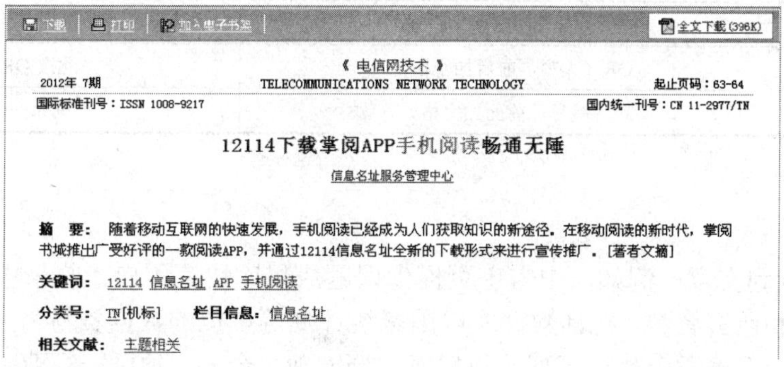

图 4-29　维普中文科技期刊数据库——文摘（详细阅览）

4. 个性化服务——我的维普

用户可以在维普网上注册，登录后可以使用“我的维普”功能。“我的维普”是用户自定义的学术平台，通过这一平台，用户可以收藏多个自己感兴趣的学科、期刊或文章，组成个性化页面，系统在网站数据更新的第一时间自动刷新收藏，让用户无须在维普网站上搜索和查找即可及时了解最新内容。“我的维普”集成了网站的主要功能，如账户管理、记录查询、期刊订阅、充值等，可在不访问维普主站的情况下完成维普网的全部操作，减少获取信息的成本。

4.4 专业性数据库

4.4.1 中宏教研支持系统

1. 简介

中宏教研支持系统（以下简称“中宏”）由隶属国家发展改革委员会的中国宏观经济信息网（简称“中宏网”，www.macrochina.com.cn）开发。中宏网联合了12家国内最权威的经济智囊团，致力于打造国内最专业的专家资讯、研究成果、学术资源的整合平台，这12家权威智囊团包括中国社会科学院、国务院发展研究中心、国家发改委宏观经济研究院、中国体制改革委员会、国资委研究中心、北京大学、中国人民大学、中国（海南）改革发展研究院、财政部财政科学研究所、中国人民银行金融研究所、北京天则经济研究所和深圳综合开发研究所。权威专家团队中宏百人团由来自政界、学界、商界的130多名国家级权威专家组成，主要来自国务院政研室、国家发改委、商务部、人民银行、财政部、国务院发展研究中心、中国社科院等机构以及北京大学、清华大学、中国人民大学等高等院校，有王歧山、项怀成、魏礼群、周小川、吴敬琏、刘国光、王建、樊纲、胡鞍纲等。中宏网将中宏百人团的思想和成果、对经济形势的分析、预测等整合进中宏。中宏主页如图4-30所示。

2. 检索算符

中宏的逻辑运算符及其使用规则如表4-4所示。

表4-4 中宏逻辑运算符及其使用规则

运 算 符	使 用 规 则	示 例
与	使用空格	北京 经济
或	OR（大写，前后加空格）	北京 OR 经济
非	-（减号，前面加空格）	北京 - 经济

3. 检索方式

（1）浏览。

① 按库浏览到文章。例如，中宏主页提供课题成果库快速入口，收录中宏百人团等众多专家的学术成果和研究资料。统计数据库以国家统计局等单位的数据资料为来源，经过专家的加工整理，形成一百多万个数据序列的数据库，分宏观、金融、地区、行业、国际五大类，15个子栏目，以时间序列和图表方式为用户提供最快、最新、最全的经济数据。

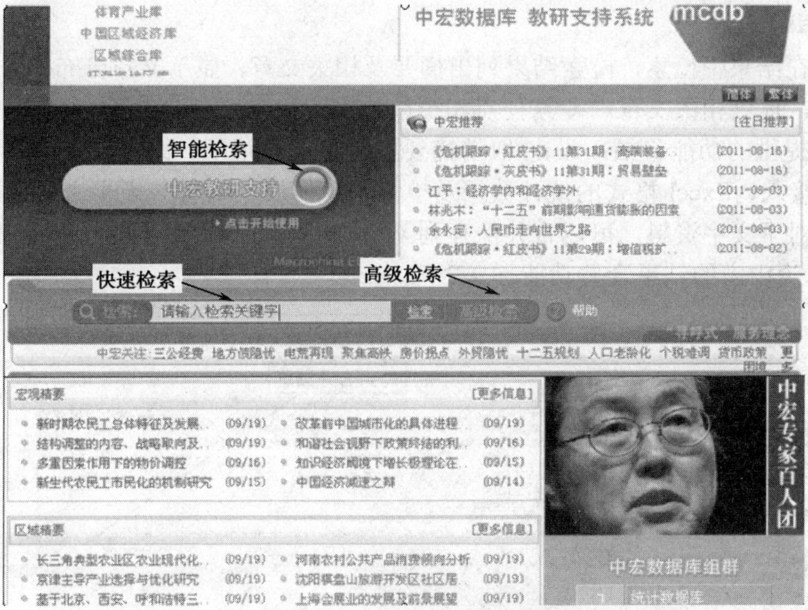

图 4-30　中宏教研支持系统主页

② 直接浏览阅读摘要。主页中摘要包括“中宏推荐”、“宏观精要”、“产业精要”和“区域摘要”等，是当下时政经济的热点问题的概要。

（2）检索。检索包括快速检索（如图 4-30 所示）、高级检索（如图 4-31 所示）和智能检索（如图 4-32 所示）。

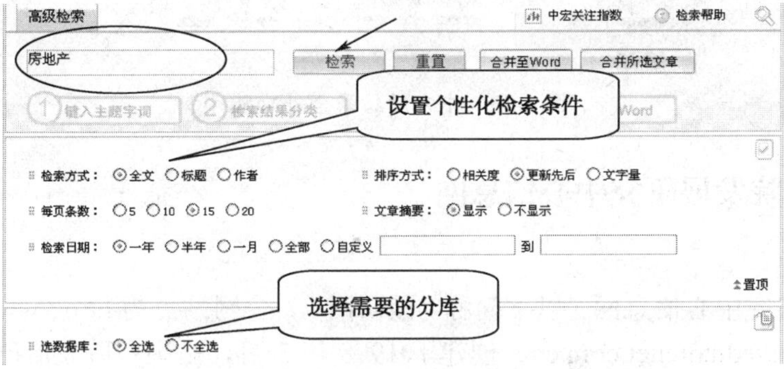

图 4-31　中宏的高级检索

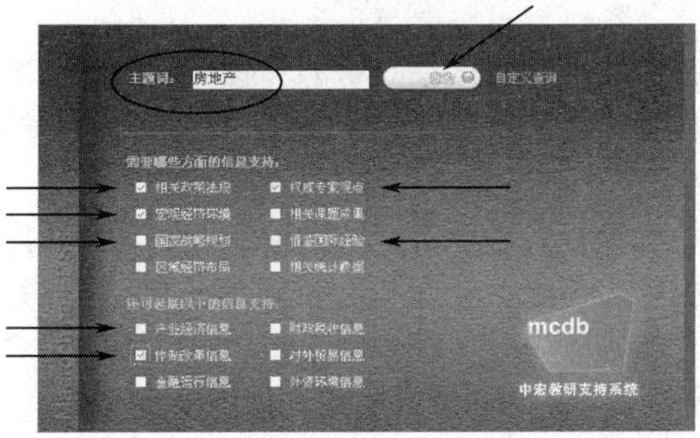

图 4-32　中宏的智能检索

4. 检索结果

中宏提供在结果中检索。检索结果列出摘要及相关文章，显示文章分布和分布指数，给出中宏关注指数，提供相关文章、专家视点和统计数据。

结果页面提供的功能包括：设定/取消摘要、浏览文章记录、跨页合并显示检索的文章、与 Word 无缝接入、Excel 格式的统计数据及检索、字体放大/缩小、简繁体切换、使用帮助和示例体验等。对于文字资料，可以合并保存到 Word 中；对于统计数据，可以直接使用 Excel。如图 4-33 所示为中宏的结果合并功能。

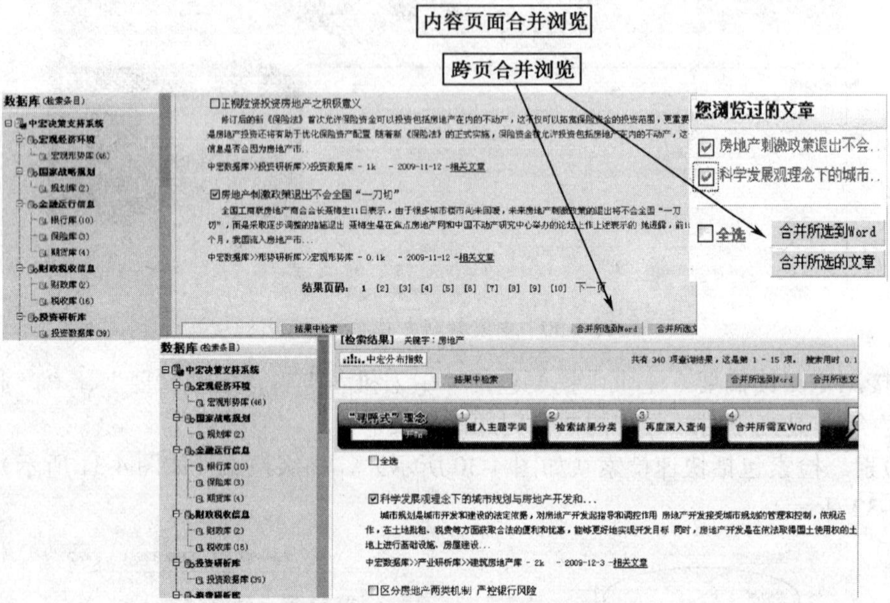

图 4-33　中宏的结果合并功能

4.4.2　国务院发展研究中心信息网

1. 简介

国务院发展研究中心信息网（以下简称“国研网”，公网站点为 http://www.drcnet.com.cn；教育网站点为 http://edu.drcnet.com.cn）创建于 1998 年 3 月，是国务院发展研究中心主办的中国著名的大型经济类信息提供商，是向各级领导者、研究人员和投资决策者提供经济决策支持的权威的信息平台。

国研网以国务院发展研究中心丰富的信息资源和强大的专家阵容为依托，与海内外众多知名研究机构和经济资讯机构紧密合作，全面汇集、整合国内外经济金融领域的研究成果和经济信息，是集理论研究、形势分析、政策解读、数据发布、辅助决策于一体的专业经济信息平台。目前已建成了内容丰富、检索便捷、功能齐全的大型经济信息数据库集群，包括全文数据库、统计数据库、研究报告数据库、专题数据库和世经数据库等，同时针对金融机构、高校用户、企业用户和政府用户的需求特点开发了“综合版”、“世经版”、“金融版”、“教育版”、“企业版”及“党政版”等专版产品。其教育版主页如图 4-34 所示。

图 4-34 国研网教育版主页

2. 检索算符

（1）逻辑算符。逻辑算符及其使用规则如表 4-5 所示。

表 4-5 逻辑运算符及其使用规则

运 算 符	使 用 规 则	示 例
与	使用空格、“＋”或“&”	“北京 金融”或“北京＋金融”或“北京&金融”
或	|	金融|股票
非	－	基础设施－北京

（2）通配符。“！”表示 0 或 1 个任意字符，“?”表示 1 个任意字符。例如，想查找“股票”与“期货”中间包含 1～2 个字的内容，输入关键词“股票!?期货”。

3. 检索方式

（1）浏览。可按库浏览，并直接浏览文献。综合版国研视点的浏览结果如图 4-35 所示。

图 4-35 综合版国研网浏览结果

（2）检索。提供快速检索和高级检索。快速检索见主页，高级检索如图 4-36 所示。

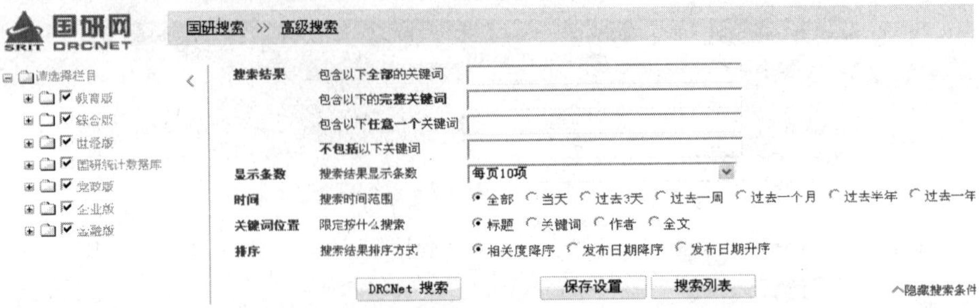

图 4-36　国研网高级检索

4. 检索结果

国研网的检索结果为文摘格式，可获得全文。文摘如图 4-37 所示。

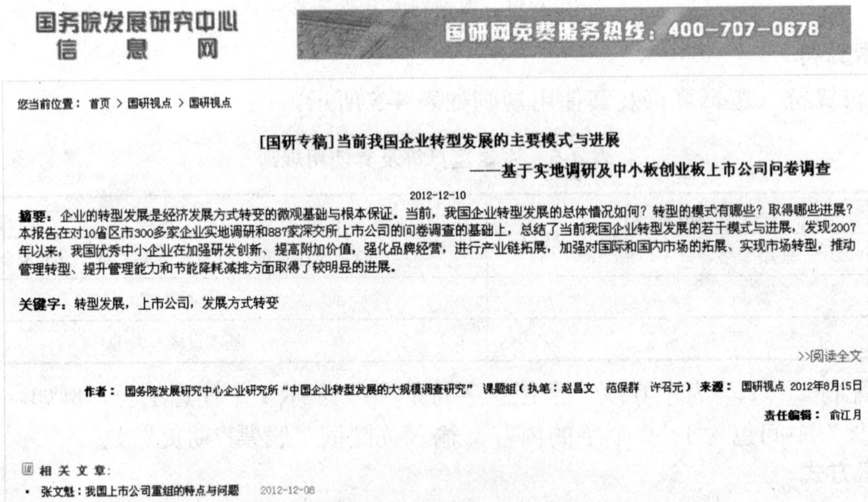

图 4-37　国研网的文摘

4.4.3　国泰安数据服务中心

1. 简介

国泰安数据服务中心（CSMAR Solution）是由深圳市国泰安信息技术有限公司自主研发的网站系统，主要产品线有：CSMAR 系列中国金融经济数据库、高校金融实验室技能实训系统、国泰安市场通全球金融信息分析系统、金融衍生品交易与分析系统（股指期货、ETF 套利分析系统和算法交易系统）、金融工程研究及投资平台等。

国泰安 CSMAR 系列中国金融经济数据库（以下简称“国泰安”）是公司自主开发，并获得国家专利保护的研究型金融数据系统，致力推动中国证券投资数量分析与实证研究发展，可进行单表查询、金融数据（股票、基金、债券、权证、银行）查询、经济数据（宏观经济、区域经济、工业行业、世界经济）查询，如图 4-38 所示。

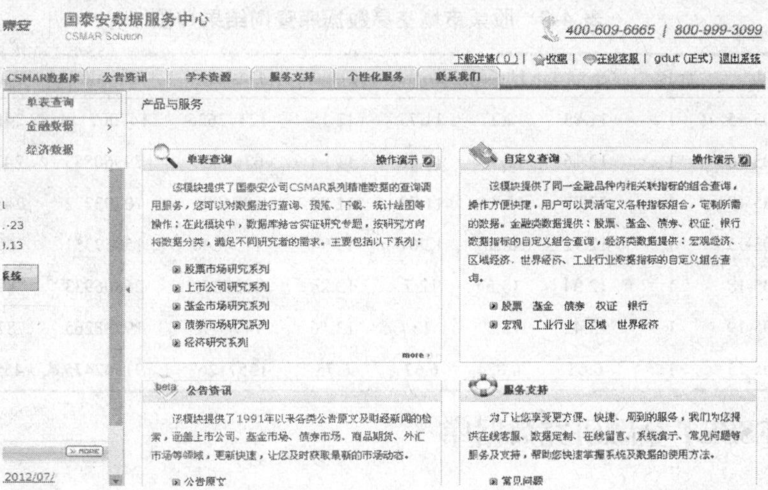

图 4-38 国泰安的产品与服务

2. 检索使用

单表查询模块提供了 CSMAR 系列精准数据的查询调用服务，可以对数据进行查询、预览、下载、统计绘图等操作，在此模块中，数据库结合实证研究专题，按研究方向将数据分类，满足不同研究者的需求，主要包括股票市场系列、公司研究系列、基金市场系列、债券市场系列、衍生市场系列、经济研究系列、行业研究系列、货币市场系列、海外研究系列、专题研究系列，各个系列又包含多个不同的数据库，如图 4-39 所示。

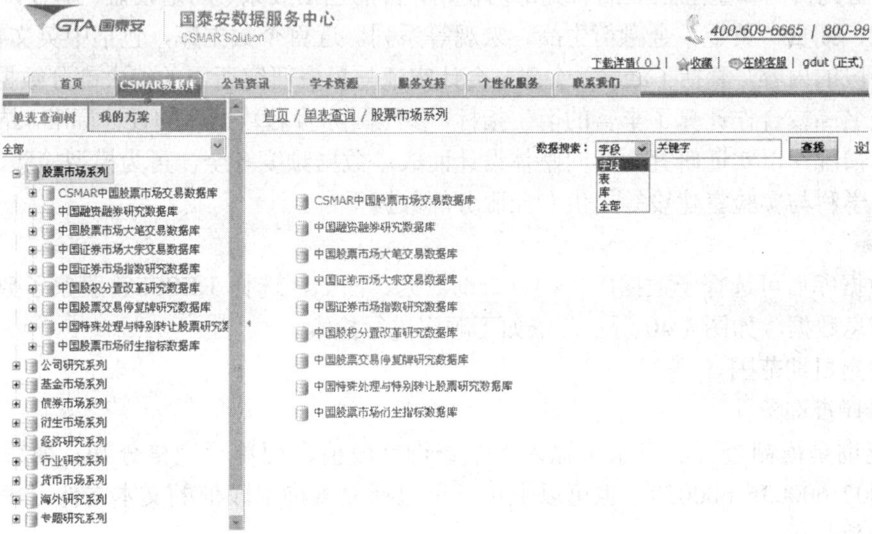

图 4-39 国泰安的检索

3. 检索结果

国泰安向研究人员提供开放式数据结构，并能以 Foxpro、Excel、Txt 格式输出，可直接供 SAS、SPSS 通用统计软件调用和分析处理。表 4-6 为股票市场交易数据库查询结果片断。

表 4-6　股票市场交易数据库查询结果片段

Stkcd	Trddt	Trdsta	Opnprc	Hiprc	Loprc	Clsprc	Dnshrtrd	Dnvaltrd	Dsmvosd	Dsmvtll
000566	2009-05-15	1	11.83	12.27	11.73	12.15	12172626	147001114	2498985	2549665
000566	2009-05-18	1	12.16	12.16	11.66	11.84	6764085	79960883	2435225	2484612
000566	2009-05-19	1	11.87	11.94	11.79	11.83	5974002	70793272	2433168	2482514
002042	2009-05-15	1	12.92	13.2	12.61	12.94	1154640	15057351	769294.4	1294000
002042	2009-05-18	1	12.94	13.5	12.7	13.28	2037251	26806933	789507.7	1328000
002042	2009-05-19	1	13.42	13.5	13	13.16	1498498	19738265	782373.6	1316000
600190	2009-05-15	1	6.63	6.82	6.62	6.75	13571263	91542475	4550174	7531765

4.4.4 RESSET 金融研究数据库

1. 简介

北京聚源锐思数据科技有限公司（RESSET）专 TT 从事金融数据库和相关投资研究软件的研发。锐思数据公司核心产品包括金融研究数据库（RESSET/DB）、高频数据库（RESSET/HF）、国际经济与金融数据库（RESSET/IEF）、教学辅助软件（RESSET/CAD）、金融计算与建模实验平台（RESSET/FinCM）、债券分析系统（RESSET/BOND）、信用风险管理系统（RESSET/CreditRiskMS）、数据库集成检索系统（RESSET/DBM）、学术成果共享平台（RESSET/RS）、实验室信息管理系统（RESSET/LIMS）等。

RESSET 金融研究数据库（以下简称“RESSET/DB”）历史数据完整、涵盖广泛，主要供高校、金融研究机构和金融企业的研究部门使用，目前包括股票、固定收益、基金、债券、行业、港股、外汇、期货、黄金、金融衍生品、宏观等系列，近百个数据库，包括中英文各数百张表，近两万个字段的内容，囊括了经济、金融、会计实证与投资研究所需的绝大部分数据。研发团队与国内外著名高校合作计算了丰富的衍生指标，参照国际著名数据库的设计标准，结合中国金融市场的实际情况，以实证研究为导向整体设计而成，数据频度齐全，可为模型检验、投资研究、实证研究、学科与实验室建设等提供专业服务的数据平台。

2. 检索

进入数据库后可选择子数据库按栏目查询数据。例如，选择 RESSET 股票子数据库，查询最新股票信息数据，如图 4-40 所示，依如下顺序进行检索。

（1）设定日期范围。

（2）选择查询条件。

代码查询是模糊查询，可手工输入多个查询字段值，用单一空格分开，如输入代码值：000001 00002 600036 600050；也可以上传一个包括要查询字段值的文本文件，每行只能写一个查询字段值。

附加查询条件可选择下拉菜单或者输入方式。

使用条件语句时，可选择单个字段进行单字段值范围查询，也可选择两个字段进行组合查询，查询缺失值时，可输入 null。

（3）选择输出字段。可全选和反选，字段详细定义参见数据词典，字段列表如图 4-41 所示。

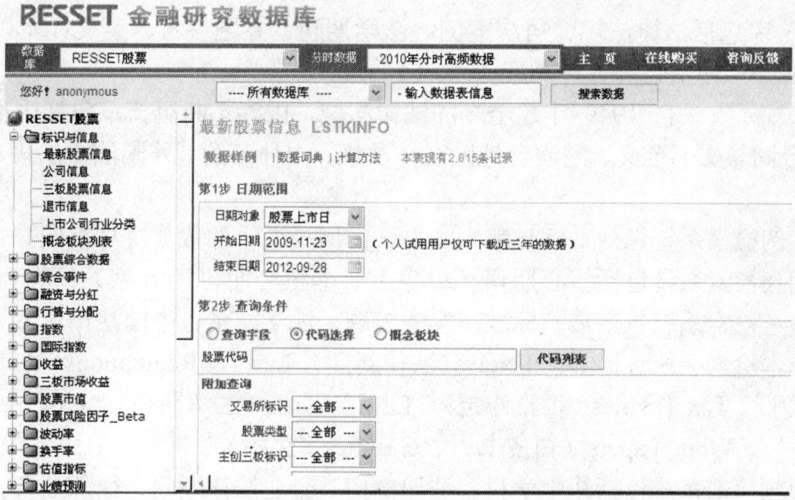

图 4-40 RESSET/DB 股票子数据库的检索

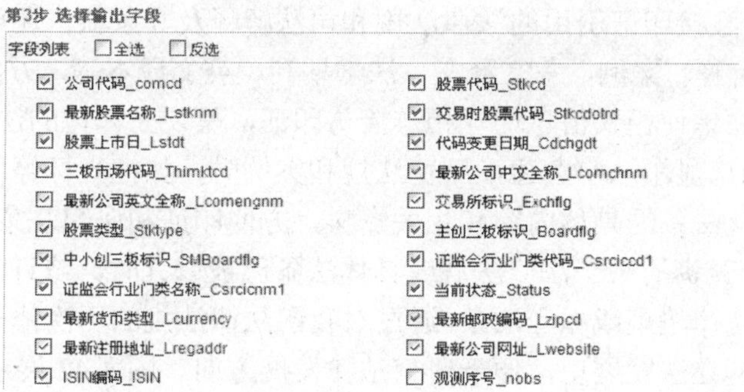

图 4-41 RESSET/DB 股票数据库的字段

（4）输出设置。RESSET 金融研究数据库的输出格式有近 20 种：Txt 创建 Sas 数据集（*.sas7bdat）、Excel 表格创建 Sas 数据集（*.sas7bdat）、Excel 2007 表格创建 Sas 数据集（*.sas7bdat）、逗号分隔文本（*.csv）、空格分隔文本（*.txt）、Tab 键分隔文本（*.txt）、Excel 电子表格（*.xls）、字符型 Excel 电子表格（*.xls）、Excel 2007 电子表格（*.xlsx）、Html 表格（*.html）、Xml 文件（*.xml）、SPSS 文件（*.sav）、dBase 文件（*.dbf）、Txt 创建 Stata 数据集（*.dta）、Csv 创建 Stata 数据集（*.dta）、Txt 创建 Matlab 数据集（*.mat）、Txt 创建 R 数据集（*.R）、Excel 创建 R 数据集（*.R）。

压缩格式选择包括无压缩、zip（*.zip 压缩）、G zip（*.gz 压缩）。对于大数据量的结果文件，建议选择一种压缩格式进行下载，可设置下载最大条数（根据授权情况）。

4.4.5 北大法宝

1. 简介

（1）概况。北大法宝（http://www.pkulaw.cn）是由北京大学法制信息中心与北大英华科技有限公司联合推出的智能型法律信息一站式检索平台，致力于对法律信息数据的挖掘和知识发现，数据收录及时，收录渠道可靠，内容经过编辑和校对，录入后经过整理和修改。

目前北大法宝包括法律法规、司法案例、法学期刊、专题参考、英文译本以及法宝视频六大检索系统，涵盖法律信息的各种类型。

① 法律法规库收录自 1949 年起至今的法律法规，内容不断更新，包括中央司法解释、地方法律规章、合同与文书范文、港澳台地区法律法规、中外条约、外国法律法规、法律动态、立法背景资料等。

② 司法案例检索系统包括案例与裁判文书、案例报道、仲裁裁决与案例。

③ 法学期刊检索系统包括核心期刊（29 家）、非核心期刊（16 家）、集刊（14 家）。

④ 专题参考检索系统包括裁判标准、实务专题、法学文献、中国法律年鉴、法学教程。

⑤ 英文译本检索系统包括 Legal News（法律新闻）、Laws & Regulations（法律法规）、Judicial Cases（司法判例）、Tax Treaties（税收协定）、Law Journals（法学期刊）、Law Yearbook of China（中国法律年鉴）、White Papers（白皮书）、Gazettes（公报）。

⑥ 法宝视频检索系统包括法学学科、法律部门、企业法律顾问、律师业务、法院业务、检察业务、职业素能等方面的视频课件。

（2）特色功能与辅助功能。

① 法条联想。能直接印证引用的法律法规和司法解释及其条款，还可链接与该法规相关的所有法律法规、司法解释、案例、条文释义、法学期刊、英文译本等，方便用户查询、理解、研究和利用法条。法条联想使相关信息均互相链接与印证，呈现立体化的法律知识关联体系。

② 法宝之窗。勾选显示法宝之窗，浏览法规和案例时，如把光标停留在引用的法条处，法宝之窗中会即刻显示该法条的具体内容和相关资料，方便印证和研习法条。

③ 修订沿革。当查询的某一法律法规或具体法条已被修订时，修订沿革将提醒变动情况，并提供更改后的最新法律法规或相应法条。通过对我国法律法规的历次修改及相关法条异动情况的梳理，方便用户了解立法发展史，便于研究法律发展方向。图 4-42 展示了刑法的修订沿革。

【本法变迁史】

中华人民共和国刑法[19790706]
中华人民共和国刑法(97修订)[19970314]
中华人民共和国刑法修正案[19991225]
中华人民共和国刑法修正案(二)[20010831]
中华人民共和国刑法修正案(三)[20011229]
中华人民共和国刑法修正案(四) [20021228]
中华人民共和国刑法修正案(五)[20050228]
中华人民共和国刑法修正案(六)[20060629]
中华人民共和国刑法修正案(七)[20090228]
中华人民共和国刑法修正案(八)[20110225]

图 4-42　刑法的修订沿革

④ 法宝引证码。主要用于法律文献的引证注释和查询检索服务，在法律法规、司法案例、法学期刊、法学在线、英文译本五个数据库中应用，在北大法宝网站的地址栏 http://www.pkulaw.cn 或者引证码检索框中输入引证码，即可查询到具体文件。

⑤ 工具栏提供页内查找、功能复选项、文件下载、收藏、打印、转发等功能。例如，“聚焦命中”可集中查看页面关键词所在段落，通过“转第__条”网页可直接定位至法律文件的某条处，方便快速查看，如想看纯文本文件，可复选“隐藏相关资料”，隐藏与文献有关的裁判文书、修订沿革、相关论文等北大法宝法条联想资料。

2. 检索

使用“*”、“+”、“-”作为逻辑运算符。在使用标题和全文关键词查询时，可以合理运用逻辑运算符，精确检索结果。同时这三种符号还可以用英文输入状态下的“（）”进行组合。如（A+B）*C，表示包含 A 或 B，并且又包含 C 的文件。

可进行浏览和检索。以法律法规库为例，可按效力级别、发布部门、时效性、法规类别等进行浏览，也可以输入关键词进行检索，如图 4-43 所示。

简单检索的检索字段包括标题和全文，关键词间的关系可以选择同篇、同句、同段，匹配方式可以选择精确、模糊。

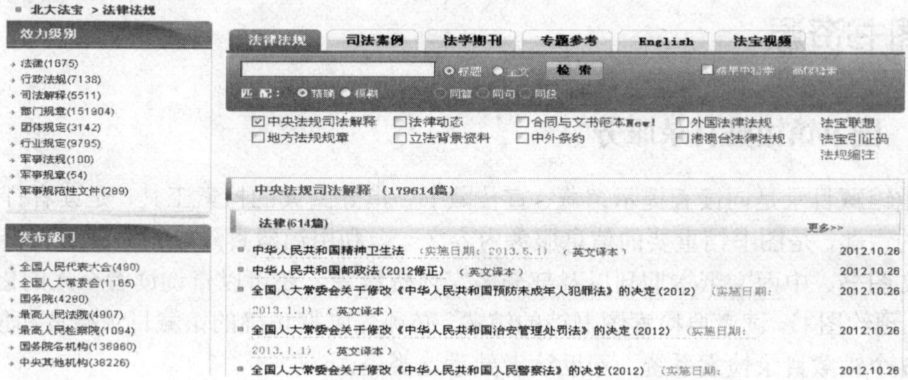

图 4-43　法律法规库的简单检索

高级检索如图 4-44 右上部分所示。高级检索是为了缩小检索内容，提高查准率，适用于对所查找内容了解更多线索的情况。高级检索页面分类详尽，可快速定位检索系统。高级检索的具体项目字段根据每个子库性质不同而略有不同，将所掌握的线索关键词输入到对应文本框中（项目不必完全填满），单击“检索”即可得到结果列表。

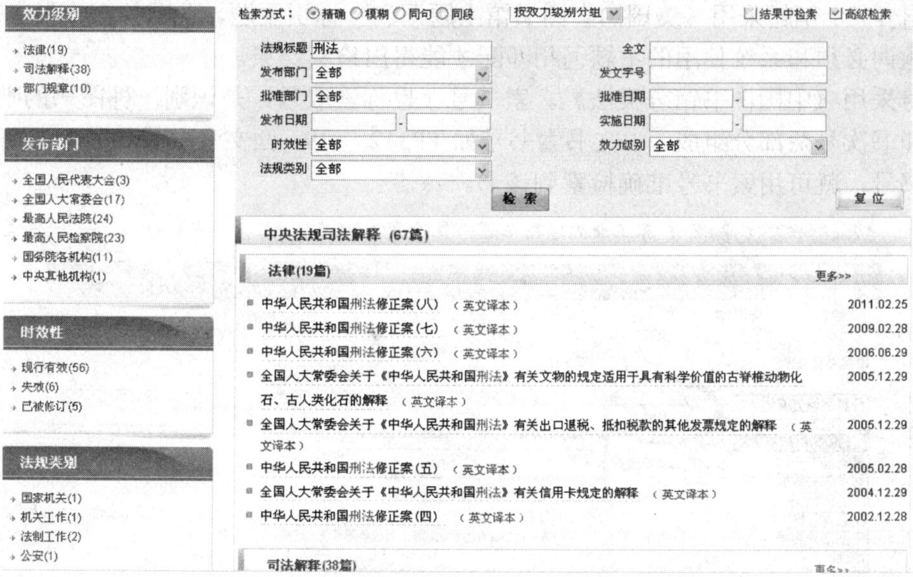

图 4-44　法律法规库的高级检索

在检索过程中，系统可以主动引导，通过不断选择案由、法院、审级、情节等条件，进行案例筛选，方便命中有价值的案例。可以边检索、边展现，根据资源分布逐层选择检索条件，可以避免一次性限定多项检索条件的复杂操作。

3. **检索结果**

检索结果页面右侧为分类的结果记录列表，左侧呈现聚类分组，直观展现命中结果的条件分布，为用户的思考提供多重角度。如图 4-44 右下部分所示，为刑法的检索结果列表。

4.5 图书资源

4.5.1 图书馆馆藏目录服务

图书馆馆藏目录是向读者提示馆藏、宣传藏书、指导阅读的检索工具，是读者打开图书馆知识宝库的钥匙，是图书馆重要的信息服务内容之一。利用馆藏目录检索系统可以查询到图书馆的中西文图书、中西文纸本期刊以及部分多媒体资料等，还可以查询读者个人的借阅情况、借阅历史、预约图书。读者要检索图书馆的馆藏，必须先掌握正确的馆藏目录检索和使用方法。以下介绍 3 个馆藏目录检索系统，帮助读者熟悉这类资源。

1. **广东工业大学图书馆馆藏目录**

（1）检索方式。广东工业大学图书馆馆藏书目检索系统提供快速检索方式和高级检索方式。快速检索如图 4-45 所示，提供著者前方一致、题名前方一致、著者内关键词、索书号等 10 个检索字段作为检索入口，各检索字段的含义及输入方法均有提示。高级检索提供馆藏书目组配检索，如图 4-46 所示。

主题词是一种经过规范化的词。中文图书自 1996 年起采用《汉语主题词表》标引主题，西文图书自 1988 年起采用《美国国会图书馆主题词表》标引主题，此前的书未做主题标引。输入的主题词必须和系统使用的主题词相匹配才能得出检索结果。

分类号采用《中国图书馆分类法》。索书号（也称索取号）是识别一种图书的唯一标识，由分类号和书次号两部分组成。中文书索书号如 TP312 /X39，西文索书号如 D6 FC76，读者知道某书索书号，就可用索书号准确检索到该书。

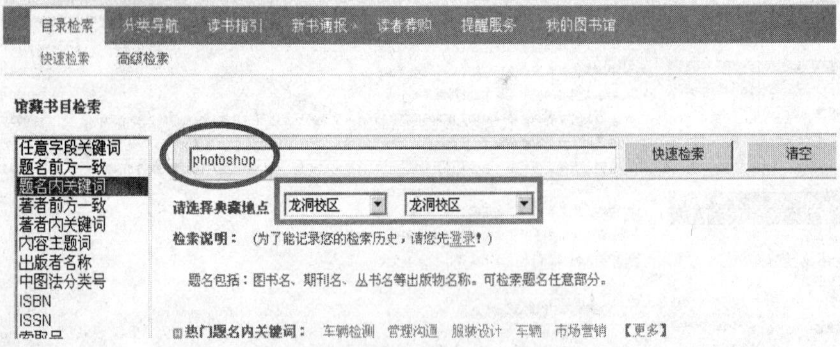

图 4-45 馆藏目录的快速检索

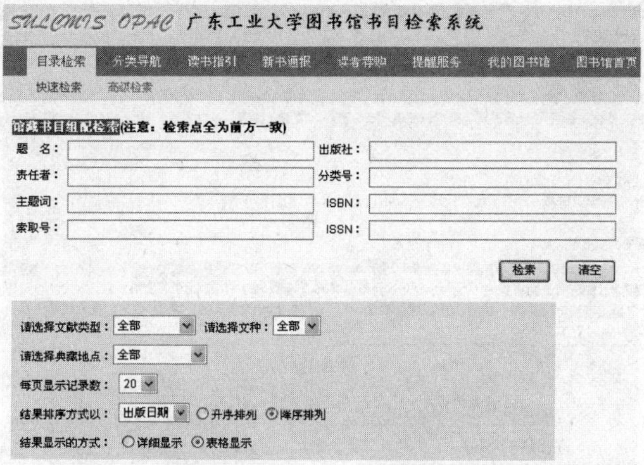

图 4-46　馆藏目录的高级检索

（2）检索结果。系统将命中的记录以一览表形式列出，如图 4-47 所示。可以对检索结果选择不同的排序方式，包括按题名、出版社、出版年份、著作者、主题词、分类号、进馆日期等方式排序。

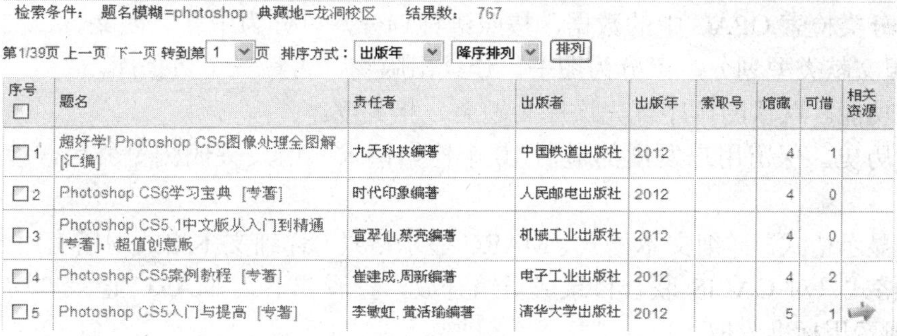
检索条件： 题名模糊=photoshop 典藏地=龙洞校区　　结果数： 767

第1/39页 上一页 下一页 转到第 1 页 排序方式：出版年 降序排列 排列

序号	题名	责任者	出版者	出版年	索取号	馆藏	可借	相关资源
1	超好学! Photoshop CS5图像处理全图解 [汇编]	九天科技编著	中国铁道出版社	2012		4	1	
2	Photoshop CS6学习宝典 [专著]	时代印象编著	人民邮电出版社	2012		4	0	
3	Photoshop CS5.1中文版从入门到精通 [专著]：超值创意版	宣翠仙,蔡亮编著	机械工业出版社	2012		4	0	
4	Photoshop CS5案例教程 [专著]	崔建成,周新编著	电子工业出版社	2012		4	2	
5	Photoshop CS5入门与提高 [专著]	李敏虹,黄活瑜编著	清华大学出版社	2012		5	1	

图 4-47　馆藏目录的检索结果

单击每条记录的书名，将进入该书的书目记录，包括书目信息及详细的馆藏信息，如图 4-48 所示。读者可记录图书的书名、索书号及馆藏地点，然后去相应的地点借阅。

2. CALIS 联合目录

（1）简介。中国高等教育文献保障系统（China Academic Library & Information System，CALIS），是经国务院批准的我国高等教育“211 工程”、“九五”、“十五”总体规划中三个公共服务体系之一。CALIS 的宗旨是在教育部的领导下，建设以中国高等教育数字图书馆为核心的教育文献联合保障体系，实现信息资源共建、共知、共享，服务中国的高等教育。

CALIS 子项目包括：联合目录数据库、引进数据库、高校学位论文库、专题特色数据库、重点学科导航库、虚拟参考咨询、教学参考信息、资源评估、标准规范建设。

产品包括：统一检索平台、联机合作编目系统、虚拟参考咨询系统、资源调度系统、馆际互借与文献传递、CCC 西文期刊篇名目次、数字图书馆门户、统一认证、结算等。

服务包括：公共目录检索系统、联机编目、集团采购、文献传递服务网、数字图书馆解决方案、中文资源导航、西文数据库导航等。

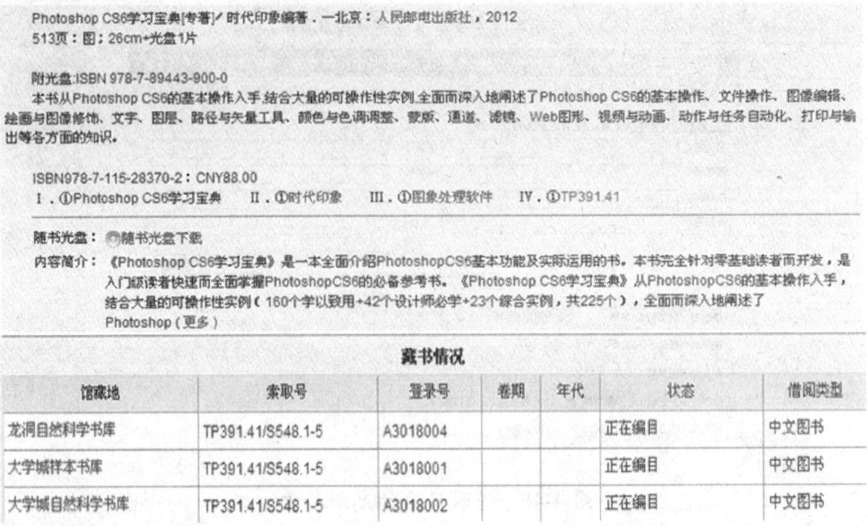

Photoshop CS6学习宝典[专著]／时代印象编著．—北京：人民邮电出版社，2012
513页：图；26cm+光盘1片

附光盘:ISBN 978-7-89443-900-0
本书从Photoshop CS6的基本操作入手,结合大量的可操作性实例,全面而深入地阐述了Photoshop CS6的基本操作、文件操作、图像编辑、绘画与图像修饰、文字、图层、路径与矢量工具、颜色与色调调整、蒙版、通道、滤镜、Web图形、视频与动画、动作与任务自动化、打印与输出等各方面的知识。

ISBN978-7-115-28370-2：CNY88.00
Ⅰ．①Photoshop CS6学习宝典　Ⅱ．①时代印象　Ⅲ．①图象处理软件　Ⅳ．①TP391.41

随书光盘：随书光盘下载
内容简介：《Photoshop CS6学习宝典》是一本全面介绍PhotoshopCS6基本功能及实际运用的书。本书完全针对零基础读者而开发，是入门级读者快速而全面掌握PhotoshopCS6的必备参考书。《Photoshop CS6学习宝典》从PhotoshopCS6的基本操作入手，结合大量的可操作性实例（160个学以致用+42个设计师必学+23个综合实例，共225个），全面而深入地阐述了Photoshop（更多）

藏书情况

馆藏地	索取号	登录号	卷期	年代	状态	借阅类型
龙洞自然科学书库	TP391.41/S548.1-5	A3018004			正在编目	中文图书
大学城样本书库	TP391.41/S548.1-5	A3018001			正在编目	中文图书
大学城自然科学书库	TP391.41/S548.1-5	A3018002			正在编目	中文图书

图 4-48　馆藏目录的书目记录

（2）检索。CALIS 联合目录公共检索系统（简称 OPAC）采用 Web 方式提供查询与浏览。具有以下功能：

① 多库分类检索.OPAC 中的数据，按照语种划分，可分为中文、西文、日文、俄文四个数据库；按照文献类型划分，可分为图书、连续出版物、古籍三个数据库。

② 排序功能。默认的排序优先次序为题名、相关度。

③ 检索历史。保留用户发出的最后 10 个检索请求，用户关闭浏览器后，检索历史将被清空。

④ 多种显示格式。详细文本格式、MARC 显示格式。详细文本格式对所有用户免费开放，MARC 显示格式只对 CALIS 联合目录成员馆开放，查看或下载 MARC 记录，均按照 CALIS 联合目录下载费用标准收取。

⑤ 多种格式输出。对所有用户提供记录引文格式、简单文本格式、详细文本格式的输出。此外，对 CALIS 联合目录成员馆还提供 ISO2709、MARCXML、CALIS bookXML、MARC 列表的输出；提供 E-mail 与“直接下载到本地”两种输出方式；输出字符集提供常用的“GBK”、“UTF-8”、“UCS2”、“MARC8”四种，用户可根据自己的需要进行选择。

⑥ 浏览功能。对古籍数据提供四库分类的树型列表浏览。

⑦ 收藏夹功能。对有权限的用户提供保存用户的检索式与记录列表、标注书签、添加和维护用户评论的功能，目前这些功能不对普通用户开放。

⑧ 馆际互借。用户直接发送请求到本馆的馆际互借网关，无须填写书目信息。

简单检索如图 4-49 所示，高级检索如图 4-50 所示。

3. 全国期刊联合目录

全国期刊联合目录是中国科学院国家科学数字图书馆（CSDL）的建设项目，为实现资源共享和合理布局提供基础保障，2002 年正式启动，2004 年 5 月全面开通提供文献服务。联机联合编目数据库（http://union.csdl.ac.cn/Union）包括全国中西日俄文期刊联合目录数据库和中国科学院中西文图书联合目录数据库，登录界面如图 4-51 所示，具体检索不再赘述。

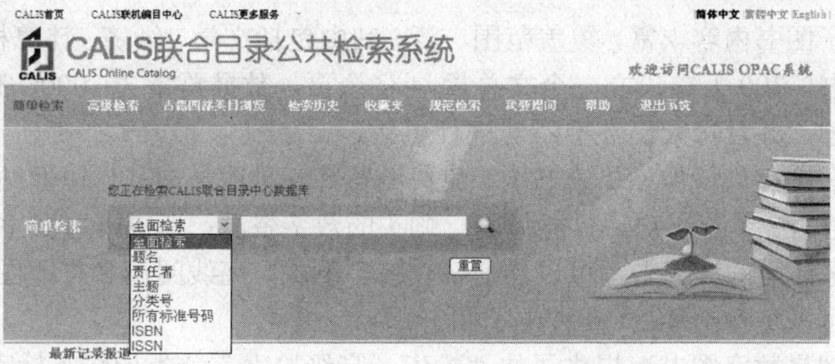

图 4-49 CALIS 联合目录简单检索

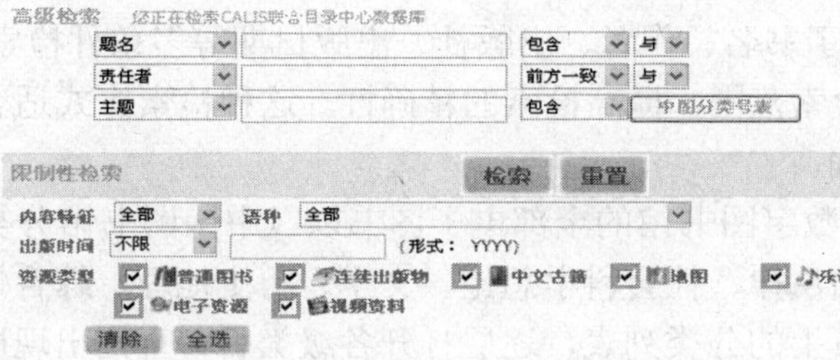

图 4-50 CALIS 联合目录高级检索

图 4-51 中科院联合目录

4.5.2 电子图书

电子图书一般包括网上免费电子图书和基于商业目的制作的电子图书系统。商业系统中电子图书的品种更为齐全丰富，学科也更全面，可满足多学科的图书阅读需求。目前国内大型电子图书系统有超星数字图书馆、书生之家数字图书馆、中国数字图书馆和方正 Apabi 数字图书馆等，下面对部分检索系统进行介绍。

1. 超星数字图书馆（http://www.ssreader.com.cn）

（1）简介。超星数字图书馆由北京世纪超星信息技术发展有限责任公司创建，该公司创办于 1992 年，先与国家图书馆合作，后来又与中国社科院、广东省立中山图书馆、深圳图书馆、美国加州大学等 20 多家单位合作，1998 年 7 月开始提供网上免费的电子图书阅览，2000 年 1 月在互联网上正式开通。

超星中文电子图书内容丰富，覆盖范围广泛，其中包括文学、经济、计算机等五十余大类，数十万册电子图书，300 万篇论文，全文总量 4 亿余页，数据总量 30 000GB，有大量免费电子图书供读者阅读，并且每天仍在不断地进行更新。

超星数字图书馆提供镜像站、读书卡、免费浏览等三种服务方式。镜像站方式主要面对高校、科研机构、企业等单位用户，只能使用已购买的数字资源；读书卡方式主要是针对个人用户，通过购买超星公司的读书卡，可以注册、登录、下载、离线阅读和打印图书；免费用户无须下载阅览器也可以免费阅读 5000 种电子图书。

（2）检索。超星数字图书馆提供了快速检索、高级检索、分类导航等检索方式。

① 快速检索。按图书的书名、作者、主题词等条件进行单项模糊查询，从中选择自己感兴趣的图书，双击书名就可进入阅读。这种检索方式适合目标范围较大的查询。

② 高级检索。提供了书名、作者、出版社、出版日期等多条件检索查询，利用“包含/等于”的限制关系，缩小检索范围，提高检索的精确性。这种检索方式适合目的性强、范围较小的查询，节省了选书时间。

③ 分类导航。超星数字图书馆的全部电子图书以《中国图书馆分类法》为基础，分成经典理论、哲学宗教、政治法律、社会科学总论、文学、历史地理、综合性图书、工业技术，再细分下位类目。单击主页上的分类列表，逐层打开各级类目，直到出现所需的图书书目，单击所需图书就可进行阅读。

（3）图书下载。

① 使用鼠标左键拖动远程书目到本地图书馆下的相应分类目录，松开鼠标，系统即弹出“下载选项”窗口，要求用户进行下载设置，单击“存放路径”按钮，指定下载图书文件到硬盘的某个位置，“选项”标签中可以设定此书的下载页数。

② 选中某一书目，单击鼠标右键，在弹出的快捷选单中选择“下载”命令，此时系统弹出“下载选项”窗口，要求用户进行下载设置，单击“存放路径”按钮，指定下载图书文件到硬盘的某个位置，“选项”标签中可以设定此书的下载页数。

③ 超星阅读器。超星电子图书必须使用超星阅读器（SSReader）。阅读器为读者提供电子图书阅读、资源整理、网页采集、电子图书制作等一系列阅读图书所需的功能，可在网站免费下载。

2. 读秀学术搜索（http://www.duxiu.com）

（1）简介。读秀学术搜索（以下简称“读秀”）是由海量全文数据及资料基本信息组成的超大型数据库，是全球最大的中文图书、期刊等资源搜索平台及文献传递系统。该数据库提供了 330 万种中文图书、10 亿页全文资料，为用户提供深入到图书章节和内容的全文检索，部分文献的原文试读，一站式检索馆藏纸质图书、电子图书、期刊等各种异构资源，几乎囊括了图书馆内的所有信息源，以及周到的参考咨询服务，集文献搜索、试读、文献传递、参考咨询等多种功能于一体，能够为用户提供学习、研究、写论文、做课题等方面的全面准确的学术资料，是一个真正意义上的学术搜索引擎及文献资料服务平台。其主页如图 4-52 所示。

（2）检索。读秀分知识、图书、期刊、报纸、学位论文、会议论文、专利、标准、视频、图片等信息资讯多个检索频道。读秀整合馆藏学术资源，将检索结果与馆藏各种资源库对接，用户检索任何一个知识点，都可以直接获取图书馆内与其相关的纸质图书书目信息、超星数字图书馆内的电子图书全文及读秀知识库本身各频道的期刊全文、论文内容等，迅速获取学术资料，不需要再对各种资源逐一登录检索查找。以下以知识检索和图书检索为例做介绍。

图 4-52　读秀主页

① 知识检索。知识检索是将数百万种的图书等学术文献资料打散，当读者输入一个检索词（如“信息检索”）时，读者将获得 10 亿页资料中所有包含“信息检索”这个关键词的章节、文章等。页面左侧提供专题聚类，右侧提供不同文献类型的结果数量，如图 4-53 所示，方便读者利用。

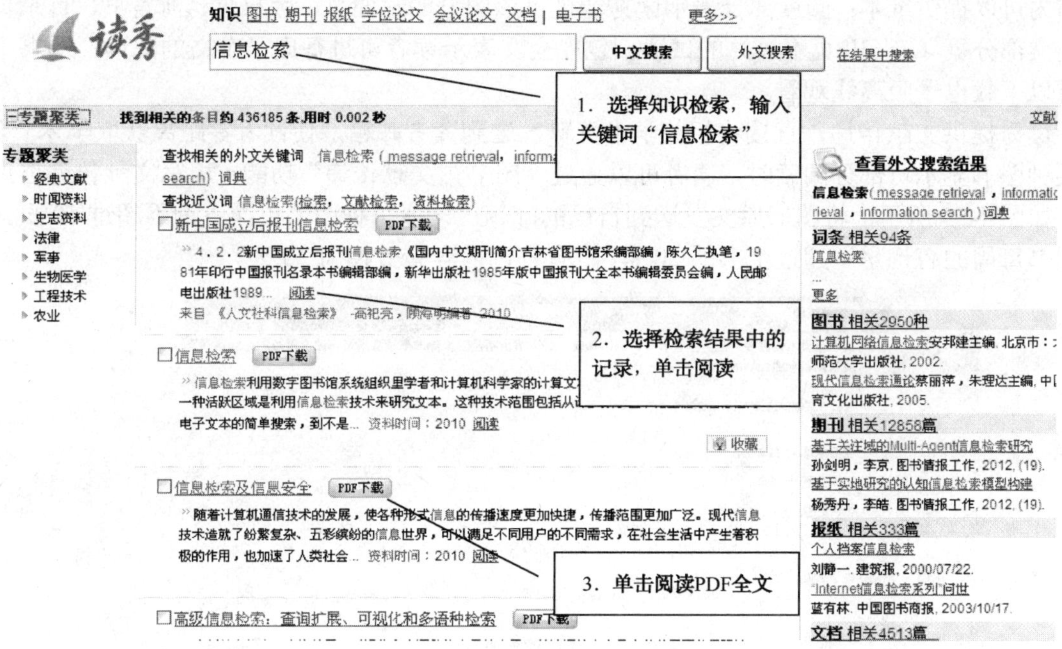

图 4-53　读秀知识检索

② 图书检索。图书检索可选择全部字段、书名字段、作者字段、主题词字段。

图书检索结果页面与知识检索结果页面类似，左侧另提供图书导航、馆藏分析、年代分析、学科分析、作者分析，如图 4-54 所示。

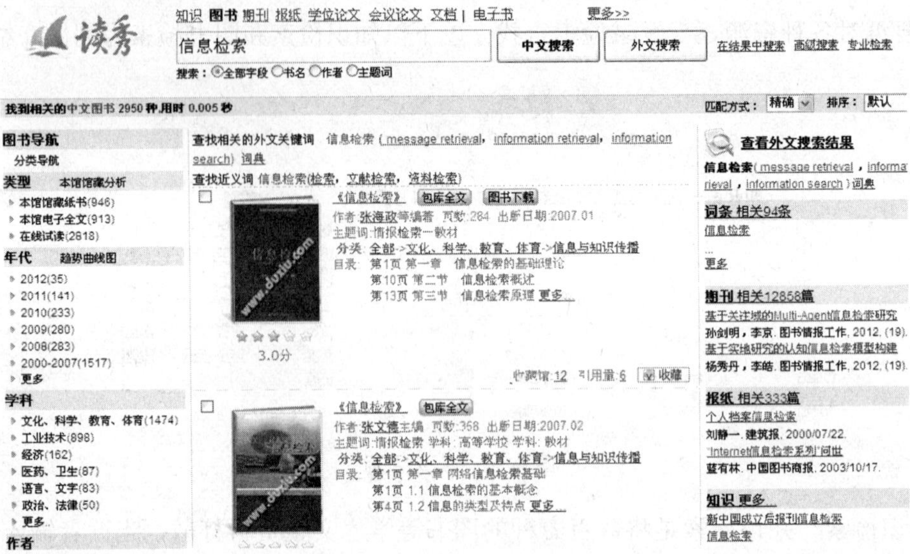

图 4-54 读秀图书检索

图书的获取方式包括：馆藏纸本、阅读部分、包库全文、图书下载。馆藏纸本表示该种图书馆内可以提供纸本；阅读部分表示读秀能提供该图书的封面页、版权页、前言页、目录页以及正文部分页（7～30 页不等）的试读；包库全文表示读者可进行电子全文的阅读；图书下载指可以下载电子版离线观看。

读秀提供文献传递，直接将相关学术资料发送到读者邮箱，使读者零距离获取学术资源。当某种图书显示可部分阅读时，读者可以通过“图书馆文献传递”功能，填写文献传递咨询表单，如图 4-55 所示，将图书原文发送到自己的邮箱。一般每种图书单次咨询不超过 50 页，同一图书每周的咨询量不超过全书的 20%，所有咨询内容有效期为 20 天。

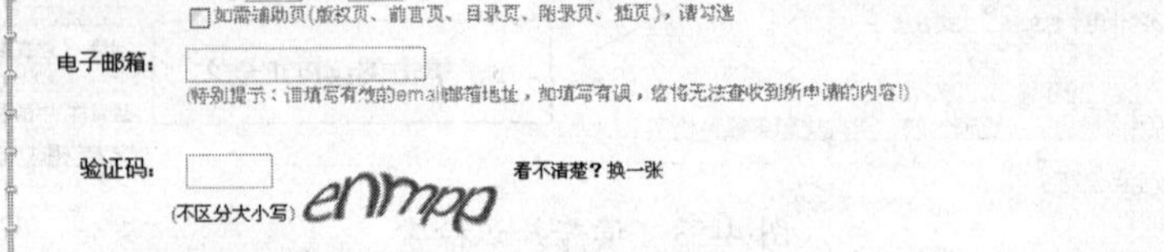

图 4-55 读秀文献传递咨询表单

其他类型文献的检索方法相同，检索字段略有不同。如需帮助，可以阅读“使用帮助”或者单击“网上客服”。

3. 书生之家数字图书馆（http://www.21dmedia.com）

（1）简介。书生之家数字图书馆系统（以下简称“书生之家”）由北京书生科技有限公司创办，2000 年 5 月 28 日正式开通。它是以书生全息数字化技术为核心技术的一个全球性网上开架书报刊交易平台和中国信息资源电子商务平台，可以为专业图书情报机构和普通消费者提供数字图书馆服务。下设中华图书网、中华期刊网、中华报纸网、中华 CD 网等子网，集成图书、期刊、报纸、论文等各种出版物的书（篇）目信息、内容提要、精彩篇章和全文，是著书、出书、售书、购书、读书、评书的网上交流园地。

中华图书网的栏目有：图书查询、新书推荐、排行榜、新书浏览。中华图书网已获得 300 多家出版单位的授权，拥有 20 多万种电子图书，并以每年 6～7 万种的数量递增，内容涵盖理、工、农、医、文、史、哲等学科，所收录的电子图书基本为 2000 年以后出版的新书。

（2）检索。书生之家的图书提供普通检索、图书全文检索、组合检索、高级全文检索，也可按分类浏览。

① 普通检索。主页即可提供，可选择图书名称、出版机构、作者、丛书名称、ISBN、主题、提要 7 个检索字段。

② 图书全文检索。可限定分类，按图书内容或目录进行检索。

③ 组合检索。可进行上述 7 个字段的逻辑与组合检索。

④ 高级全文检索，如图 4-56 所示。

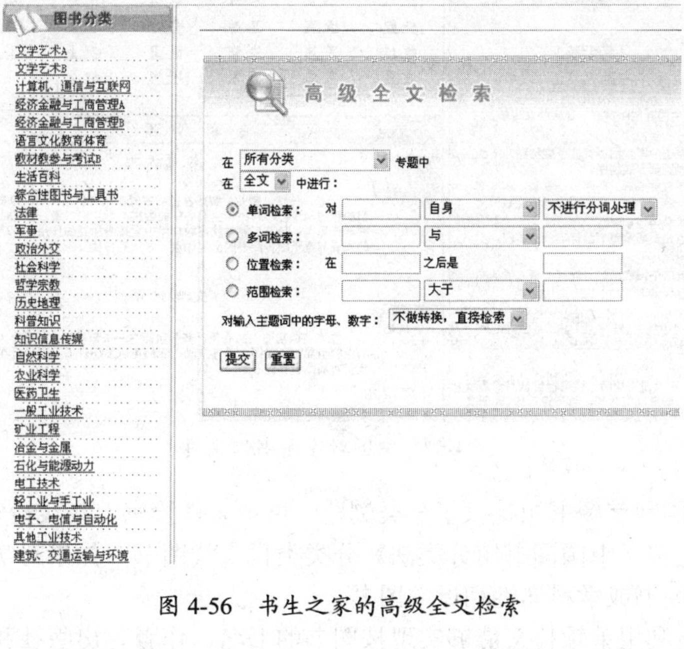

图 4-56 书生之家的高级全文检索

⑤ 分类浏览。在每个检索页面的左侧提供了图书分类列表，见图 4-56 左侧，供读者单击浏览。

（3）阅读和下载。书生之家电子图书采用在线阅读方式，可单页或连续打印，下载到本机只能逐页进行，然后再合成，无法整本下载。阅读之前需下载安装书生阅览器。打开阅览器下载页面，选择下载的版本及下载地点，进行下载、安装即可。书生阅览器为读者提供阅读电子图书所需的各项功能，包括自动滚屏、翻页、树形目录/栏目导航、缩放、微缩版面、拾取文本、下载图像、读书卡片、组合检索、专项检索、查找功能等。

4. 中国数字图书馆（http://www.d-library.com.cn）

（1）简介。中国数字图书馆有限责任公司是经国务院批准，由国家图书馆控股，服务于国家数字图书馆工程的高新技术企业，于2000年4月18日正式运营。公司在全国建立起最完整的数字图书馆建设与服务体系，专注于核心技术研发与应用推广、专业信息提供、数字版权管理、商业服务、数字内容解决方案及数字图书馆整体解决方案。

数字图书按中图法严格分为22大类，内容覆盖经济、文学、历史、医药卫生、工业、农业、军事、法律等各个门类，形成了相当的规模和体系，并依托国家图书馆馆藏进行了古籍的数字化加工，还包括大量外文电子图书。目前拥有中文数字图书7500多万页，合计25万册，国家图书馆民国时期中文图书书目数据库、国家图书馆善本目录数据库等20多种，其中中国国家书目数据库收录1949年至今的中文图书书目数据约100万条。图4-57为中国数字图书馆镜像站点主页。

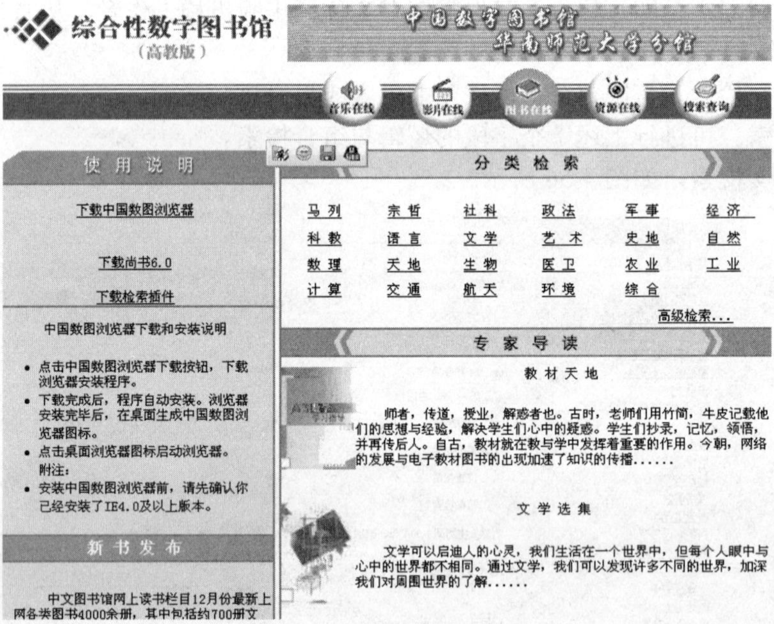

图4-57 中国数字图书馆主页

（2）检索。中国数字图书馆提供了分类浏览、单项条件检索、高级检索等检索方式。

① 分类浏览。按《中国图书馆分类法》分类类目查找图书，如果对学科分类较熟悉，则能准确查找到所需图书或学科属性相近的图书。

② 单项检索。利用单项检索能够实现按图书的书名、作者、出版社和分类号等条件的模糊查询，从中选择自己感兴趣的图书，双击书名就可进入阅读。

③ 高级检索。设有书名、作者、分类号、出版社等多个字段的组合检索，利用“并且/或者”的逻辑组配关系，进行匹配检索、字段组配、限制检索等，可提高检索的准确性。

（3）阅读和下载。中国数字图书馆开发了中国数图浏览器，在阅读电子图书之前，需要先下载和安装。会员用户浏览图书不受图书数量的限制，一次最多可借阅三本图书到本地硬盘进行离线浏览，每本图书累计阅读时限为200小时，借阅的图书到期应还，还可以选择续借。建立了镜像站点的用户无须注册即可阅读。

5. 方正 Apabi 数字资源平台（http://ebook.lib.apabi.com）

（1）简介。北京方正阿帕比技术有限公司（www.apabi.cn）是方正集团旗下专业的数字出版技术及产品提供商，自 2001 年起进入数字出版领域。

方正 Apabi 提供的数字资源产品包括：电子书（电子书资源全文数据库、教参全文数据库、企鹅英文原版书库、阅读中国——当代文学精品库、中小学“教与学”精品书库、文渊阁四库全书）、数字报（中国报纸资源全文数据库、报纸行业剪报库）、中国工具书资源全文数据库、中国年鉴资源全文数据库、特色资源（艺术博物馆图片数据库、国学要览、中医古籍、北京周报）、民国期刊、移动阅读（U 阅迷你书房）。

方正 Apabi 提供的软件产品包括：电子书软件（Apabi Reader、Apabi Maker）、数字图书馆软件（方正 Apabi 新一代数字资源平台、方正德赛数据加工与安全发布系统、方正 Apabi 论文提交与安全发布系统、Apabi 工具书助手）、数字报刊软件（方正鼎新报刊解决方案、方正触摸屏读报解决方案、方正数字报刊审读解决方案）、数字出版软件（方正数字出版系统）。

方正 Apabi 数字资源平台电子图书内容覆盖中国图书分类法所有二级类目，并在计算机、经济管理、外语、文学等方面重点建设。目前，中国 80%以上的出版社在应用方正 Apabi 技术及平台出版发行电子书，每年新出版电子书超过 6 万种。方正 Apabi 数字资源平台主页如图 4-58 所示。

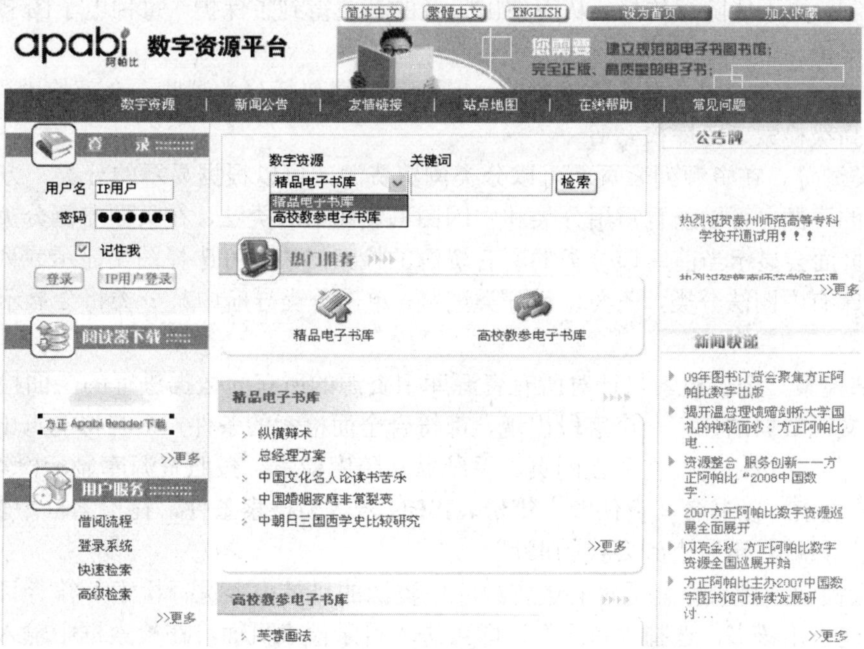

图 4-58　方正 Apabi 数字资源平台主页

方正 Apabi 高校教参书全文数据库是 CALIS 教育文献联合保障体系的重要组成部分，所有教参书籍均由专家进行书目审定，并定期更新。基本思路是在 CALIS 管理中心的统一领导下，将各校教学信息以及经过各校教师精选的教学参考书数字化，并解决数字版权问题，提供师生在网上检索和浏览阅读。目前该数据库已经建设教参书 65 000 种，年增长约 15 000 种。

内容涉及我国高等教育文、理、工、医、农、林重点学科的教学需要。教参书库主页如图 4-59 所示。

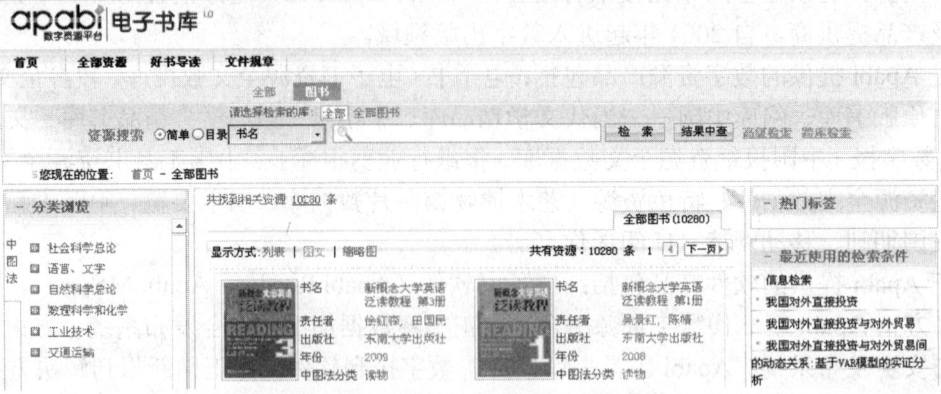

图 4-59 方正 Apabi 教参书全文库

方正 Apabi 所有电子书均由出版社正式授予信息网络传播权，从源头解决版权隐患。方正电子集中优势力量，开发了国际领先的 DRM（数字版权保护）技术，实现对电子书的版权保护。通过方正 Apabi 网络出版方案制作并发行的电子书，在下载到客户机后，将无法进行非法的打印和复制，更不能随意传播，从而使出版者的利益得到了保护。每种电子图书都由出版商自行出版、定价。

（2）检索。以高校教参书全文库为例，其检索方式包括分类浏览、全部检索、简单检索、目录检索、高级检索、跨库检索等。

① 分类浏览。在资源列表页面可以分类浏览资源，可以根据显示的分类，方便地查找出所有该类别的资源；可以查看常用分类和中国图书馆图书分类法，在页面左侧分类浏览中，单击类别名，页面会显示当前库该分类的所有资源的检索结果；可选择图文显示或列表显示，如果当前资源库有中图法分类，还会显示分类浏览，单击分类导航中某分类将会显示该分类所有图书资源。

② 全部检索。全部检索是针对所有资源库中资源的所有元数据进行的全面检索，只要检索词在这些文元数据的任何一个字段出现，都符合全面检索的条件，系统将能查出该书，并且能够单击“更多”按钮定位在所在的页。系统默认跨库检索，按照资源库显示检索结果。

③ 简单检索。以书名、责任者、年份、ISBN 号等为检索条件，在检索框中输入检索词，单击“检索”按钮，迅速查到要找的书目。

④ 目录检索。目录检索是对所选资源库中资源的目录内容进行检索，符合目录检索条件的，系统将能查出该书。选择“目录”，即可进入目录检索页面，在检索框中输入检索词，然后单击“检索”按钮，即可进入检索结果页面，找到检索到的资源可以在线浏览。

⑤ 跨库检索。选择要检索的资源库，可以在所有元数据类型的多个资源库中进行检索。单击跨库检索，在列出的项目中选择检索条件，条件之间可以用“并且”或“或者”连接。

⑥ 高级检索。用高级检索可以对同一种元数据类型下所有资源库进行检索。单击“高级检索”，在列出的项目中选择检索条件，条件之间可以用“并且”或“或者”连接。

检索结果可选择图文、列表或缩略图显示。

（3）阅读与下载。方正公司为电子图书的阅读提供了阅读软件，即方正 Apabi Reader，读者需下载阅读软件后才能在线阅读。方正 Apabi Reader 是一个为中文电子书环境设计的阅览软件，可阅读多种数字化的书籍或文件，满足阅读、说明、收藏及保密的需求，还可以直接使用翻译软件，方便地在电子书上划线、插入书签、任意翻页、缩放、旋转、目录导航等。可免费下载安装。

4.6 其他各类数据库

4.6.1 全球产品样本数据库

1. 产品样本

（1）概念。产品样本是企业为宣传推销其产品而制作的产品资料，包含产品目录、企业手册、广告材料等，具体形式有 CAD 设计图、产品的音视频材料、产品标准图片、产品说明书、产品技术白皮书等。

（2）数据特点。产品样本数据具有以下三个明显特点。

① 数据分散。数量庞大，行业覆盖广泛，分布零散，涉及生产生活的各个层面，企业面向各自的目标群体发送，没有统一的发行渠道，样本数据采集较难。

② 形式多样，载体丰富，数据不规范。有纸本、光盘、网络等多种载体，有图片、说明书、CAD 工程设计图、三维模型图、音/视频资料等多种形式。数据标引加工较难。

③ 非连续出版物。企业根据市场需要不定期制作样本资料，具有很大的随意性，是非连续出版物，样本数据更新难。

（3）作用。产品样本属于数据事实型资源，主要针对工科专业，通过对产品样本进行采集、整理、分析与研究，可以为不同类型用户提供帮助。

① 对教师的科研项目、产品设计与创新提供资源服务。

② 帮助学生查询和自己专业相关的产品或设备技术资料，开拓视野，为完成课程设计和毕业设计提供有效的图纸、外观设计、工程参数等信息参考。

③ 帮助科研院所提升研发水平，帮助科研人员快速转化科研成果，将科学发现和技术创造转化为实际生产力，促进产品技术研究和科研成果转化。

④ 帮助解决企业科研人员在产品理论研究方面的需求，为开发新产品提供思路，辅助用户进行产品设计。

⑤ 为企业用户提供详细的产品信息、市场信息，帮助企业了解相关行业最新的技术资料，实现产品创新，帮助企业建立竞争情报系统。

2. 全球产品样本数据库简介

全球产品样本数据库（Global Product Database，GPD）由科技部西南信息中心重庆尚唯信息技术有限公司研制开发，收录了丰富的产品样本数据，包括企业信息、企业产品目录、产品一般性说明书、产品标准图片、产品技术资料、产品 CAD 设计图、产品视频/音频资料等。

分类体系：根据国家统计局常用设备分类法，GPD 覆盖的产品范围包括通用设备、专用设备、交通运输设备、电气机械和器材、通信设备、计算机及其他电子设备、仪器仪表及文化办公用机械、材料与物资等七大类。2012 年年底产品数量 283 万多个，产品样本 221 万多件。

样本数量：收录全球知名大型工业企业的产品样本，企业数量 14 000 多家，其中世界工业 500 强企业收录比例达到 80%以上。整体规划将收录全球 10 万家企业信息及其产品样本数据。

样本质量：主要收录欧美地区大型知名企业，70%的产品样本包含高价值的技术文档。

更新频率：镜像站每季度更新，中心网站周更新。

样本增量：年新增数据量达 30～50 万件。

数据格式：所有产品说明书及技术说明书多为 PDF 或图片格式。

3. 全球产品样本数据库检索

GPD 提供快速检索、高级检索、分类导航、学科导航、企业导航等检索方式，提供产品比较、信息聚类检索、中英文双语对照参考功能。同时提供信息聚类检索，实现同类产品、同一企业、同一地区的样本聚类，深刻揭示样本之间的关系。

（1）快速检索。快速检索分为“找产品”、“找企业”、“找样本”三个标签式模块，使用者根据不同的检索需求，可以在三个标签之间进行切换。在快速检索框中选择相应的检索入口，在检索框中输入检索表达式，单击“检索”按钮就可以得到检索结果，如图 4-60 所示。

图 4-60　GPD 快速检索

检索入口包含：任意字段、产品名称、产品简介、关键词、企业名称、分类名、国别。

GPD 支持中英文混合检索，但是由于中文是基于机器翻译技术翻译的，准确率不是很高，因此建议尽量输入英文检索词进行检索，能得到更多检索结果。

样本检索主要是对收录的产品样本技术资料进行检索和下载。数据库中收录的产品样本分为多种类型，不同类型的样本文件需要用不同的软件打开浏览。

PDF 文档：在 GPD 中，PDF 格式的产品/技术资料占的比例相当大。

CAD 文档：GPD 收录了大量工业产品的 CAD 工程设计图。一般文件扩展名为.dwg、.dxf 的文件，就是 CAD 设计图。CAD 工程设计图需要 AutoCAD 软件或 3dmax 软件才能打开。

Pro-e 文档：Pro-e 是由 PTC 公司开发的一种三维建模软件，全称为 Pro/Engineer，中文网站为 http://www.proe.cn。GPD 收录了由 Pro-e 软件设计的产品三维模型，一般文件扩展名为.igs、.step 的文档即为 Pro-e 文档，需要 Pro-e（3dmax 可导入.igs 文件）软件才能打开。

ePLAN 文档：ePLAN 是一款全球知名的电气设计软件，在电气设计领域、流体控制领域和过程控制领域中有非常多的应用。GPD 收录了一些 ePLAN 设计图，一般文件扩展名为.z13 的文件即为 ePLAN 文件，需要 ePLAN 软件才能打开。

压缩文件：在 GPD 中，.zip 均为压缩文件。压缩文件需要解压软件才能打开。压缩包里面的文件内容丰富，需要认真分析后，才能有效利用。

（2）高级检索。GPD 高级检索界面如图 4-61 所示。

界面中包含四个不同的检索条件输入框：逻辑关系、检索入口、检索词、匹配度（模糊匹配和精确匹配两种）。可以输入一个检索条件进行简单检索或输入多个检索条件实现多个检索字段的组合检索。单击“检索”按钮就可以得到检索结果。

图 4-61 GPD 高级检索界面

页面下方可以进行专业选择（20 个）、国别选择（60 个）、企业类型选择（机械 500 强、《福布斯》2000 强、《财富》500 强）。

（3）分类导航。分类检索通过定义产品所属的类别，限定在某一个类别里面浏览，能快速得到所需类别的产品样本。分类导航中，左边是完整的分类树，右边是相应的产品信息。如图 4-62 所示为交通运输设备的导航结果。

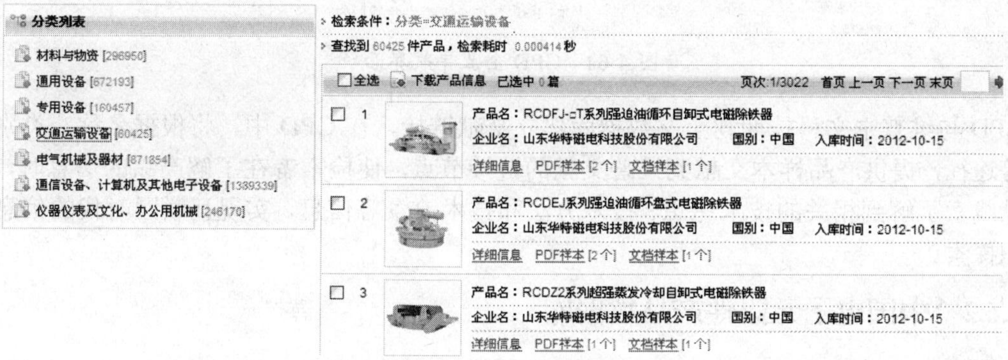

图 4-62 GPD 分类导航

（4）学科导航。学科导航类似于分类导航，只是数据组织方式是按学科进行的。从界面左边“学科列表”中选择所需学科，就能检索到该学科所有产品，单击产品“详细信息”就能得到该产品所有相关信息。如图 4-63 所示为食品科学技术学科的导航结果。

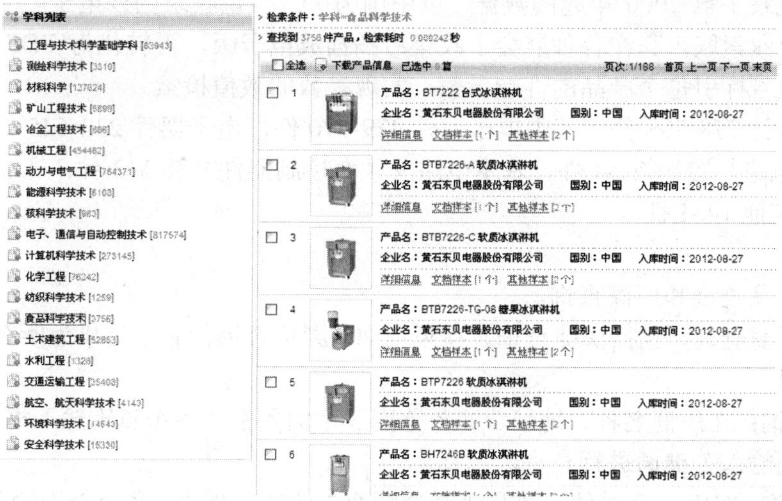

图 4-63 GPD 学科导航界面

（5）企业导航。企业导航是按产品样本所属企业所在地域进行导航，可以按企业名称的首字母进行字顺导航，也可以按国别导航，如图 4-64 所示。进入企业页面后，单击“查看本企业产品”，就能检索到该企业的所有产品。

图 4-64 GPD 企业导航界面

GPD 与维普中文科技期刊全文数据库建立文献链接，在 GPD 中，将根据名称、类别、关键词等途径，提供产品样本文献到维普文献的链接节点，使检索者在了解产品的信息时，能通过文献线索了解到相关的技术思想、技术方法和技术前景等信息，实现互联网时代的信息漫游和知识探索。

4.6.2 中国电子元器件产品数据库

1. 简介

中国电子元器件产品数据库由海威数据网提供。海威数据网由电子科学技术情报研究所（ETIRI）领导建设，由北京市鑫海威信息中心承担具体的建设和运营工作，是目前国内电子元器件行业覆盖厂商最多、收录产品参数信息最全面的专业查询网站，能满足对元器件产品性能查询、比较研究、整机设计、采购贸易等方面的需求。

该数据库收录了自 2000 年起的数据，以中国为主，少量收录国外电子产品，采用的收录方式是直接向企业索取，和在各种展会上收集后扫描成电子版，再转化为 PDF 文件格式的图片，按照产品型号标引每个产品的性能参数，实现参数的数值检索。

目前数据合计 778 798 件，其中电子元件 479 570 件，电子器件 233 645 件，电源与电池 9233 件，印制电路与覆铜板 54 件，基本电路（频率控制器件）38 513 件，印制电路与集成电路 16 302 件，其他 1481 件。

2. 检索

提供电子产品查询和厂商查询。

（1）电子厂商查询，包括快捷查询、高级查询、浏览查询，显示结果为所有符合条件的电子行业厂商信息。

① 快捷查询：在厂商名称、地址、业务范围 3 个输入框（各个查询输入框之间为“并且”关系）中可分别输入关键词进行查询。

② 高级查询：在电子元器件厂商高级查询页面中的输入框中（各个查询输入框之间为“并且”关系）输入查询条件。

③ 浏览查询：光标停留处自动显示下一级元器件的分类条目，单击要查询的元器件类目。

（2）电子元器件产品查询，包括快捷查询、高级查询、浏览查询，显示所有符合条件的电子元器件产品信息。

① 快捷查询：在产品名称、产品型号、生产厂商 3 个输入框（各个查询输入框之间为“并且”关系）中可分别输入关键词进行查询。

② 参数查询：在电子元器件参数查询页面，依次在一级分类、二级分类、三级分类和参数类型输入框中进行选择，将显示产品参数查询组合输入框，按需要填写元器件参数。

③ 浏览查询：光标停留处自动显示下一级元器件分类条目，单击要查询的元器件类目，如图 4-65 所示。

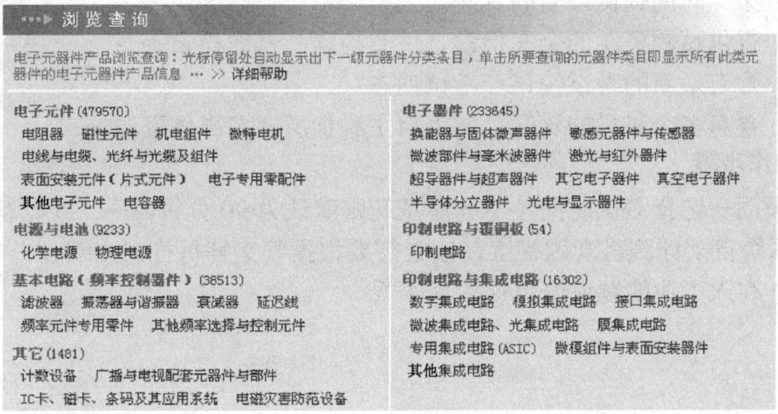

图 4-65 电子元器件产品浏览查询

4.6.3 银符考试题库

1. 简介

“银符考试题库 B12”（以下简称“银符”）是基于 MVC 架构，使用 SQL 数据库 Java 语言开发，根据各类考试的相关规定编制而成的一个综合性在线模拟考试题库，以各种考试数据资源为主体，集练习、交流、考试、教学、资源为一体。

银符紧扣国家资格类考试大纲，综合了大量模拟考题和真题，可以在线答题、在线评分，交卷后有答案解析，适合进行考前的模拟练习。题库涵盖八大考试专辑，其中语言类共 7011 套，计算机类共 7420 套，法律类共 1132 套，公务员类共 2551 套，经济类共 3712 套，工程类共 4340 套，研究生类共 2895 套，职业资格类共 2135 套（数据截至 2013-7-24）。

语言类专辑主要包括：大学英语、专业英语、公共英语、翻译英语、金融英语、资格英语、职称英语、商务英语、水平英语。

计算机类专辑主要包括：计算机等级考试（一级、二级、三级、四级）、计算机水平考试（初级资格、中级资格、高级资格）。

经济类专辑主要包括：初级会计资格考试、中级会计资格考试、注册会计师考试、注册税务师考试、会计从业资格考试、经济师考试、注册资产评估师考试。

研究生类专辑主要包括：研究生入学考试、法律硕士联考、在职法律硕士联考、同等学历申请硕士学位、MBA 联考、考博英语、GCT、中医综合、西医综合。

公务员类专辑主要包括包括：国家公务员考试、地方公务员考试。

2. 特点

银符主页提供的主要栏目有：题库、专项试题、我的题库、专项训练、随机组卷、真题快递、检索、银符资讯、多媒体库。

题库：含有符合国家考试大纲的历年真题和模拟题；并有最新公告、统计信息、升级信息和留言信息等。

分类题库：以考试点为基础细化分解试卷试题。

专项训练：针对薄弱题型强化训练。

我的题库：保存答完或未答完的试卷，以便进行再次练习。

真题快递：第一时间提供最新的真题。

检索功能：提供试题资源的全文检索、试卷检索、试题检索等。

银符资讯：含有最新的考试快讯、考试动态。

多媒体库：含有多个科目的资源，并可自主添加所需多媒体资源。

3. 做题操作步骤

进入答题页面→选择测试时间（不选择系统则默认为 90 分钟）→“开始答卷”→“答卷”→“交卷”，系统自动评测客观题答案，读者需要根据答案解析打出主观题分数→“评分”得出试卷总成绩→存入“我的题库”以便以后查看。

4.7 信息资源发现系统

4.7.1 信息资源发现系统简介

1. 图书馆数字资源整合

在网络信息环境下，全球范围内的数字资源激增，资源的种类和内容日益丰富，高校图书馆引进几十个甚至几百个数据库已非罕见，然而，不同的数字资源系统有着不同的系统结构、信息内容、呈现界面与使用方式，给用户检索带来困扰。同图书馆的数据库相比，用户更加习惯使用 Google、百度等简单、高效的搜索引擎来搜索资料。有调查显示，用户虽然认为来自图书馆的信息资源质量更高、权威性更强，但由于图书馆资源的检索系统分散、复杂，因而经常不是用户首选的检索入口。因此，近年来，图书馆界一直通过各种努力对数字资源进行整合，以求为用户提供一个实现各类学术资源发现与获取的一站式解决方案，提升用户利用资源的有效性与友好性。

近几年，市场上推出了统一资源发现系统，基于庞大的元数据集合，通过类似 Google 的简单检索框，采用统一的路径，实现对图书馆各种资源的发现和获取。经过短短几年的发展，全球使用统一资源发现系统的图书馆总数已超过 2000 家，市场用户数快速增长。

所谓发现系统，是通过对海量的来自异构资源的元数据和部分对象数据通过抽取、映射、收割、导入等手段进行预收集，并通过归并映射到一个标准的表达式进行预聚合，形成统一的元数据索引，通过单一但功能强大的搜索引擎向终端用户提供基于本地分布或者远程中心平台的统一检索和服务的系统。

发现系统内建海量数据的元数据仓，整合各种图书馆资源，包括内部的、外部的、纸质的、电子的、自有的、许可的以及可自由获取的数据源，使用统一标引的数据格式，提供简单、单一的检索入口，通过检索预先设定的元数据仓来快速返回结果，通过链接解析器链接到全文，提供分面和高级检索功能，用户体验性能优越。

2. 国外发现系统主要产品

目前国际市场上主要的统一资源发现系统有五种。2009 年 7 月，Proquest 旗下的 Serials Solution 公司推出第一款网络级资源发现系统 Summon。2010 年 1 月以色列 Ex Libris 公司发布统一资源发现系统 Primo 测试版，将原有的 Primo 架构到 Primo Central 和本地馆藏资源之上。此时，EBSCO 公司也发布了 EBSCO Discovery Service（简称 EDS）系统。2007 年 11 月 OCLC 推出 Worldcat Local 系统，提供对馆藏印本和电子资源的一站式检索，随着与数据库商的不断合作，集成了元搜索功能，并于 2010 年开始提供基于海量元数据的网络级资源发现服务。此外，当前的统一资源发现系统还有 Innovative Interfaces 公司的 Encore 系统。

这几种产品可以分为两种类型，一种是由内容提供商推出的系统，如 Summon、EDS 和 OCLC Worldcat Local，其优势是元数据覆盖较全，特别是在外文期刊的收录方面；另一种是由系统提供商推出的产品，如 Primo 和 Encore，优势是系统功能强，与图书馆自动化集成系统整合较好。

4.7.2 超星发现系统

1. 超星发现系统简介

超星发现以近十亿海量元数据为基础，利用数据仓储、资源整合、知识挖掘、数据分析、文献计量学模型等相关技术，较好地解决了复杂异构数据库群的集成整合，完成高效、精准、统一的学术资源搜索，实现高价值学术文献发现、纵横结合的深度知识挖掘、可视化的全方位知识关联，帮助用户冲破信息孤岛与信息超载的桎梏。

超星发现系统的核心功能主要包括以下方面。

多维分面聚类。超星发现依托高厚度的元数据资源，通过采用分面分析法，可将搜索结果按各类文献的时间维度、文献类型维度、主题维度、学科维度、作者维度、机构维度、权威工具收录维度以及全文来源维度等进行任意维度的聚类。用户可根据实际需要进行任意维度的组配检索、自由扩检和缩检，从而实现文献资源发现的精炼聚类和精准化搜索，将最重要、最核心、最有价值的资源按相关度、被引频次、时间、影响因子等方式展现。

智能辅助检索。超星发现借助内置规范知识库与用户的历史检索发现行为习惯，自动判别并切换到与用户近期行为最贴切的领域和关注热点，同步显示与用户检索主题相应的解释，帮助实时把握所检索主题的内涵，并优先按用户筛选文献的喜好显示检索结果，提高发现精准度和检准率。

立体引文分析。可实现图书与图书之间、期刊与期刊之间、图书与期刊之间、以及其他各类文献之间的相互参考、相互引证关系分析。比如，借助文献引用频率分析研究，可有效测定与评价某一文献、某一学科、某一作者、乃至某一机构的学术影响力。借助文献间相互引证逻辑关系，可分析获得某一学术思想的历史渊源、传承脉络以及演变规律。

考镜学术源流。可以把文献资源的研究单位从单一的文献深化到文献中存在的知识关联中。通过学术源流可以按照知识概念形成知识相关链。这些关联就是知识关联的基础。超星发现能够按照知识概念给出知识关联图谱，通过单向或双向线性知识关联构成的链状、网状结构，形成主题、学科、作者、机构、地区等关联图，从而反映出学术思想之间的相互影响和源流。

展示知识关联。超星发现集知识挖掘、知识关联分析与可视化技术于一体，能够将发现数据及分析结果以表格、图形等方式直观展示出来。通过知识关联为研究者从宏观角度直观地把握海量数据之间的规律和整体面貌，直观揭示人与人、人与机构、人与知识，以及知识与知识之间的关联，从而反映出不同学者、不同机构对某一领域的研究强度与贡献，反映出某一领域关联知识的相互交叉支持强度，为进一步追踪、拓展和创新该领域的研究提供思路。

揭示学术趋势。超星发现具备对搜索结果进行年代分布规律分析的功能，可揭示出任一主题学术研究的时序变化趋势图，进而帮助研究者在大时间尺度和全面数据分析的高度洞察该领域研究的起点、成长、起伏与兴衰，从整体把握事物发展的完整过程和走向。同时也具有学术趋势发展的预判分析，为预测该学术未来发展的趋势提供帮助。

2. 超星发现系统的检索

超星发现系统提供简单检索、高级检索和专业检索方式，检索界面分别如图 4-66、4-67、4-68 所示。

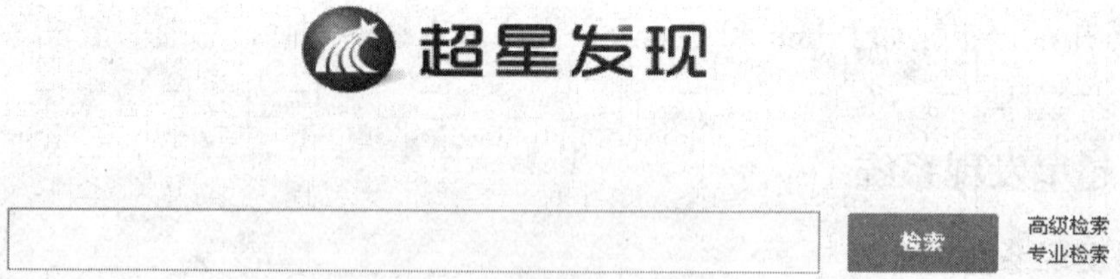

图 4-66　超星发现简单检索

图 4-67　超星发现高级检索

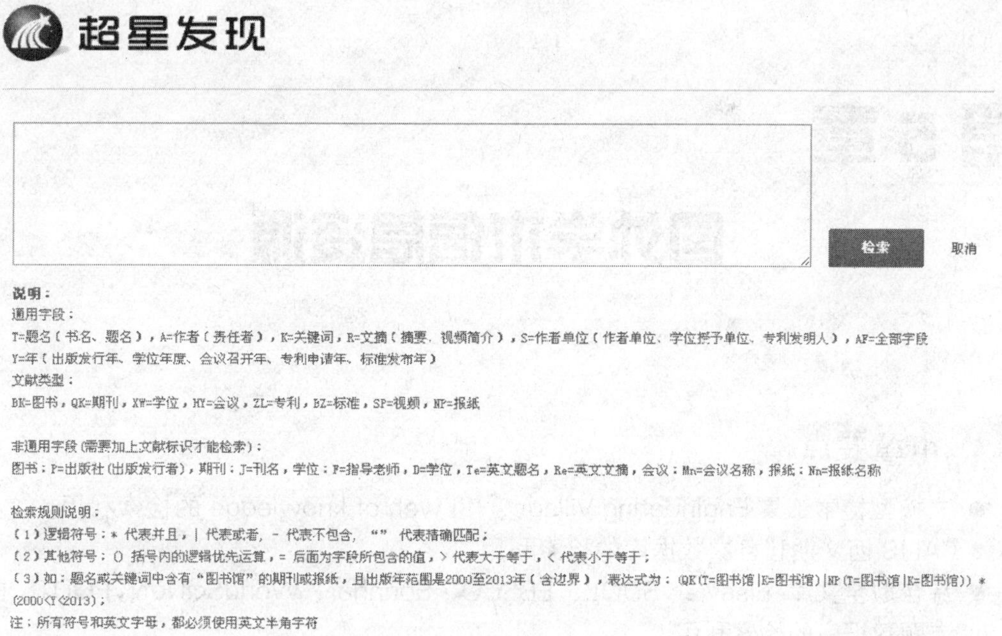

图 4-68 超星发现专业检索

练习与思考 4

1．利用 CNKI 学术期刊全文数据库的“期刊导航”，获取有关“机械工业”的期刊，记下复合影响因子最高的 3 种期刊的刊名、复合影响因子和综合影响因子。选择其中一种期刊，浏览其最新一期的内容，记录其中 1 条记录（文摘格式）。

2．使用 CNKI 学术期刊全文数据库的高级检索方式，检索云计算在电信领域的应用的期刊论文。记录检索策略，记下检索结果数量，记录其中 5 条记录（引文格式）。

3．利用维普中文科技期刊全文数据库的“期刊导航”，获取能源与动力工程的专业期刊，记下 5 种核心期刊的刊名、ISSN 号和 CN 号。选择其中一种期刊，浏览其最新一期的内容，记录 3 条记录（题录格式）。

4．使用维普中文科技期刊全文数据库的专业检索方式，检索关于载体胶原的提取与鉴别的文献。提取关键词，写出检索式。如果想提高查准率，可以考虑采用哪些检索技术？

5．利用维普中国科学指标数据库（CSI）查阅有关供应链管理主题的高被引论文。

6．使用万方数据知识服务平台，查询太阳能光伏产业发展应用现状及未来展望方面的论文文献。

7．利用读秀检索自己感兴趣的图书并阅读。

8．利用中宏教研支持系统和国研网检索与迪拜危机相关的文献。

9．法律法规信息可以使用哪些资源进行查找？

10．使用超星发现系统，体验发现系统的性能。

第5章 国外学术信息资源

本章要点

- 文摘型检索工具 Engineering Village、ISI web of knowledge 的检索利用。
- CALIS 西文期刊目次数据库的检索利用。
- 综合型全文库 Elsevier SDOL、EBSCO、Springer、WorldSciNet、PQDT、国道外文专题数据库的检索利用。
- 专业型全文库 IEEE/IEE（IEL）、RSC、ACM、ASCE 的检索利用。
- 电子期刊 Science 和 Nature。

国外的数据库提供商很多，通常数据库的规模和数据量较大，专业化较强，服务网络化，数据更新快，在检索字段设置、检索技术、个性化服务等方面水平较高，是高校师生和科研单位研究人员获取英文学术信息的重要来源，可供快速了解和掌握国外的先进理念、研究成果和技术发展动态，开阔学术视野，并在此基础上进行借鉴和创新。本章选择部分综合性和专业性外文数据库，介绍其文献收录及检索使用。

5.1 Engineering Village

5.1.1 Engineering Village 简介

1995 年美国工程信息公司（Engineering Information Inc，简称 Ei 公司）推出 Web 版集成信息服务系统，称为美国工程信息村（Engineering Village）。这是一个综合的检索平台，包含多种信息资源，主要是 Compendex 和 NTIS 这两种文摘数据库，以及其他一些信息资源。Engineering Village 为了方便广大用户，通过和 Elsevier、EBSCO、Springer 等电子出版商建立联系，提供文献全文的链接。

1. Compendex

Compendex® 是目前全球最全面的工程领域二次文献数据库。它收录了自 1899 年以来出自 5 000 多种工程类期刊、会议论文集和技术报告的文献，范围涵盖了工程和应用科学领域的各个学科，涉及机械工程、土木工程、环境工程、电气工程、结构工程、材料科学、固体物理、超导体、生物工程、能源、化学和工艺工程、照明和光学技术、空气和水污染、固体废弃物的处理、道路交通、运输安全、控制工程、工程管理、农业工程和食品技术、计算机和数据处理、电子和通信、石油、宇航、汽车工程以及这些领域的子学科和其他主要的工程领域，其中大约22%为会议文献，90%的文献是英文文献。

目前，该数据库中化工和工艺的期刊文献最多，约占15%，计算机和数据处理占12%，应用物理占11%，电子和通信占12%；另外还有土木工程占6%，机械工程占6%。大约22%的数据是有主题词和摘要的会议论文，90%的文献是英文文献。

2. NTIS

NTIS数据库（National Technical Information Service）是美国国家技术情报社出版的美国政府报告文摘题录数据库，主要收录美国政府立项研究及开发的项目报告，少量收录西欧、日本及世界各国（包括中国）的科学研究报告。该库包括项目进展过程中所做的一些初期报告、中期报告、最终报告等，反映最新政府重视的项目进展。该库75%的文献是科技报告，其他文献有专利、会议论文、期刊论文、翻译文献；25%的文献是美国以外的文献；90%的文献是英文文献。专业内容覆盖科学技术的各个领域。

5.1.2 Engineering Village 的检索

1. 检索算符与检索规则

（1）布尔运算符。Engineering Village 使用三个布尔逻辑运算符，分别是 AND、OR 和 NOT，运算优先顺序依次为 NOT、AND 和 OR。可使用括号指定检索的顺序，括号内的术语和操作优先于括号外的术语和操作。也可使用多重括号。例如，（International Space Station OR Mir）AND gravitational effects AND（French wn LA or German wn LA or English wn LA），检索结果为含有“International Space Station”或“Mir”，且一定均含有“gravitational effects”的文献，文献语种为法语（French）、德语（German）或英语（English）。

（2）截词符与通配符。

① 截词符（truncation）。星号（*）为右截词符，可检索到与截词符前面的字母相同的所有词。例如，输入“comput*”得到“computer”、“computerized”、“computation”、“computational”、“computability”等。

② 通配符（？）。通配符（？）取代单个字符。如 wom?n 检索出 woman 或 women。

③ 自动取词根（autostemming）。此功能将检索以所输入词的词根为基础的所有派生词。快速检索方式将自动取所输入词的词根（作者栏的检索词除外）。例如，输入“management”，结果为“managing”、“managed”、“manager”、“manage”、“managers”等。单击关闭自动取词根（autostemming off）可禁用此功能。

（3）位置算符。

① NEAR：如 Bridge NEAR Piling *，检出的文献要同时含有这两个词，这两个词要彼此接近，前后顺序不限。如按相关度排序，两个词越接近，文献就越排在前面。

② W/*n*：*n* 为自然数，如 Pig * W/2 pine *，检出的文献要同时含有这两个词，两个词的距离不能超过2个单词；

③ ADJ：如 channel ADJ tunnel，检出的文献要含有这两个词，两个词相邻，位置一定。

（4）其他算符与规则。

① 采用 wn 算符连接检索词和字段代码。例如，“light weight steel autobody” wn AB 和（seatbelts OR seat belts）wn TI。

② 精确短语检索（exact phrase searching）。如果输入的短语不带括号或引号，由于系统默认将检索结果按相关性排序，所以可以得到比较理想的检索结果。但是，如果需要做精确匹配检索，就应使用括号或引号。例如：“International Space Station”、（solar energy）。

③ 连接词。如果检索的短语中包含连接词（and、or、not、near），则需将此短语放入括号或引号中。例如：{block and tackle}、“water craft parts and equipment”、{near earth objects}。

④ 特殊字符（special characters）。特殊字符是除 a～z、A～Z、0～9、？、*、#、（ ）或{ }之外的所有字符，检索时系统将忽略特殊字符。如果检索的短语中含有特殊字符，则需将此短语放入括号或引号中。例如：{M/G/I}。

⑤ 大小写（case sensitivity）。Engineering Village 的界面不区分大小写，所输入的单词可以是大写也可以是小写。

⑥ 排序方式（sorting）。检索结果可以按相关性（relevance）或按出版时间（publication year）进行排序。默认的排序为相关性排序。

⑦ 著者（author）拼写顺序。在文摘中，著者姓名拼写顺序为姓前名后，中间用逗号隔开，如 Smith，A；Smith，A.J；Smith，Alan J.。例如，输入 Gilbert，Barrie wn AU AND Analog Devices wn AF，则检索出由 Analog Devices（AF—作者单位）的 Barrie Gilbert（AU—作者）编写的文献。

2. 检索方式

Engineering Village 提供快速检索（Quick Search）、专家检索（Expert Search）、叙词检索（Thesaurus Search）三种方式。在检索方式界面提供浏览索引（Browse Indexes）的功能。

（1）快速检索（Quick Search）。进入数据库直接显示快速检索的界面，能够进行直接快速的检索，用户可以从下拉菜单中选择各个选项，如图 5-1 所示。具体检索过程说明如下。

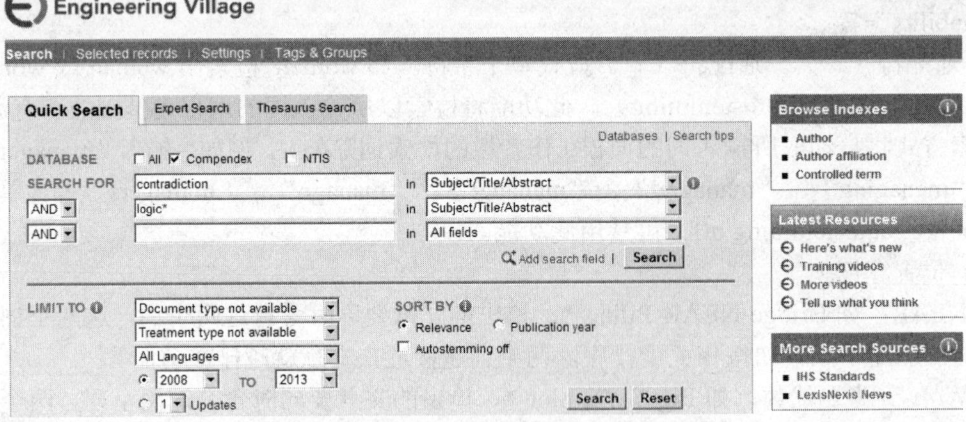

图 5-1 Engineering Village 的快速检索界面

① 选择数据库（SELECT DATABASE），可使用的数据库为用户所在单位所购买的或被批准可以访问的数据库。

② 输入检索词（SEARCH FOR），输入的检索词可以是词或词组，默认为词根检索。

③ 选择检索字段(SEARCH IN)，下拉菜单中可选择 15 个检索字段，见表 5-1。“All Fields”是检索 Compendex 时的默认值，从所有字段中检索。

表 5-1 Compendex 的检索字段名称一览表

字段英文名称	字段中文名称	字段英文名称	字段中文名称
All fields	所有记录字段	Conference Code	会议代码
Subject/Title/Abstract	主题词/篇名/摘要	ISSN	国际标准刊号
Abstract	摘要	Main heading	主标题词
Author	著者	Publisher	出版商
Author affiliation	著者单位	Serial title	刊名
Classification code	Ei 分类号	Title	篇名
CODE	所藏文献书刊的分类编号	Ei controlled term	受控词
Conference information	会议信息		

④ 选择逻辑关系。用户可以选择 AND、OR 和 NOT 逻辑算符连接快速检索界面上的三个检索栏，将三个检索栏中的检索内容进行组配。在快速检索中，如果三个文本框中均有输入，总是先合并检索前两个文本框中的词，然后再检索第三个文本框中的词，即：

a AND b OR c 检索的顺序为（a AND b）OR c

a OR b AND c 检索的顺序为（a OR b）AND c

a OR b NOT c 检索的顺序为（a OR b）NOT c

⑤ 限制检索选项，包括文献类型（Document Type）、处理类型（Treatment Type）、语种（Language）和年代（Year）。Compendex 数据库中可用的文献类型和处理类型选项见表 5-2。

表 5-2 Compendex 的文献类型和处理类型名称一览表

文 献 类 型	中 文 名 称	分 类 范 畴	中 文 名 称
All document type	所有文献类型	All treatment types	全部
Journal article	期刊论文	Applications	应用
Conference article	会议论文	Biographical	传记
Conference Proceeding	会议论文集	Economic	经济
Monograph chapter	专题论文	Experimental	实验
Monograph review	专题综述	General review	一般性综述
Report chapter	专题报告	Historical	历史
Report review	综述报告	Literature review	文献综述
Dissertation	学位论文	Management aspects	管理方面
Unpublished paper	未出版文献	Numerical	数值
CORE	Ei 的核心期刊	Theoretical	理论

Treatment Type（处理类型）用于说明文献的研究方法及所探讨主题的类型，一个记录可能有一个或几个 Treatment Type，但并不是每个记录均赋有处理类型。“Language（语种）”选项提供 English、Chinese、French、German、Italian、Japanese、Russian、Spanish 共 8 种语言选项。时间方面，Compendex、NTIS 分别提供自 1969 年、1899 年至今的任意年代范围的选择。

⑥ 检索结果可以按相关性（relevance）或按出版时间进行排序。默认按相关性排序。

（2）专家检索（Expert Search）。专家检索方式提供一个独立的检索框，用户可以采用“within”算符（wn）和字段代码，在限定的字段内进行检索。页面下方提供检索字段及代码表。专家检索界面如图 5-2 所示。

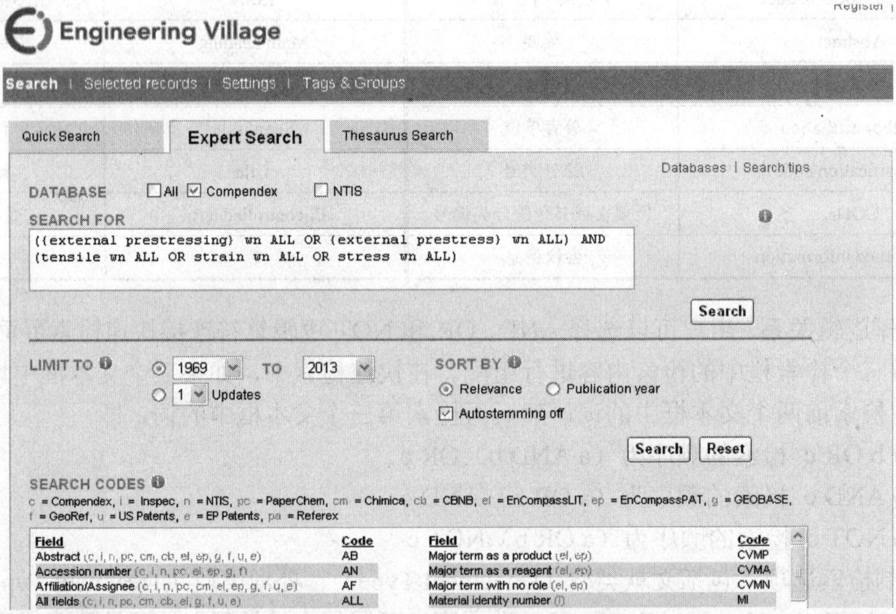

图 5-2　Compendex 专家检索界面

与快速检索相比，专家检索方式提供更强大而灵活的功能，用户可使用更复杂的布尔逻辑算符、位置算符、截词符和词根符等，也可以在多个字段中进行检索。系统将严格按输入的检索式进行检索，不能自动进行词根运算。同一个检索式在专家检索方式和快速检索方式下得到的检索结果有可能不同，因为在快速检索方式下，系统默认词根运算。

（3）叙词检索（Thesaurus Search）。

叙词检索的作用：识别受控词（Controlled Term）；查找同义词和相关术语；用建议的和更窄的术语改进检索策略。由于叙词表随着时间会有变化，可以用此功能跟踪受控词的用法。叙词检索是 Compendex 数据库的一个功能。

Search for 框下面有三个功能按钮，分别是一般检索（Search）、精确条目（Exact term）和浏览（Browse）。叙词检索页面如图 5-3 所示。

（4）浏览索引（Browse Indexes）。在快速检索方式和专家检索方式中均提供了浏览索引的功能。以 Compendex 数据库为例，它提供了 Ei Controlled Term（Ei 受控词）、Author（著者）、Author Affiliations（著者单位）、Source title（刊名）、Publisher（出版者）等字

段的索引词表。单击 Browse Indexes 内的字段，就会出现相应的索引，用户选择所要检索词语的第一个字母或者在 SEARCH FOR 栏中输入词语的前几个字母，然后单击“Search”按钮，就可浏览。此外，用户也可通过单击每页下面的“Previous page”或“Next page”按钮浏览索引。

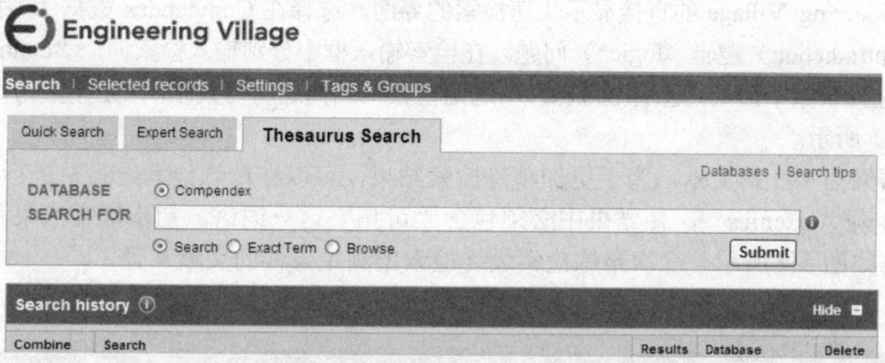

图 5-3 Compendex 叙词检索界面

3. 检索结果

（1）检索结果格式。包括题录（Citation）、文摘（Abstract）和详细记录（Detailed）。Engineering Village 数据库的快速检索和专家检索的检索结果显示界面相同，检索结果最初以题录的格式列出。这种格式可提供足够的信息以确定文献的来源。如果用户想浏览文摘格式或详细格式的记录，可单击题录下边的链接“Abstract”或“Detailed”。详细格式的著录项目比文摘格式更齐全。

（2）结果管理。可以选择所需要的记录范围、浏览的格式（题录、文摘或详细格式），对选定记录进行以下操作：E-mail（发送电子邮件）、Print（打印）、Download（下载）、Save to Folder（保存）。

（3）精炼检索结果（Refine Results）。在检索结果页面的左边设置了“Refine Results”按钮，按检索结果的著者、著者单位、受控词、分类码、国家、文献类型、语种、出版年、来源名称、出版商进行分析，标明了文献记录数量，用户可查看图表和下载数据。用户通过勾选分析项目，单击“包含（Limit to）”或“不包含（Exclude）”按钮来精炼检索结果。

（4）检索历史（Search History）。Engineering Village 界面左下部提供“检索历史”按钮，单击后可以显示检索历史的信息，包括：检索的次数、每次检索是在快速检索（Quick）还是高级检索（Expert）或是叙词检索（Thsaurus）方式下进行的、检索式、自动取词根（autostem）的开关状态、检索结果的排序方式、检索结果的数量、检索时间范围、在哪个数据库中进行检索、是否选择了电子邮件跟踪（E-mail Alert），并可单击“Save”按钮保存该次检索策略。在检索历史页面，还可以启用“合并（Combine）”功能。选择检索历史，在编辑框中输入要合并的检索序号，用逻辑运算符 AND、OR、NOT 合并过去的检索。

4. 个性化服务

用户可以创建一个电子邮件提醒服务（create alert）。用户设定好一个检索条件后，所选择的数据库在每次更新时将自动检索出用户设定好的内容，并通过电子邮件发送给用户。这项服务需要用户先注册。注册是免费的。输入电子邮箱地址注册后，可以按周获得电子邮件跟踪结果、保存记录、保存检索式、创建个人文件夹。

5. 检索实例

① 快速检索。例如，检索 2008 年以来“矛盾逻辑问题的可拓学研究”方面的文献时，进入数据库 Engineering Village 的直接显示快速检索的界面，选择在 Compendex 数据库中检索。先检索矛盾（contradiction）逻辑（logic*）问题。在检索输入框中分别输入检索词，“contradiction”、“logic*”，选择检索字段（主题/标题/摘要），选定检索词间为逻辑与关系，限定年限为 2008—2013 年，如图 5-1 所示。

检索结果为 193 篇文献，为了更加精确检索结果，可以在精炼检索结果中进行二次检索。在结果中检索“extenics”，使结果中必须包含“可拓”这一词语，初步检索结果及精炼检索结果的操作如图 5-4 所示。二次精炼检索最终检索出满足条件的文献 4 篇。

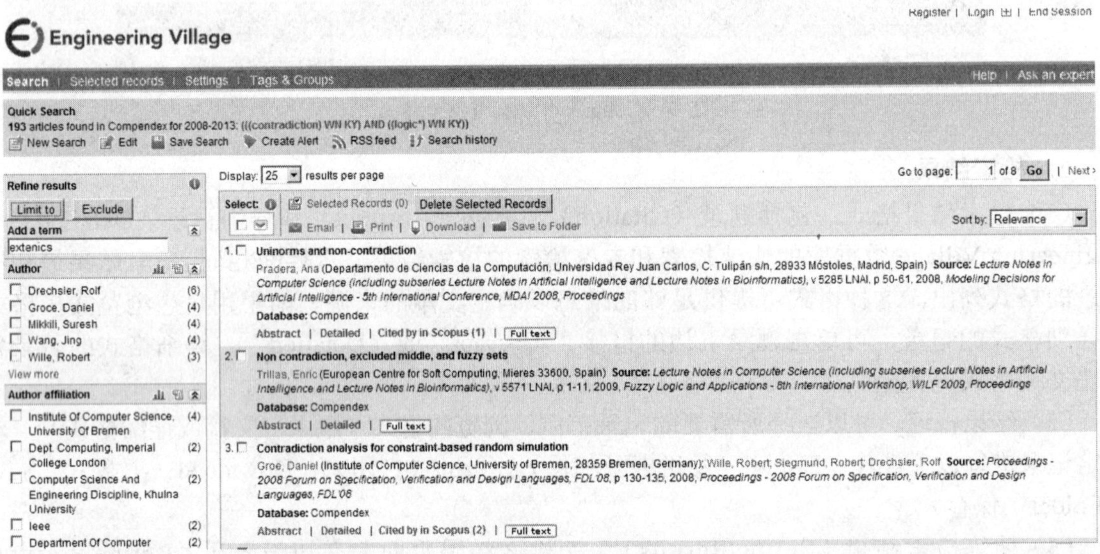

图 5-4 Engineering Village 快速检索实例

② 专家检索。例如，检索“张拉控制应力（tensile）为某标准值的体外预应力（external prestressing）”方面的文献，选择检索字段均为所有领域（ALL）。检索式为（{external prestressing} wn ALL OR {external prestress} wn ALL） AND （tensile wn ALL OR strain wn ALL OR stress wn ALL）；时间为数据库默认时间；数据库为 Compendex。可检索出 110 篇文献。

③ 叙词检索。例如，查找关于混凝土添加剂（Additives）及骨料（Aggregates）方面的文献。在检索框中输入 Concrete，点击“一般检索”、“提交”，下面就出现一个与 Concrete 匹配的 145 个条目的框。选择需要的条目 Additives、Aggregates 之后，这两个词出现在下面的 Search Box 框中，选择逻辑算符“and”进行组配，选择相关性（Relevance）排序，在左下方“Limit to”中选定所有文献类型、所有处理类型、所有语种，如图 5-5 所示。根据检索条件，可检索到 54 篇相关文章。

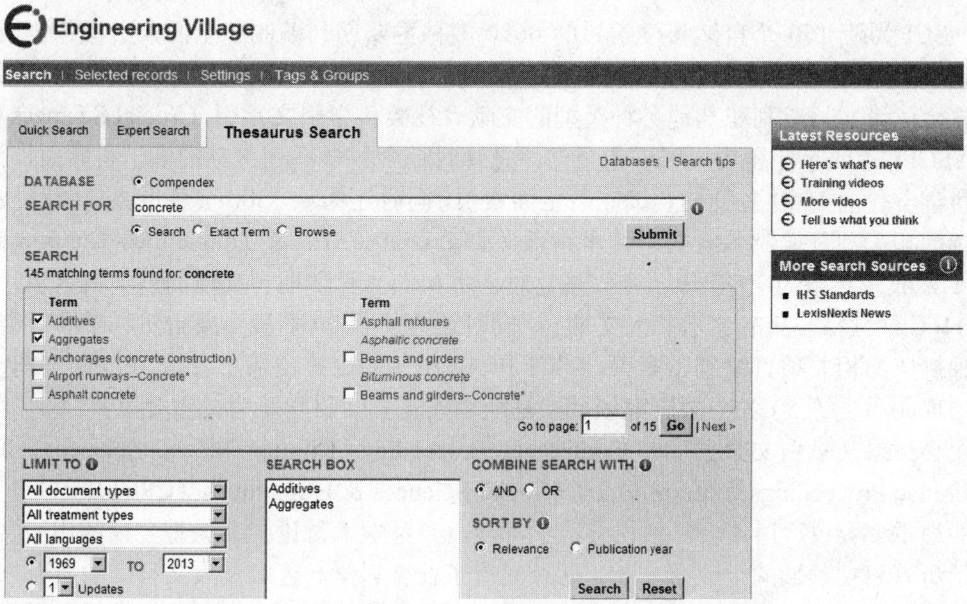

图 5-5 Engineering Village 叙词检索实例

5.2 ISI Web of Knowledge

5.2.1 ISI Web of Knowledge 简介

ISI Web of Knowledge 是美国科学情报研究所（ISI）提供的数据库检索平台，依照与用户的数字图书馆环境协同工作的原则而设计，整合统一的数字化资源研究环境集成了多个数据库，可以进行单库和跨库检索。用户可以检索自然科学、社会科学、艺术与人文学科的文献信息，包括国际期刊、开放资源、图书、专利、会议录、网络资源等。下面介绍其部分资源。

1. Web of Science（SCI/SSCI/A&HCI）

Web of Science 是美国 Thomson Reuters 公司基于 Web 开发的产品，以 ISI Web of Knowledge 作为检索平台。Web of Science 数据库收录了 9000 多种世界权威的、高影响力的学术期刊，内容涵盖自然科学、工程技术、生物医学、社会科学、艺术与人文等领域。还收录了论文中所引用的参考文献，并按照被引作者、出处和出版年代编制成索引。通过独特的引文检索，可以用一篇文章、一个专利号、一篇会议文献或者一本书的名字作为检索词，检索这些文献的被引用情况，了解引用这些文献的论文所做的研究工作，可以轻松地回溯某一研究文献的起源与历史，或者追踪其最新的进展，既可以越查越旧，也可以越查越新，越查越深入。Web of Science 由七个数据库组成，包括三大引文库（SCI、SSCI 和 A&HCI）、两个会议录文献引文数据库（CPCI-S、CPCI-SSH），以及两个化学数据库（CCR、IC）。

科学引文索引（Science Citation Index Expanded，SCI），收录年限为 1900 年至今。SCI 历来被公认为世界范围最权威的科学技术文献的索引工具，能够提供科学技术领域最重要的研究成果。SCI为跨150个自然科学学科的6650多种主要期刊编制了全面索引，并包括从索引文章中收录的所有引用的引文（参考文献），其引文记录所涉及的范围十分广泛，包括书、期刊论文、会议论文、专利和其他各种类型的文献。社会科学引文索引（Social Sciences Citation Index，SSCI），收录年限为1956年至今，是针对社会科学期刊文献的多学科索引，为跨50个社会科学学科的1950多种期刊编制了全面索引，同时还为从3300多种世界一流科技期刊中单独挑选的相关项目编制了索引。艺术和人文引文索引（Arts & Humanities Citation Index，A&HCI），收录年限为1975年至今，是针对艺术和人文科学期刊文献的多学科索引，它完整收录了1160种世界一流的艺术和人文期刊，同时还为从6800多种主要自然科学和社会科学期刊中单独挑选的相关项目编制了索引。SSCI和A&HCI的内容覆盖了政治、经济、法律、教育、心理、地理、历史等50多个的研究领域，是从事人文社会科学研究的重要工具。

两个会议录文献引文数据库是Conference Proceedings Citation Index—Science（CPCI-S）和Conference Proceedings Citation Index—Social Sciences & Humanities（CPCI-SSH），包括多种学科的最重要会议、讨论会、研讨会、学术会、专题学术讨论会和大型会议的出版文献。前者涵盖了所有科技领域的会议录文献，后者涵盖了社会科学、艺术及人文科学的所有领域的会议录文献。使用这两个数据库，可以在期刊文献尚未记载相关内容之前，跟踪特定学科领域内涌现出来的新概念和新研究。

两个化学数据库可以创建化学结构图以查找化合物和化学反应，也可以检索这些数据库来查找化合物和反应数据。Current Chemical Reactions（CCR-EXPANDED）收录年度为1986年至今，包含从39个发行机构的一流期刊和专利摘录的新的一步和多步合成方法，每种方法都提供有总体反应流程，以及每个反应步骤详细、准确的示意图。Index Chemicus（IC）收录年限为1993年至今，是有关生物活性化合物和天然产物最新信息的重要来源，包含国际一流期刊所报告的最新有机化合物的结构和关键数据，提供翔实的化学反应综述和详尽的实验细节，提供化合物的化学结构和相关性质，包括制备与合成方法，许多记录显示了从原始材料到最终产物的反应流程，是一个事实型的化学数据库，专门为满足化学与药学研究人员的需求而设计。

2. ISI Proceedings（ISTP/ISSHP）

ISI Proceedings包括ISTP科学技术会议录索引和ISSHP社会科学及人文科学会议录索引。会议文献是国际学术交流的重要组成部分，新的理论、新的解决方案和新发展的概念通常最早出现在科学会议上发表的论文中。每天更新的ISI Proceedings汇集了世界上最新出版的会议录资料，包括专著、丛书、预印本以及来源于期刊的会议论文，提供会议论文的书目信息和作者摘要，其内容收集自著名国际会议、座谈会、研讨会、讲习班和学术大会上发表的会议论文，不限于以英语发表的论文，提供了综合、全面、多学科的会议论文资料，学科涉及自然科学和社会科学两大领域，覆盖250个学科，包括工程学、物理学、生物学、化学、精神病学和经济学，覆盖了从1990年至今召开的60000次会议上发表的约200万篇论文。

3. INSPEC，科学文摘（SA）

INSPEC是一个科技文献数据库，是英国《科学文摘》的网络版。通过它可以访问世界上关于电气工程、电子工程、物理、控制工程、信息技术、通信、计算机和计算等方面的科技文献。数据库包含7 000 000条文献记录，数据来源于全球80多个国家和地区出版的4000多种科技期刊、2200多种会议论文集以及其他出版物的文摘信息，涉及29种语言。每条记录包含标题、描述性摘要及文献详细信息，如期刊名、作者名、作者单位、原文献的语种等。数据库每周更新，每年大约增加330 000条新记录。网上可检索到1969年至今的文献记录。INSPEC数据库由英国电机工程师学会（The Institution of Electrical Engineers，IEE）编制。

4. MEDLINE，医学文献数据库

MEDLINE是美国国立医学图书馆（U.S. National Library of Medicine®，NLM）建立的MEDLARS医学文献分析和检索系统中使用频率最高、最大最权威的综合性医学文献数据库，内容涉及生物医学、生命科学、生物工程、公共卫生、临床护理和动植物科学领域，利用MeSH主题词和CAS Registry Number进行精确检索，链接到NCBI数据库和PubMed的相关文章。它收录了1966年以来世界上70多个国家40多种语言出版的4800多种生物医学期刊上的文献，其中我国有40多种，年报道量40多万条，75%为英文文献。自1975年后开始收录文献摘要。文献回溯至1950年。

5. Journal Citation Reports（JCR），期刊引用报告

Journal Citation Reports是一种全面和独特的资源，是依据期刊相互引用情形编制的书目计量分析统计报告，是期刊评价、排名、分类及比较的量化工具，它使用户能够使用引文数据来评价和比较期刊，这些引文数据摘自60多个国家和地区的3300多家出版商出版的7500多种学术性技术期刊，内容涵盖科学技术和社会科学所有专业领域。它包括如下两个部分。

（1）JCR Science Edition（自然科学版）：涵盖5900多种国际性科学技术期刊。

（2）JCR Social Science Edition（社会科学版）：涵盖1700多种国际性社会人文科学期刊。

JCR可提供的信息包括：期刊刊载论文数量，依递减顺序排列比较其出版量多寡；各期刊当年被引用次数；某一期刊当年刊载的论文在同一年即被引用的比率；期刊论文的平均被引用率；对于每一特定年度期刊计算出它的影响因子（impact factor）；计算每种期刊的引用文献和被引用文献的半衰期。作为一种研究工具，Journal Citation Reports可以显示：某一领域最常引用的期刊、最具影响力的期刊、最热门期刊、一流期刊、相关期刊。引文和文献数是表明当前研究人员使用单个期刊频繁程度的重要指标。

6. Derwent Innovations Index（DII），德温特世界专利创新索引

这是德温特公司与ISI公司合作开发的基于ISI统一检索平台的网络版专利数据库。DII将“世界专利索引（WPI）”和“专利引文索引（PCI）”的内容有机整合在一起，为研究人员提供了世界范围内的、综合全面的专利信息。DII覆盖了全世界1963年以后的约1000万项基本发明和2000万项专利。每周增加来自全球40多个专利机构授权的、经过德温特专利专家深度加工的20000篇专利文献。同时，每周还要增加来自6个主要的专利授权机构（世界专利组织、美国专利局、欧洲专利局、德国专利局、英国专利局和日本专利局）的被引和施引专利文献，大约有45000条记录。内容主要涉及化学、电子与电气和工程3大领域。

7. 其他资源

Web检索工具Scientific WebPlus可通过科学方法快速查找相关的Web内容，在开放的Web页面中进行检索，并快速查看与关心的主题关系最密切的内容。还有以下网站：ISI HighlyCited.com^{SM}，该网站是免费的，并且专业化程度极高，利用引文数据，提供目前出版的有关最重要的科学家和学者的全面信息；BiologyBrowser，为生命科学信息界提供免费的资料和链接的数据库；Index to Organism Names，世界上最大的在线科学生物物种名称数据库；

ResearcherID.com，为全球科研界提供具有重要价值的作者信息索引，每位在编作者都有一个唯一的编号，用做快捷标识符；Science Watch®，每周跟踪免费网络资源中的热点、新涌现的论文和研究前沿，从而进行科学评价和分析，这些网络资源包括访谈、以第一人称撰写的评论、播客以及科学家、期刊、机构和国家/地区的概要信息，使用来自 Thomson Reuters 的 Essential Science Indicators℠，可按自己所需对这些资源进行筛选；Thomson Scientific，进一步了解为学术、商业和研发界提供的信息化解决方案。

5.2.2 ISI Web of Science 的检索

1. 检索算符与检索规则

ISI Web of Science 的检索算符与规则说明见表 5-3。

表 5-3 ISI Web of Science 的检索算符

检索算符	表达	含义	举例
逻辑算符	AND	两个检索词必须同时出现（与）	education AND college
	OR	两个检索词任一出现即可（或）	education OR college
	NOT	只可出现第一个检索词（非）	education NOT college
截词符	*	无限截词符*，代表字符串，检索与输入词起始部分一致的词	enzym* = enzyme，enzymatic，enzymology
	?	中间屏蔽符？，以检索名词单复数不同表达或英美不同的表达	wom?n = woman，women
	$	表示零或一个字符	vapo$r=vapor，vapour
词组		以自然词序输入即可	输入“energy conservation”返回相应的词组结果
位置算符	SAME	两个检索词前后位置可换	energy SAME conserv*

说明：

（1）逻辑运算符字母大小写均可。

（2）系统对大小写字母不加以区别。

（3）使用双引号进行精确短语检索。

（4）SAME 指检索词在同一句中。句子指文献题名或者摘要的句子或者单个地址。

（5）检索优先顺序：SAME、NOT、AND、OR。使用括号可以改变运算符优先级。

（6）检索作者时，先输入姓，然后输入空格，之后再输入不超过 5 位的名的首字母。例如，查找：G.A.T. Mcvean，应输入：mcvean gat or（mcvean g*）。

（7）不支持前方截词符。例如，“*computer”会提示出错。

2. 检索方式

Web of Science 数据库提供多种检索方式：search（一般检索）、author search（作者检索）、advanced search（高级检索）、cited reference search（引文检索）和 structure search（化学结构检索）等。数据库检索界面如图 5-6 所示。

图 5-6　Web of Science 数据库检索界面

（1）一般检索（search）：提供较全面的检索功能。能够通过主题、作者、团体作者、来源文献、地址会议信息等进行检索。可以单击“添加另一字段”来添加检索字段。在一般检索页面中，还可以对检索结果的语种和文献类型加以限制，在检索字段框中选择“语种”和“文献类型”即可实现。

ISI Web of Science 的常用检索字段及代码见表 5-4。

表 5-4　ISI Web of Science 的常用检索字段

常用检索字段	字段全名（标识）	常用检索字段	字段全名（标识）
主题	Topic（TS）	受控索引	Control Index（CI）
作者	Author（AU）	非受控索引	Uncontrolled Index（UI）
出版物名称	Source Title（SO）	会议信息	Meeting Information（MI）
出版年	Publication Year（PY）	识别码	Identifying　Codes（IC）
地址	Address（AD）	分类	Classification（CL）

选择主题字段，检索将自动检索标题、摘要和关键词字段。出版物名称（source title）字段采用词组索引的方式，为了方便检索，请先查询刊名全称列表（full source titles list），或者输入刊名单词的前几位字母并利用通配符来检索。地址（address）字段中，每一个作者的地址都会在 Proceedings 记录中列出来，可利用地址缩写词列表检索作者地址。还可利用 SAME 算符来检索作者地址为某个大学某个具体的系或学院的记录。会议检索字段包括会议标题、召开地、主办者以及召开日期。另外，数据库中还提供了作者甄别工具，能够在查找特定作者发表的文章的同时，帮助区分具有相同姓氏和名字首字母的作者，还能够通过主题类别和机构缩小查找范围。检索字段可以添加。

（2）高级检索（advanced search）。在高级检索中，可使用字段标识符（用两个字符表示）、其他检索算符和检索词组配成复杂的检索式。例如，如果想查找 2003 年在 Washington，D.C. 召开的 82nd Annual Meeting of the Transportation ResearchBoard 会议中有关 intelligent transportation systems 的会议记录，可以输入以下检索式：ts=intelligent transport* AND cf=(transport* AND washington and 2003)。

（3）作者检索（author search）。其步骤是输入作者姓名、选择研究领域、选择组织机构。姓必填，如输入 Smith，名填首字母，最多允许 4 个字母，如输入 CE。可添加作者姓名的不同拼写形式，可选择是否精确匹配。

（4）被引参考文献检索（cited reference search），即引文检索。传统的检索系统是从作者、分类、标题等角度来提供检索途径的，引文索引却是从另一角度，即从文献之间相互引证的关系角度提供检索途径，显示出检索的高效性、检索结果的高度相关性、文献之间的内在联系，以及新的连接与创见。在这个页面中，检索字段主要有“被引作者（cited author）”、“被引著作（cited work）”、“被引年份（cited years）”，还有被引的卷、期、页、标题。

（5）化学结构检索（structure search）。使用前需要下载化学结构绘图插件 Structure Drawing（免费）。通过化学结构检索方式，可以检索与创建的化学结构检索式匹配的化合物和化学反应、检索与化合物和化学反应相关联的数据、检索化合物或化学反应数据而不进行化学结构检索。另外，在检索前还要在选择数据库（citation database）中勾选 Current Chemical Reactions 和 Index Chemicus 两个数据库。

化学结构检索页面分为三个部分：化学结构绘图、化合物数据、化学反应数据。一种化学结构检索可以创建两种检索式：化学反应记录检索式和化合物记录检索式。在这种情况下，相同的化学结构检索式将在检索历史表中显示两次。化合物的子结构检索可能查找 25 种化合物和 10 种化学反应。这 25 种化合物属于一个检索式，而 10 种化学反应属于另一个检索式。

当单击 Draw Query 时，系统会弹出一个窗口，可以利用它提供的数据来构造化学反应，检索结果包括反应概要图示、论文全记录的链接以及反应细节的链接。

化合物的相关数据（compound data）检索，可以通过输入化合物的名称、化合物的生物活性以及输入反应中物质分子量的大小，并选择物质在反应中所处的角色来进行。

在反应数据（reaction data）中，可以给出反应的条件，如保护气体是什么，反应时间多长、温度多高等。另外，还可以对反应进行描述并对反应做出评价。

3. 检索结果

（1）调整检索结果。

① 二次检索。可以通过主题（标题、摘要、关键词和词组）在检索结果中进行二次检索，从而生成一个新的集合，这样无须进行集合的组合便可提高查准率，并生成另一个结果页面。

② 精炼检索结果（refine results）。单击任意一个字段链接可对检索结果进一步完善。出现频率最高的条目会在列表最上方。

（2）分析检索结果。分析功能可用于任何结果概要页面，因此可以在选择查看记录后对感兴趣的结果进行再次分析。分析检索结果有助于从宏观上把握检索课题的情况，并且轻易地将需要的文献显示出来。Web of Science 数据库可对检索结果进行 16 个角度的分析，包括：作者、丛书名称、会议名称、国家或地区、文献类型、编者、基金资助机构、授权号、团体作者、语种、组织、组织扩展、出版年、研究方向、来源出版物、Web of Science 类别。

（3）检索历史。单击“检索历史”，按倒序数字顺序显示已用检索式，即最近创建的检索式显示在列表顶部。在检索历史中可以根据以前的检索式组配成新的检索式。选中以前的检索式，单击“AND”或“OR”选项，单击“组配”按钮开始新检索式的检索。

4. 个性化服务

用户可以在 Web of Knowledge 主页上注册。注册后可以使用文献管理软件 EndNote Web，用于建立和保存邮件提醒服务（如定题提醒和引文提醒等）并查看和管理，了解一个定题服务是否有效及过期时间。进入检索式的管理页面可管理自己曾经保存的检索式，更新某一篇文章的服务状态，对其进行重新设置或删除，还可以打开检索式并加以运行。

5. 检索实例

例如，检索近五年关于研究 FRP（玻璃纤维增强塑料）应用于建筑工程中时的力学性能的文献时，可以先进入 ISI Web of Knowledge 的界面，选择在 Web of Science 数据库中检索。先检索 FRP 的力学性能。在检索输入框中分别输入检索词“FRP”、“fiber reinforce plastic、mechanic*”，选择检索字段为主题字段，选定检索词间为逻辑或和与的关系，其检索式为：主题=（FRP）OR 主题=（fiber reinforce plastic）AND 主题=（mechanic*），如图 5-6 所示。

检索结果为 3524 篇文献，如图 5-7 所示。为了更加精确检索结果，可以在精炼检索结果中进行二次检索。在结果中检索“construc*”，如图 5-7 页面左侧所示。

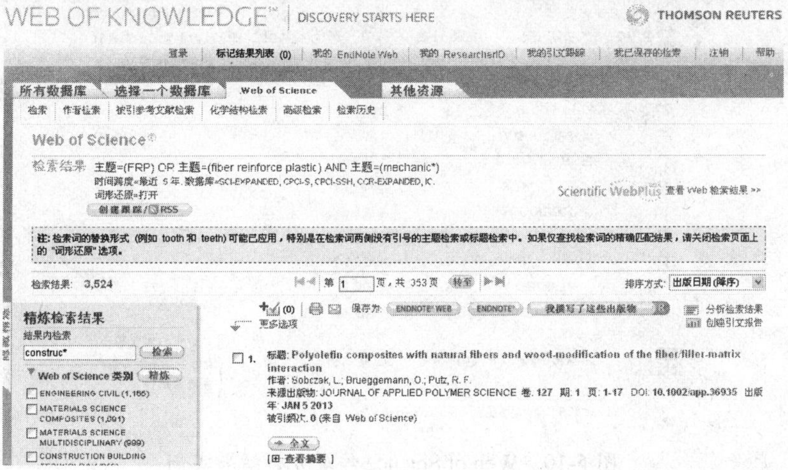

图 5-7 Web of Science 检索实例的初步检索结果及精炼检索结果操作实例

精炼检索结果后，缩小范围至 390 篇文献，如图 5-8 所示。

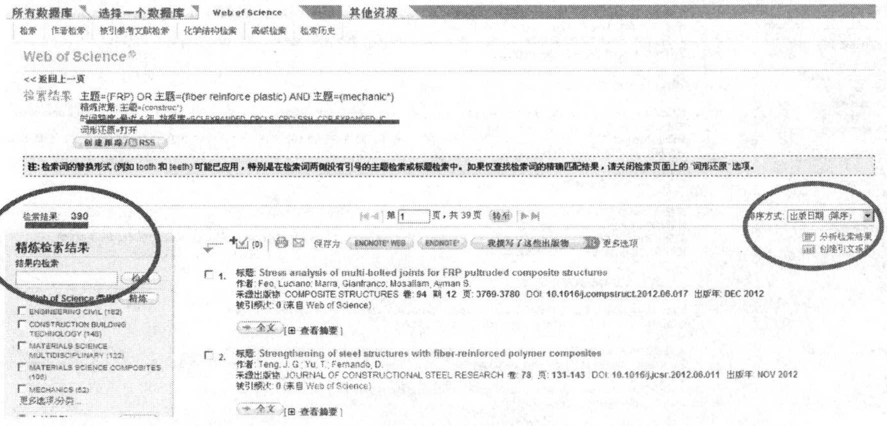

图 5-8 Web of Science 检索实例的二次检索结果

在结果界面单击“分析检索结果”，会出现分析检索结果的界面，可选择按不同的方式分析检索结果，如图 5-9 所示。

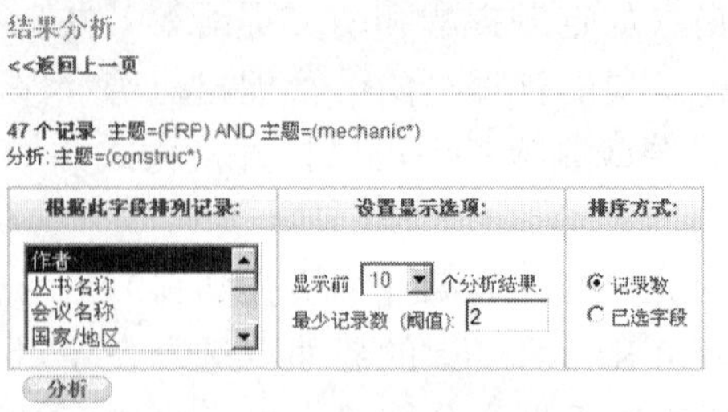

图 5-9　Web of Science 分析检索结果实例

分析字段共有 16 个。选择单击“作者”进行作者分析。因为检索结果为 390 篇，所以在记录的选项中采用默认的“500 条记录”。单击“分析”按钮后产生的结果如图 5-10 所示。

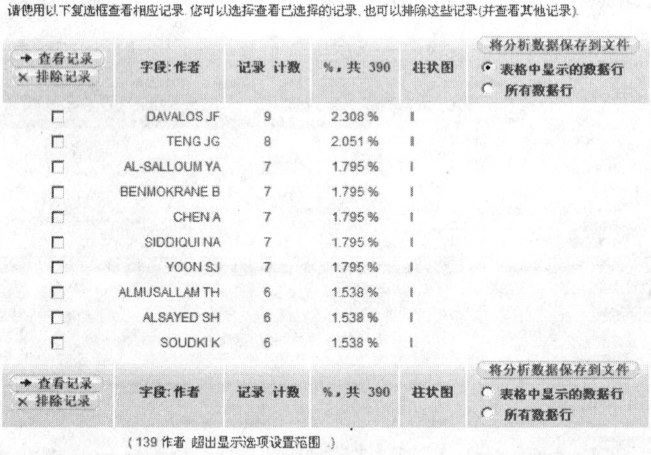

图 5-10　Web of Science 作者分析结果实例

在作者“DAVALOS JF”前勾选，单击“查看记录”按钮，检索出 DAVALOS JF 的 9 篇文章，作者 DAVALOS JF 的文章的题录如图 5-11 所示。

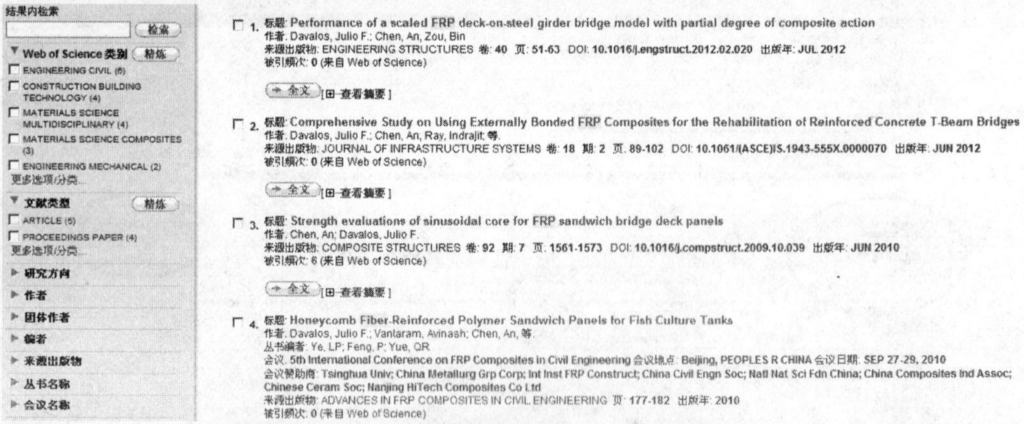

图 5-11　作者 DAVALOS JF 的文章的题录

如果想阅读其中的文章，单击“文章标题”即可看到该论文的文摘。单击第1篇文章标题，出现该文的文摘，如图5-12所示。

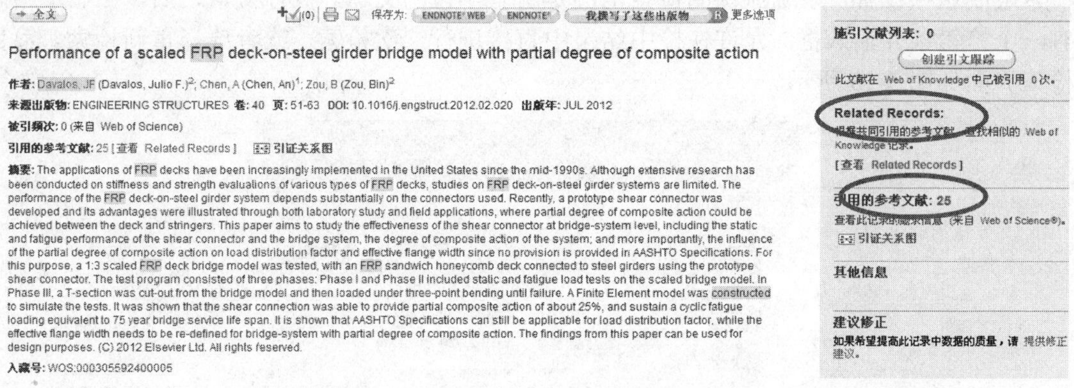

图5-12 作者DAVALOS JF的文章的文摘

在此界面中，可通过打印或发送电子邮件的方式对这篇论文进行下载、输出等操作。通过页面右边“引用的参考文献”项看到该论文的参考文献是25篇；通过“Related Records”栏可查找与该论文相关的其他论文。单击即可查看记录列表。

5.3 CALIS西文期刊目次数据库

5.3.1 CALIS西文期刊目次数据库简介

CALIS西文期刊目次数据库是篇名目次数据库，收录13万余种高校收藏的纸本期刊和电子期刊信息，其中有4万多种期刊的文章篇名信息每周更新，目前期刊文章的篇名目次信息量达8000多万条。数据库标注了CALIS高校图书馆的纸本馆藏和电子资源馆藏，把各图书馆馆藏纸本期刊和购买的全文数据库（包含电子期刊与篇名目次）有机地集合到一起，使用户可以直接通过系统的资源调度得到电子全文，并且连接了CALIS馆际互借系统，查找到的文章信息可以直接发送文献传递请求以获取全文。该系统还为成员馆提供了多种用户使用查询统计报告、成员馆馆藏导航数据下载和成员馆电子资源维护等服务。

5.3.2 CALIS西文期刊目次数据库的检索

1. 浏览

（1）期刊浏览。CALIS西文期刊目次数据库提供了共13万种期刊的浏览，可以按学科分类或字母顺序进行浏览。

（2）全文库浏览。全文库按字母顺序将期刊排序提供浏览。

2. 检索

（1）文章/篇目快速检索。有一个检索条件输入框和选择检索字段的下拉框，可输入一个或几个检索词到输入框中，不必考虑词序、区分大小写以及标点符号。词与词之间默认的逻辑关系是 AND。检索字段有五个：篇名、作者、刊名、ISSN、全面，全面是检索所有字段。可以通过限制出版日期把检索结果限制在一定日期范围内，从而达到快速查准的目的。如果不改变检索限制这项设置，系统默认的检索范围是所有年代的文献。执行检索之后，在显示结果页面有一个检索条件输入框，允许在检中结果中直接进行二次检索，或者选择重新检索。篇目快速检索界面如图 5-13 所示。

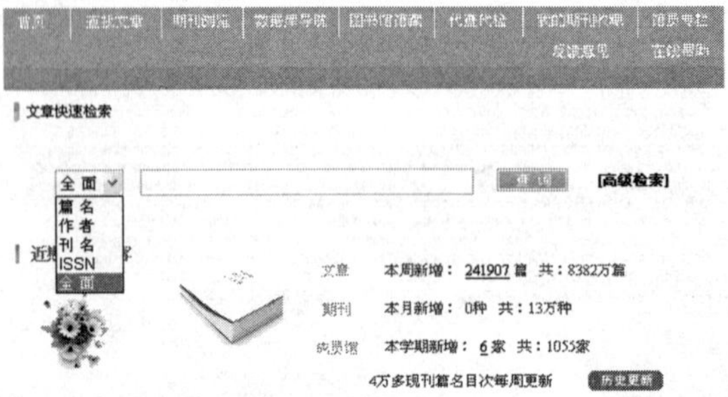

图 5-13　CALIS 西文期刊目次数据库文章快速检索

（2）文章/篇目高级检索。有多个检索条件输入框，可以输入一个检索条件进行简单检索或输入多个检索条件实现多个检索字段的组合检索。可检索字段和快速检索基本相同。可限制出版日期和文献种类，把检索结果限制在一定范围内，从而快速查准。高级检索界面如图 5-14 所示。

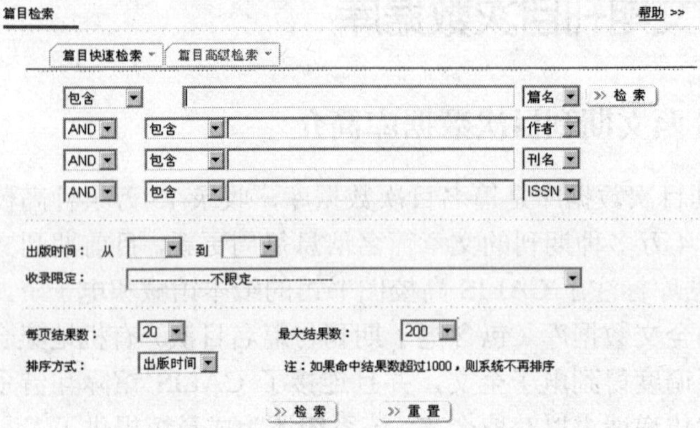

图 5-14　CALIS 西文期刊目次数据库篇目高级检索

5.4 Elsevier SDOL 电子期刊全文数据库

5.4.1　Elsevier SDOL 电子期刊全文库简介

荷兰爱思唯尔（Elsevier）出版集团是全球最大的科技与医学文献出版发行商之一，已有 180 多年的历史。ScienceDirect 系统是 Elsevier 公司的核心产品，自 1999 年开始向读者提供电子出版物全文的在线服务，包括 Elsevier 出版集团所属的 2200 多种同行评议期刊和 2000 多种系列丛书、手册及参考书等，涉及四大学科领域：物理学与工程、生命科学、健康科学、社会科学与人文科学，涵盖了农业和生物科学、生物化学、遗传学和分子生物学、商业、管理和财会、化学工程学、化学、计算机科学、决策科学、地球和行星学、经济学、计量经济学和金融、社会科学、能源和动力、工程和技术、环境科学、免疫学和微生物学、材料科学、数学、医学、神经系统科学、药理学、毒理学和药物学、物理学和天文学、理学等 24 个学科领域。数据库收录全文文章总数已超过 783 万篇。

5.4.2 Elsevier SDOL 电子期刊全文库的检索

1. 检索算符与检索规则

（1）布尔逻辑运算符和位置算符不分大小写。

（2）具有自动单复数检索功能。例如，无论输入“computer”或“computers”的任何一种形式，检索结果中都会自动包含单复数；输入“city”，可检索到“city”、“cities”和“city's”。

（3）作者名称的检索。按照“名 姓”的顺序输入作者名，两个作者间是以“,”为分隔符。

（4）分子式的检索。分子式的下标可以和字母写在同一行输入。例如，检索“H_2O”，可直接输入“H2O”。

（5）a、an、about、either 等冠词、介词和连词等虚词属于禁用词范围，不可输入。

Elsevier SDOL 的检索算符与规则见表 5-5。

表 5-5 Elsevier SDOL 的检索算符

AND	默认算符，要求多个检索词同时出现在文章中
OR	检索词中的任意一个或多个出现在文章中
AND NOT	后面所跟的词不出现在文章中
通配符 !	取代单词中的任意个（0，1，2…）字母 如 transplant! 可以检索到 transplant，transplanted，transplanting…
通配符 *	取代单词中的 1 个字母 如 wom*n 可以检索到 woman，women；fib**，可以检索到 fibre、fiber
W/*n* PRE/*n*	两词相隔不超过 *n* 个词，词序不定。如 quick w/3 response 两词相隔不超过 *n* 个词，词序一定。如 quick pre/2 response
“ ”	宽松短语检索，标点符号、连字符、停用字等会被自动忽略，如“heart-attack”
{ }	精确短语检索，所有符号都将被作为检索词进行严格匹配，如{c++}
（ ）	定义检索词顺序，例如：（remote OR satellite）AND education

2. 检索方式

Elsevier SDOL 的主界面如图 5-15 所示。

（1）浏览（Browse）。Elsevier SDOL 的浏览方式在主页的左边，如图 5-15 所示。可按标题字母顺序或按学科主题浏览。

（2）检索（Search）。检索方式包括快速检索、高级检索和专业检索。

① 快速检索（Quick Search）。任一页面上方均提供快速检索方式。在快速检索中，可检

索整个文献，也可将搜索范围限制在作者姓名，杂志和书名，卷、期、及页码范围。可检索的内容包括所有可用的期刊、丛书。检索时可填其中一项或几项内容，如图 5-15 上方部分。

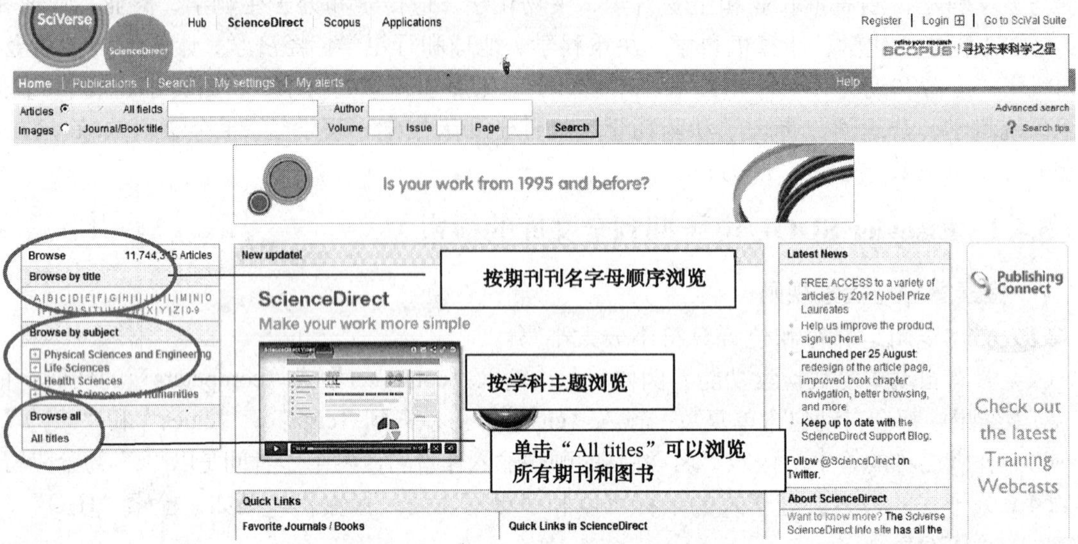

图 5-15　Elsevier SDOL 的主界面

② 高级检索（Advanced Search）如图 5-16 所示。界面中有两个检索输入框，如果同一输入框中输入多个检索词，系统将对它们自动进行 AND 运算。每个输入框后均有一个下拉的列表菜单，下拉菜单提供 12 个检索字段选项：文摘题名关键词（Abstract+Title+Keyword）、作者（Author）、特定作者（Specific Author）、来源期（Source Title）、标题（Title）、关键词（Keyword）、文摘（Abstract）、参考文献（References）、国际标准刊号（ISSN）、国际标准书号（ISBN）、作者单位（Affliation）、全文（FullText）。

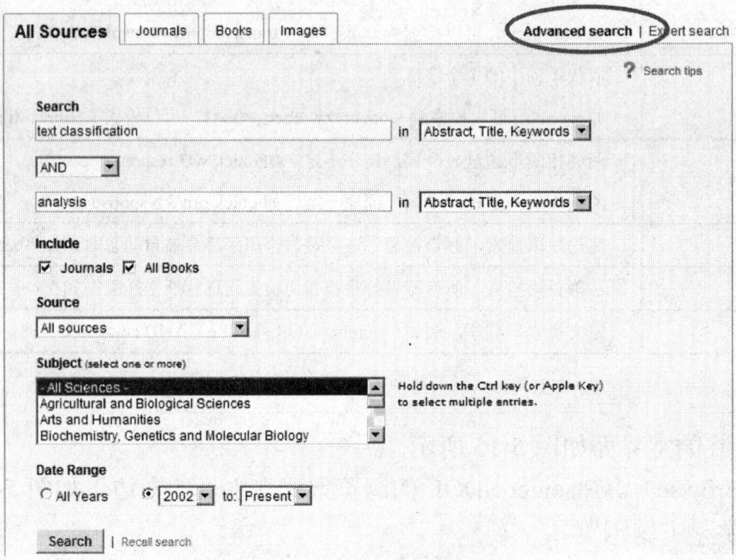

图 5-16　Elsevier SDOL 的高级检索界面

在 Subject 选项框中，划分了 25 个学科主题，包括农业和生物科学，艺术和人文科学，生物化学、遗传学和分子生物学，商业、管理和财会，化学工程，计算机科学等。

③ 专业检索（Expert Search）。由用户自己输入检索式，其他设置同高级检索，如图 5-17 所示。

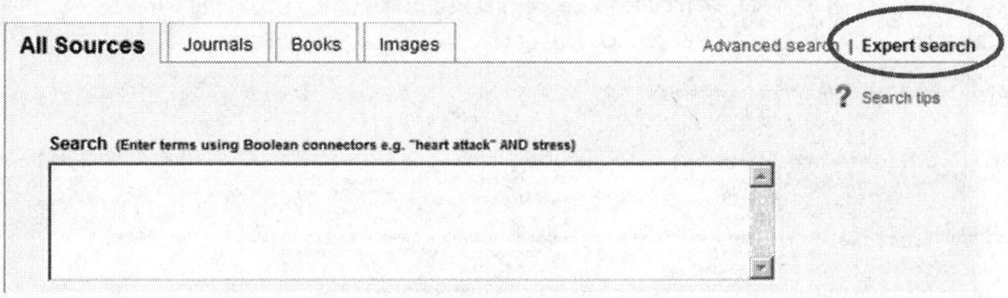

图 5-17 Elsevier SDOL 的专业检索界面

3. 检索结果

（1）检索结果显示。检索结果先显示题录。题录下方有“Preview（预览）”、“PDF”和“Related Articles（相关文献）”的链接。单击“预览”可获得文献的摘要。单击题名链接可获得完整文摘。全文有 HTML 和 PDF 两种格式，HTML 格式全文下载速度快，PDF 格式是期刊论文的原貌。

（2）保存、打印检索结果。在题名前的复选框内打“√”选定文献，可对选定文献进行发送电子邮件（E-mail Articles）、输出题录（Export Citation）、下载 PDF 全文、预览所有文献（Open All Previews）等操作。

（3）检索结果调整。如果对检索结果不满意，可以在检索结果中进行二次检索，也可保存检索式，设置定期提醒，系统可自动发送邮件提醒新的文献。

4. 个性化服务

Elsevier SDOL 提供了个性化服务功能，如最热门文章推荐、站内外快速链接、收藏喜欢的期刊、保存重要的检索、设置 E-mail 提醒以及检索历史与操作历史的追踪等。

单击“My Settings”选项卡，可设置填加/删除 Alerts（Add/Remove Alerts）、修改个人资料和首选项（Modify Personal Details and Preferences）、更改密码（Change Password）等，对相关的个性化信息进行编辑和修改。

Alerts 包括检索提醒（Search Alerts）、主题提醒（Topic Alerts）、卷/期提醒（Volume/Issue Alerts）、引文提醒（Citation Alerts）。当同一个检索式有了新的检索结果时，系统提供检索提醒；当某一篇文章又被新的文章所引用时，可以利用其引文提醒功能；关注的期刊出版了新的一期，可利用卷/期提醒；如果关注的主题又有新的文章发表，系统会提供主题提醒。

5. 检索实例

例如，检索近十年来关于“文本分类的智能分析”方面的所有研究文献。选择高级检索方式，在输入框中分别输入“text classification”和“analysis”，选择“文摘/标题/关键词”字段，检索词间为逻辑与，检索式为：文摘/标题/关键词=（text classification） and 文摘/标题/关键词=（analysis），如图 5-16 所示。可检出文献 241 篇，再输入“intelligence”，如图 5-18 所示，按条件检索出文献 114 篇，检索如图 5-19 所示。

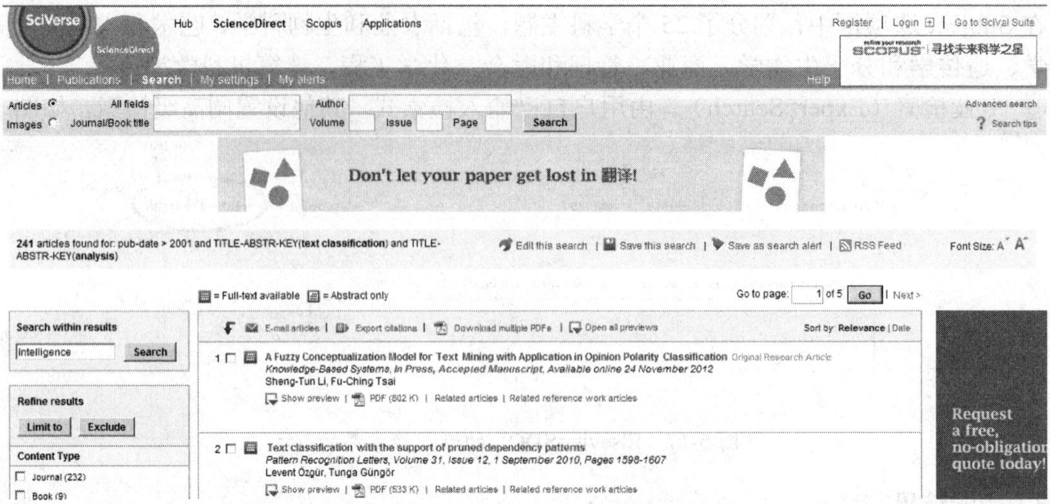

图 5-18　Elsevier SDOL 的高级检索实例

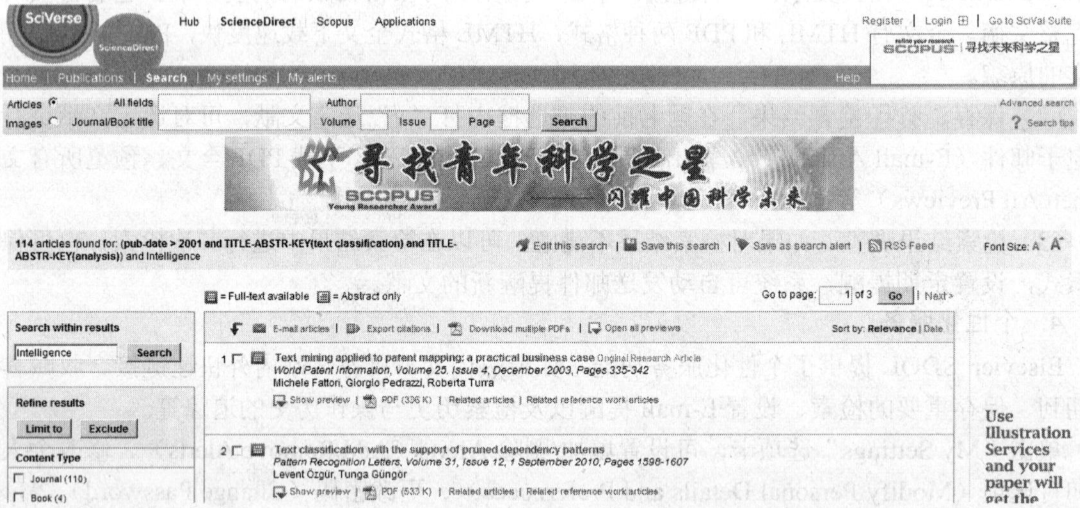

图 5-19　Elsevier SDOL 的检索结果

5.5 EBSCO 检索平台

5.5.1 EBSCOhost 检索平台简介

EBSCOhost 数据库（http://search.epnet.com）是美国 EBSCO 公司三大数据系统之一（另外还有 EBSCO online 和 EBSCO net，分别为电子期刊系统和期刊订购信息系统），用于数据库检索，也是目前世界上比较成熟的全文数据库之一，共包括 60 多个专项数据库，其中全文库 10 多个，共收集了 1 万多种索引、文摘期刊（其中 6000 多种有全文内容），收录范围涵盖自然科学、社会科学、人文和艺术等学术领域。文献类型多种多样，包括文章、书目、传记、图书评论、个案研究、公司报告、工业综述、会议录、专利等，还包括采访、书信、讣告、报告、演讲、诗歌等，甚至还有菜谱。文献来源具有较高的权威性。最早的数据可回溯至19世纪。部分文献提供PDF或HTML格式的全文。EBSCO检索平台提供的部分数据库介绍如下。

（1）学术期刊数据库（Academic Source Premier）：提供了近4 700种出版物全文，其中包括3 600多种同行评审期刊（peer-reviewed journals）。涉及的文献主题主要有社会科学、人文、教育、计算机科学、工程、物理、化学、艺术、医学等。

（2）商业资源数据库（Business Source Premier）：涉及所有的商业经济领域，主要包括营销、经济管理、金融、会计、经济学、劳动人事、银行以及国际商务等。收录期刊近9000种，其中1100多种为同行评审期刊，此外还收录关于市场、行业、国家的研究报告。

（3）ERIC：收录各级教育的期刊等出版物，包括近1000种教育或与教育相关的期刊和摘要。

（4）History Reference Center：收录涉及历史的多种出版物，包括百科全书、传记、历史方面的期刊、历史资料、历史人物及他们的照片及影像资料等。

（5）MasterFILE Premier：专门为公共图书馆而设计的多学科数据库，主要收录2000多种出版物，包括参考工具书、原始文献、传记、图像、地图、国旗等。

（6）MEDLINE：收录文献涉及所有的医学领域，包括牙科和护理。

（7）Newspaper Source：收录近30种美国及世界性的报纸全文，以及来自广播电视的近200种地区性的报纸全文内容。

（8）Professional Development Collection：为教育工作者而设计，收录550多种高质量的教育方面的期刊及教育研究报告。

（9）Regional Business News：主要收录美国地区性商业出版物，包括商业期刊、报纸及通信等。

（10）Vocational and Career Collection：专为职业教育者而设计，收录职业发展、教育、培训等方面的出版物。

（11）Library，Information Science & Technology Abstracts（LISTA）：可检索20世纪60年代以来的图书馆学、情报学方面的期刊、图书、研究报告等文献。

（12）GreenFile：可检索人类对环境影响方面的文摘记录约30万条，内容涵盖全球变暖、绿色建筑、污染、可持续性农业、可再生能源、回收等多个方面，其中4600多条记录可以检索到全文。

（13）Teacher Reference Center：为专业教育者提供帮助，可检索270多种教师、管理者期刊和杂志的文摘。

5.5.2 EBSCOhost检索平台的检索

1. 检索算符与检索规则

EBSCOhost数据库的检索算符见表5-6。

表 5-6 EBSCOhost 的检索算符

算　符	符　号	含　义	举　例
逻辑算符	and	两个检索词必须同时出现	education and college
	or	两个检索词出现任一即可	education or college
	not	两个检索词不能有后一个	education not college
通配符	?	只替代一个字符	ne?t=neat，nest，next
	*	可替代一个字符串	comput*=computer，computing 等
位置算符	N	N 算符表示检索词之间可以加入其他词，词的数量根据需要而定，词的顺序任意	tax N5 reform 表示在 tax 和 reform 之间最多可以加入 5 个任意词，检索出：tax reform、 reform of income tax 等
	W	W 算符表示检索词之间可以加入其他词，词的数量根据需要而定，词的顺序不可变	tax W8 reform 可以检索出 tax reform，但不能检索出 reform of income tax。注：“-”等同于空格，waste-water = waste water

说明：

（1）逻辑运算符字母大小写均可。

（2）系统对大小写字母不加以区别。

（3）系统对标点符号不予考虑。

（4）系统对空格会自动进行“and”运算，并可配合括号使用。

（5）如不加括号，会按照从左至右的顺序进行运算。

（6）检索人名时，要求姓在前，名在后。例如，应输入“Bush George”而不是“George Bush”。

（7）用双引号将词组括起来进行精确匹配查询。但不能使用停用词，若词组中包括停用词，则无检索结果。在检索过程中应避免使用停用词。停用词表因数据库的不同而变化，常用的停用词有：a、an、and、are 、as、at、be 、because、been 、but、by、for、however、if、in 、is、not、of、on 、or、so、the、there、to、was、were 、whatever、whether would。

2. 检索方式

EBSCOhost 提供基本检索和高级检索，每种检索方式下又分别可以进行关键词检索、出版物检索、主题索引浏览、索引浏览、引文检索、图片检索等操作。

（1）基本检索。提供一个检索词输入框，可以进行快速检索。

（2）高级检索。提供三组检索词输入框，可以添加输入框。通过下拉菜单来限定检索词出现的字段，如全文、作者、题名、文摘、主题词等。检索框下方，提供了各种检索选项（search options），可以对检索范围进行限定或扩展。通过限定条件（limiters）和扩展条件（expanders）的设置，可以灵活地对结果进行全文、有参考、出版日期、出版物类型、文献类型、页数等的限制。EBSCOhost 高级检索的界面如图 5-20 所示。

（3）可视化检索。选择视觉检索，即可进行可视化检索。可视化检索可有效地在海量数据中进行扩展检索，以满足不同的检索需求。可视化检索设计了两种形式来帮助初学者，并为用户呈现图形化的检索结果，使用户可以方便地从深度和广度两方面来全面了解结果集，避免了在结果集中跳转页面的麻烦。

可视化检索结果提供显示模式（display style），可以根据用户的需求与喜好来选择柱状图（column-style）或块状图（block-style）的显示，分别如图 5-21 和图 5-22 所示。

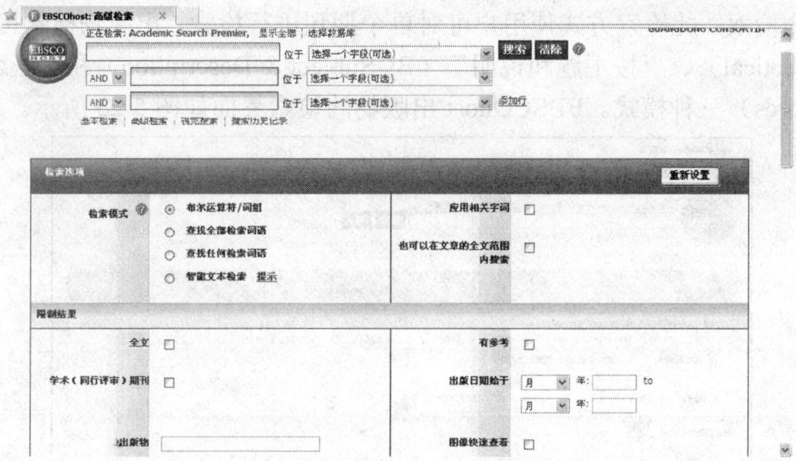

图 5-20　EBSCOhost 高级检索方式

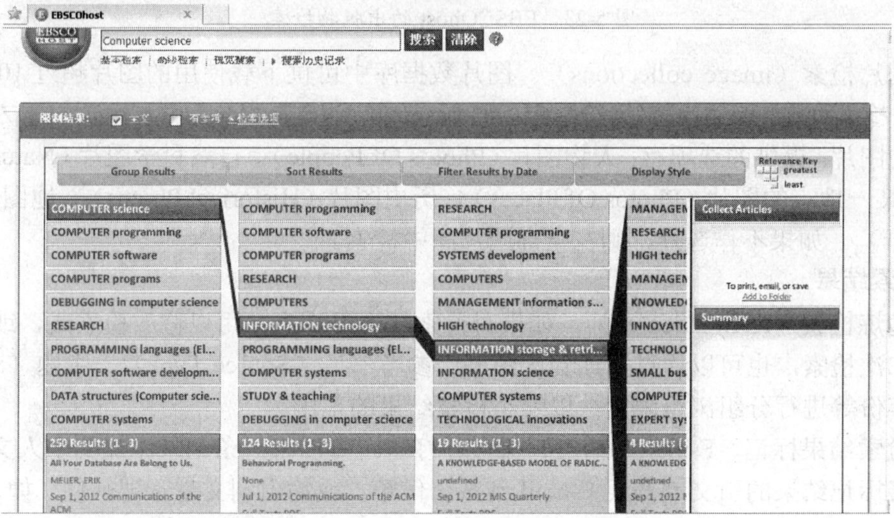

图 5-21　EBSCOhost 可视化检索柱状图

图 5-22　EBSCOhost 可视化检索块状图

（4）出版物检索。此检索方式使用户可对单个期刊进行检索。出版物检索可分为“按字母顺序”（Alphabetical）、“按主题和说明”（By Subject & Description）和“匹配任意关键字”（Match Any Words）三种模式。EBSCOhost 出版物的检索界面如图 5-23 所示。

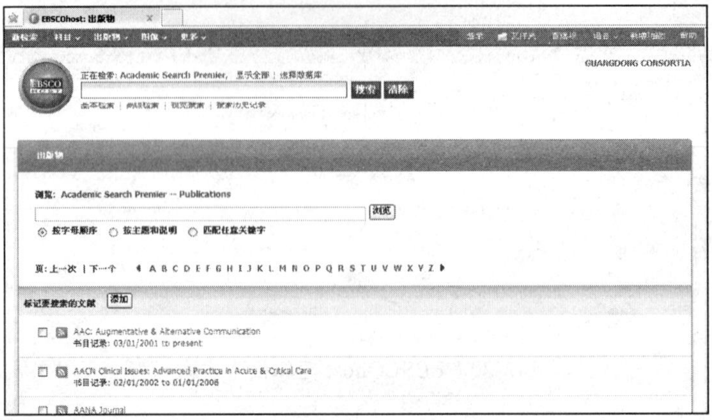

图 5-23　EBSCOhost 的出版物检索

（5）图片检索（image collections）。图片数据库中可供下载使用的图片超过 10 万张。输入检索词，检索词之间可用逻辑算符组配，如 baseball AND Boston。可利用页面下方的选项确定要检索的图片，提供的选项有：人物图片（Photos Of People）、自然科学图片（Natural Science Photos）、某一地点的图片（Photos Of Places）、历史图片（Historical Photos）、地图（Maps）、国旗（Flags）。如果不作选择，则在全部图片库中检索。

3. 检索结果

（1）精炼检索（Refine Search）。如果对检索结果不满意，可以修改检索式，或在检索结果中进行二次检索，也可以通过“期刊、图书、参考书”（Source Type）、主题（Subject）、书刊名、年份等进行分组浏览限定，以缩小检索结果的范围。

（2）检索结果标记、E-mail、输出、保存、打印。可以将一条记录添加到个人文件夹中，以便统一将标记结果的引文或摘要 E-mail 到某个信箱，或输出到文献管理软件（如 Ref Works 等），或创建快讯，保存和共享检索结果。EBSCOhost 检索结果的显示如图 5-24 所示。

图 5-24　EBSCOhost 的检索结果

4. 个性化服务

单击页面左上方的"Search History/Alerts"标签，可以查看最近登录后的检索操作记录。对于有价值的检索式，可以将其保存，并设置定期提醒（Save Search/Alert），如果有新的文献符合设定的检索式，系统可自动发送邮件提醒。要使用该功能需先进行用户注册。

5.6 Springer 电子期刊

5.6.1 Springer 电子期刊简介

施普林格（Springer）出版社于 1842 年在德国柏林创立，是全球第一大科技图书出版公司和第二大科技期刊出版公司，每年出版 6 500 余种科技图书和约 1 700 余种科技期刊，其中超过 1 500 种经同行评阅的期刊。截至目前，共有 190 位诺贝尔获奖者在 Springer 出版专著或发表期刊文章，全部 52 位菲尔兹奖获奖者在 Springer 出版数学专著，70%图灵奖获奖者选择在 Springer 出版专著或发表期刊文章。读者可以访问 1997 年至今 Springer 出版的近 1 470 余种英文电子期刊，涵盖了自然科学、技术、工程、医学、法律、行为科学、经济学、生物学和医学等 11 个学科。出版期刊 50%以上被 SCI 和 SSCI 收录，一些期刊在相关学科拥有较高的排名。

5.6.2 Springer 电子期刊的检索

1. 检索算符与检索规则

Springer 电子期刊的检索算符如表 5-7 所示。

表 5-7 Springer 电子期刊的检索算符

算符		含义	举例
逻辑算符	OR 或 |	两个检索词出现任一即可	wheat OR maize
	NOT	两个检索词不能有后一个	wheat NOT maize
	AND 或&	两个检索词必须同时出现	evolutionary patterns and families
通配符	*	可替代一个字符串	hea*=head、heats、health、heated
	?	只替代一个字符	hea?= head、heat、heal 等
位置算符	NEAR	NEAR 算符表示检索词之间可以加入 10 个其他词，词的顺序任意	system NEAR testing 表示在 system 和 testing 之间最多可以加入 10 个任意词，检索出：system testing、system for testing、testing of systems 等
	ONEAR	ONEAR 算符表示检索词之间可以加入 10 其他词，词的顺序不可变	system ONEAR testing 可检索出：system testing、system for testing 等，但不能检索出 testing of systems 等
	NEAR/N	NEAR/N 算符表示检索词之间可以加入 N 个其他词词	system NEAR/4 testing 表示在 system 和 testing 之间最多可以加入 4 个任意词

（1）不支持以下运算符：+，–；

（2）优先级为：NOT、OR、AND；

（3）词组检索“Phrase match”运算可精确检索范围。

2. 检索方式

进入 Springer Link，首先看到的是浏览界面和基本检索界面，如图 5-25 所示。

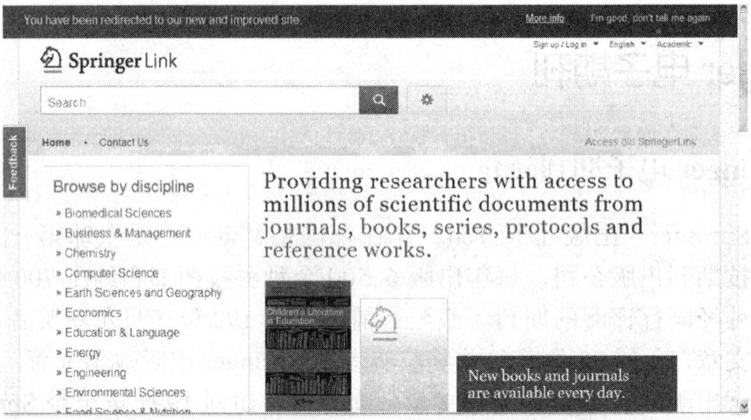

图 5-25　Springer Link 的浏览和基本检索界面

（1）浏览，可以按学科进行浏览。

（2）基本检索，提供一个检索词输入框，可以进行快速检索。

（3）高级检索，提供六组检索词输入框，输入框下对相应检索字段和限定进行了说明。其界面如图 5-26 所示。

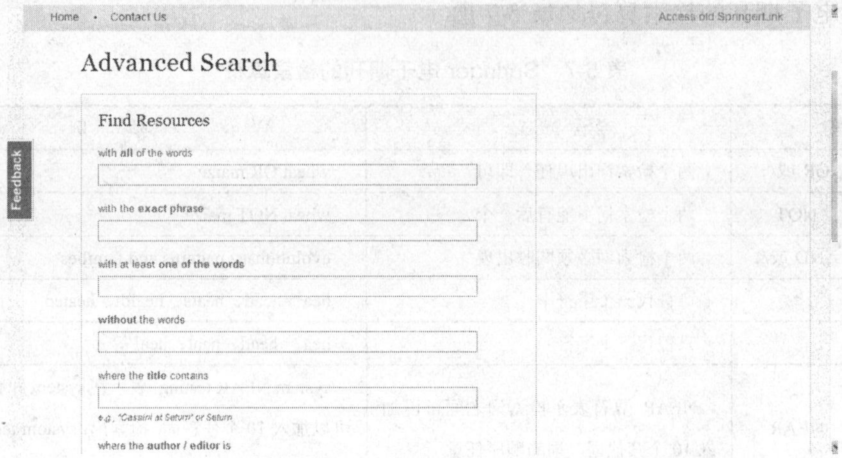

图 5-26　Springer Link 高级检索界面

3. 检索结果

提交检索词后，显示命中论文的题录信息列表，如图 5-27 所示。论文全文为 PDF 格式。

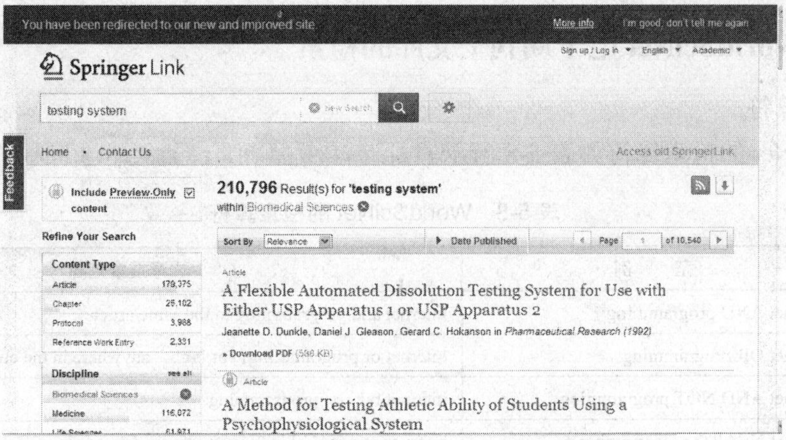

图 5-27 Springer Link 检索结果

5.7 WorldSciNet 电子期刊全文库

5.7.1 WorldSciNet 电子期刊全文库简介

世界科学出版社（World Scientific Publishing）成立于 1981 年，总部设于新加坡，是亚洲专门出版理工专业书籍的集团，每年出版约 400 种不同主题的丛书，100 多种专业期刊，书刊学术水准较高。1995 年与伦敦皇家学院共同成立皇家学院出版社（Imperial College Press），以工程、医学、信息科技、环境科技和管理科学类书籍见长。WorldSciNet 覆盖的学科有物理、化学、数学、环境科学、材料科学、计算机科学、经济与管理科学、医学与生命科学、工程及混沌与非线性科学等。其中部分期刊是被 SCI、SSCI、EI 收录的核心期刊。WorldSciNet 目前提供 84 种全文电子期刊，所有电子期刊的访问年限为 2000 年至今。其主页如图 5-28 所示。

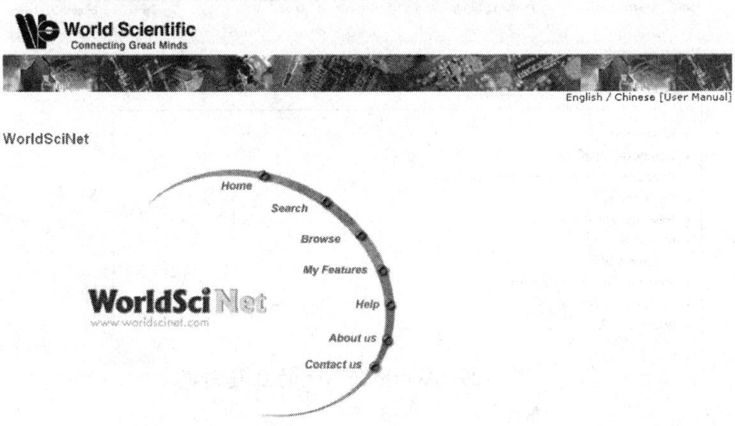

图 5-28 WorldSciNet 主页

5.7.2　WorldSciNet 电子期刊全文库的检索

1. 检索算符

WorldSciNet 的检索算符如表 5-8 所示。

表 5-8　WorldSciNet 的检索算符

算　符	范　例	文章搜索范围
AND	internet AND programming	internet and programming in the same article
OR	internet OR programming	internet or programming，or both，anywhere in the entire article
NOT	internet AND NOT programming	internet but not programming
NEAR	internet NEAR/3 programming	internet occurs within 3 words near programming
ADJ	internet ADJ programming	programming appears immediately after internet
W/n	internet W/3 programming	programming occurs within 3 words after internet
?	int??net	matches internet，intranet...
*	inter*	matches inter，internet，international...
+	program+	matches program，programmed，programming，programmer...
#	program#	matches program，but not programmed，programming，programmer...

说明：邻近算符“NEAR”表示两词彼此相邻，并在一个字段出现，词序可以颠倒，若希望词序不颠倒可将检索式用引号括起。检索出的结果排序按两词间距大小排列，相邻距离越近排列在前，否则排列在后。检索词不区分大小写，不区分名词单复数，不区分动词的各种形式。

2. 检索方式

（1）浏览：包括按主题浏览、按期刊刊名浏览和按著者浏览三种。WorldSciNet 收录的期刊分成 10 个学科类目，每个学科的期刊按刊名字母顺序排列。如图 5-29 所示为按主题浏览。

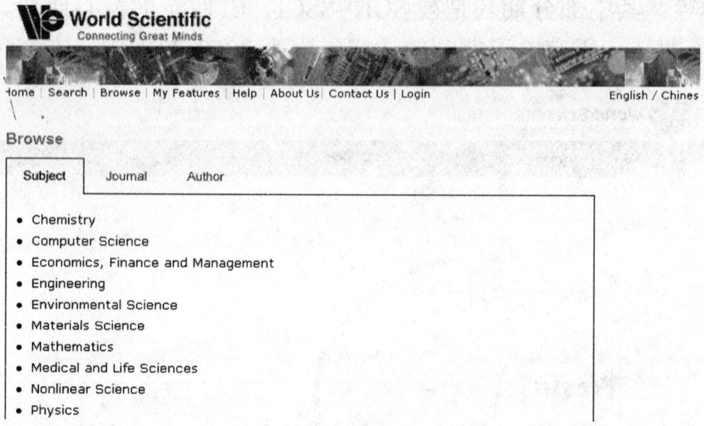

图 5-29　WorldSciNet 的主题浏览

（2）检索：包括基本检索和高级检索。

① 基本检索：如图 5-30 所示，关键词可以是一个单词也可以是多个单词（词组）。

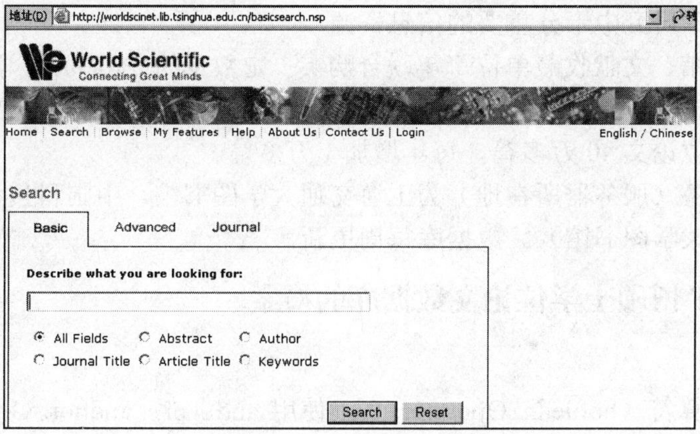

图 5-30 WorldSciNet 的基本检索

② 高级检索：如图 5-31 所示，可同时提供 4 个检索条件的逻辑组合，以及更多检索限定条件，包括学科、期刊、时间、每页显示结果条数。

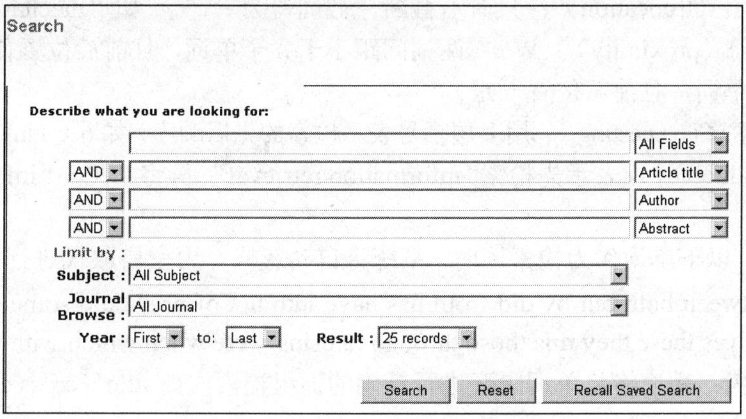

图 5-31 WorldSciNet 的高级检索

3. 检索结果

检索结果依次显示题录、文摘和全文。可选择按相关性或时间排序。结果页面提供二次检索按钮（Search Within This Result），可以无限次进行二次检索。选中的文献可以标记、保存、打印和发送。全文为 PDF 格式。此外还提供个性化功能，可以保存检索式以备下次调用。

5.8 PQDT 学位论文全文数据库

5.8.1 PQDT 博硕士学位论文数据库简介

ProQuest Dissertations & Theses（PQDT，原名 ProQuest Digital Dissertations，PQDD）是世界著名的学位论文数据库，收录有欧美 2000 余所大学文、理、工、农、医等领域的博士、硕

士学位论文，是学术研究中十分重要的信息资源。

国内若干图书馆、文献收藏单位每年联合购买一定数量的 ProQuest 学位论文全文，提供网络共享，即凡参加联合订购成员馆均可共享整个集团订购的全部学位论文资源。目前，该库收录国外博硕士学位论文 40 万多篇，每年增加 1 万多篇。

数据库本地服务（服务器所在地）为上海交通大学图书馆、中国科技信息所和 CALIS 全国文理中心（北京大学图书馆）。数据库每周更新。

5.8.2 PQDT 博硕士学位论文数据库的检索

1. 检索算符

（1）布尔逻辑算符（boolean Operators）：使用 and、or、andnot。字段内检索词或者字段与字段间的检索词均可采用布尔逻辑组配。例如：title（electronic and business）；title（biology） and school（Michigan State University）；title（architecture or building）；title（biology）or subject（biology）；title（chemistry not organic）；title（biology）and not school（Michigan State University）等。

（2）截词检索（truncation）：只有右截断，截词符为“?”，如“mechanic?”。

（3）位置算符（proximity）：W/*n*（两词间距小于 *n* 个单词，且前后位置任意），Pre/*n*（两词间距小于 *n* 个单词，且前后位置一定）。

（4）嵌套检索算符（nesting）：用多层括号表示检索的先后顺序，如 ti（（information retrieval） and （information literacy），表示先检索“information retrieval”，再将结果与“information literacy”组配检索。

（5）噪声词：以下单词作为检索词时，系统将自动忽略并用空格取代进行检索：also an and are as be been between both but by did from has have into not of or should some such than that the their them themselves these they this those through to using were when which with would（40 个）。

（6）词组检索：用空格将单词隔开进行精确的词组检索，如 title（cross country skiing）。

2. 检索方式

（1）浏览（browse）。首页有学科导航，列出了全部学科和有全文的学科分类，以及该学科的学位论文篇数，如图 5-32 所示。这种树状结构主题检索可以控制检索范围，提高查准率。

图 5-32 PQDT 的学科导航

（2）检索（search）。

① 基本检索（basic search）。默认直接进入基本检索界面。输入检索词，单击“查询”按钮即可检索，如图 5-32 中间部分所示。

② 高级检索（advanced search）。高级检索可以进行更为复杂的检索。除了可以使用 7 种字段进行检索，还可以限定出版年度、语种和学位。

检索式构成方式为：字段名（检索词），如 title（biology）。还可以进行字段内及不同字段之间的逻辑组配，如 title（chemistry not organic）；title（biology） and school（michigan state university）。

③ 二次检索（refine search）。即在结果中检索。如果检索出来的条目太多，允许在上一次检索的结果里修改检索策略，进行二次检索，缩小检索范围。检索历史的功能则可以让用户检查自己的检索过程，返回检索的某一阶段再重新调整检索策略，以提高检索效率。

3. 检索结果

提交检索词后，检索结果显示命中论文的题录信息列表。

单击题录信息列表中“查看详情”显示论文文摘信息，大部分论文以 HTML 文件格式显示出版号、论文名称、作者、学位、学校、日期、指导老师、ISBN、来源、学科、全文链接和摘要。可查看、下载 PDF 论文全文，以及下载 MARC 文件。

4. 检索实例

查找近三年 FRP（Fiber Reinforce Plastics）在建筑工程中应用的学位论文。

检索策略如下：

（1）使用高级检索。检索式为 abs:（FRP） and year:（2010—2013），如图 5-33 所示。

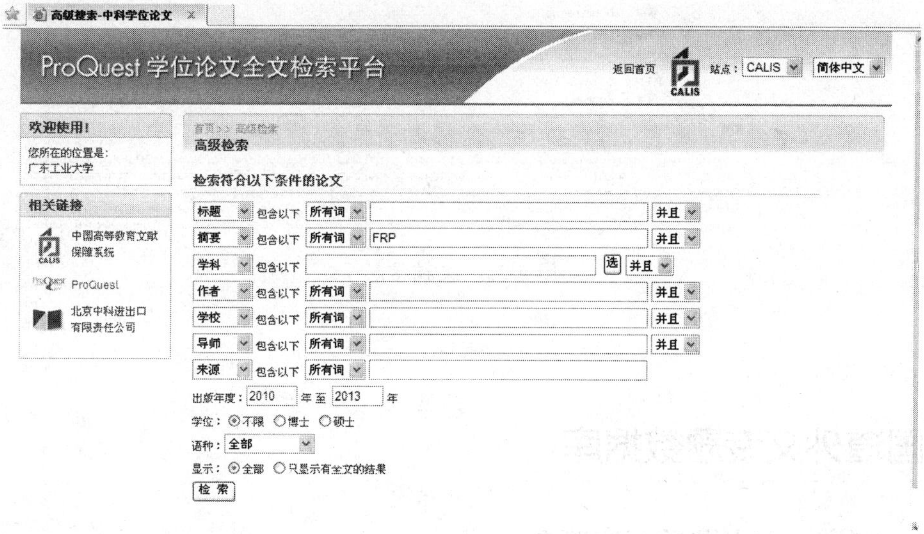

图 5-33 高级检索过程

（2）高级检索得到 47 条记录，如图 5-34 所示。中间为题录信息。右侧可按一级学科、发表年度、学位进行聚类，还可进一步选择二级学科中的下级学科和主题。文摘信息如图 5-35 所示。

图 5-34 高级检索结果

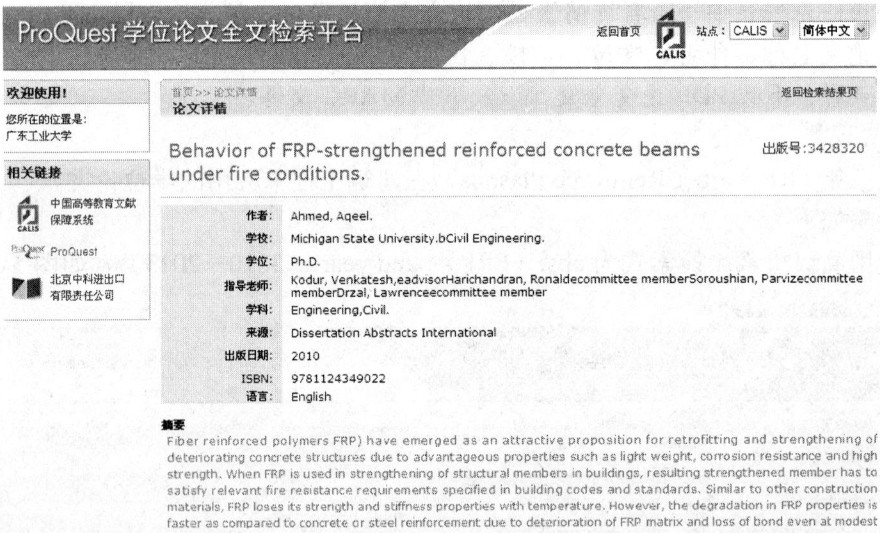

图 5-35 文摘信息

5.9 国道外文专题数据库

5.9.1 国道外文专题数据库简介

国道数据是国内最早从事专题数据库开发、推广服务的信息技术公司之一，多年致力于高校、科研机构、行政机关和企事业单位图书馆、信息中心的数字化建设事业。随着国际合作交流频繁，图书情报机构对国外文献资源的需求骤增。

目前，国道外文专题数据库可供查询的外文电子资源，囊括高科技前沿的生命科学、信息科学、能源科学、海洋科学、材料科学、空间科学、环境科学、软科学、先进制造技术等 9 大门类，涵盖了自然科学、农业科学、医药科学、工程与技术科学、人文与社会科学等学科，涉及教育、食品、信息电子、化工冶金、土木建筑、农业、机械、医药卫生、经济管理、金融财会、法律、标准等 40 多个专题领域。各高校按自己的学科建设实际情况，分类索取。国道数据摒弃传统出版业重理论轻应用的观念，倡导外文文献资源理论性与应用性并重，文献类型涉及论文、报告、电子图书、课件、会议记录、议题议案、白皮书、专栏专题、法规标准、新产品介绍等 10 余种，因专题库而异，数据每日更新。

5.9.2 国道外文专题数据库的检索

1. 检索算符

（1）“+”：加号，表示一定要包含，也可用“AND”来表示。

（2）“-”：减号，表示不包含，也可用“NOT”来表示。

（3）“OR”：表示条件间的“或者包含”关系。

（4）在不使用“+”、“-”时，默认为“+”。

（5）“ ”：成对半角双引号，引号内的多个单词视为一个词组。

2. 检索方式

（1）浏览。国道外文专题数据库提供了电子杂志导航、学术导航、分类导航、机构导航、奖项导航。图 5-36 所示是计算机科学技术学术导航。

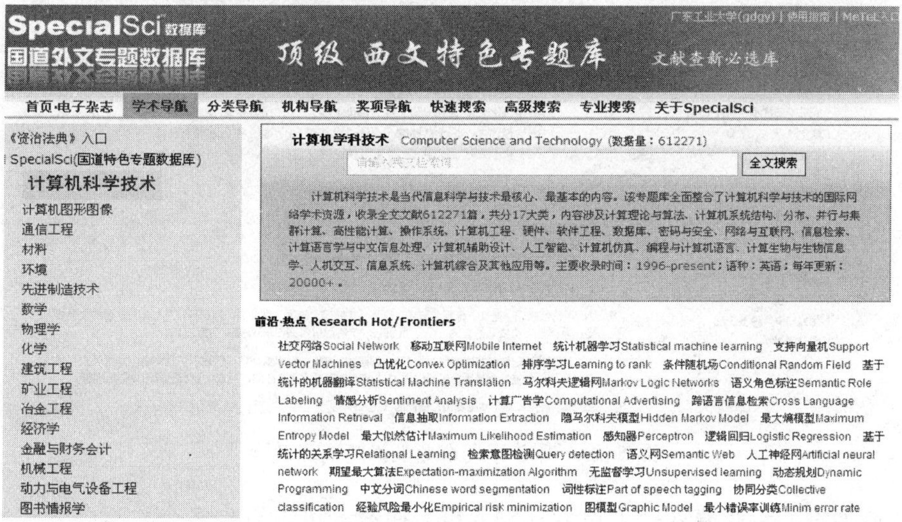

图 5-36 计算机科学技术学术导航

（2）检索。

① 快速搜索。可以直接在输入框内输入检索词，也可以使用 AND 和 OR 来处理检索词间的关系，默认为 AND。快速搜索界面如图 5-37 所示。

② 高级搜索。如果有更多条件组合，可以使用高级搜索。默认提供两个检索条件输入框。按⊞、⊟可以增减检索条件。可以限定检索年代范围及文献类型。高级搜索界面如图 5-38 所示。

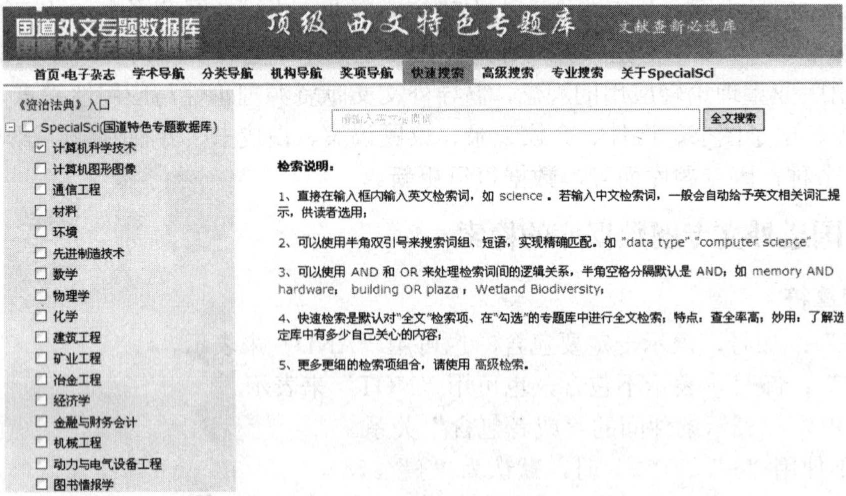

图 5-37　国道外文专题数据库快速搜索

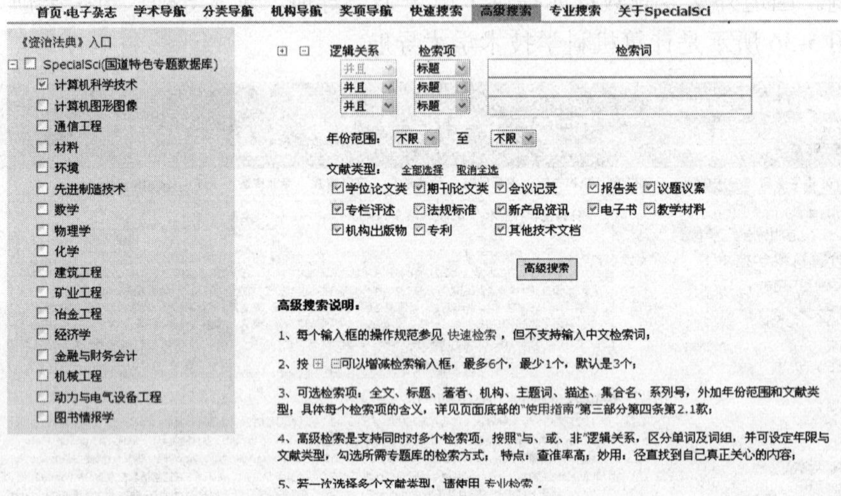

图 5-38　国道外文专题数据库高级搜索

（3）专业搜索。专业搜索提供检索式输入框。检索式可以组合多个检索条件，各条件间用空格分隔，在字段名与检索词之间使用“=”分隔，字段名与“=”之间不能有空格。搜索语句的格式是：操作符字段名=（操作符搜索词 1 搜索词 2……） {n}，如 ti=（“simple words”）；sn=（0000-9999）OR au=（+Monica +Joey –Pheobe）；ft=（friends city） yr=[2000 TO 2009]。专业搜索界面如图 5-39 所示。

注意字段名区分大小写。搜索某一年文献时，使用 yr=dddd 格式，如 yr=2006。使用 yr=[2000 TO 2009]格式用于搜索年的范围，中间的 TO 要大写。在双引号内的多个词，表示是一个不可分割的短语。如“space shuttle”。检索字段名称和代码、文献类型名称一览表如表 5-9 所示。

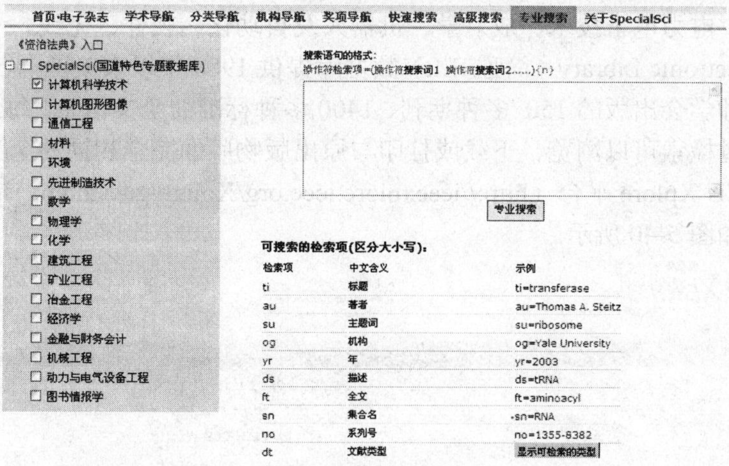

图 5-39 国道外文专题数据库专业搜索

表 5-9 检索字段、文献类型名称一览表

字段英文名称	字段中文名称	文献类型（dt）英文名称	文献类型（dt）中文名称
ti	标题	LWL	论文类
au	著者	BGL	报告类
su	主题词	HYJL	会议记录
og	机构	YTYA	议题议案
yr	年	ZLPS	专栏评述
ds	描述	FGBZ	法规标准
ft	全文	XCPZX	新产品资讯
no	系列号	DZS	电子书
sn	集合名	JXCL	教学材料
		JGCBW	机构出版物
		ZL	专利
		QT	其他

5.10 IEEE/ IEE Electronic Library

5.10.1 IEEE/IEE Electronic Library 简介

IEEE（Institute of Electrical & Electronic Engineers Inc.，美国电气电子工程师学会）成立于1884 年，总部在美国新泽西州，是世界上最大的非营利专业技术学会，在全球 160 个国家拥有超过 425 000 名会员。IEEE 涵盖的领域包括：航空航天、生物医学工程、通信、电子、成像、纳米技术、光学、电力系统、遥感、安全通信、交通运输、天线、电路、计算科学、能源、信息技术、核科学、电力电子技术、放射学、机器人及自动化、软件、无线。

IEEE/IEE Electronic Library（简称 IEL）数据库提供 1988 年以来美国电气电子工程师学会和英国电气工程师学会出版的 150 多种期刊、1400 多种标准的全文信息，每年出版 1200 多种会议录。用户通过检索可以浏览、下载或打印与原出版物版面完全相同的全文信息。

IEL 采用 IEEE Xplore 平台（http://ieeexplore.ieee.org/Xplore/guesthome.jsp）提供服务，每周更新。其主页如图 5-40 所示。

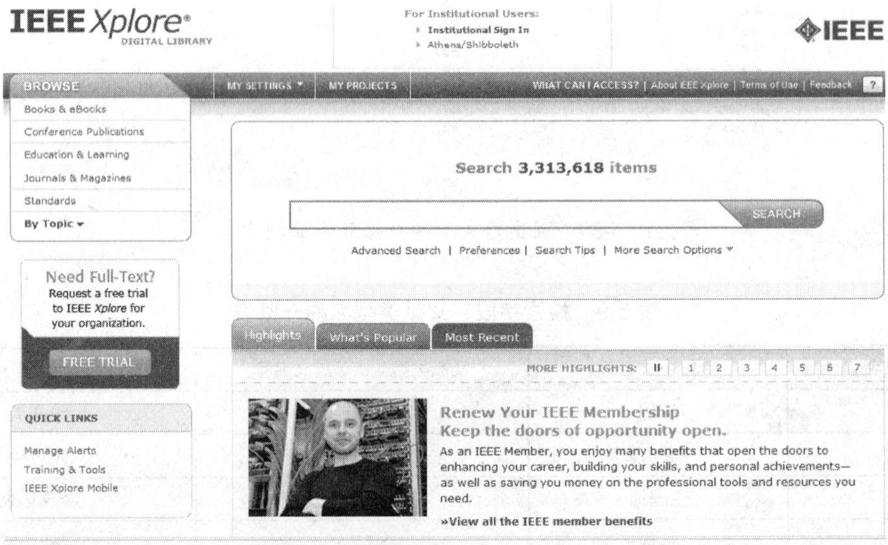

图 5-40 IEEE Xplore 在线平台首页

5.10.2 IEEE/IEE Electronic Library 的检索

1. 检索算符与检索规则

（1）逻辑算符。

- <and>　　x <and> y　　逻辑与
- <or>　　x <or> y　　逻辑或
- <not>　　x <not> y　　逻辑非

（2）位置算符。

- <in>　　x <in> y　　条件 x 属于条件 y 的范畴
- <paragraph>　　x <paragraph> y　　条件 x 和 y 在同一段中
- <sentence>　　x <sentence> y　　条件 x 和 y 在同一句子中
- <phrase>　　x <phrase> y　　条件 x 和 y 在同一短语中
- <near/y>　　x <near/y> z　　条件 x 与条件 z 之间有小于或等于 y 个单词
- <many>　　<many> x　　将符合条件 x 的结果按 x 的数量降序排列
- <order>　　<order> x　　将符合条件 x 的词条按顺序出现在结果中
- <thesaurus>　　<thesaurus> x　　搜索 x 以及 x 的同义词
- <stem>　　<stem> x　　搜索 x 以及 x 的其他形式，不排序
- <word>　　<word> x　　只搜索条件 x

例如：

“lead”<paragraph>“uranium”：表示检索结果在同一段落中，需包含检索词“lead”和“uranium”。

“echo”<sentence>“ISDN”：表示检索结果在同一句子中，需包含检索词“echo”和“ISDN”。

“cache”<phrase>“algorithm”：表示检索结果在同一短语中，需包含“cache”和“algorithm”，且顺序不变。

“analog”<near/5>“digital”：表示检索结果需包含检索词“analog”和“digital”，且两个检索词之间的空格为 5 位。

（3）截词符。

● *：表示任意个字符。例如，“electro*”，可检索出含“electron”、“electrons”、“electronic”、“electronics”、“electromagnetic”、“electromechanical”及“electrolyte”的文献。

● ？：表示一个字符。例如，“cable?”可检索出含“cables”或“cabled”的文献，但不包括“cable”。

● +：表示以该词根为基础的不同后缀变化。例如“program+”，命中结果包括“program”、“programmed”、“programming”、“programmer”等。

● #：表示以该词为精确检索词，不包括不同后缀。例如，“program#”，命中结果只有“program”，不包括“programmed”、“programming”、“programmer”等。在检索词中不含任何截词符的情况下，系统默认以该词为精确检索词。例如检索词为“program”和“program#”，检索结果完全相同。

（4）特殊符号。

● “x” 搜索结果不会为 x 作任何词性变化（结果只返回 x）。

● /sub x/ 下标符号 例如：h/sub 2/o= H_2O

● /sup x/ 上标符号 例如：r/sup 2/ = r^2

● /spl x/ 特殊符号输入，用这个符号可以输入希腊字母

Name	Character	Code
alpha	À	alpha
beta	B	beta
gamma	Γ	gamma
delta	Δ	delta

（5）常用字段名。

ab：文摘　au：作者　ct：会议名称　is：期刊卷期号

jn：期刊名　cy：会议日期　ti：文献标题　de：主题词

例如：(ceramic，porcelain)<in>(ti,de)表示检索结果在题名或主题词字段中需包含检索词“ceramic”或检索词“porcelain”。

2. 检索方式

IEEE Explore 提供浏览、基本检索和高级检索方式。

（1）浏览（Browse）：包括图书和电子书（Book & eBooks）、会议出版物（Conference Publication）、教育与学习（Education & Learing）、期刊杂志（Journals & Magazines）、标准（Standards）等。IEEE Explore 期刊浏览检索的界面如图 5-41 所示。

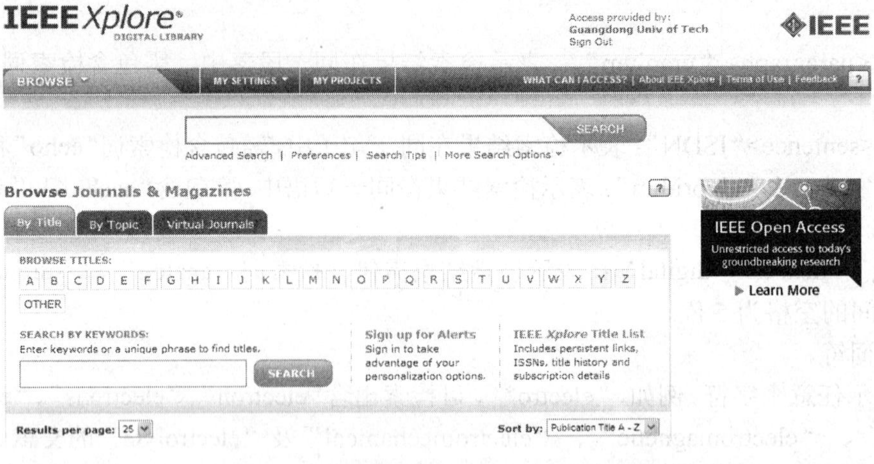

图 5-41　IEEE Explore 期刊浏览检索界面

（2）检索。

① 基本检索（search）。

② 高级检索（Advanced Search）。高级检索界面选项包括高级关键词/短语、命令检索、出版物快速检索，界面分别如图 5-42、图 5-43 和图 5-44 所示。

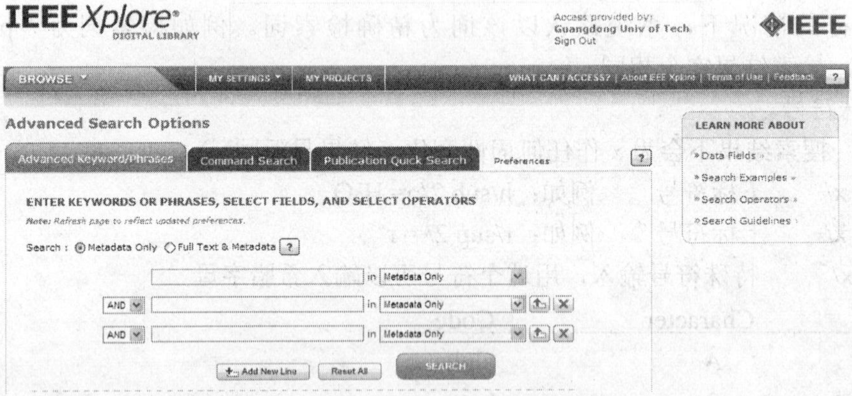

图 5-42　IEEE Explore 的高级关键词/短语界面

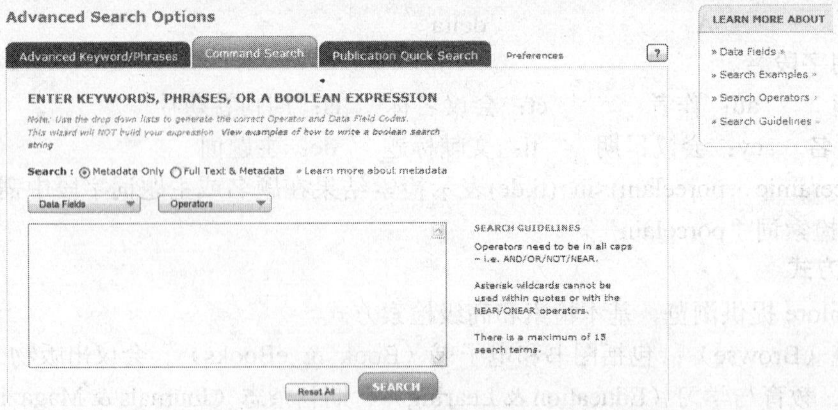

图 5-43　IEEE Explore 命令检索界面

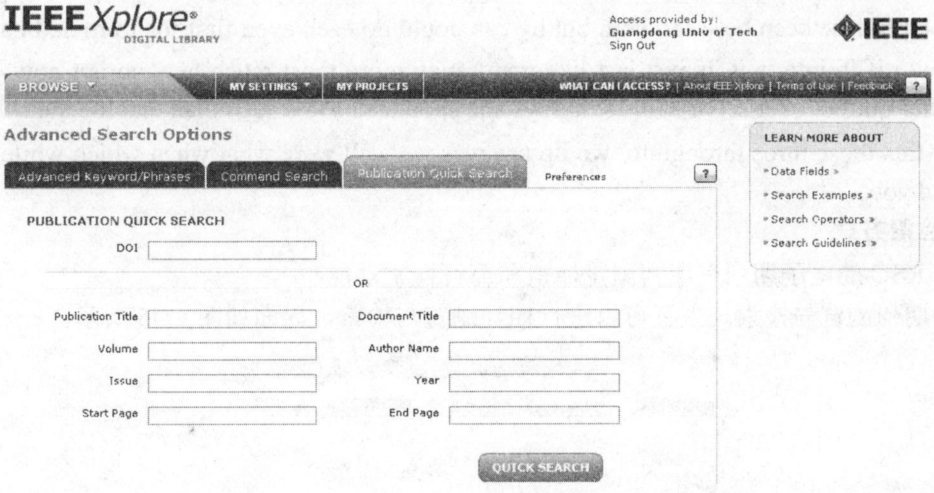

图 5-44 IEEE Explore 出版物快速检索界面

5.11 RSC 电子出版物

5.11.1 RSC 电子出版物简介

英国皇家化学学会（Royal Society of Chemistry，简称 RSC）成立于 1841 年，是一个由约 4.5 万名化学研究人员、教师、工业家组成的专业学术团体，是欧洲最大的化学组织，其出版的期刊及数据库是化学领域的核心期刊和权威性数据库，共包括 24 种电子期刊和 4 种数据库。RSC 期刊大部分被 SCI 收录，并且是被引用次数最多的化学期刊。

RSC 在中国高等教育文献保障系统（CALIS）的网站专为中国国内读者而设，如图 5-45 所示，面向已经购买使用权的学校和机构用户提供服务。可检索英国皇家化学学会出版的电子期刊的全文内容，大部分刊物的检索年代范围从 1997 年至今。1997 年以前出版的刊物，可通过国际网访问 RSC 电子期刊主网站（http://www.ingentaconnect.com）。

5.11.2 RSC 电子出版物的检索

1. 检索算符

（1）布尔逻辑算符（boolean）。在同一检索字段中，可以用逻辑运算符 AND、OR 来确定检索词之间的关系，如（white or blue）。如果没有算符，系统默认各检索词之间的逻辑关系为 AND。不同检索字段之间的默认关系为 AND。

（2）截词符（wildcard）。允许使用“*”作为截词符，如输入“psychol*”，可检索获得含“psychology”、“psychological”、“psychologically”等一系列以“psychol”开始的词。

（3）词组、短语检索。如果要检索一个词组或短语（phrase），就必须使用引号“ ”，系统查找引号内指定顺序的检索词的文章。

（4）禁用词表（stop words）。下列词语属于不被检索的范围：a about after all also an and any are as at be because been between both but by can could do each even first for from had has have he her his how i if in into is it its just last like many may more most much new no not now of on one only or other our out over s（复数） said says she should so some such than that the their them there these they this those three through to two up use was we well were what when which while who will with would you。

2. 检索方式

使用 RSC 的电子期刊有期刊浏览检索和篇目检索功能。

（1）期刊浏览与检索。主页可以进行期刊浏览与检索，界面如图 5-45 所示。

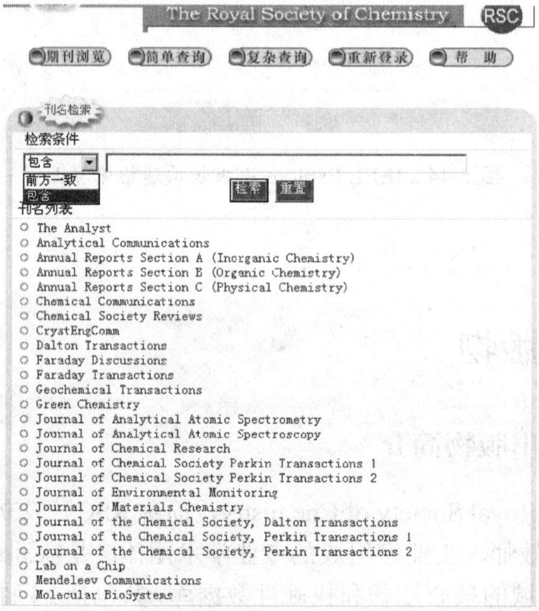

图 5-45 RSC 主页（期刊浏览）

① 按刊名浏览。将所有期刊按刊名顺序排列起来，用户可以按刊名逐卷逐期地直接阅读自己想看的期刊。

② 刊名检索。可以在检索条件输入框中输入刊名关键词，按刊名进行简单检索。然后再选择想看的期刊，按卷期浏览。

③ 二次检索。按上述的几种方式进行检索或浏览之后，在显示的期刊列表中，可以进一步限制，进行二次检索。

（2）篇目检索。

① 简单查询。简单查询有一个检索条件输入框和选择检索字段的下拉框，如图 5-46 所示。

确定一个或几个检索词输入到该文本框中，不必考虑词序和区分大小写。词与词之间默认的逻辑关系是 AND，它的含义是检索结果中必须含有所有检索词。

可以检索所有字段（将字段区域设定为“全面”），也可以将检索词限定在某一个字段中，包括篇名、作者、作者机构、文摘、刊名。

通过限制出版日期、限制期号，可以把检索结果限制在一定范围内，从而达到快速查准目的。

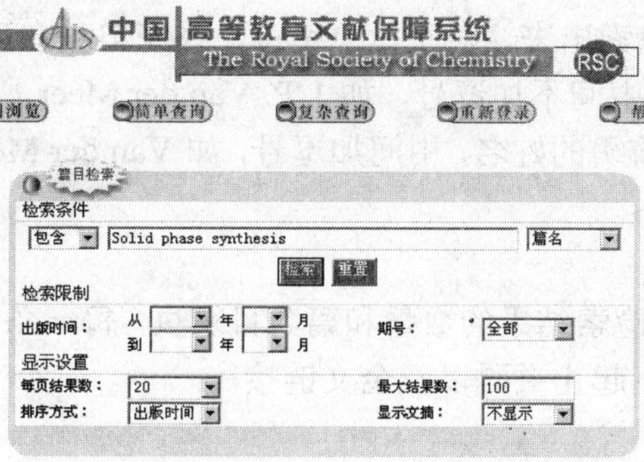

图 5-46 RSC 的简单查询

执行检索之后，在显示结果页面有一个检索条件输入框，允许在检中结果中直接进行二次检索，或者选择重新检索。

② 复杂查询。复杂查询有多个检索条件输入框，可以输入一个检索条件进行简单查询或输入多个检索条件实现多个检索字段的组合检索，如图 5-47 所示。

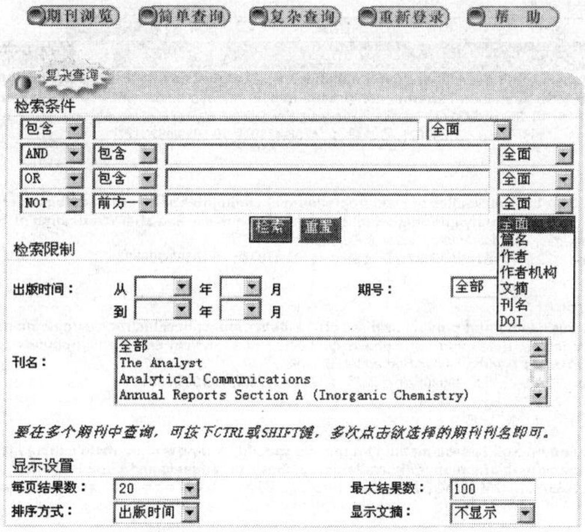

图 5-47 RSC 的复杂查询

复杂查询的可检索字段和简单查询基本相同，增加了 DOI 检索入口。DOI 被形象地称为数字资源的条形码，可以通过网站“http://dx.doi.org”查询论文或者期刊的 DOI 号码。

多个检索条件默认的逻辑关系为 AND，表示检索必须同时满足多个检索条件。单击相应下拉框，可以根据需要改变为 OR、NOT。通过限制出版日期、刊名和期号，可以把检索结果限制在一定范围内，从而进行快速查准。单击相应的下拉箭头进行选择。

③ 检索作者姓名。如果能够确定作者的姓名，可以这样输入：姓氏在前，名字在后，中间加逗号间隔。例如，White，Robert 表示检索姓 White、名 Robert 的作者。系统将逗号前面确定为姓，逗号后面确定为名。这样可以快速准确地查询特定的作者姓名。

如果没有检索结果，或没有相关作者，也可以用模糊检索。例如输入一个字，如 Robert，只要姓名中出现 Robert，无论是姓还是名，都能检索出来。输入两个或以上的字，中间不加逗号，如 Robert White，只要姓名中 Robert 和 White 同时出现，无论姓 Robert 还是姓 White，都能检索出来。姓名中间允许加*表示截断，如输入“M* Smith”，将把“Mark Smith”、“Michcale

Smith”、“M. L. Smith”检索出来。对于单个字符，系统自动在后面加*表示截断。

复姓及有前缀的姓名，中间不加逗号，如 J. P. Van der Meer，只要每个字同时出现在姓名里，即检索出来。复姓及有前缀的姓名，中间加逗号，如 Van der Meer，J. P.，确定 Van der Meer 为姓，J. P.为名。

3. 检索结果

检索后，首先显示的是检索结果的数量和篇名目录页，每一条记录包括篇名、作者、刊名、ISSN 号、出版年月、卷期、起止页码以及全文链接。

4. 检索实例

检索“固相合成”（solid phase synthesis）这一主题的相关文献。操作步骤如下：

（1）在简单查询的界面，输入检索词“solid phase synthesis”，选择篇名字段查询。当然也可以选择复杂查询，检索结果是一样的。

（2）检索后共查找到 167 篇论文，显示题录格式，如图 5-48 所示。

图 5-48 RSC 的检索结果——题录

单击篇名后，将显示该篇目的详细内容，包括作者单位和文摘，如图 5-49 所示。

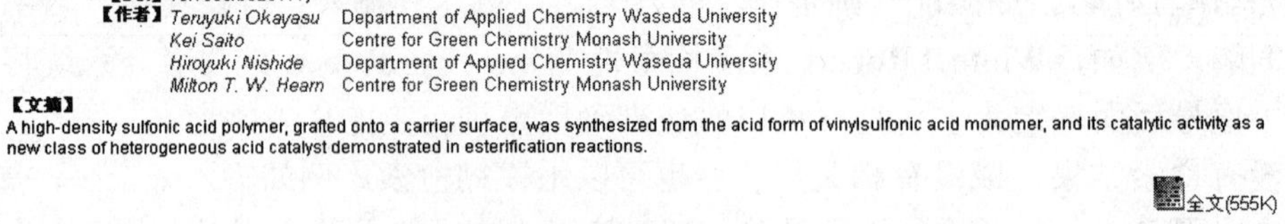

图 5-49 RSC 的检索结果 — 文摘

单击作者，系统自动检索数据库中同一作者的所有相关文章。单击刊名，显示该刊同一卷期的篇名目录。在每篇文章篇名的前面允许标记记录，以便只选择想要的篇目进行打印和下载，标记结束后，单击页尾的“浏览”按钮，则只出现标记过的记录；若检索结果不止一个页面，可以逐页标记，最后在任一页单击页尾的“浏览”按钮；进入标记记录浏览后，可用浏览器的“后退”功能返回检索结果页面增选记录，再单击页尾的“浏览”按钮，已标记过的不需要重选。浏览格式可以选择简单格式（只包括篇目的基本信息）和详细格式（显示文摘），利用 IE 浏览器的保存和打印功能进行下载或打印。标记多篇文章一次性显示、保存、打印的功能只适用于文章篇目，文章的全文部分只能逐篇显示、保存、打印。RSC 电子期刊的文件全部采用 PDF 文件格式。

5.12 ACM 美国计算机学会

5.12.1 ACM 美国计算机学会简介

美国计算机学会（Association for Computing Machinery，简称 ACM）创立于 1947 年，是计算机教育和科研机构。它致力于发展信息技术教育、科研和应用，出版专业期刊、会议录和新闻报道等，并于 1999 年开始提供电子数据库服务——ACM Digital Library 全文数据库，全面集成“在线计算机文献指南”（The Guide to Computing Literature），这是一个书目资料和文摘数据库，集合了 ACM 和其他 3 000 多家出版社的出版物，旨在为专业和非专业人士提供了解计算机和信息技术领域资源的窗口。

数据库内容包括：ACM 全文期刊、杂志和汇刊共 47 种；SIG 定期简讯（Special Interest Group Newsletters）；超过 250 个 2000 多卷会议录，包括 100 多卷非 ACM 的会议录（ACM International Conference Proceedings Series）；50 多年来全文文献超过 17 万篇；“在线计算机文献指南”索引数据库，包含超过 3000 家出版社的 900 000 条引文信息，每年约新增 20 000～25 000 条记录。

5.12.2 ACM 美国计算机学会网站的检索

1. 检索算符

（1）在快速检索状态下，可以使用逻辑算符 AND、OR 将检索词组成检索式。

（2）检索词之间空格时，检索词之间关系默认为词组。

（3）可指定要检索的范围并结合 AND、OR 进行检索。例如：(Natt W.):AUTHOR and (Education):TITLE。

（4）可使用通配符检索。

检索算符说明如表 5-10 所示。

表 5-10　ACM 检索算符

Operator	Sample Use	Find articles containing ...
AND	internet AND programming	internet and programming in the same article
OR	internet OR programming	internet or programming，or both，anywhere in the entire article
NOT	internet AND NOT programming	internet but not programming
NEAR	internet NEAR/3 programming	internet occurs within 3 words near programming
ADJ	internet ADJ programming	programming appears immediately after internet
W/n	internet W/3 programming	programming occurs within 3 words after internet
?	int??net	matches internet，intranet···
*	inter*	matches inter，internet，international···
+	program+	matches program，programmed，programming，programmer···
#	program#	matches program，but not programmed，programming，programmer···

2. 检索方式

该网站提供快速检索、高级检索和分类浏览。ACM 美国计算机学会的检索页面如图 5-50 所示。

（1）快速检索（Quick Search）。如图 5-50 所示，可选择在 ACM Digital Library 或 The Guide 中检索，The Guide 中的检索结果不一定包含全文。

（2）高级检索（Advanced Search）。如图 5-51 所示，提供 7 个检索字段，字段间可进行逻辑与运算。可限定检索的文献类型，以及检索结果包含的信息。

（3）分类浏览（Classification Search）。如图 5-50、图 5-51 右方所示，可浏览期刊、杂志、汇刊、会议录、SIG 定期简讯（Special Interest Group Newsletters）、非 ACM 的会议录等内容。

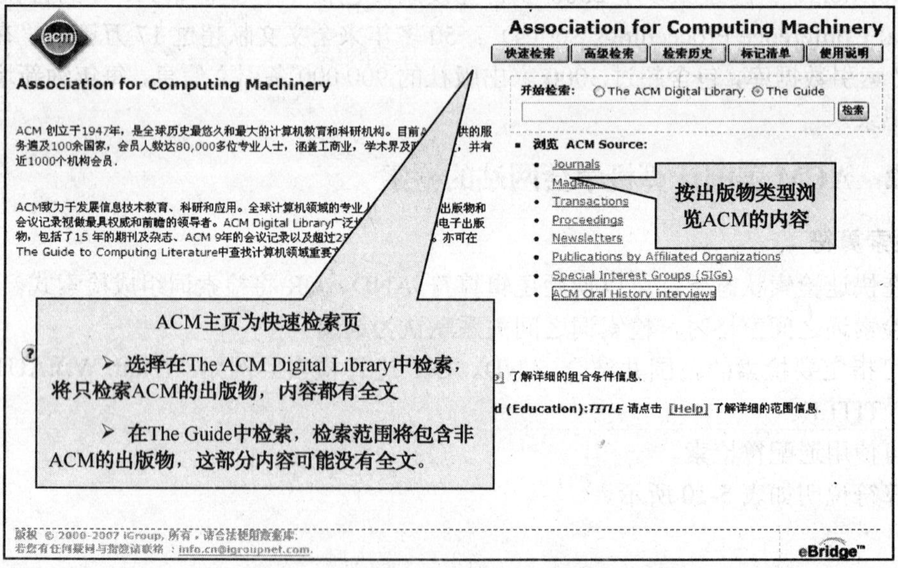

图 5-50　ACM 美国计算机学会的检索页面

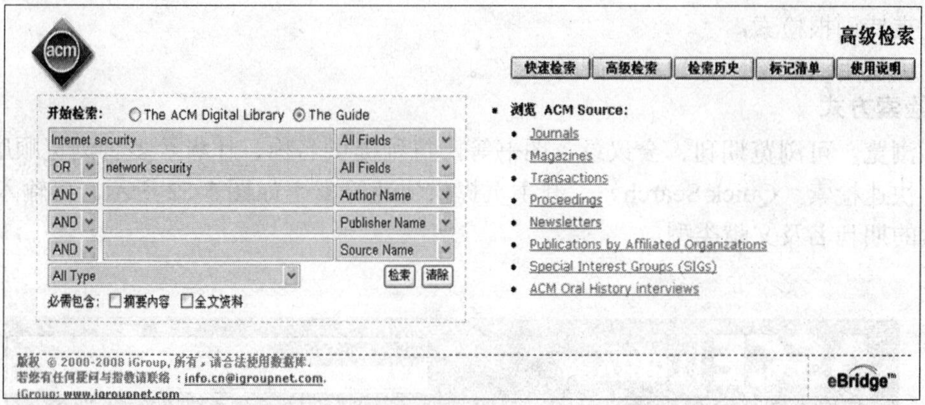

图 5-51 ACM 美国计算机学会的高级检索页面

3. 检索结果

检索后，首先显示的是检索结果的数量和篇名目录页，每一条记录包括篇名、作者、刊名、ISSN 号、出版年月、卷期、起止页码以及有全文的全文链接。

单击篇名后，将显示该篇目的详细内容，包括作者单位和文摘。单击作者，系统自动检索数据库中同一作者的所有相关文章。单击刊名，显示该刊同一卷期的篇名目录。

在每篇文章篇名的前面允许标记记录，以便只选择想要的篇目文摘进行浏览和添加到个性化设置中。若检索结果不止一个页面，可以逐页标记。标记多篇文章一次性显示、保存、打印的功能只适用于文章篇目，文章的全文部分只能逐篇显示、保存和打印。

5.13 ASCE 美国土木工程师学会

5.13.1 ASCE 美国土木工程师学会简介

美国土木工程师学会（The American Society of Civil Engineers，简称 ASCE）成立于 1852 年，至今已有 150 多年的悠久历史，是历史最久的国家专业工程师学会，所服务的会员来自 159 个国家超过 13 万专业人员，和其他国家的 65 个土木工程学会达成了合作协议。

ASCE 也是全球最大的土木工程信息知识的出版机构，每年有 5 万多页出版物。2012 年学会出版物包括 33 种专业期刊、会议录，以及各种图书、委员会报告、实践手册、标准和专论等。ASCE 出版的期刊大部分被 SCI 收录，其中，有 11 本期刊在 2012 年 JCR 收录的 118 本土木工程类期刊中，总引用量排名前 40 名。ASCE 于 2004 年推出在线会议录（ASCE Online Proceedings），收录 260 多卷 ASCE 召开的土木工程国际会议文献。ASCE 会议录是土木工程领域的核心资源，并且无法从其他途径取得。

5.13.2 ASCE 美国土木工程师学会网站的检索

1. 检索算符

（1）可以使用 and、or、not、near 等逻辑算符和位置算符进行组合检索。

（2）支持词根检索。

（3）可使用通配符“？”和通配符“*”。

2. 检索方式

（1）浏览。可浏览期刊、会议录、图书等，每种提供名称、作者等多种浏览顺序。

（2）快速检索（Quick Search）。其主页提供快速检索，如图 5-52 所示。可输入关键词，限定检索的期刊名及文献类型。

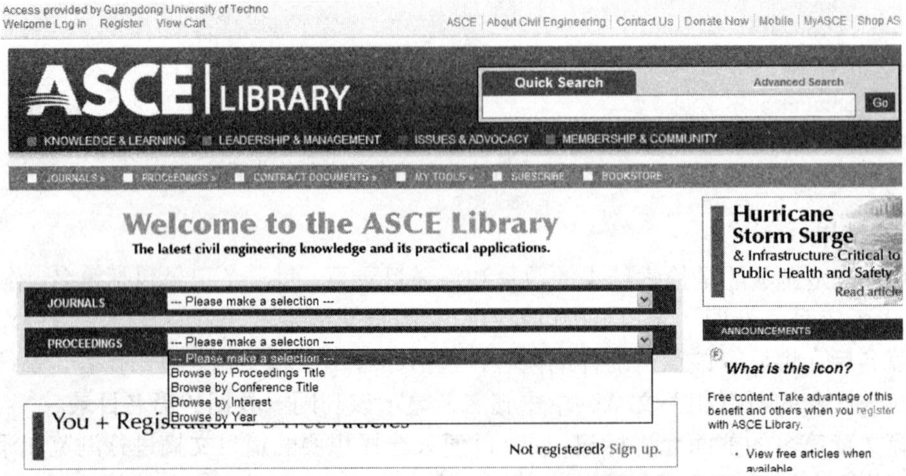

图 5-52 ASCE 美国土木工程师学会的主页（快速检索）

（3）高级检索（Advanced Search）。如图 5-53 所示，高级检索提供 7 个检索字段，字段间可进行逻辑与运算。可限定检索的文献类型及出版日期。

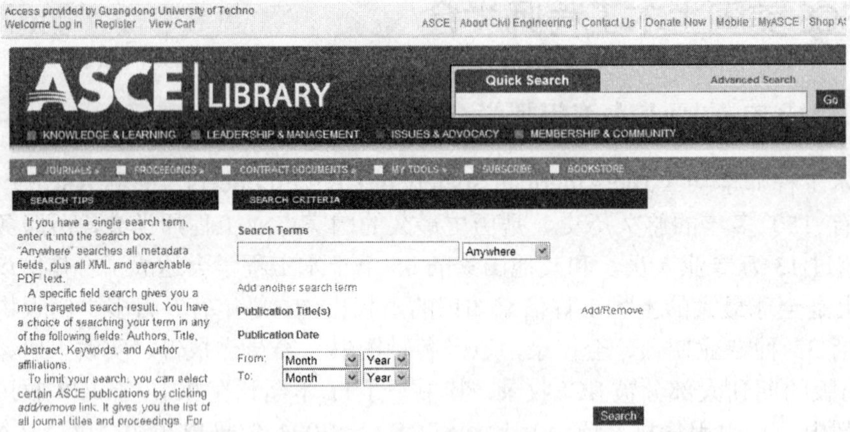

图 5-53 ASCE 美国土木工程师学会的高级检索页面

3. 检索结果

检索后，首先显示的是检索结果的数量和篇名目录页，每一条记录包括篇名、作者、刊名、ISSN 号、出版年月、卷期、起止页码以及有全文的全文链接。如图 5-54 所示，为通过快速检索方式检索“environment pollution”得到的检索结果。

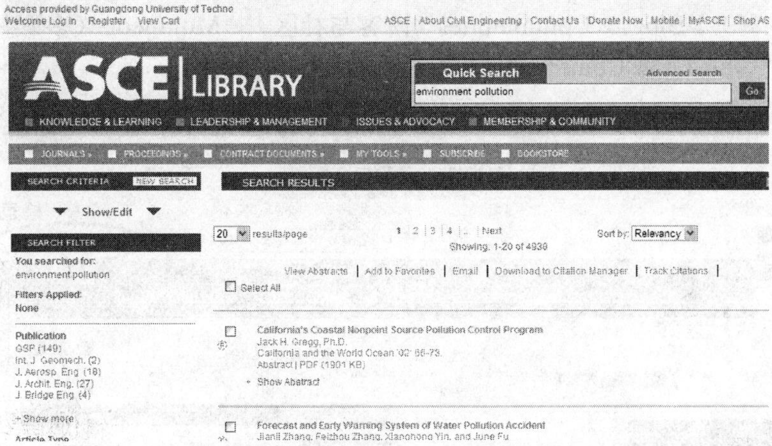

图 5-54　ASCE 美国土木工程师学会的检索结果页面

单击篇名后，将显示该篇目的详细内容，包括作者单位和文摘。单击作者，系统自动检索数据库中同一作者的所有相关文章。单击刊名，显示该刊同一卷期的篇名目录。

在每篇文章篇名的前面允许标记记录，以便只选择想要的篇目文摘进行浏览和添加到个性化设置中；若检索结果不止一个页面，可以逐页标记；标记多篇文章一次性显示、保存、打印的功能只适用于文章篇目，文章的全文部分只能逐篇显示、保存、打印。

5.14 《Science》

5.14.1 《Science》简介

《科学在线》(Science Online)是《科学》通过 Highwire 平台呈现的系列电子出版物。Science Online 系列数据库包括：《Science》(《科学》)、《Science Now》(《今日科学》)、《Science Express》(《科学快讯》)、《Science Signaling》(《科学信号》)、《Science Translational Medicine》(《科学转化医学》)。

《科学》周刊由爱迪生于 1880 年创建，现由美国科学促进会出版，是在国际学术界享有盛誉的综合性科学周刊。它是 Science Online 最主要的部分。每周出版一期，每年出版 51 期。Science 现在有 15%的内容通过 Science Express 预先出版，平均每周 3 篇。6～8 周后，这些文章再以在线和纸本形式同时出现在《科学》周刊上。

《今日科学》是每个工作日《科学》周刊的新闻组为网上用户提供几篇 3～4 段长的、有关科研成果或科学政策的最新消息。这些消息短小精炼，使读者不用花费多少时间就能及时了解世界各地各科研领域的最新进展。

5.14.2 《Science》的检索

1. 浏览方式

《Science》的主界面如图 5-55 所示，可以按照 News(新闻)、Science Journals(科学期刊)、

Careers（职业生涯）、Blogs& Communities（博客与社区）、Multmedia（多媒体）、Collections（特定集合）浏览。Blogs& Communities 浏览页面如图 5-56 所示。

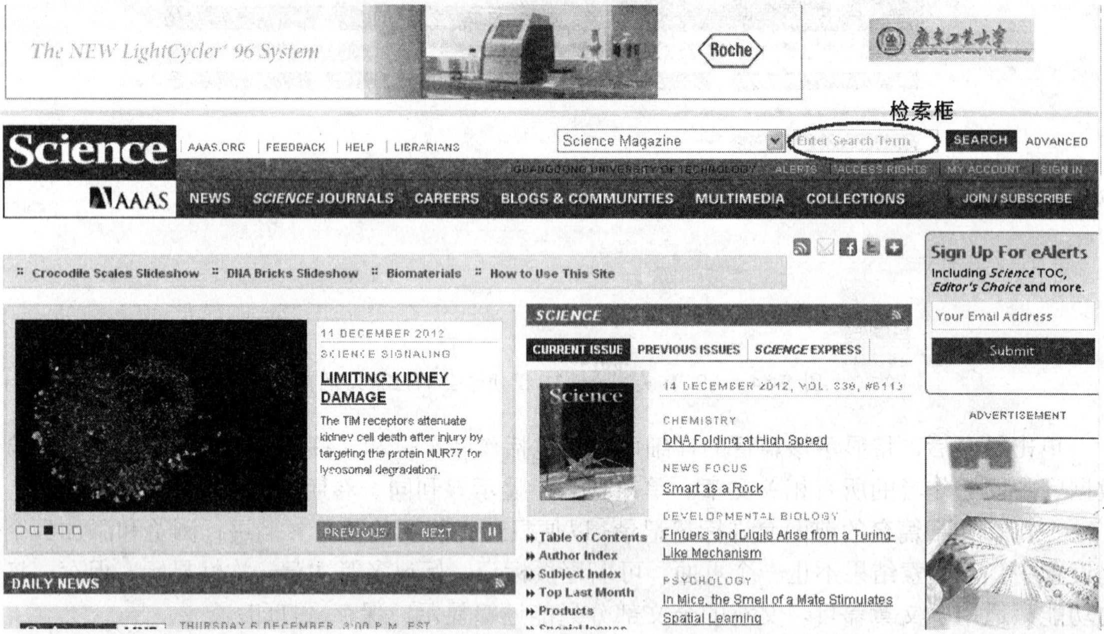

图 5-55 《Science》的主界面

图 5-56 《Science》的 Blogs& Communities 浏览页面

2. 检索方式

网站提供一般检索和高级检索。高级检索界面上方显示有 Science 主页、现刊、过刊、Science 速递、Science 产品、我的 Science 和期刊简介。高级检索可以提供卷/页码检索、DOI 号检索、全文检索、题名 OR 摘要检索、题名检索和作者检索。

3. 检索示例

《Science》简单检索默认为全文检索，在 Search 框中输入检索词“bioscience”（生命科学），可得到 Science Magazine 中关于 bioscience 的相关文章。在高级检索中使用全文检索，查找近两年来有关 bioscience 的文章，如图 5-57 所示。检索后得到 120 篇文章，如图 5-58 所示。

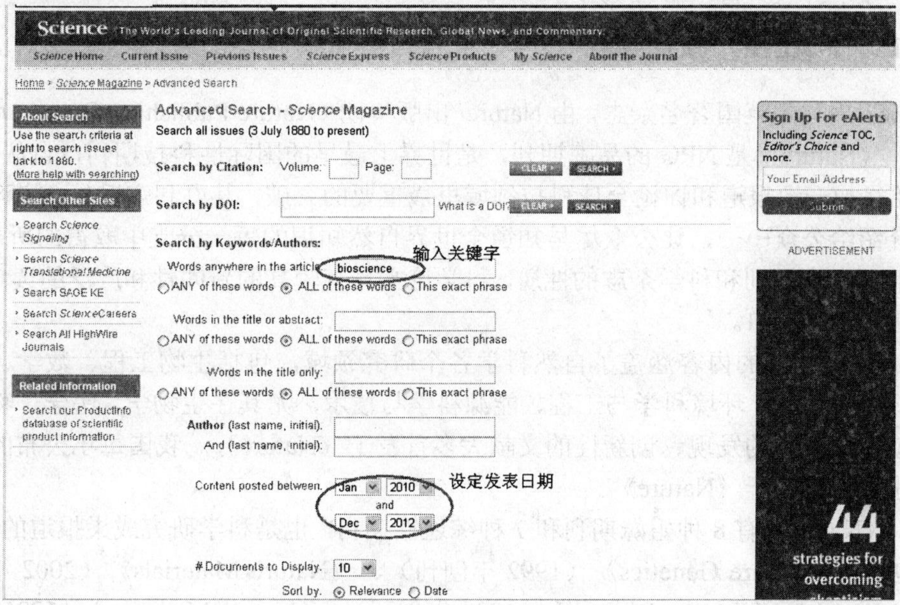

图 5-57 《Science》高级检索

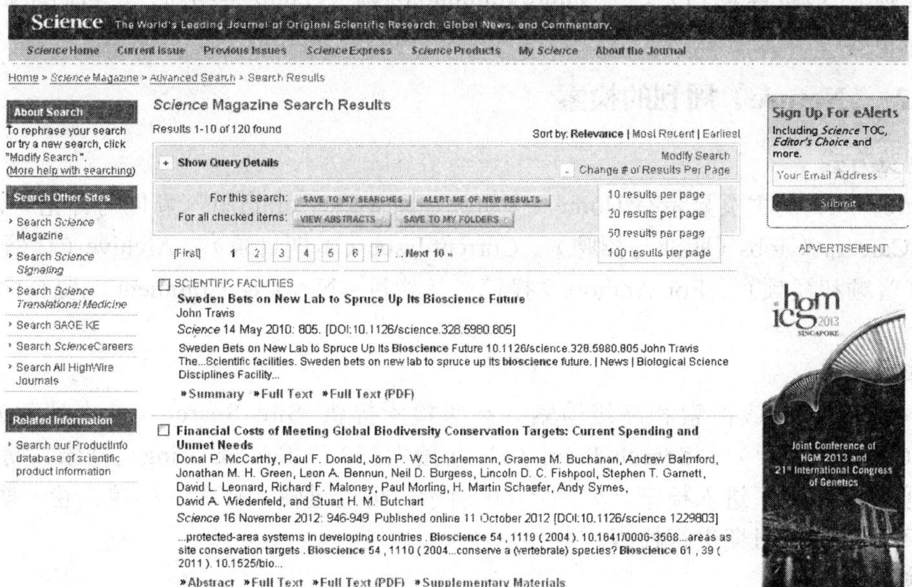

图 5-58 《Science》检索结果

5.15 《Nature》周刊

5.15.1 《Nature》周刊简介

《Nature》周刊是英国著名杂志，由 Nature 出版集团（Nature Publishing Group，简称 NPG）出版发行。《Nature》是 NPG 的品牌期刊，是世界上最早的国际性科技期刊，自从 1869 年创刊以来，始终如一地报道和评论全球科技领域里最重要的突破，其办刊宗旨是“将科学发现的重要结果介绍给公众……，让公众尽早知道全世界自然知识的每一分支中取得的所有进展。”《Nature》兼顾学术期刊和科学杂志的性质，科学论文具有较高的新闻性和广泛的读者群，2010 年的影响因子为 36.101。

《Nature》所刊载的内容涵盖了自然科学各个研究领域，包括生物工程、数学、物理学、化学化工、建筑工程、环境科学与工程、能源科学与技术，尤其在生物学、医学、物理学等领域卓有成就。许多新的发现、创新性的文献大多首发于《Nature》。我国每年公布的世界十大科技新闻也大多来源于《Nature》。

另外，《Nature》有 8 种姐妹期刊和 7 种综述性期刊，也是科学研究成果报道的前沿阵地。8 种期刊包括：《Nature Genetics》（1992 年创刊）、《Nature Materials》（2002 年创刊）、《Nature Structural & Molecular Biology》（1994 年创刊）、《Nature Medicine》（1995 年创刊）、《Nature Biotechnology》（1983 年创刊）、《Nature Neuroscience》（1998 年创刊）、《Nature Cell Biology》（1999 年创刊）、《Nature Immunology》（2000 年创刊）。它们的影响因子在各自领域中都高于其他杂志。

5.15.2 《Nature》周刊的检索

1. 浏览方式

《Nature》周刊的主页显示有 Home（主页）、News & Comment（新闻与评论）、Research（研究），Careers & Jobs（职业与招聘）、Current Issue（本期目录）、Archive（存档）、Audio & Video（音频和视频）、For Authors（投稿）等栏目。News & Comment 浏览页面如图 5-59 所示。

2. 检索方式

其检索方式有一般检索和高级检索。高级检索提供 Site Search（站内搜索）、Saved Searches（保存的搜索）、Search Term（s）（搜索词）、Search using（搜索）等功能。

下拉页面至下方，进入检索，如图 5-60 所示。可通过输入作者、标题、卷、期、开始页码，以及不同的出版日期进行检索。

3. 检索示例

在“Search”框中输入检索词 Building，其检索结果如 5-61 所示。

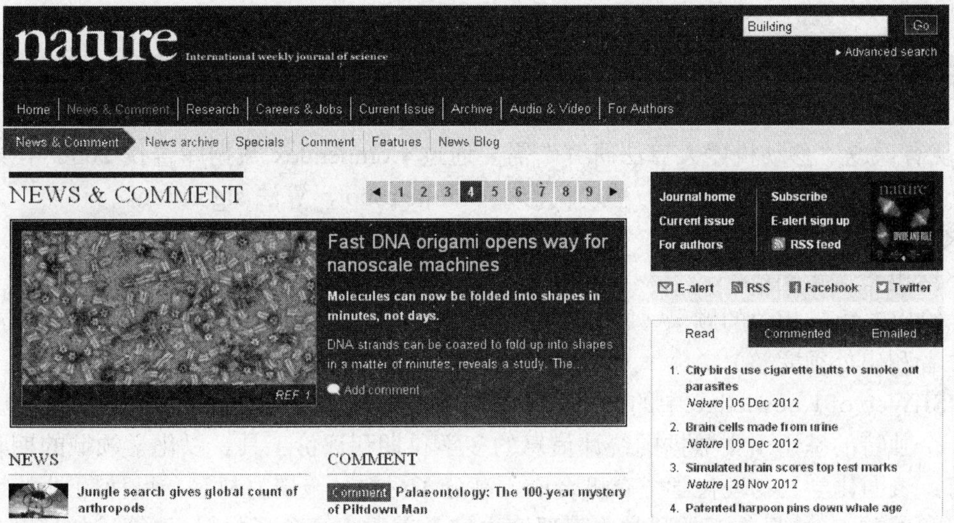

图 5-59 《Nature》的 News & Comment 浏览界面

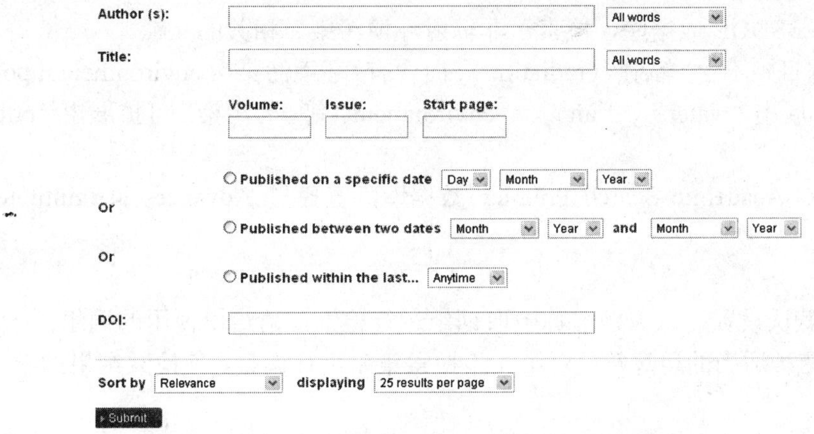

图 5-60 《Nature》高级检索检索项

图 5-61 《Nature》检索结果

练习与思考 5

1．现有课题“移动机器人算法研究”需要通过 Compendex 数据库查找 2006 年发表的相关文献。本课题的相关题名翻译：移动机器人 mobile robot，算法 algorithm。

要求：

（1）给出检索策略；

（2）给出一篇最相关的题录（题目中须出现主要概念检索词“mobile robot”，题录信息中篇名、作者和出处须完整）。

2．ISI Web of Knowledge 中的期刊引文分析报告（Journal Citation Reports，JCR）为用户提供了一个独特的基于引文数据的统计信息的多学科期刊评价工具。以化学领域的期刊为例，其类别有：表面化学、物理化学、有机合成、高分子材料、金属材料等，每种期刊都有自己的研究热点和着重点。如果作者的科技文章研究内容是着重于高分子材料，请简述如何在 ISI Web of Knowledge 中根据期刊的影响因子、科技文章的研究内容、研究水平、研究热点等情况挑选出合适的期刊进行浏览或投稿。

3．使用 Elsevier SDOL 数据库，检索“非辐射环境污染”相关的文献。

要求：在文献题目中不含“辐射”（radiation），而含有“环境污染”（environmental pollution）。其中，“环境”可扩展出“water”、“air”、“environment”等；“污染”可扩展出“pollutant”、“pollute”等。

4．使用 EBSCO-Academic Search Premier 数据库，查找与 Advances in multilateral trade 相关的国外文献。

要求：

（1）取系统的默认设置，从课题名称中取词组进行检索，请给出使用的词组；

（2）选择运用两种适当的运算符，对第一步检索策略进行调整，使检索结果的题目中出现课题的主要概念；

（3）给出一篇最相关文献的题录，题目中须出现主要概念检索词。

5．使用 ProQuest 学位论文全文数据库，查找“建筑”学科（architecture）以及“信息科学”学科（information science）收录论文的总篇数，提供检索过程与检索结果。

6．请选用收录你所学专业的文献的数据库，检索你感兴趣的某个专业主题的相关文献。

7．简介电子期刊《Science》和《Nature》的基本情况。

8．在英文数据库中进行检索时，为了提高查全率，常用的扩检技术有哪些？为了提高查准率，常用的缩检技术有哪些？

第 6 章 专利与标准信息资源

本章要点

- 专利与标准基础知识。
- 中国专利文献检索利用。
- USPTO 美国专利数据库、欧洲专利数据库、德温特专利数据库等国外专利资源。
- 中国标准文献检索利用。
- 国际标准化组织 ISO、国际电工标准化组织 IEC、国际电信联盟 ITU 等国外标准资源。

专利文献承载着发明创造的内容，人们可以由专利文献获得最新的技术信息，扩大利用新技术的机率，进而促进技术进步，同时保护知识产权。专利文献与其他文献相比在传播发明创造方面作用突出，95%的发明创造被记录在专利文献之中，80%的发明创造在专利文献中有记载。研究本领域专利文献中记载的发明创造，可以避免重复研究，节约研究时间和经费，提供技术参考，启迪创新思路。

标准化可以规范社会的生产、管理等活动，引领社会经济发展，推动建立最佳秩序，促进不同产品和技术的相互协调和配合，是现代化大生产的必要条件，也是科学管理的基础。这就必须通过制定和执行许许多多的技术标准、工作标准和管理标准来实现。

本章主要介绍专利和标准的基础知识和检索利用。

6.1 专利信息资源

6.1.1 专利基础知识

1. 专利制度

专利制度是随着人类科技进步及商品经济的发展而逐步形成和发展起来的，专利制度的建立经历了一个漫长的过程，迄今已有几百年的历史。

英国在 1624 年颁布了一部《垄断法》（Stature of Monopoly），这部《垄断法》被视为专利法的始祖。它所建立的一些原则，包括不少条文，至今仍为大多数国家的专利法所采用。

中华人民共和国第一部专利法于 1984 年 3 月 12 日诞生，1985 年 4 月 1 日正式实施生效。在颁布我国第一部专利法时，我国专利局对专利制度曾做了比较完整、严密的描述：“专利制度是国际上通行的一种利用法律和经济的手段推动技术进步的管理制度。这个制度的基本内容是依据专利法，对申请专利的发明，经过审查和批准，授予专利权，同时把申请专利的发明内容公诸于世，以便进行发明创造信息交流和有偿技术转让”。

专利制度具有 4 个特征：法律保护、科学审查、公开通报以及交流转让。这 4 个特征反映了专利制度的实质。法律保护是指依据专利法授予发明创造专利权；科学审查是指对发明创造在颁发专利权前，根据专利法规定的授权条件进行的实质性审查；公开通报是指发明创造通过专利申请的公布或专利权的颁布，向社会传播其技术内容；交流转让是指对专利技术这种无形商品进行交流和技术转让，使专利技术及早转化为生产力。

专利制度最重要、最本质的特征是法律保护和公开通报。专利制度用法律的形式肯定了技术发明成果的财产属性和商品属性，用专利法来保护创造者对其发明创造成果的所有权；鼓励创造者以商品交换为目的，向社会公开其成果的实质内容，以科技进步来促进生产、发展经济。其社会功能体现在：鼓励人们从事发明创造，促进更多的新技术涌现；有利于国际间的技术贸易和技术交流活动；有利于发明创造的推广和应用，促进技术无偿转移。

技术无偿转移即技术信息交流，专利信息的无偿转移是大量的。因为：专利申请量是批准量的 3～4 倍；有效专利量是专利总数的 12%。这些没有批准授权的技术和无效的专利技术就可以为社会无偿转移使用。

2．知识产权和专利

（1）知识产权。知识产权是指人们脑力劳动所创造的无形或有形的知识产品的专有权。它分为工业产权和著作权两大类。

工业产权是指技术发明的专利权，以及商标、工业品外观式样、服务业标志、商品产地标志和产品名称的专用权。工业产权的主要形式就是专利权。

著作权是指文字著作和艺术品的印刷、销售、演出、摄影、录音等方面的专有权。

（2）专利。

① 专利的定义。专利是指国家以法律形式授予发明人在法定期限内对其发明创造享有的专有权。专利具有 3 种含义：专利权、专利技术（即取得专利权的发明创造）、专利文献（主要指专利说明书）。这 3 种含义的核心是受专利法保护的发明创造，而专利权、专利说明书是专利的具体体现。

② 专利的类型。发明创造是人类进行科学研究活动的习惯名词，受专利法保护的发明创造即专利，比习惯概念窄得多。专利法所保护的范围各国不尽相同。美国、加拿大的专利法规定保护发明、外观设计和植物品种；我国专利法第二条规定：发明创造是指发明、实用新型和外观设计。

- 发明专利是指对产品、方法或者其改进所提出的新的技术方案。发明专利可分为产品发明，如机器、仪器、设计；方法发明，如制造方法、测量方法及特定用途的方法发明等。发明专利是 3 种专利中最重要、最高级的一种，受保护年限一般为 15～20 年。
- 实用新型专利是指对产品的形状、构造或者其结合所提出的适于实用的新技术方案。与发明专利相比，实用新型专利属于“小发明”或“小专利”，受保护年限一般为 10～15 年。

- 外观设计专利是指对产品的形状、图案、色彩或者其结合所做出的富有美感并适于工业应用的新设计。这种设计可以是平面图案，也可以是立体造型，或者两者的结合。其受保护年限3、5、7、10年不等。

（3）专利文献。广义的专利文献是各国专利局及国际专利组织在审批专利过程中产生的官方文件及其出版物的总称。作为公开出版物的专利文献主要有：专利说明书、专利公报、专利索引等。狭义的专利文献仅指专利说明书。

专利文献的特点主要表现在：第一，数量巨大，内容广博。据世界知识产权组织（WIPO）统计，目前世界上约有90个国家、地区、国际性专利组织用大约30种官方文字出版专利文献，每年全世界公布的专利文献约为150万件，累计至今6 300多万件，排除同族专利，记载的发明创造约1 600万项，其内容几乎涵盖人类生产活动的全部技术领域。第二，集技术、法律、经济信息于一体。专利文献记载技术解决方案，确定专利权保护范围，披露专利权人、注册证书所有人权利变更等法律信息，同时，依据专利申请、授权的地域分布，可分析专利技术销售规模、潜在市场、经济效益及国际间的竞争范围，是综合性很强的科技信息源。第三，反映新的科技信息。首先，大多数国家专利局采用先申请制原则，申请人在发明完成之后宜尽早提交申请；其次，新颖性是专利性的首要条件，因此，发明创造多以专利文献而非其他科技文献形式公布于众；再次，20世纪70年代初专利申请早期公开制度的推行，更加速了科技信息向社会的传播速度。第四，格式统一，形式规范。各国出版的专利说明书文件结构一致，均包括扉页、权利要求、说明书、附图等几部分内容，并大多采用国际专利分类表划分发明所属技术领域，从而使各国的专利信息资源便于检索和共享。

3. 专利权及其特征

专利权是从属于工业产权的，工业产权又从属于知识产权。专利权是指专利权人对其发明创造依法享有的权利。专利权有三个基本特征。

（1）专有性。各国专利法都明文规定，专利权在保护国内对任何第三者都有普遍约束力。任何单位或者个人未经专利权人许可，不得以生产经营为目的制造、销售其专利产品。专利权人有权阻止他人对其专利权的侵犯行为。我国专利法也规定，国家有权对于重要的发明创造专利，或对国家利益或者公共利益具有重大意义而需要推广应用的专利，允许指定的单位实施。实施单位按照国家规定向持有专利权的单位或个人支付使用费。

（2）地域性。专利法是国内法，不是国际法。专利局批准的专利只能在本国领土范围内有效，对他国无任何法律效力。因此，在某国已经取得专利权的发明，若在其他国没有取得专利权，其他国任何人都可以自由使用，不需要取得专利权人的许可，也无须支付使用费。

（3）时效性。专利权是一种有时间限制的权利。各国规定的专利权期限不一。我国专利法第45条规定：发明专利权的期限为20年，实用新型专利权和外观设计专利权的期限为10年，均自申请日起计算。

4. 授予专利权的条件

一项发明被授予专利权的条件是具备新颖性、创造性和实用性。中国专利法规定，授予专利权的发明和实用新型，应当具备新颖性、创造性和实用性。授予专利权的外观设计，应当同申请日以前在国内外出版物上公开发表过或者国内公开使用过的外观设计不相同和不相近似，并不得与他人在先取得的合法权利相冲突。

（1）新颖性。新颖性是指在申请日以前没有同样的发明或者实用新型在国内外出版物上公开发表过、在国内公开使用过或者以其他方式为公众所知，也没有同样的发明或者实用新型由他人向专利行政部门提出过申请并且记载在申请日以后公布的专利申请文件中。

判断新颖性的条件一般有 3 种：一是国际新颖性，即在国际范围内未公知公用的发明；二是国家新颖性，即在本国范围内未公知公用；三是相对国际新颖性，即在国际范围内未公知，本国范围内未公用。目前世界上大多数国家都采用第三种，即相对国际新颖性。

（2）创造性。创造性也称先进性，是指同申请日以前已有的技术相比，该发明有突出的实质性特点和显著的进步，该实用新型有实质性特点和进步。

（3）实用性。实用性是指该发明或者实用新型能够制造或者使用，并且能够产生积极效果。

5. 不授予专利权的主题

因为发明的习惯概念大于专利法所定义的发明概念，所以几乎所有国家都在专利法中明确指出不授予专利权的范围。我国专利法第 5 条及第 25 条就明确规定了不授予专利权的主题。

第 5 条：对违反国家法律、社会公德或者妨害公共利益的发明创造，不授予专利权。

第 25 条：对下列各项，不授予专利权：

（1）科学发现。

（2）智力活动的规则和方法。

（3）疾病的诊断和治疗方法。

（4）动物和植物品种。

（5）用原子核变换方法获得的物质。

对上款第（4）条所列产品的生产方法，可以依照本法规定授予专利权。

6. 申请日与优先权

我国专利法第 28 条规定：专利局收到专利申请文件之日为申请日。如果申请文件是邮寄的，以寄出的邮戳日为申请日。

第 29 条规定：申请人自发明或者实用新型在外国第一次提出专利申请之日起 12 个月内，或者自外观设计在外国第一次提出专利申请之日起 6 个月内，又在中国就相同主题提出专利申请的，依照该外国同中国签订的协议或者共同参加的国际条约，或者依照相互承认优先权的原则，可以享有优先权。

申请人自发明或者实用新型在中国第一次提出专利申请之日起 12 个月内，又向专利局就相同主题提出专利申请的，可以享有优先权。

6.1.2 国际专利分类表

1. IPC 表概况

目前大多数国家采用通用的《国际专利分类表》对专利进行分类，便于专利资源共享。《国际专利分类表》（International Patent Classification），简称 IPC 表，1968 年由世界知识产权组织公布生效，是检索各国专利文献的重要依据。目前有约 90 个国家和地区、4 个组织机构和世界知识产权组织使用 IPC 表，世界上出版的专利文献约 95%采用了 IPC 表进行标引。IPC 表每隔 5 年更新再版一次，目前使用 2010 年出版的第 9 版。国际专利分类号简称 IPC 号，可在 IPC 分类号前加上缩写符号 Int.cl^{n}，n 表示国际专利分类表的版次号（第 1 版除外），如 Int.cl^{8} 表示第 8 版。

2. IPC表的体系和标记

IPC表将技术内容按部（Section）、大类（Class）、小类（Subclass）、组（Division）、分组（Subdivision）逐级分类，组成完整的等级分类系统，采用数字和字母混合标记各级类目。

IPC表将全部技术内容分成八个部，用A～H的大写字母表示。每一个部的类名概括地指出该部所包含的技术范围，简要表明该部所包括主题范围的概括性特点。为了让使用者对部的内容有一个概括性的了解，帮助使用者了解技术主题的归类情况，部内设置了分部（Subsection），分部只列出标题，而没有类号。表6-1是IPC的部与分部的类目。

表6-1 IPC表的部与分部

部号	部的类名	分部
A	人类生活必需（农、轻、医） Human Necesstities	农业、食品与烟草、个人与家用物品、保健娱乐
B	作业、运输 Performing Operatons; Transporting	分离与混合、成型、印刷、交通运输
C	化学、冶金 Chemistry and Metallurgy	化学、冶金
D	纺织、造纸 Textiles and Paper	纺织和未列入其他类的柔性原料、造纸
E	固定建筑物 Fixed Constructions	建筑、钻井与采矿
F	机械工程、照明、加热、武器、爆破 Mechanical;Engineering;Lighting;Heating;Weapons;Blasting	发动机与泵、一般工程、照明与加热、武器与爆破
G	物理 Physics	仪器、核子
H	电学 Electricity	不设分部

每一个部按不同的技术主题范围分成若干个大类，每个大类都有大类名和大类号。大类名对它所从属的各个小类所包括的技术主题做一个全面的说明，表明该大类包括的主题内容，大类号由部的类号加两位数字来表示。

每一个大类包括一个或多个小类。国际专利分类的设置原则是通过各小类的类名，并结合小类的有关参见或附注尽可能精确地定义该小类所包括的主题范围。每个小类都有小类名和小类号。小类的类名尽可能确切地表明小类的技术主题内容，小类号由大类号加上一个大写辅音字母组成。

每一个小类细分成许多组（组和分组的统称），每个组的类号由小类类号加上用斜线“/”分开的两个数组成。组的类名明确表示可检索发明有用的技术主题范围，组的类号由小类类号加上一个1～3位的数字、斜线“/”及数字“00”组成。组可以细分成若干个分组。分组的类名明确表示可检索属于该组范围之内的一个技术主题范围，分组的类名前加一个或几个圆点表示该分组的等级位置，即表示每一个分组是它上面离它最近的，又比它少一个圆点的那个分组的细分类。分组的类号由小类类号加上一个1～3位数，后面跟着斜线“/”符号，再加上一个除“00“以外的至少有2位的数组成。全表有约68 000个组。

一个完整的国际专利分类号是由部、大类、小类、组或分组的类号组合而成的，如：H04L9/14。

H　　H部（电学）

H04　　大类（电通信技术）

H04L　　小类（数字信息的传输，例如电报通信）

H04L9/00　组（保密或安全通信装置（扩频技术一般入H04B1/69））

H04L9/14 分组（使用特殊的密钥或算法[5]）（说明：[5]表示该类号是IPC表第5版修订。）

中国的发明专利和实用新型专利采用国际专利分类法，外观设计专利采用国际外观设计分类法。

3. 国际专利分类法的分类原则

国际专利分类法采用的是按功能（发明的基本作用）分类和应用（发明的用途）分类相结合，以功能分类为主，功能和应用交叉分类的方法。

（1）功能性发明分类。凡是有关某物的内在性质或功能，与使用在哪一个特殊领域无关，或者无视使用范围在技术上也不受影响，这样的发明都属于功能性发明。这些发明应分在功能分类位置上。

例如：F16K阀；龙头；开关。一个机械阀门的内在功能，如关或开，是决定于其结构或功能性，与其具体用途无关，不论用在任何场所都能起到同样的功能。

（2）应用性发明分类。凡是有关某物的特殊用途或应用的发明，而该物本身并不构成发明主题，这些发明都属于应用性发明，应分在应用分类位置上。例如，一种化合物用做肥料或洗涤剂的发明上就应分在应用分类位置上，即分在肥料或洗涤剂的分类位置上。

6.1.3 中国专利检索

下面主要介绍互联网上几个常用的中国专利数据库和专利网站，部分网站能提供免费的专利说明书全文。各网站通常会提供检索规则说明、在线帮助和操作指南等，方便用户使用。

1. 国家知识产权局网站（http://www.sipo.gov.cn）

（1）简介。中华人民共和国国家知识产权局网站（以下简称SIPO网站）设置了专利申请、PCT专栏、专利审查、专利保护、专利代理、集成电路、文献服务、图书期刊、信息产品、知识讲座、数据中心等栏目。SIPO网站权威性强，提供的中国专利数据库数据来源可靠，收录了1985年以来的发明、实用新型和外观设计专利文献，3种专利独立建库，用户可以选择检索一种类型的专利，也可以同时检索两种或3种类型的专利。网站为公众提供专利摘要和免费专利说明书全文，每周更新，无须注册即能检索浏览。

（2）检索方式。

① 快速检索。主页提供快速检索，只需填入关键词，选择检索字段即可。默认字段为“申请（专利）号”。

② 高级检索。如图6-1所示，高级检索提供3种专利类型的复选框，提供了申请（专利）号、名称、摘要、地址、分类号等16个字段的检索入口，并且在多个字段支持模糊检索。其中，字符“?”（半角问号），代表1个字符；模糊字符“%”（半角百分号），代表0～*n*个字符。

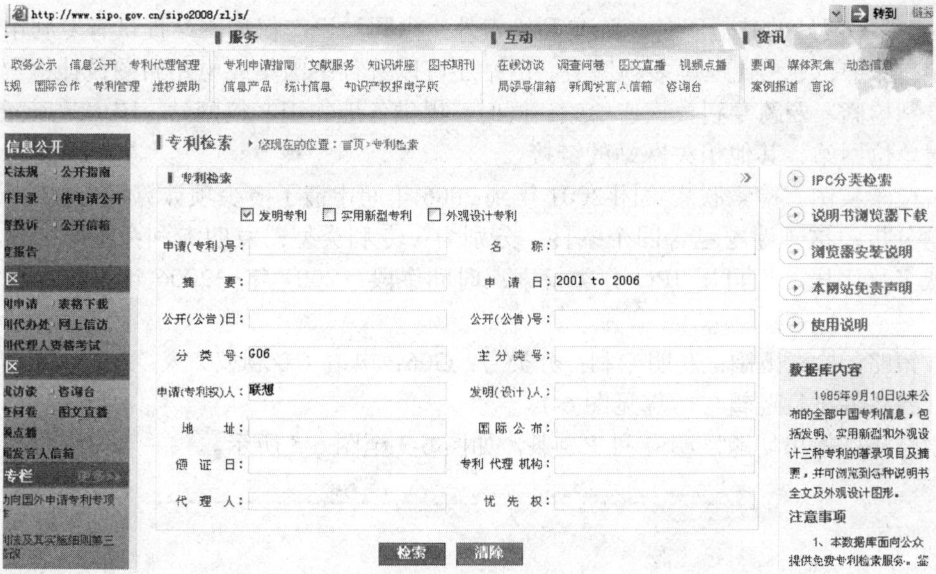

图 6-1 SIPO 高级检索

用户可以根据需要在相应的检索入口中输入具体的内容，单击“检索”按钮即可。可选择其中一个或几个检索入口输入填写相应的检索词、词组或检索式，同时使用几个检索入口时，不同检索字段间是“逻辑与”的关系。

③ IPC 分类检索。它仅适用于检索发明专利和实用新型专利。左边列出部类的类号与类目，可逐级浏览选择类目，可单击所选类目前的“搜”了解选定类目的所有专利。右边是高级检索区，可输入其他检索条件与类号进行组合检索。如图 6-2 所示为浏览至 F21L（照明：发光装置或其系统，便携式的或专门适合移动的）的页面显示。

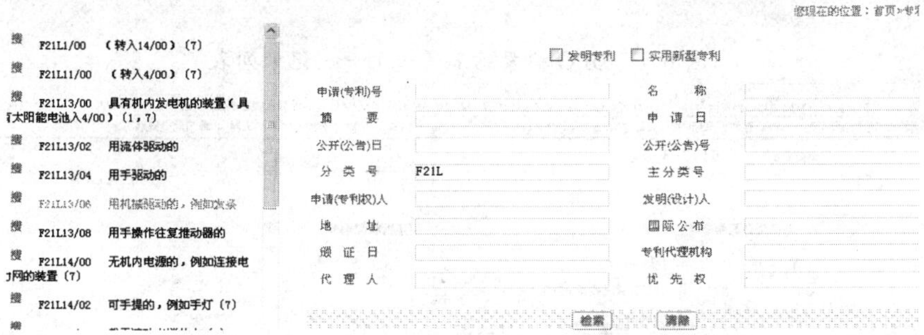

图 6-2 SIPO 的 IPC 分类检索——浏览至组和分组

（3）检索结果及全文获取。用户可以免费获得专利摘要和全文。在结果显示页面首先按顺序列出符合条件的专利的申请号和专利名称，如图 6-3 所示。单击申请号或专利名称链接，可浏览相应专利的文摘信息，如图 6-4 所示。单击专利文摘页面的“申请公开说明书”链接，可浏览专利说明书全文，如图 6-5 所示。

说明书为 TIF 格式文件，TIF 格式是专利说明书全文的通用格式，也适用于其他专利网站和国外专利网站。浏览说明书全文必须安装 TIFF 图形阅读控件 AlternaTIFF ActiveX，可从 SIPO 网站免费下载，也可从 http://www.alternatiff.com/下载。

（4）SIPO 网站的其他服务。除专利检索外，中国知识产权局网站提供有专利申请、专利审查、专利保护、专利代理等多项服务。网站还可以进行中国集成电路布图设计检索、国外及港澳台专利检索、专题专利数据库检索。同时，提供各地知识产权网站、国内政府网站、知识产权直属单位网站、其他相关网站的链接。

（5）检索实例。检索联想集团 2001 年到 2006 年间申请了多少项计算机方面的发明专利。

课题分析：这一课题包含四个条件，分别为：专利类型：发明专利；主题：计算机，可选摘要或名称字段，也可用 IPC 分类检索；时间字段：2001 年—2006 年；申请人字段：联想集团。

检索策略：检索范围：发明专利；分类号：G06；申请（专利权）人：联想；申请日：2001 to 2006。各条件进行逻辑与运算见图 6-1。

检索结果：检出切题发明专利 753 条，如图 6-3 至图 6-5 所示。

图 6-3　SIPO 检索结果（一）——记录列表

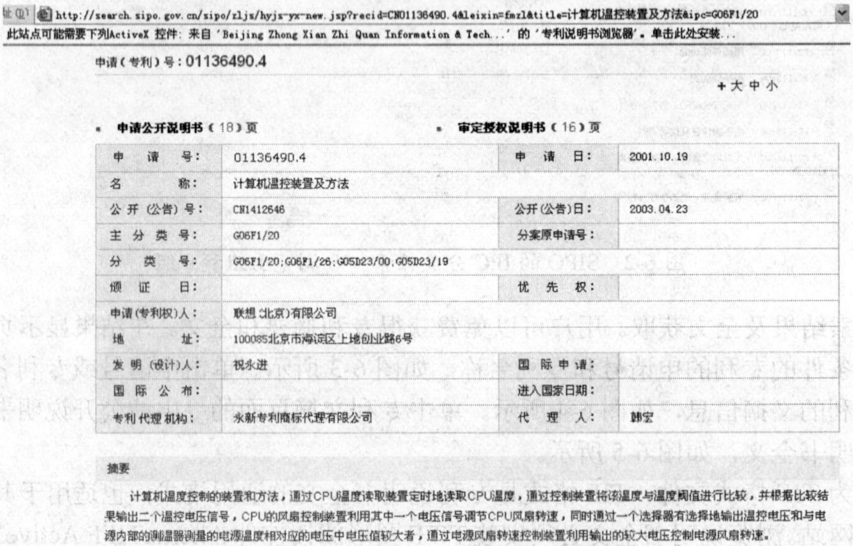

图 6-4　SIPO 检索结果（二）——专利文摘

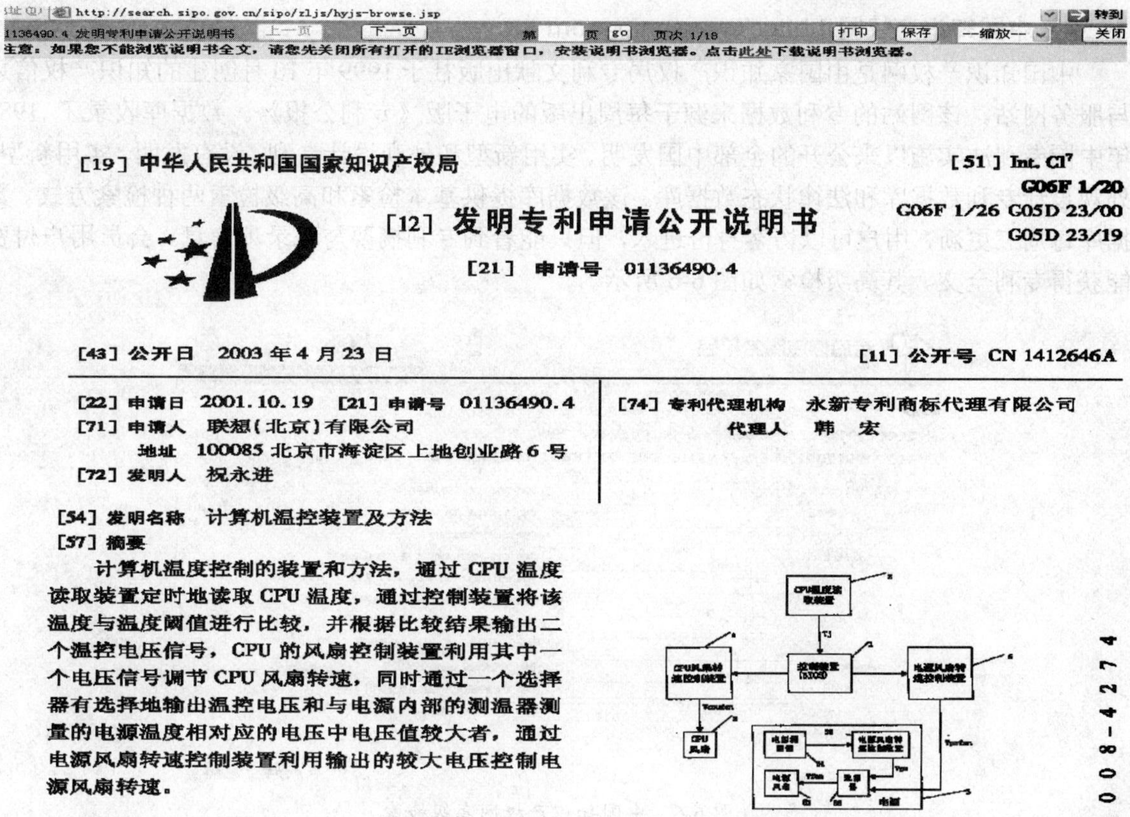
地址(D) http://search.sipo.gov.cn/sipo/zljs/hyjs-browse.jsp 转到

01136490.4 发明专利申请公开说明书 上一页 下一页 第 页 go 页次 1/18 打印 保存 --缩放-- 关闭

注意：如果您不能浏览说明书全文，请您先关闭所有打开的IE浏览器窗口，安装说明书浏览器。点击此处下载说明书浏览器。

[19] 中华人民共和国国家知识产权局

[51] Int. Cl⁷
G06F 1/20
G06F 1/26 G05D 23/00
G05D 23/19

[12] 发明专利申请公开说明书

[21] 申请号 01136490.4

[43] 公开日 2003年4月23日

[11] 公开号 CN 1412646A

[22] 申请日 2001.10.19 [21] 申请号 01136490.4

[71] 申请人 联想(北京)有限公司

地址 100085 北京市海淀区上地创业路6号

[72] 发明人 祝永进

[74] 专利代理机构 永新专利商标代理有限公司

代理人 韩 宏

[54] 发明名称 计算机温控装置及方法

[57] 摘要

计算机温度控制的装置和方法，通过CPU温度读取装置定时地读取CPU温度，通过控制装置将该温度与温度阈值进行比较，并根据比较结果输出二个温控电压信号，CPU的风扇控制装置利用其中一个电压信号调节CPU风扇转速，同时通过一个选择器有选择地输出温控电压和与电源内部的测温器测量的电源温度相对应的电压中电压值较大者，通过电源风扇转速控制装置利用输出的较大电压控制电源风扇转速。

ISSN1008-4277

图6-5 SIPO检索结果（三）——专利说明书全文

2. CNKI中国专利数据库

CNKI中国专利数据库收录了1985年9月以来的所有专利，包含发明专利、实用新型专利、外观设计专利三个子库，专利内容来源于国家知识产权局知识产权出版社，相关的文献、成果等信息来源于CNKI各大数据库。

该数据库可进行快速检索、高级检索和专业检索。在专利知网页面单击“推荐下载阅读CAJ格式全文”，可以浏览、下载专利说明书。检索操作参见中国知网CNKI的相关介绍。

3. 万方数据知识服务平台专利数据库

万方数据知识服务平台可检索中外专利。

（1）中国专利技术数据库。该数据库收录从1985年至今受理的全部发明专利、实用新型专利、外观设计专利的信息。数据库提供的检索字段包括：全部、主题、题名或关键词、题名、创作者、作者单位、摘要、日期、申请号、专利权人、公告号、主权项、优先权、代理人。各对话框之间可进行“与”、“或”、“非”的布尔逻辑运算。

（2）国外专利技术数据库。该数据库包括欧洲专利局（EP）、世界专利组织（WO）、德国（GE）、法国（FR）、美国（US）、英国（GB）、瑞士（CH）和日本（JP）等国专利技术数据。检索字段同中国专利技术数据库。检索操作参见万方数据知识服务平台的相关介绍。

4. 中国知识产权网（http://www.cnipr.com）

中国知识产权网是由国家知识产权局专利文献出版社于1999年10月创建的知识产权信息与服务网站。该网站的专利数据来源于每周出版的电子版《专利公报》。数据库收录了1985年中国专利法实施以来公开的全部中国发明、实用新型和外观设计专利，设有发明、实用新型、外观设计专利数据库和法律状态数据库。该数据库提供基本检索和高级检索两种检索方式。数据库每周三更新，用户可以访客身份进入，但只能看到专利摘要与著录项信息。会员用户付费能获得专利全文。其高级检索如图6-6所示。

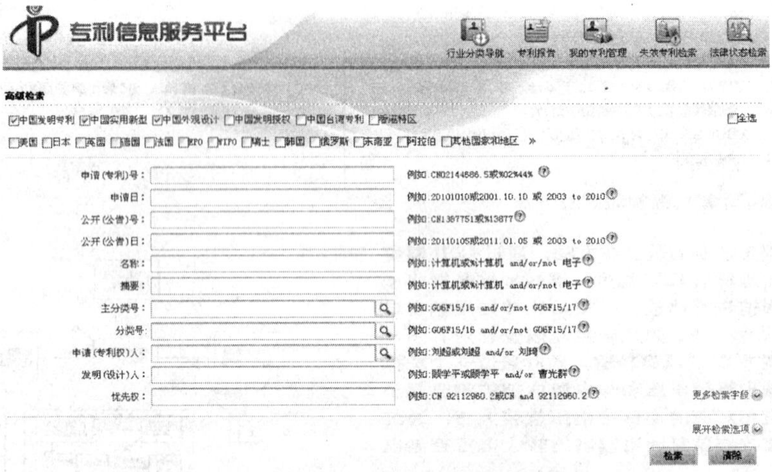

图6-6 中国知识产权网高级检索

5. 中国专利网（http://www.cnpatent.com）

中国专利网由国家知识产权局专利局中国专利技术开发公司主办，是涉及专利和发明的综合性网站，虽然与上述的中国专利信息网的名称及网址很相似，但所含内容却有很大区别。该网站提供中国专利检索数据库和中国专利实施数据库，并与Google合作，为网上发布的专利匹配了与其技术或产品相关的生产、科研、贸易、投资、媒体等机构信息，为专利供需双方提供服务。

6. 中国香港知识产权局专利检索（http://ipsearch.ipd.gov.hk/patent/）

中国香港知识产权局提供商标、专利和注册外观设计检索。用户可选择使用繁体中文或英文页面，其简易检索页面如图6-7所示。

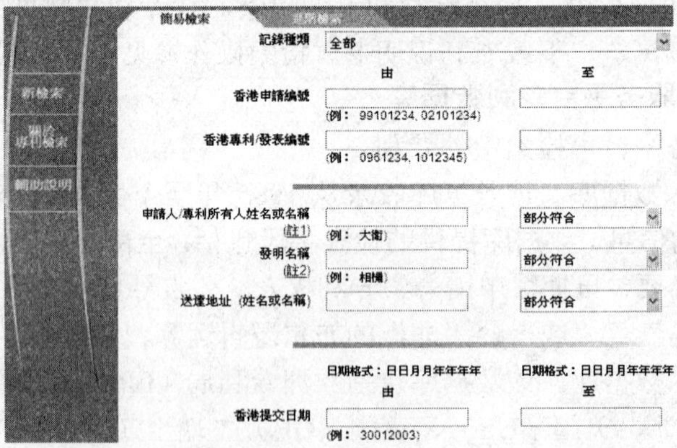

图6-7 中国香港知识产权局专利简易检索页面

7. SooPAT 专利搜索引擎（http://www.soopat.com）

SooPAT 立足专利领域，致力于专利信息数据的深度挖掘，可称为专利搜索引擎。SooPAT 提供中国专利检索和世界专利检索。中国专利可检索发明、实用新型、外观设计和发明授权，提供表格检索（如图 6-8 所示）和 IPC 分类搜索，有详细的使用帮助。世界专利包含 99 个国家和地区、超过 8 500 万篇专利文献，时间跨度超过 350 年，检索时应尽量使用英文，同时也支持中文输入，提供一般搜索、高级搜索、专家搜索、IPC 分类搜索、引文搜索和专利族搜索。

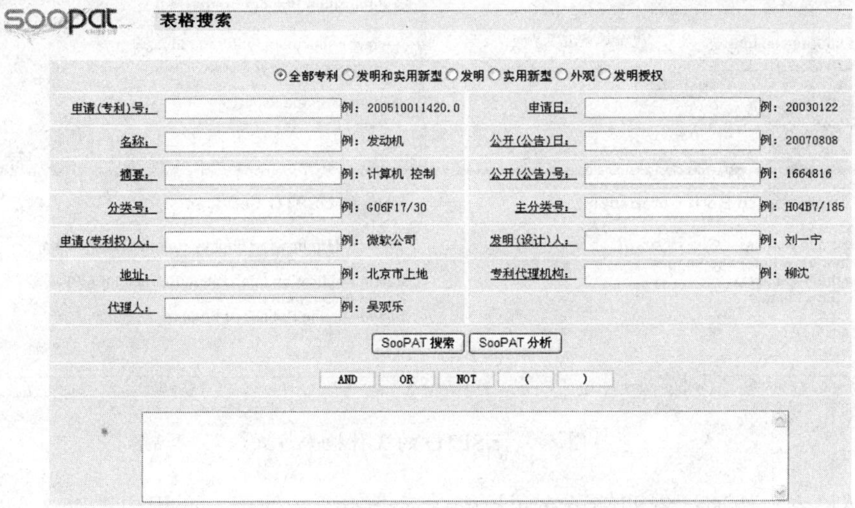

图 6-8 SooPAT 中国专利表格检索

6.1.4 国外专利检索

1. 美国专利商标局专利数据库

（1）简介。美国专利商标局网站提供美国专利和商标的检索及经济信息及法律信息相关服务，其主办机构是成立于 200 多年前的美国专利商标局（The United States Patent and Trademark Office，简称 USPTO）。USPTO 美国专利数据库包括专利全文数据库和专利文摘数据库，用户能免费检索美国专利全文和图像（Patent Full-Text and Full-Page Image），其数据每周公开日（周二）更新，使用户能获取美国专利商标局一周前公布的专利信息。

数据库分为授权专利（Issued Patents）数据库和专利申请（Published Applications）数据库两部分。授权专利数据库收录了 1790 年 7 月 31 日以来出版的所有授权的美国专利说明书扫描图形，其中，1976 年以后的说明书实现了全文代码化，全文数据库自 1999 年 3 月起输入图像数据。申请专利数据库收录了 2001 年 3 月 15 日以来所有公开（未授权）的美国专利申请说明书扫描图形。1842 年美国开始出版外观设计专利说明书。与中国的外观设计专利说明书一样，它只记载著录项目和制造品的图片或照片信息。

（2）检索方式。USPTO 专利数据库提供了快速检索（Quick Search）、高级检索（Advanced Search）和专利号检索（Patent Number Search）3 种检索方式，如 6-9 所示。用户可根据需要选择，1790 年至 1976 年的专利只能通过专利号和美国专利分类号进行检索。

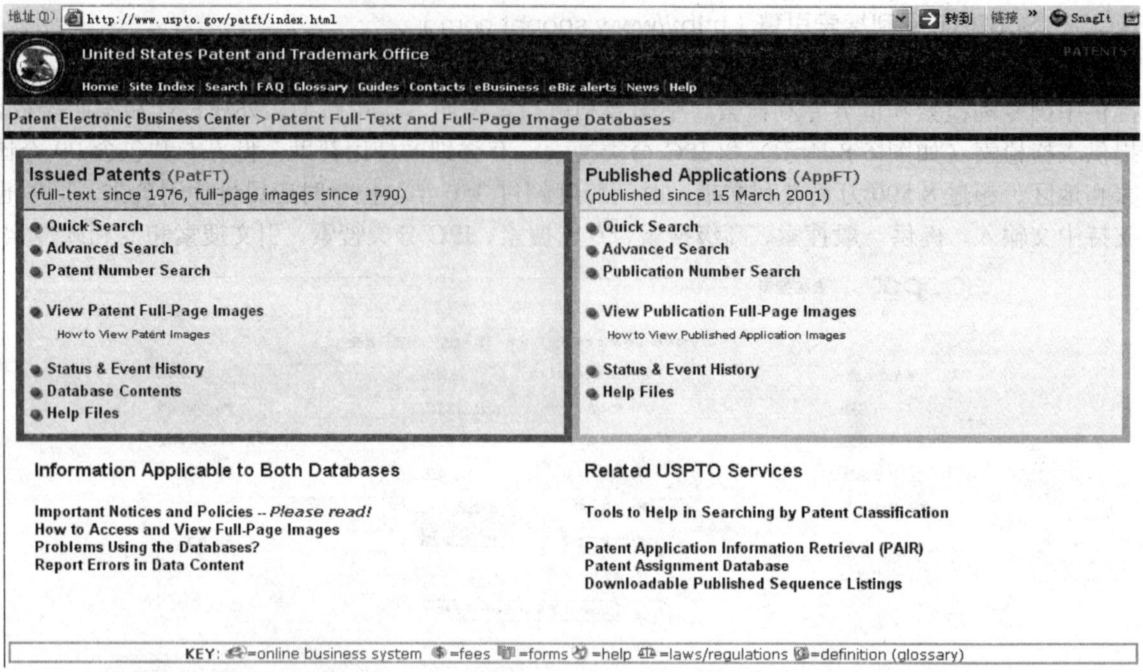

图 6-9　USPTO 的 3 种检索方式

① 快速检索。快速检索即简单布尔检索，适合初学者使用。向用户提供 2 个检索式输入框 Term1 和 Term2。在检索式输入框中输入检索词，选择相应的检索字段（全文、专利名称、文摘、专利号、申请号、权利要求、说明书、美国专利分类法、国际专利分类法、发明人、代理人、审查人、申请日、出版日、国外优先权等多达 31 个），确定两检索式间的逻辑关系（有 AND、OR、ANDNOT3 种），选择检索的时间范围，单击“Search”进行检索，如图 6-10 所示。

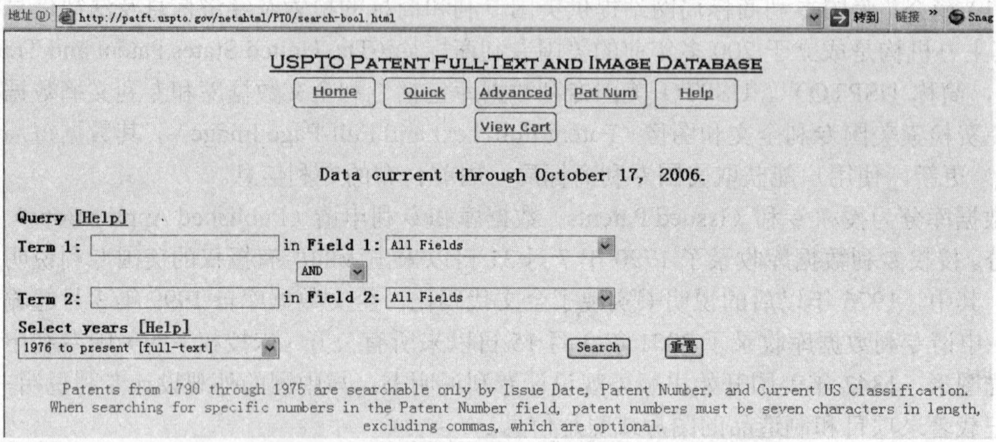

图 6-10　USPTO 的快速检索（Quick Search）

② 高级检索。高级检索即复杂布尔检索，要编写检索式，能实现 2 个或 2 个以上条件的逻辑运算，使用灵活，可获得更精确的检索结果。页面下方有数据库的字段代码表，如图 6-11 所示。

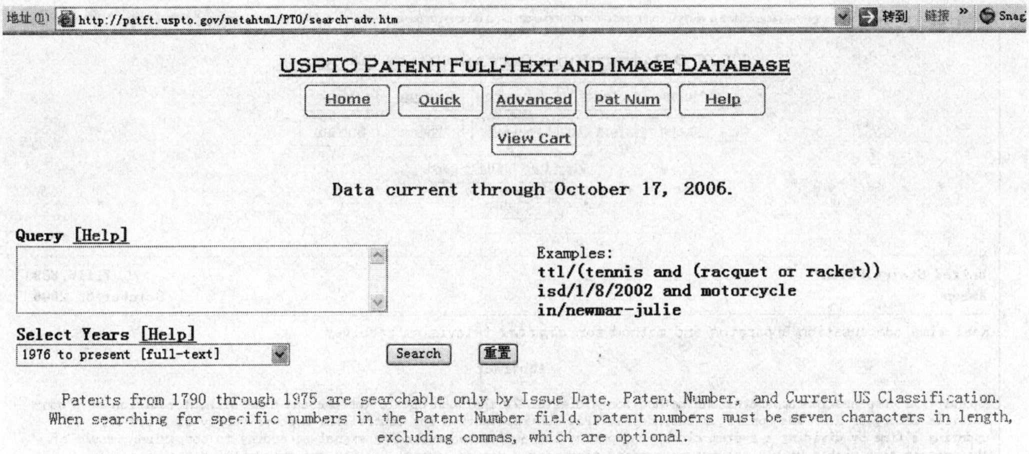

图 6-11 USPTO 的高级检索（Advanced Search）

③ 号码检索。号码检索专用于按专利号（或专利申请号）进行检索，是在已知某专利的专利号而需要查找专利全文时使用。如需查找一个以上专利号，则在每个专利号之间用空格隔开，此时空格默认为逻辑或的关系。页面下方有各类专利的专利号格式示例。

(3) 检索结果。快速检索和高级检索的结果显示相同。系统返回的检索结果中列出所有符合检索要求的专利列表，每条记录包括序号、专利号、专利名称，一次可显示 50 条记录，日期新的专利排在前面。结果页面提供二次检索（Refine Search）功能，可以修改检索式，缩小检索范围，如图 6-12 所示。

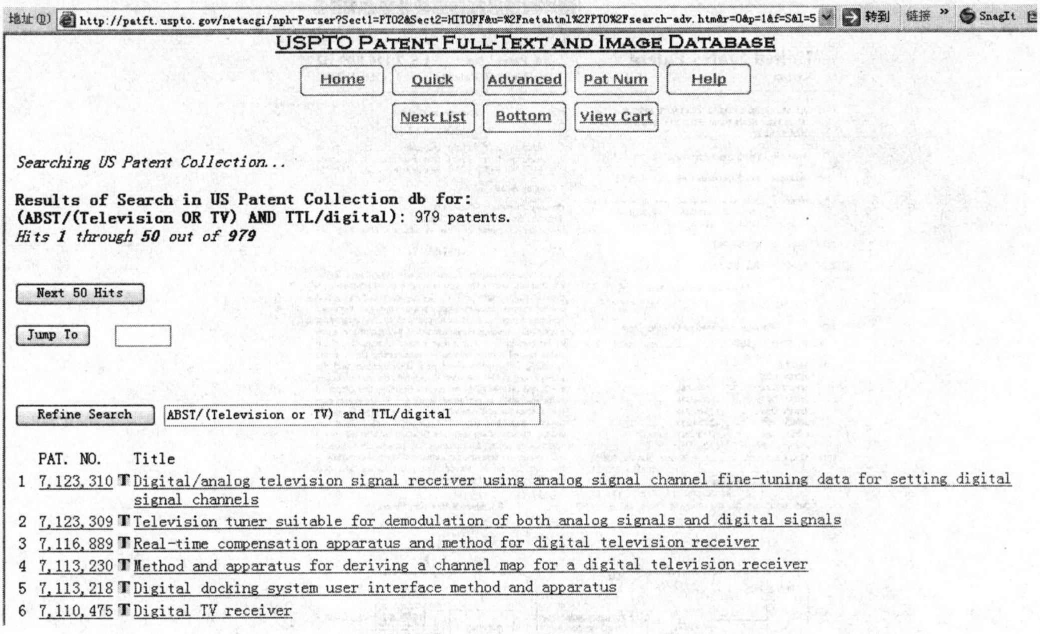

图 6-12 USPTO 的检索结果之 1——记录列表

单击专利号、专利名称可浏览专利详细信息，如图 6-13 所示。

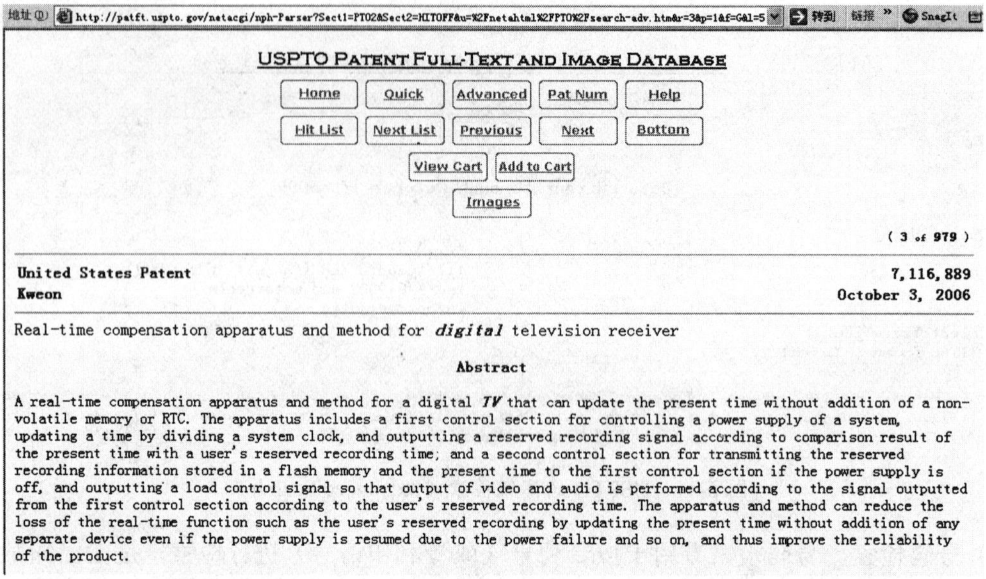

地址(D) http://patft.uspto.gov/netacgi/nph-Parser?Sect1=PTO2&Sect2=HITOFF&u=%2Fnetahtml%2FPTO%2Fsearch-adv.htm&r=3&p=1&f=G&l=5 转到 链接 » SnagIt

USPTO PATENT FULL-TEXT AND IMAGE DATABASE

Home | Quick | Advanced | Pat Num | Help

Hit List | Next List | Previous | Next | Bottom

View Cart | Add to Cart

Images

(3 of 979)

United States Patent 7,116,889
Kweon October 3, 2006

Real-time compensation apparatus and method for *digital* television receiver

Abstract

A real-time compensation apparatus and method for a digital *TV* that can update the present time without addition of a non-volatile memory or RTC. The apparatus includes a first control section for controlling a power supply of a system, updating a time by dividing a system clock, and outputting a reserved recording signal according to comparison result of the present time with a user's reserved recording time; and a second control section for transmitting the reserved recording information stored in a flash memory and the present time to the first control section if the power supply is off, and outputting a load control signal so that output of video and audio is performed according to the signal outputted from the first control section according to the user's reserved recording time. The apparatus and method can reduce the loss of the real-time function such as the user's reserved recording by updating the present time without addition of any separate device even if the power supply is resumed due to the power failure and so on, and thus improve the reliability of the product.

图 6-13　USPTO 的检索结果之 2——专利文摘

单击专利文摘页面的“图像图标（Image）”按钮，可查看该专利说明书图像信息，如图 6-14 所示。

1790 年至 1976 年的专利全文以扫描图像的方式显示，图像文件可以用 TIFF 图像阅读器 alternatiff 打开阅读，可从 http://www.alternatiff.com/免费下载。安装后即可使用。

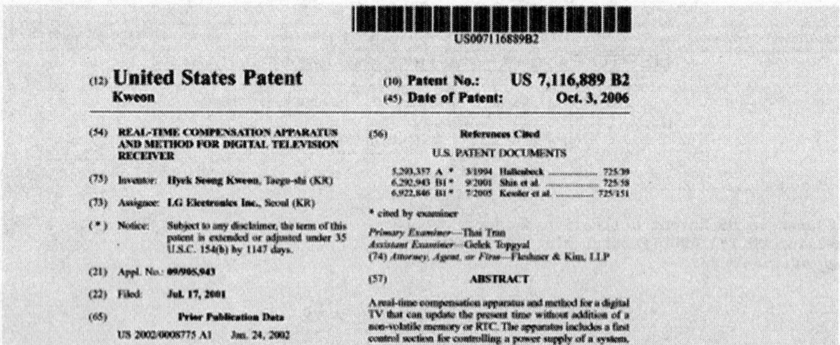

US007116889B2

(12) **United States Patent**
Kweon

(10) **Patent No.:** **US 7,116,889 B2**
(45) **Date of Patent:** **Oct. 3, 2006**

(54) REAL-TIME COMPENSATION APPARATUS AND METHOD FOR DIGITAL TELEVISION RECEIVER

(75) Inventor: Hyek Seong Kweon, Taegu-shi (KR)

(73) Assignee: LG Electronics Inc., Seoul (KR)

(*) Notice: Subject to any disclaimer, the term of this patent is extended or adjusted under 35 U.S.C. 154(b) by 1147 days.

(21) Appl. No.: 09/905,943

(22) Filed: Jul. 17, 2001

(65) Prior Publication Data

US 2002/0008775 A1 Jan. 24, 2002

(30) Foreign Application Priority Data

Jul. 18, 2000 (KR) 2000-41006

(51) Int. Cl.
H04N 5/76 (2006.01)
H04N 5/445 (2006.01)
H04N 7/173 (2006.01)
H04N 7/16 (2006.01)
H04N 7/00 (2006.01)
G06F 1/00 (2006.01)
G06F 13/00 (2006.01)

(52) U.S. Cl. 386/46; 386/83; 725/58; 725/134; 725/142

(58) Field of Classification Search 386/1, 386/83, 46, 113; 725/58, 134, 142
See application file for complete search history.

(56) References Cited

U.S. PATENT DOCUMENTS

5,293,357 A * 3/1994 Hallenbeck 725/39
6,292,943 B1 * 9/2001 Shin et al. 725/58
6,922,846 B1 * 7/2005 Kessler et al. 725/151

* cited by examiner

Primary Examiner—Thai Tran
Assistant Examiner—Gelek Topgyal
(74) *Attorney, Agent, or Firm*—Fleshner & Kim, LLP

(57) ABSTRACT

A real-time compensation apparatus and method for a digital TV that can update the present time without addition of a non-volatile memory or RTC. The apparatus includes a first control section for controlling a power supply of a system, updating a time by dividing a system clock, and outputting a reserved recording signal according to comparison result of the present time with a user's reserved recording time; and a second control section for transmitting the reserved recording information stored in a flash memory and the present time to the first control section if the power supply is off, and outputting a load control signal so that output of video and audio is performed according to the signal outputted from the first control section according to the user's reserved recording time. The apparatus and method can reduce the loss of the real-time function such as the user's reserved recording by updating the present time without addition of any separate device even if the power supply is resumed due to the power failure and so on, and thus improve the reliability of the product.

8 Claims, 9 Drawing Sheets

图 6-14　USPTO 的检索结果之 3——专利全文图像

2. 欧洲专利检索系统 esp@cenet（http://ep.espacenet.com）

（1）简介。欧洲是世界第一部专利法——1474 年威尼斯共和国专利法令的诞生地。欧洲专利组织（European Patent Organization）于1973年在德国慕尼黑成立，目前有27个成员国，于1977年8月7日开始行使权利，主要任务是授权欧洲专利。esp@cenet网站是由欧洲专利组织从1998年中期起在互联网上免费向用户提供专利文献检索的站点，有英语、德语和法语3种语言平台，收录了1920年以来世界上80多个国家和地区出版的专利文献，可选欧洲专利组织专利、世界范围专利和世界知识产权组织专利。其主页如图6-15所示。

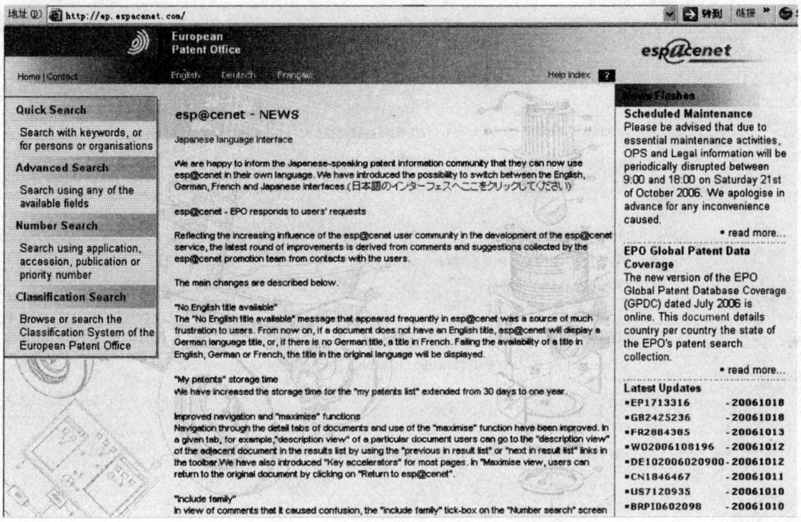

图6-15 欧洲专利检索系统esp@cenet主页

（2）检索方式。esp@cenet提供快速检索、高级检索、号码检索和分类检索4种方式。

① 快速检索（Quick Search）。可使用关键词、申请人或公司名称检索。

② 高级检索（Advanced Search）。如图6-16所示，它提供10个检索字段，字段间可进行逻辑与运算。检索框右侧给出各字段的输入格式。

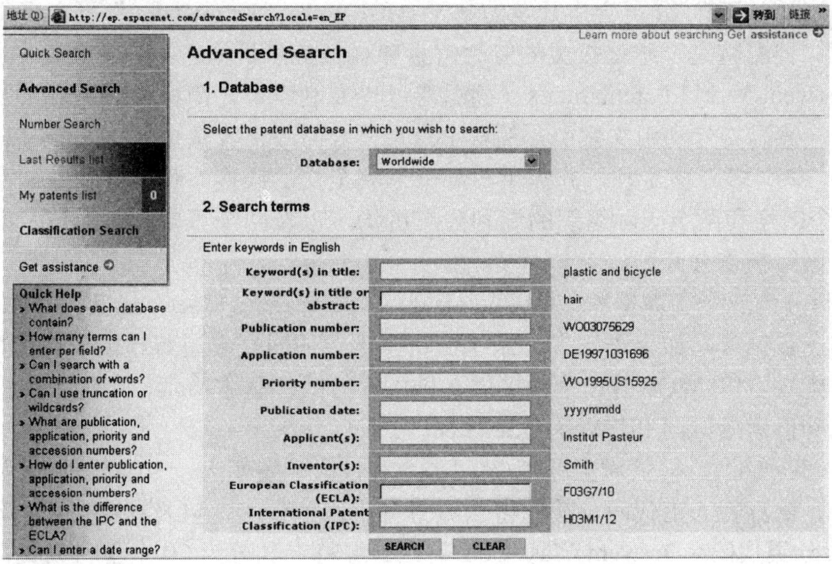

图6-16 esp@cenet的高级检索

③ 号码检索（Number Search）。可使用申请号、存取号、出版号或优先号进行检索。

④ 分类检索(Classification Search)。如图6-17所示，可按ECLA(The European Classification system，欧洲专利分类表）分类体系浏览或检索。ECLA 覆盖了 1920 起的专利文献，而 IPC 表不包括 1968 年以前的专利文献。世界上大部分用英语、德语、法语或荷兰语出版的专利文献经欧洲专利局进行分类都有一个相当的号码。

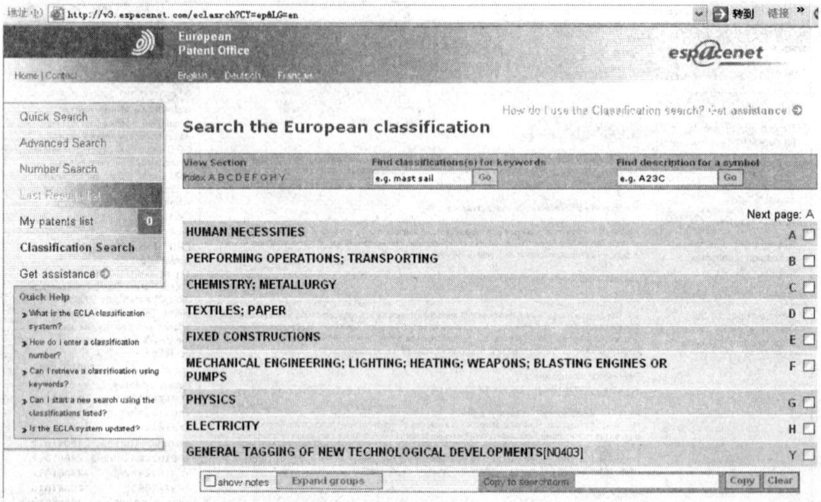

图 6-17　esp@cenet 的分类检索

（3）检索结果。首先给出专利记录列表，有记录序号、专利名称、发明人、申请人、EC 号、IPC 号等信息。单击专利名称，可以浏览专利题录信息、描述性信息、权项、原始文本和 INPADOC 法律状态。

3. 德温特专利索引（Derwent Innovation Index，DII）

（1）简介。德温特专利索引（Derwent Innovation Index，DII）是德温特公司与 ISI（Institute for Scientific Information）公司合作开发的基于“ISI Web of Knowledge”平台提供服务的网络版专利数据库。德温特是全球最权威的专利信息和科技信息机构之一，1948 年在英国创建。

DII 由 Derwent World PatentsIndex（德温特世界专利索引，简称 WPI）和 Derwent Patents Citation Index（德温特专利引文索引，简称 PCI）整合而成，收录全球 1963 年以来约 1400 万项基本发明和 3000 多万项专利，并提供与部分专利全文的链接，每周增加 1.5 万篇记录。数据来源于 38 个国家和两个国际组织的专利公布机构，以及两个重要的国际技术报告刊物《研究公开》和《国际技术公开》。

DII 按学科分为三个子数据库，即 Chemical、Electricaland Electronic 和 Engineering。首先选择要检索的子数据库，如果不选择，系统默认全选。同时需要进行检索年限的限定。

（2）检索方式。ISI WOK(4.0)平台提供 3 种检索方式：基本检索、专利引用检索和高级检索。检索模式和检索规则同 ISI Web of Science。

① 检索（Search）。提供对主题/关键词、专利权人、发明人、专利号、国际专利分类号、德温特分类号、德温特人工代码、德温特入藏号等字段的检索，以及这些字段的组合检索。

- 德温特分类代码（Derwent Class Code）：德温特专利分为 20 个学科大类，又被分为三组：化学（A-M），工程（P-Q），电子与电气（S-X）。每一大类都被分为 3 个字符的子类。A-M 和 S-X 由德温特主题专家使用，工程类 P-Q 的类号由 IPC 自动赋予。

- 德温特手工代码（Derwent Manual Code）：手工代码是由德温特的专业人员为专利标引的代码。代码可用于显示一个发明中的新颖技术特点以及其应用。利用手工代码进行专利的检索可改进检索的速度和准确性。输入 H01-B 可找到石油/钻井领域的专利记录，输入 H01-B01*可找到所有有关海上石油钻探设备结构与仪器领域的专利。
- 德温特入藏登记号（Derwent Primary Accession Numbers）：可检索专利记录中的德温特入藏登记号字段。入藏号登记号（PAN）是德温特为每一个专利家族中的第一条专利记录指定的唯一标识号（或唯一编号），其形式是出版年加 6 个字节的序列号（YYYY—NNNNNN）。一个带有两位数的方括号“[]”代表德温特出版专利文摘的时间，如：2001-580453[65]。

② 被引专利检索（Cited Patent Search）。可以通过被引专利号、被引专利权、被引专利发明人、被引德温特入藏号字段以及这些字段的组合检索，查询引用了该专利的专利文献。

③ 高级检索（Advanced Search）。在文本框中直接输入检索式。利用系统提供的检索字段代码、逻辑算符、位置算符和通配符组成的检索式进行检索。

（3）检索结果。检索结果列表包括专利号、专利题名、专利受让人、专利发明人、专利引用以及全文图标（Original）。单击专利题名显示详细记录格式，单击 Original 查看专利全文。

4. IBM 公司知识产权网（http://www.delphion.com）

（1）简介。Delphion 知识产权网的前身是 IBM Intellectual Property Network 免费数据库，由美国 IBM 公司于 1997 年 1 月推出，从 2001 年开始成为 Delphion 知识产权信息网商业数据库，数据每周更新。通过该网站可检索多个国家和组织的专利，包括 1971 年以来的美国专利、1979 年以来的欧洲专利、1997 年以来的世界知识产权组织 PCT 专利、日本专利文摘和国际专利文献中心专利（INPADOC）。

（2）检索方式。Delphion 提供 3 种检索方式：快速/号码检索、布尔检索和高级检索。其检索页面如图 6-18 所示。

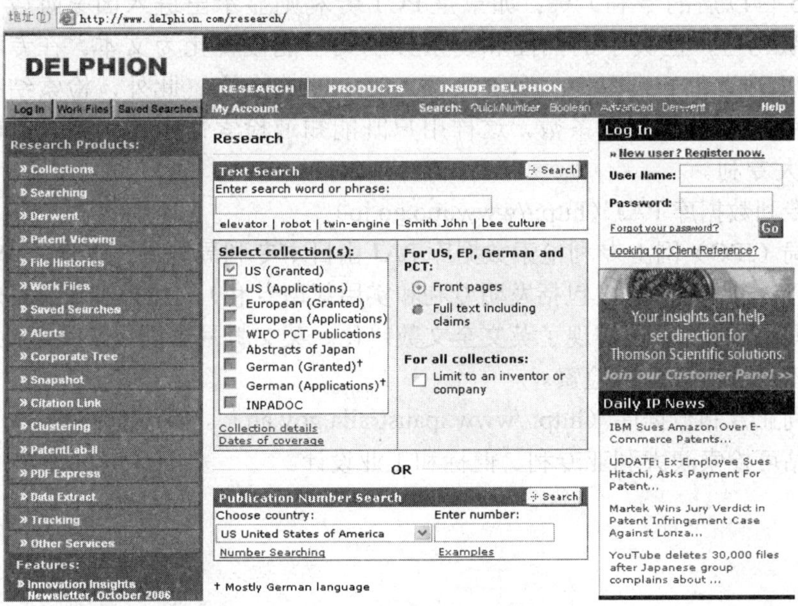

图 6-18　Delphion 网站的检索页面

除使用其快速检索方式（Quick Search）检索美国授权专利的题录予以免费外，检索美国专利全文和其他国家与组织的专利都需要付费。免费题录数据包括标题、发明人、申请人（受让人）、公开/编辑日期、申请号、国际专利分类号、美国专利分类号、优先权号、INPADOC 的法律状态、文摘、代理人、审查人、同族专利号、美国参考专利、权限第一项等字段。

5. 其他专利数据库

（1）世界知识产权组织的 IPDL 知识产权数字图书馆（http://www.wipo.int/）。

知识产权数字图书馆（Intellectual Property Digital Library）由世界知识产权组织建立，提供世界各国知识产权数据库（专利、商标、设计等）的检索服务。其中，PCT 国际专利数据库于 1998 年 6 月建立，向用户提供免费服务。检索方式有简单检索（Simple Search）、高级检索（Advanced Search）、结构检索（Structured Search），还可按周浏览。

（2）加拿大 CIPO 数据库（http://patents1.ic.gc.ca）。

加拿大 CIPO 数据库由加拿大知识产权局（Canadian Intellectual Property Office，简称 CIPO）建立，有英语和法语两种语言选择，可进行专利和商标检索。CIPO 专利数据库收藏了加拿大 1920 年 1 月以来 140 多万件加拿大专利，包括专利全文文本和图象，可免费检索专利和商标信息，可检索 1975 年以后的专利说明书全文及其附图，并可检索专利文摘信息，均可复制和下载。

CIPO 专利数据库提供 4 种检索方式：基本检索（Basic Search）、专利号检索（Number Search）、布尔检索（Boolean Search）和高级检索（Advanced Search）。

检索结果首先给出符合条件的专利记录列表，包括序号、专利号、专利名称和相关度。单击选定的专利号链接，可查看该专利的文摘信息，包括有代表性的附图、专利（申请）号、专利名称、附图、摘要、权利要求项、发明人、专利权人、申请人、专利代理机构、公告日、归档日、公开日、IPC 号、优先权项、许可项、归档语种（法文或英文，适用于 1978 年 8 月 15 日以后的专利）等；如果是 PCT 专利则显示出进入国家阶段日期、PCT 文档号、国际出版物号，但其中的插图和复杂分子式不能被转化为文本。在专利文摘页面有多个链接，可以浏览和下载图像、全部权项、PDF 格式全文。此外，检索结果会显示在所有的专利中命中加拿大专利的条数，这样用户既能知道检索命中记录数，又能知道目前共有多少条加拿大专利。

（3）日本专利数据库 PAJ（http://www.jpo.go.jp）。

日本专利局（JPO）网上专利检索数据库 PAJ 由日本专利局提供，收录了 1976 年 10 月以后所有公开的日本专利说明书（包括发明专利和实用新型专利）的扫描图形、英文题录和摘要，其中 1993 年以后的说明书还实现了英文全文数码化。英文版网页提供了文本检索方式和专利号检索方式，还可以按 IPC 号检索。

（4）澳大利亚专利数据库（http://www.ipaustralia.gov.au）。

通过该网站可检索澳大利亚专利、商标和工业设计。

6.2 标准信息资源

6.2.1 标准文献概述

1. 标准文献的含义

GB/T 20000.1—2002《标准化工作指南第 1 部分：标准化和相关活动的通用词汇》中对标准的定义是：为了在一定范围内获得最佳秩序，经协商一致制定并由公认机构批准，共同使用的和重复使用的一种规范性文件。

标准化是为在一定的范围内获得最佳秩序，对实际的或潜在的问题制定共同的和重复使用的规则的活动，它包括制定、发布及实施标准的过程。

标准文献是标准化活动的产物。标准文献指按规定程序制定，经公认机构批准，在一定范围内必须执行的规范性文件，具体包括标准、规范和技术要求。广义的标准文献指与标准化工作有关的一切文献，包括标准形成过程中的各种档案，宣传推广的标准手册及其他出版物，揭示报道标准文献信息的目录、索引等。标准文献是准确了解一国社会经济领域各方面技术信息的重要信息源。

我国于 1957 年成立国家标准局，次年颁布第一批国家标准。20 世纪 80 年代，已有 100 多个国家和地区成立了全国性标准化组织，其中 90 多个国家和地区制定有国家标准。国际标准化机构中最重要、影响最大的是 1947 年成立的国际标准化组织（International Organization for Standardization，简称 ISO）和 1906 年成立的国际电工委员会（International Electro-technical Commission，简称 IEC），它们制定或批准的标准具有广泛的国际影响。据统计，ISO20 世纪 50 年代平均每年制定 20 个标准，1983 年起平均每年制定 620 个，现每年制订和修订 1000 个国际标准。美国自 20 世纪 70 年代以来共制定了 1 万多个国家标准，标准总数量达 10 万多件；苏联、联邦德国、日本、法国等主要工业国家每年制定标准的数量也大致在 1000 个左右。通常所说的国际标准主要是指 ISO、IEC 和 ITU（国际电信联盟）的标准，同时，还包括国际标准组织认可的其他 27 个国际组织制定的标准。

2. 标准文献的类型

（1）按照标准化对象划分。标准文献通常分为技术标准、管理标准和工作标准三大类。

① 技术标准。它指对标准化领域中需要协调统一的技术事项所制定的标准。技术标准包括基础技术标准、产品标准、工艺标准、检测试验方法标准、安全标准、卫生标准、环保标准等。

② 管理标准。它指对标准化领域中需要协调统一的管理事项所制定的标准。管理标准包括管理基础标准、技术管理标准、经济管理标准、行政管理标准、生产经营管理标准等。

③ 工作标准。它指对工作的责任、权利、范围、质量要求、程序、效果、检查方法、考核办法所制定的标准。工作标准一般包括部门工作标准和岗位（个人）工作标准。

（2）依照标准的约束效力和成熟程度划分。标准文献可以分为法定标准（强制性标准）、推荐标准、试行标准和标准草案等。法定标准主要指保障人体健康、人身及财产安全的标准和法律、行政法规规定强制执行的标准，其他标准是推荐性标准。

（3）按标准的使用范围划分。标准文献分为国际标准、区域标准、国家标准、行业标准、地方标准和企业标准。《中华人民共和国标准化法》将我国标准分为国家标准、行业标准、地方标准、企业标准四级。

3. 标准文献的特征

（1）权威性。标准文献是以科学技术和实践经验为基础，一般由国际组织、国家机关、行业组织等制定和发布，因而具有权威性。

（2）编号统一、格式一致。每个国家对于标准的制定和审批程序都有专门的规定，并有固定的代号，标准格式整齐划一。

（3）约束性。标准文献是从事科学研究、科学试验、工程设计、生产建设、商品流通、技术转让和组织管理的共同依据，在一定条件下具有某种法律效力。

（4）时效性。标准文献只以某时间阶段的科学、技术和经验的综合成果为基础，需要适应科技发展不断地修订、补充、替代或废止。各国的标准化机构都对标准使用周期及标准复审周期做了严格规定。通常标准平均时效为5年，标准复审周期为3～5年。

4. 标准文献的分类

标准文献的分类主要采用《中国标准文献分类法》和《国际标准分类法》。

《中国标准文献分类法》（Chinese Classification for Standards，简称 CCS）由国家标准局于1984年编制，是目前国内用于标准文献管理的主要工具。该分类法由24个一级大类目组成，用英文字母表示，每个一级类目下分100个二级类目，二级类目用两位数字表示。一级类目如下：

A 综合	B 农业、林业	C 医药、卫生、劳动保护
D 矿业	E 石油	F 能源、核技术
G 化工	H 冶金	J 机械
K 电工	L 电子元器件与信息技术	M 通信、广播
N 仪器、仪表	P 工程建设	Q 建材
R 公路、水路运输	S 铁路	T 车辆
U 船舶	V 航空、航天	W 纺织
X 食品	Y 轻工、文化与生活用品	Z 环境保护

《国际标准分类法》（International classification for standards，简称 ICS）主要用作国际、区域性和国家以及其他标准文献的分类，是由国际标准化组织 ISO 编制的标准文献分类法。ISO 发布的标准1994年以前使用《国际十进分类法》（UDC），1994年以后改用 ICS 分类。我国自1997年1月1日起在国家标准、行业标准、地方标准上标注新的 ICS 分类号。

ICS 是一部等级分类法，由三级类目构成。一级类包含40个标准化专业领域，各个专业又细分为407个组（二级类），407个二级类中的134个又被进一步细分为896个分组（三级类）。国际标准分类法采用数字编号。第一级和第三级采用双位数，第二级采用三位数表示，各级分类号之间以实圆点相隔。ICS 一些二级和三级类类名下设有范畴注释和/或指引注释。一级类目如下：

01 综合、术语学、标准化、文献	49 航空器和航天器工程
03 社会学、服务、公司（企业）的组织和管理、行政、运输	53 材料储运设备
07 数学、自然科学	55 货物的包装和调运

11 医药卫生技术
13 环保、保健和安全
17 计量学和测量、物理现象
19 试验
21 机械系统和通用件
23 流体系统和通用件
25 机械制造
27 能源和热传导工程
29 电气工程
31 电子学
33 电信、音频和视频工程
35 信息技术、办公机械
37 成像技术
39 精密机械、珠宝
43 道路车辆工程
45 铁路工程
47 造船和海上构筑物
59 纺织和皮革技术
61 服装工业
65 农业
67 食品技术
71 化工技术
73 采矿和矿产品
75 石油及相关技术
77 冶金
79 木材技术
81 玻璃和陶瓷工业
83 橡胶和塑料工业
85 造纸技术
87 涂料和颜料工业
91 建筑材料和建筑物
93 土木工程
95 军事工程
97 家用和商用设备、文娱、体育

5. 标准文献的编号

（1）国际、国外标准代号及编号。国际及国外标准号形式各异，但基本结构为：标准代号+专业类号+发布顺序号+发布年代号。其中：标准代号大多采用缩写字母；专业类号因其所采用的分类方法不同而各异，有字母、数字、字母数字混合式 3 种形式；标准号中的顺序号及年号的形式与我国基本相同。

（2）我国国家标准代号及编码。

① 国家标准。我国国家标准的编号由标准代号、标准发布顺序和标准发布年代号构成。国家标准的代号由大写汉字拼音字母构成，强制性国家标准代号为 GB，推荐性国家标准的代号为 GB/T。格式为 GBXXX—XX、GB/T XXX—XX。除了 GB、GB/T 之外，尚有军用、卫生标准等给出了专门标准代号，如 GBW（国家卫生标准）、GJB（国家军用标准）等。

标准编号例：GB/T① 17113②—1997③无绳电话机进网技术要求和测试方法④

说明：①国家标准代号；②标准序号；③标准发布年份；④标准名称

其他一些主要国家的国家标准代号见表 6-2。

表 6-2 主要国家标准代号表

国　别	国家标准代号	国　别	国家标准代号	国　别	国家标准代号
美国	ANSI	比利时	NBN	澳大利亚	AS
意大利	UNI	英国	BS	西班牙	UNE
加拿大	CSA	瑞士	VSN	捷克	CSA
前联邦德国	DIN	法国	NF	墨西哥	DGN
希腊	NHS	丹麦	DS	葡萄牙	NP
中国	GB	挪威	NS	阿根廷	IRAM

续表

国　别	国家标准代号	国　别	国家标准代号	国　别	国家标准代号
印度	IS	芬兰	SFS	南斯拉夫	JUS
瑞典	SIS	日本	JIS	前苏联	TOCT
匈牙利	MSZ	朝鲜	CSK		

② 行业标准。行业标准是对没有国家标准而又需要在全国某一行业范围内统一技术要求而制定和实施的标准，是对国家标准的补充，是专业性、技术性较强的标准，主要以产品及其有关的基础标准、方法标准为主，应用范围广、数量多。行业标准代号由汉语拼音大写字母组成，再加上斜线T组成推荐性行业标准，形式如为XX/T，如JY/T（教育）、WH/T（文化）、QJ/T（航天）、SJ/T（电子）、JB/T（金融系统）等。强制性行业标准由“行业主管部门名称的汉语拼音首字母+顺序号+批准年代”组成，如轻工行业标准用QBXXXX—XX表示。推荐性行业标准由“行业主管部门名称的汉语拼音首字母+“T”+顺序号+批准年代”表示，如QB/TXXXX—XX。

③ 地方标准。地方标准是指对没有国家标准和行业标准而需要在省、自治区、直辖市范围内统一工业产品的安全、卫生要求所制定的标准，是国家标准、行业标准的补充。地方标准在本行政区域内适用，不得与国家标准和行业标准相抵触。强制性地方标准的编号由“DB（地方标准代号）+省市代码+顺序号十标准颁布年代”组成，如DB42XXXX—XX为湖北地方标准。推荐性地方标准由“DB（地方标准代号）+省市代码+“T”+顺序号+标准颁布年代”表示，如DB42/TXXXX—XX。

④ 企业标准。企业标准是对企业生产的产品没有国家标准和行业标准而制定的作为组织企业生产的依据，已有国家标准或行业标准的，国家鼓励企业制定严于国家标准和行业标准的标准，在企业内部适用。企业标准编号由“代号Q+企业名称代码+顺序号+年份”组成。如企业代号为LAB的某厂，于2008年发布的《土壤调理剂》标准为该厂历年来发布的第三个标准，则该企业产品标准编号为：Q/LAB003—2008。

6.2.2 中国标准检索

1. 国家标准化管理委员会（http://www.sac.gov.cn）

中国国家标准化管理委员会（中华人民共和国国家标准化管理局）是国务院授权的履行行政管理职能、统一管理全国标准化工作的主管机构。它提供国家强制性标准全文（PDF格式）的免费阅读检索，可检索国家标准目录，获得标准的题录信息，并了解标准化动态、国家标准制订计划、国标修改通知等信息。

用户可以按照具体检索条件（标准号、标准名称等）进行检索，检索现行有效、即将实施、被代替、废止转行标、废止，也可检索全部，如图6-19所示，并可以下载阅读PDF格式全文。为保证电子版国家标准授权的合法性，在阅读标准的计算机上，需要安装标准阅读专用客户端插件。

2. 万方数据知识服务平台的标准（http://c.g.wanfangdata.com.cn/Standard.aspx）

万方的标准文献数据库包括中国标准、国际标准以及各国标准等26万多条记录。数据库每月更新，保证了资源的实用性和实效性。

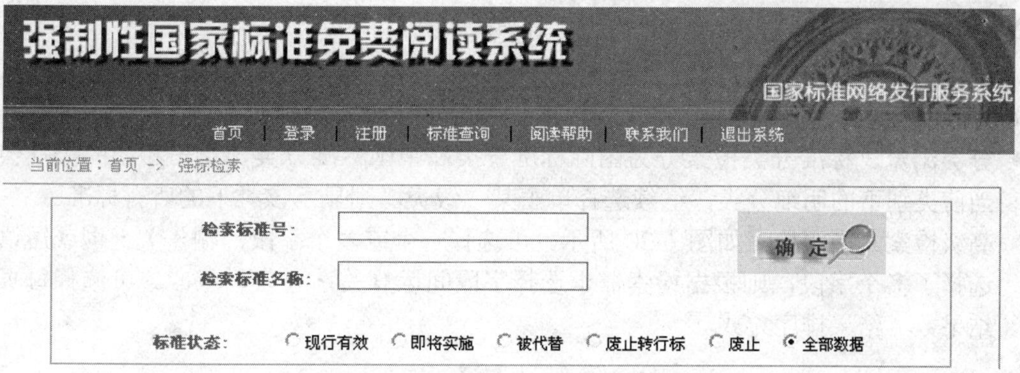

图 6-19 国家标准化管理委员会强制性国家标准检索

用户可以通过标准名称、标准编号、发布单位、发布日期、实施日期、标准状态、开本页数、采用关系、中图分类号、中国标准分类号、国际标准分类号、国别等检索字段进行检索。数据库也提供了按中国标准分类进行浏览的方式。具体检索略。

3. CNKI 标准数据总库

标准数据总库分为《中国标准数据库》、《国外标准数据库》、《国家标准全文数据库》和《中国行业标准全文数据库》。

《中国标准数据库》（SCSD）收录了所有的中国国家标准（GB）、国家建设标准（GBJ）、中国行业标准的题录摘要数据，共计约 13 万条。

《国外标准数据库》（SOSD）收录了世界范围内重要标准，如：国际标准（ISO）、国际电工标准（IEC）、欧洲标准（EN）、德国标准（DIN）、英国标准（BS）、法国标准（NF）、日本工业标准（JIS）、美国标准（ANSI）、美国部分学协会标准（如 ASTM、IEEE、UL、ASME）等标准的题录摘要数据，共计约 31 万条。

《国家标准全文数据库》收录了由中国标准出版社出版的，国家标准化管理委员会发布的所有国家标准，占国家标准总量的 90%以上。

《中国行业标准全文数据库》收录了现行、废止、被代替以及即将实施的行业标准，全部标准均获得权利人的合法授权。

标准的内容来源于中国标准化研究院国家标准馆，相关的文献、专利、成果等信息来源于 CNKI 各大数据库。用户可以通过标准号、中文标题、英文标题、中文关键词、英文关键词、发布单位、摘要、被代替标准、采用关系等检索字段进行检索。其数据月和季更新。

用户可按中标分类、国标分类、学科导航浏览，也可使用快速检索、高级检索、专业检索方式检索。具体检索略。

4. 中国标准服务网（http://www.cssn.net.cn）

（1）简介。中国标准服务网由中国标准研究中心主办，是国家级标准信息服务门户，也是世界标准服务网的中国站点。网站的标准信息主要来源于国家标准化管理委员会、中国标准化研究院标准馆、地方标准化研究院所及国内外相关标准组织。

中国标准化研究院标准馆是中国标准文献中心，收藏有 60 多个国家、70 多个国际和区域性标准化组织、450 多个专业学（协）会的标准以及全部中国国家标准和行业标准共计约 60 多万件，还收集了 160 多种国内外标准化期刊和 7000 多册标准化专著，与 30 多个国家及国际标准化机构建立了长期、稳固的标准资料交换关系。

（2）检索。它提供强制性国标、标准、期刊、专著和技术法规等的检索。标准检索可使用分类浏览和高级检索。

- 分类浏览。标准分类检索分为国际标准分类和中国标准分类，单击相应的类别会显示当前类别下的明细分类，继续选择单击某二级类，则显示该类下的所有标准。
- 高级检索。高级检索如图 6-20 所示。可选择一个或多个字段，输入关键词或短语。如选择了多个字段，则根据检索需求选择字段间运算关系（与、或）。可选择每页显示结果数、结果排序方式。

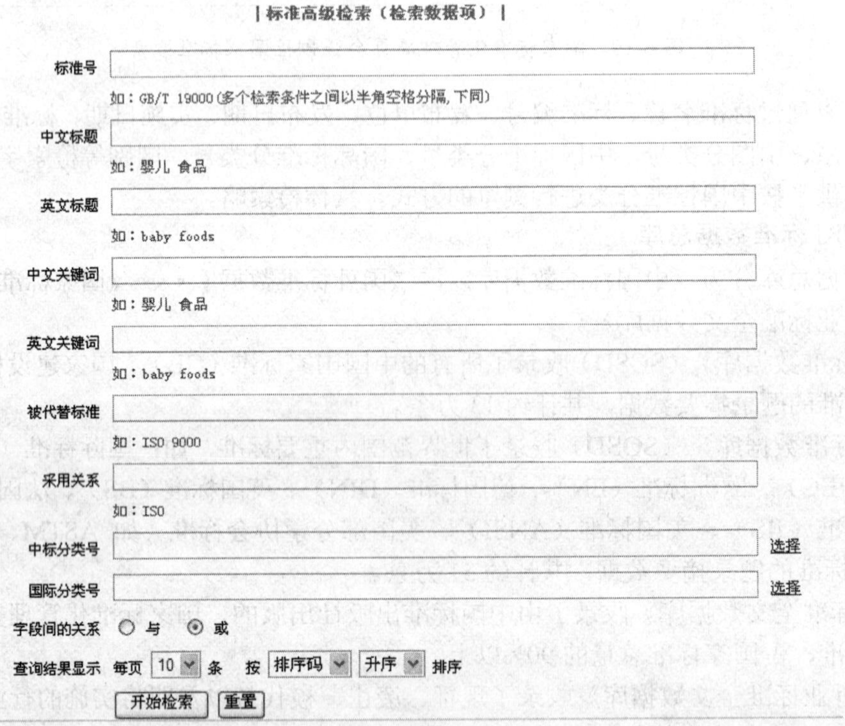

图 6-20　中国标准服务网高级检索

例如，通过标准号查询。如检索 ISO9000，首先在数据库种类中选择 ISO，然后在标准号中输入“9000”。如果只在标准号中输入“9000”，那么检索结果将是所有数据库中标准号包含“9000”的全部标准，如：ASTM/ISO 9000-2000，BS EN ISO 9000-1-1994 等。

系统支持的检索技术如下。

- 前后模糊匹配。如在“中文标题”中输入“计算机”，则中文标题中包含“计算机”的标准将全部被检索出来。
- 逻辑检索，支持逻辑“与”和逻辑“或”运算。如“婴幼儿+食品”、“婴幼儿*食品”。

（3）检索结果。检索结果显示简要记录，单击标准号可查看详细记录，单击订购车可付费索取标准文献。

5. 标准网（http://www.standardcn.com）

标准网是由国家发展和改革委员会工业司主管，机械科学研究院中机联咨询中心维护的我国工业行业的标准化门户网站。它提供国家发展和改革委员会负责管理的轻工、纺织、黑色冶金、有色金属、石油、石化、化工、建材、机械、汽车、锅炉压力容器、电力、煤炭、包装、制药装备、黄金、商业、物流和稀土等十九个行业的行业标准管理与服务信息，收录行业标准约 2.2 万项，占全国行业标准总数的 65%，收录国家标准数量约 1.2 万项，占国家标准总数的 60%。

标准网提供标准化政策法规、标准目录、标准资料、标准化机构、标准出版发行机构、国际标准化组织、国外标准化组织以及国外标准、技术法规和合格评定程序等信息的检索，可进行标准目录高级检索，或按标准分类浏览，获得标准编号和标准名称信息。

6. 中国标准化信息网（http://www.china-cas.org）

中国标准化信息网由中国标准化协会和北京华标伟业科技发展有限公司联合主办，标准查寻系统可查询国际标准、国内标准、标准样品、协会标准、标准化权威机构，对国家强制性标准提供目录查询和标准摘要两种服务，检索字段有标准编号、标准名称、采标情况和代替标准。用户可以免费查询。

7. 标准信息服务网（http://www.standard.org.cn）

标准信息服务网由深圳市标准技术研究院和深圳市技术资料开发供应站主办，提供国内外标准信息的在线查询和标准文本订购服务，拥有 180 多个国内外标准机构发布的超过 42 万条记录的大型标准数据库。通过网站的标准题录免费查询系统，用户可以通过标准号、题录内关键词一次找到所有相关的标准题录。它还提供了专业版标准查询系统，通过国标分类号、ICS 分类、标准组织、采用标准等进行多功能组合查询。

8. 中国标准咨询网（http://www.chinastandard.com.cn）

中国标准咨询网由北京中工技术开发公司和北京世纪超星电子有限公司等单位联合建立，为收费网站。它提供中国国家标准、国际标准和部分国外标准的检索，可免费阅读我国部分行业标准全文，可按标准分类浏览和全文检索。检索字段包括中文标准名称、发布日期、发布单位、实施日期、英文标准名称、采用关系、标准号、中国标准文献分类号等。

9. 中国标准信息网（http://www.chinaios.com）

中国标准信息网的标准信息主要依托于质检标准化管理委员会、中国标准化研究院标准馆及院属科研部门、地方标准化研究院（所）及国内外相关标准化机构，面向全国质量、监督、检验、检疫系统及国内其他相关产业提供咨询服务。它可检索中国行业标准、各国家标准、国外各组织标准、地方标准等，还提供标准新闻检索服务。

10. 工标网（http://www.csres.com）

工标网全称工业标准咨询网，成立于 2005 年 5 月。

工标网标准齐全，拥有海量的标准数据库，库内标准包括：国家标准、行业标准、国家军用标准、ISO（国际标准化组织）、ASTM（美国材料与实验协会）、IEC（国际电工委员会）、DIN（德国标准化学会）、EN（欧洲标准）、BS（英国国家标准学会）、JSA（日本标准）等数十个国家的近百万条标准。工标网更新及时，通过与国内标准化研究的合作关系，可及时得到国内标准的更新数据，以及标准化动态，最新标准公告最迟可在公告发布一周内查询到。国际标准化信息来源于全球最大的标准专业网站 IHS.COM。

工标网使用简单，采用智能化搜索引擎，只需要输入简单的关键字，系统就会自动匹配出相关标准，同时显示各个标准时效以及替代情况。

11. 其他

其他网站如中国标准网（http://www.zgbzw.com）、通标网（http://www.ptsn.net.cn）等。

除上述专门的标准检索网站外，还可以登录与标准、质量相关的网站查询、了解相关信息。常用网站有：国家质量监督检验检疫总局（AQSIQ）、中国质量信息服务网（CQI）、石油工业标准化信息网（PSC）、中国环境标准网（ES）、中国电子工业标准化技术协会（CESA）、通信标准与质量信息网（PTSN）、中国通信标准化协会（CCSA）、食品法典委员会（CAC）、吉林省质量信息网（JLQI）、湖南省质量技术监督信息网（HN315）等。

用户可利用专门的标准检索网站、标准化期刊了解标准的修订、补充、勘误等信息。如通过中国标准服务网中的“标准化动态”栏目可以了解标准公告（国家标准公告、行业标准公告、地方标准公告）；新到馆藏（新到国外标准、新到国内标准）；标准修改单（国家标准信息修改单）；最新作废标准（国外最新作废标准、国内最新作废标准）以及国家标准的制（修）订计划。

6.2.3 国外标准检索

1. 国际标准化组织（ISO）

ISO 标准，即由国际标准化组织（International Organization for Standardization，简称 ISO）制定的标准。该组织是世界上最大的国际标准化机构，负责制定和批准除电工与电子技术领域以外的各种国际技术标准。ISO 下设 146 个技术委员会（简称 TC），分别负责研究制定某一类标准。它的检索工具为《国际标准化组织目录》（年刊），收录上一年的全部现行国际标准。ISO 目录现采用国际标准分类表编排，包括 5 个部分：主题分类目录、字顺索引、标准号索引、技术委员会序号（TC 号）索引和废弃目录。中文版《国际标准目录》按 TC 号编排。

ISO 通过其网站提供 ISO 的所有已颁布标准。选择“ISO Store”，在检索 ISO 目录（Search the ISO Catalogue）输入框输入标准号或关键词检索所需标准；也可单击浏览 ICS（Browse by ICS）链接，在 ICS 分类列表中选择所需标准分类，浏览标准顺序号查找所需标准。标准内容包括标准号、英文题名、版本、页码、TC 编号、文摘、价格等信息。用户可在线订购全文。

2. 国际电工标准化组织（IEC）

IEC 标准，即国际电工委员会（International Electromechanical Commission，简称 IEC）制定的标准。该组织是世界上成立最早的国际电工标准化机构，主要负责制定、批准电工和电子技术方面的标准。目前 IEC 成员国包括了绝大多数的工业发达国家及一部分发展中国家。IEC 标准的主要检索工具是《IEC 出版物目录》（年刊），由标准号目录和主题索引组成。它对应的中文版是《国际电工标准目录》。IEC 目前已经有 4600 多项国际标准。在 IEC 网站主页面检索框直接输入关键词或短语，可以查询 IEC 制定或颁布的国际电工标准。

3. 国际电信联盟（ITU）

国际电信联盟（International Telecommunication Union，简称 ITU）是世界各国政府的电信主管部门之间协调电信事务的一个国际组织，也是联合国机构中历史最长的一个国际组织，于 1865 年成立。ITU 的实质性工作由国际电信联盟标准化部门（ITU-T）、国际电信联盟无线电通信部门（ITU-R）和国际电信联盟电信发展部门（ITU-D）三大部门承担，其中国际电信联盟标准化部门的主要职责是开发制定电信技术的全球标准。ITU 目前已经制定国际标准 2800 多个，提供简单检索和高级检索。

4. 世界标准服务网（WSSN）

世界标准服务网（World Standards Services Network，简称 WSSN）是全世界标准化组织的公共服务门户网。在其网站列有 IEC、IEC、ITU 国际标准化机构，ISO 和 IEC 的成员国标准机构，区域标准化组织的网站链接。

5. 全球标准化资料库（NSSN）

全球标准化资料库（Search Engine for Standards，简称 NSSN）现有全球 600 多家标准组织制定的 22.5 万个标准的目录，提供简单检索和高级检索。用户可在线定购全文。

6. 美国国家标准学会（ANSI）

美国国家标准学会（American National Standards Institute，简称 ANSI）成立于 1918 年，是非营利性质的民间标准化团体。ANSI 协调并指导美国全国的标准化活动，同时又起着美国标准化行政管理机关的作用。在主页选择“eStandards Store”，可通过关键词和标准号进行检索。用户可在线订购全文。该网站还提供 ISO 和 IEC 标准数据库浏览。

7. IEEE/IETElectronicLibrary（IEL）

该组织提供美国电气电子工程师学会（IEEE）和英国电气工程师学会（IEE）出版的标准信息检索。其主页设置了标准浏览查询，选择“+”符号可以查看标准的版本，单击标准数字即是标准详细信息。该网站提供作者检索、高级检索和引用检索。

8. 其他

查询其他国家和标准组织的标准文献，也可以直接登录相关网站。主要有：英国标准化组织（BSI）、德国标准化组织（DIN）、法国标准化组织（AFNOR）、日本工业标准委员会（JISC）、加拿大标准委员会（SCC）、加拿大标准协会、俄罗斯标准化协会（TOCTP）、瑞士标准化协会（SNV）、意大利标准化协会（UNI）等。

练习与思考 6

1. 知识产权的含义是什么？我国专利分几种类型？
2. 专利文献有哪些特点？
3. 哪些主题不能授予专利权？
4. 国际专利分类法的分类原则是什么？
5. USPTO 专利数据库提供了哪些检索方式？
6. 标准文献的含义是什么？标准文献分几种类型？
7. 列举 4～5 个可检索中国标准的数据库或检索网站。
8. 列举 4～5 个可检索国外标准的数据库或检索网站。
9. 检索出 2000 年后建筑防震装置方面的发明、实用新型、外观设计专利的中国专利各一件，并请尝试查找这方面的美国专利。
10. 请查找出关于电梯或自动扶梯的国家标准，并记录检索策略和检索结果。

第 7 章 免费学术信息资源获取

本章要点

- 搜索引擎的概念、类型。
- 常用搜索引擎的信息服务、功能特色及检索利用。
- 免费学术资源的获取，包括开放存取资源、学科信息门户、综合性学术论坛以及免费学术资源搜索引擎。
- RSS 订阅不同类型信息的方法。

随着互联网的飞速发展，网上信息量与日俱增，如何有效地从海量信息中找到所需要的信息就显得更加重要。多数用户使用搜索引擎来获得所需的信息。本章首先介绍了搜索引擎的概念、类型和一些常用搜索引擎的功能特色和检索技术。免费的学术资源能极大地方便网络用户对学术信息的获取，降低科研创作成本。接下来，本章介绍了开放存取的各种资源、学科信息门户网站、综合性学术论坛以及免费学术资源搜索引擎这些深受科研工作者的喜爱的资源及工具。RSS 是一种全新的网络信息获取方式。最后，本章介绍了 RSS 的基础知识，并分类讲解了论坛、博客、新闻、学术文献 4 种类型信息的具体订阅方法。通过本章的学习，可培养读者免费获取网络信息的能力，提高在互联网环境下发现信息和利用信息的水平。

7.1 搜索引擎

互联网是一个广阔的信息海洋，漫游其间而不迷失方向有时是相当困难的。如何快速、准确地在网上找到需要的信息已变得越来越重要。搜索引擎（Search Engine，SE）是一种互联网信息检索工具，在浩瀚的网络资源中，它能帮助用户迅速而全面地找到所需要的信息。有人将搜索引擎比喻为网络时代的日用必需品。目前，网络上比较有影响的搜索引擎，中文的有百度、谷歌、必应、有道、爱问、中文雅虎、搜狗、北大天网等，英文的有 Google、Yahoo、Altavista、Excite、Infoseek、Lycos、AOL 等。另外还有专业性搜索引擎，如专门搜索歌曲和音乐的，专门搜索电子邮件地址、电话与地址和公众信息的，专门搜索各种文件下载地址的 FTP 搜索引擎等。

7.1.1 搜索引擎的概念

搜索引擎是指根据一定的策略、运用特定的计算机程序搜索互联网上的信息，在对信息进行组织和处理后，为用户提供检索服务的系统。从使用者的角度看，搜索引擎提供一个包含搜索框的页面，在搜索框中输入词语，通过浏览器提交给搜索引擎后，搜索引擎就会返回与用户输入的内容相关的信息列表。

搜索引擎的工作原理可表述为：利用自动搜寻软件，不断发现与收集各类新网址及网页，对网页进行标引，建立索引数据库。当用户输入提问关键词之后，每个搜索引擎会以不同的检索方法在其数据库中找出相关的记录，并按相关性顺序排列，将包含此关键词或符合检索条件的所有网址信息和指向这些网址的链接反馈给用户，从而实现从查询到获取结果的全过程。

7.1.2 搜索引擎的类型

搜索引擎数量繁多，类型各异，除了通常按查询方式（关键词检索和目录浏览）区分之外，还可以按服务层次、搜索范围等方式加以区分。

1. 按服务层次区分

按照搜索引擎的服务对象和规模，可将其分为综合搜索引擎与垂直搜索引擎。

（1）综合搜索引擎。在互联网发展的最初阶段，网民在各项活动中的主要浏览对象几乎都是综合性的网站（也称为门户性网站）。这些网站提供综合内容的搜索，即利用综合搜索引擎，提供范围广泛的信息与服务，从新闻、讨论组、免费信箱、下载软件到图片以及各种信息的搜索，涉及多种或热门主题内容，没有固定在某一专门的知识领域。中文的这类搜索引擎包括新浪、搜狐、网易、中文Google、中文雅虎、263；英文的有Google、Yahoo等。

（2）垂直搜索引擎。当网民对搜索网络信息的要求从全面性转向准确性、专业性时，垂直搜索引擎作为专门提供某个领域的专业知识而迅速崛起。所谓垂直搜索引擎（vertical search engine），是针对某一特定领域、特定人群或特定需求提供的有一定价值的信息和相关服务，也称为专题搜索引擎、专业搜索引擎或行业搜索引擎，其特点是“专、精、深”，且具有行业色彩。“垂直”，是指向纵、深方向发展某知识领域的专业化和深入程度。例如，搜索IT信息的“IT罗盘”（http://itsearch.ccidnet.com），精准采购搜索引擎“马克波罗”（http://china.makepolo.com），求职方面的“职友集”（http://www.Jobui.com）和“数字英才”（http://www.01hr.com），餐饮方面的“咕嘟妈咪”（http://www.gudumami.cn），旅行方面的“去哪儿”（http://www.qunar.com）和“酷讯旅游”（http://www.kuxun.cn），二手房专业搜索引擎“安居客”（http://guangzhou.anjuke.com），提供本地社区免费分类信息服务的“58同城”（http://gz.58.com），医疗网站“好大夫在线”（http://www.haodf.com）等。

2. 按搜索范围区分

按照搜索引擎获取信息的不同方法，可分为独立搜索引擎、元搜索引擎和网络搜索软件。

（1）独立搜索引擎（single search engine）。它又称为单一搜索引擎或常规搜索引擎，有自己的数据库，搜索时通常只检索自己的数据库，并根据数据库的内容反馈出相应的查询信息或链接站点，如目前常用的百度、搜狐、Google、Yahoo、AltaVista、Excite、AllTheWeb、Infoseek等。

（2）元搜索引擎（meta-search engine）。这是一种调用其他独立搜索引擎的引擎，也称为“多元搜索引擎”、“搜索引擎之母”（the mother of search engines）。在这里，“元”为总的、超越之意，元搜索引擎就是对多个独立搜索引擎的整合、调用与优化利用。其本身一般没有搜索引擎的网页搜寻机制，也没有一个自己独立的索引数据库，用户只需递交一次检索请求，元搜索引擎将检索提问并行或串行地（故元搜索引擎又有并行与串行之分）提交给多个预先选定的独立搜索引擎，并将所有查询结果集中进行整理去重，然后以整体统一的格式反馈给用户。它们集成了不同性能和不同风格的搜索引擎并能提供多种查询功能，实现“一次输入、多次调用”，从而收到事半功倍的效果。中文元搜索引擎有代表性的有元搜（http://www.yuanso.com）、搜魅（http://www.someta.cn）、百谷虎（http://www.goohoobai.com）、百谷度（http://www.baigoogledu.com）等，英文元搜索引擎有 Vivisimo、Dogpile、Ixquick、Mamma、Metacrawler、InfoSpace 等。

（3）网络搜索软件（net search software）。通过向搜索站点发出特殊搜索字串命令（各个站点的格式不一样），对结果进行处理后再显示。针对不同的搜寻需求，有功能各异的网络搜索软件，如虚拟地球仪软件 Google Earth，把卫星照片、航空照相和 GIS 布置在一个地球的三维模型上，提供全球地理信息搜索，可以搜索学校、公园、餐馆、酒店，获取驾车指南，浏览 3D 地形和建筑物等；飓风搜索通 5.10、Copernic2000 则集成多个搜索引擎实施搜索；此外还有电影搜索软件 GoTolink 媒体中心 2.1，中文 MP3 搜索软件如皮宝贝（PeerPet）、音乐奇缘 2.1.0 等，搜索很多社区和 BBS 的消息百晓生，邮址搜索软件如流星邮件地址搜索软件系统 v3.21，提供了国外 20 多个专业的医学搜索引擎的搜索软件医学搜索 2001 等。

7.1.3 常用搜索引擎的使用

1. Google（http://www.google.com.hk）

（1）简介。Google 是目前最大的全球性搜索引擎之一，属于全文搜索引擎，于 1998 年 9 月由斯坦福大学博士生拉里·佩奇（Larry Page）和谢尔盖·布林（Sergey Brin）创立。Google 一词来自于“Googol”，是一个数学名词，表示一个 1 后面跟着 100 个零，Google 使用这一术语体现了公司整合网上海量信息的远大目标。自 2000 年开始商业运作以来，Google 以其先进的技术、全面的检索功能和简单有效的服务，在全球范围内拥有了大量的用户，目前已经发展成为世界范围内规模最大的搜索引擎，是最优秀的搜索引擎之一。

（2）网页搜索及特色。一般来说，好的搜索引擎应该具有高查准率、查全率以及较快的响应速度和对检索结果的合理排序，而这些都需要搜索引擎的技术来保障。Google 在这些方面做得比较出色，其特点体现在以下几方面。

① 搜集的网络信息资源全面。它现已拥有超过 80 亿网址的索引、超过 10 亿幅图片、超过 10 亿个 Usenet 等资源，这在同类搜索引擎中是首屈一指的。这些内容涉猎广泛，无所不有。

② 系统响应速度快，搜索效率高。每次查询一般不超过 0.18 秒。

③ 支持多语种。Google 界面的可用语言达 100 多种，搜索结果所采用的语言达 35 种。

④ 简繁转换、网页翻译功能。

⑤ 网页快照（cached）功能。Google 进行网页遍历（crawl）的时候，会给网页做一份索引快照，并将其存储到 Google 的服务器中。当检索到的网页无法访问或已经删除时，“网页快照”功能可以很好地满足用户的要求，不过网页快照中的信息可能不是最新。此外，网页快照中的网页，其检索词均用不同颜色标明，用户可以对检索出的网页中包含的检索词一目了然。

⑥ 手气不错功能。可以直接将用户带入最符合搜索条件的网站。

⑦ 结果按相关性排序。Google 采用 PageRank 网页级别技术和索引关键词“位置/频次”

法结合判断相关性，即依据关键词在网页中的出现位置、频率，以及所链接的网页与提问的匹配程度（以此反映页面的重要性），降序排列检索结果，使最贴近要求的检索结果排在最前面。人们在利用 Google 检索网络资源时，只需阅读前几页的结果即可基本满足要求。

尽管 Google 具有上述诸多特点和优点，但它也并不是十全十美，比如其数据更新比较慢（30 天），图像检索目前仍是基于关键词等。

（3）检索方式。Google 提供关键词检索方式，除了支持简单检索外，还提供性能优良的高级检索。在高级搜索菜单中，用户通过检索文本框和下拉列表确定检索条件，可从搜索结果、语言、文件格式、日期、字词位置、网域等几个方面限定检索范围。这些高级检索的功能也可以利用命令来实现，常用的检索命令组配和功能有：

限定搜索网站的范围。检索式为“关键词 site:网址”，用以限制只在该网址或一定域名范围内搜索含有某关键词的网页。例如，“专升本 site:gdut.edu.cn”表示在广东工业大学网站内搜索包含“专升本”一词的网页信息。输入“专升本 site:edu.cn”则表示在域名以“edu.cn”结尾的所有网站内搜索。通过这个命令可以对不提供搜索功能的网站或网页实现自由检索。

限定搜索文件类型。检索式为“关键词 filetype:文件扩展名”，用以检索包含某关键词的特殊类型文件。目前，Google 已经能检索微软的 Office 文档（如.xls、.ppt、.doc、.rtf 文档）、Adobe 的.pdf 文档、ShockWave 的.swf 文档（flash 动画）等 10 多种类型文件。该命令应用非常广泛，例如用户需要在网上搜索关于网页制作方面的讲义文件，考虑到讲义多是 ppt 格式，检索式表示为“网页制作 filetype:ppt”。若查有关学术文章，可以输入“网页制作 filetype:pdf”。

搜索所有链接到某个 URL 地址的网页。命令格式为“link:网址”。由此可以了解有多少人对该网址做了链接。例如，搜索所有含指向广东工业大学 www.gdut.edu.cn 链接的网页，检索式可写为“link:www.gdut.edu.cn”。

比较常用的命令还有 inurl、intitle 等，都可限定在一定的范围内检索，见表 7-1。

表 7-1 Google 常用语法一览表

名　称	符　号	说　明
逻辑运算符	空格	逻辑与，各词之间用空格分开
	OR	逻辑或
	–	逻辑非
通配符	*	代表一个英文词（而不是几个字母）或一个汉字
词组检索	双引号“”	严格按照引号中内容检索
限定检索范围	site:	限定在特定的站点内检索
	inanchor:	限定在网页的 anchor（锚，即超链接标记）中检索
	inurl:	限定在网页的 URL（统一资源定位器）中检索
	intitle:	限定在网页标题中检索
限定检索范围	filetype:	限定检索文件类型
	link:	检索指向某网页的网页（在 Google 的网页库中检索）
备注	系统不区分大小写，所有字母和符号为英文半角字符	

（4）Google 的其他搜索产品。除了常见的网页检索之外，Google 还提供多种搜索服务和

产品，包括图片搜索、地图搜索、视频搜索、新闻搜索、博客搜索、购物搜索、图书搜索、学术搜索、财经搜索等。下面介绍其中几种。

① 学术搜索（http://scholar.google.com）。Google Scholar 是 Google 公司于 2004 年 11 月推出的一个免费学术搜索引擎，专门用于帮助用户查找期刊论文、学位论文、专业图书、预印本、文摘和技术报告等学术文献，搜索范围涉及医药、物理、经济以及计算机科学等诸多学科领域，覆盖面广，权威性强，目前已成为科技人员和教师学生查找专业文献资料的重要工具。Google Scholar 的信息来源有机构网站（特别是大学网站）、开放存取的期刊网站、电子资源提供商（如 Google、ACM、Nature、IEEE、OCLC 万方、维普等）。此外，Google 还可与图书馆进行资源的链接和查询。目前，通过 Google Scholar 可以查到如斯坦福大学、OCLC、清华大学等多家单位提供的书目信息。搜索结果如图 7-1 所示。

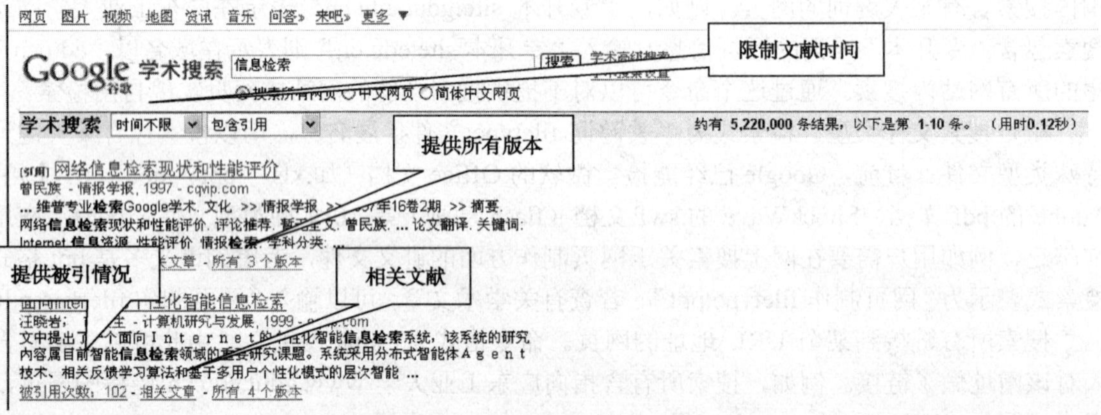

图 7-1 Google Scholar 的搜索结果

② 图书搜索（http://books.google.com）。Google 为实现“组织全球信息，并使之在全球范围内可获取和利用”的使命，在 2004 年 7 月推出了 Google Print 服务，2005 年正式更名为 Google Book Search。Google 通过与图书馆、出版社、作家合作，计划将 3500 万种图书扫描存档，然后在网上提供搜索和预览，以及选购或借阅这些图书的地址。

在搜索输入框中输入有关图书内容的检索词，Google 图书搜索会将图书内容中与该词匹配的图书作为检索结果输出。单击书名，即可查看该图书的基本信息和几段摘录内容，并且其上下文中显示了搜索字词。以是否获得版权拥有者授权为标准，目前 Google Book Search 提供的图书分为四种显示方式：片断显示、局部显示、全书显示和无预览显示。

③ 图像搜索（http://images.google.com）。Google 的图像搜索采用先进的基于图像内容的检索技术，不足之处是除英语之外的其他语言不支持“安全搜索”。

④ 大学搜索（http://www.google.com/intl/zh-CN/options/universities.html）。这种搜索能够将搜索限定在某个大学的网站内，可尝试搜索录取信息、课程信息或者校友信息，查询范围覆盖国内外的大学。

⑤ 地图搜索（http://ditu.google.com）。可以帮助查看动态的网上地图、搜索地图、查询详细地址、寻找周边信息，并规划点到点路线，还可以随意将地图拖动、聚焦或拉远，并在地图上查找精确地点或该地点附近的位置，以及从甲地至乙地的详细路线。

⑥ 新闻搜索（http://news.google.com）。资讯搜索是一个由计算机生成的资讯网站。它汇

集了来自中国大陆超过 1000 多个中文资讯来源的新闻资源，并将相似的报道组合在一起，根据读者的个人喜好进行显示。

⑦ 博客搜索（http://blogsearch.google.com）。可以扫描互联网上数千万个较常更新的个人日志。不仅可搜索英文文章，还可以搜索法文、意大利文、德文、西班牙文、中文、韩文、日文、葡萄牙文等多种语言撰写的博客文章。用户可通过输入关键词来执行基本搜索，或者执行高级搜索，即特定化一些搜索参数，如搜索某类特定博客，或者以某种语言书写的博客，或者搜索特定作者。

2. Baidu（http://www.baidu.com）

（1）简介。百度是目前全球最优秀、最大的中文信息检索与传递技术供应商。百度的起名，源于辛弃疾《青玉案·元夕》“众里寻她千百度”，象征着百度对中文信息检索技术的执著追求。百度公司（Baidu.com，Inc）于 1999 年底成立于美国硅谷，创建者是资深信息检索技术专家、超链分析专利的唯一持有人——李彦宏及其好友——徐勇博士。百度于 2000 年 1 月回国发展，在北京中关村成立百度中国公司。经过短短十几年，百度已成长为全球最大的中文搜索引擎，目前支持超过 12 亿的中文网页，网页每周更新。

（2）检索方式与检索结果。百度目前提供基本检索方式，支持布尔逻辑关系“与”（用空格表示）、“或”（用“|”表示）、“非”（用“-”表示），可通过检索命令来实现将检索范围限制在指定的网站、标题、URL 中，还可限制文档类型，如 site、filetype、inurl、intitle 等，详细检索算符和规则见表 7-2。

表 7-2 百度常用语法一览表

名 称	符 号	说 明
逻辑运算符	空格	逻辑与，各词之间用空格分开
	分隔符	逻辑或
	英文状态下的-	逻辑非
词组检索	双引号“”	严格按照引号中内容检索
限制检索范围	site:	限定在特定的站点内检索
	inurl:	限定在网页的 URL（同一资源定位器）中检索
	intitle:	限定在网页标题中检索
	filetype:	限定检索文件类型，可选文件格式：DOC、XLS、PPT、PDF、RTF、ALL（全部）
备注	系统不区分大小写，所有字母和符号为英文半角字符	

百度运用检索词智能推荐技术，检索结果输出支持内容聚类、网站聚类等多种方式，为检索者进行相关内容的查询提供方便，扩大了检索范围，提高了文献搜索量。检索结果能标识丰富的网页属性（如标题、网址、时间、大小、编码、摘要等），并具有命中词标红功能，突出用户的查询串，便于用户判断是否需要阅读原文。在输出结果排序方面，百度采取基于内容和基于链接分析的智能化相关性算法来进行相关度评价，其排序技术能够较客观地分析网页包含的信息，最大限度地保证搜索出的结果与用户的查询串相一致。

（3）特色搜索产品。在百度的首页中对最常用的搜索服务进行了链接，其中包括新闻、网页、贴吧、知道、音乐、图片、视频等，但百度的搜索产品远不止这些，通过主页中的超链接

“更多”，可以看到百度的搜索产品清单。下面对其中较有特色的几种搜索产品做简单介绍。

① 文库（http://wenku.baidu.com）。百度文库是百度为网友提供的信息存储空间，是供网友在线分享文档的开放平台。在这里，用户可以在线阅读和下载包括课件、习题、论文报告、专业资料、各类公文模板以及法律法规、政策文件等多个领域的资料。百度文库平台上所累积的文档，均来自热心用户的积极上传，百度自身不编辑或修改用户上传文档的内容。当前平台支持主流的.doc(.docx)、.ppt(.pptx)、.xls(.xlsx)、.pot、.pps、.vsd、.rtf、.wps、.et、.dps、.pdf、.txt文件格式。

② 知道（http://zhidao.baidu.com）。百度知道是一个基于搜索的互动式知识问答分享平台，于2005年6月21日发布，并于2005年11月8日转为正式版。百度知道并不是直接查询那些已经存在于互联网上的内容，而是用户自己根据具体需求有针对性地提出问题，通过积分奖励机制发动其他用户来创造该问题的答案。同时，这些问题的答案又会进一步作为搜索结果，提供给其他有类似疑问的用户，达到分享知识的效果。百度知道也可以看做对搜索引擎功能的一种补充，让用户头脑中的隐性知识变成显性知识，通过对回答的沉淀和组织形成新的信息库，其中信息可被用户进一步检索和利用。

③ 音乐搜索（http://mp3.baidu.com）。百度MP3搜索是百度在每天更新的数十亿中文网页中提取MP3链接，从而建立起来的庞大 MP3歌曲链接库。

④ 搜藏（http://cang.baidu.com）。这是免费的网络收藏夹，使用它需要注册一个免费的百度账号。百度搜藏是一个有效的管理工具，可把网络上查检到的信息按照自己设置的分类保存起来。百度搜藏的内容存储于百度网络服务器，可以随时随地浏览、搜索和使用；收藏的内容不仅可以自己使用，还可以共享给朋友和他人；它不仅保存网页链接，还自动地保存网页全文；对收藏内容提供描述、分类、全文三种检索方式。

⑤ 百科（http://baike.baidu.com）。百度百科是一部开放的百科全书，是一个协同合作的知识概念系统，遵循开放、合作、平等、共享的网络原则，所有百度用户可以自由访问并参与撰写和编辑百科词条，分享及奉献自己所知的知识。

3. Yahoo!（http://www.yahoo.com）

Yahoo!是Yet Another Hierarchically Officious Oracle的首字母缩写。1994年4月由斯坦福大学的两名博士生——美籍华人杨致远和David Filo共同创办。它是世界上最早开发的、最典型的目录型搜索引擎，全球共有24个网站，具有12种语言版本，支持38种语言的网页搜索。Yahoo!主题指南主要采用人工方式采集和存储网站信息，将收集的信息分为14个主题大类，包括艺术与人文、商业与经济、计算机与 Internet、教育、娱乐、政府与政治、健康与医药、新闻与媒体、休闲与运动、参考资料、区域、科学、社会科学、社会与文化，每一个大类下面又细分为若干子类，逐层搜索，十分方便，比较适合非专业人员进行一般查询，且具有较高的查准率。

4. Bing（http://cn.bing.com）

必应（Bing）是微软公司推出的一款用以取代Live Search的搜索引擎，于2009年6月3日正式在世界范围内发布。必应搜索最大的特点在于创新了搜索结果的展示方式，在搜索结果页面左侧设置了统一的浏览栏，对不同类型的搜索结果进行动态分类，帮助用户更加方便地找到相关搜索结果。必应目前提供了八大搜索功能：页面、图片、资讯、视频、地图、词典、在线翻译、导航。

5. 新浪爱问搜索（http://cha.iask.com）

新浪搜索引擎是互联网上最大规模的中文搜索引擎之一，提供分类主题浏览和关键词检索。分类目录包括娱乐休闲、求职与招聘、艺术、生活服务、文学、计算机与互联网、教育就业、体育健身、医疗健康、社会文化、科学技术、社会科学、政法军事、新闻媒体、参考资料、个人主页、商业经济、少儿搜索 18 个大类；可对网页、分类目录、新闻、图片、音乐、网址、地图、黄页、求职进行检索查询服务。

6. 搜狗搜索引擎（http://www.sogou.com）

搜狗搜索引擎是由国内最大的门户网站之一搜狐（http://www.sohu.com）公司自主开发并于 2004 年 8 月发布的中文搜索引擎。搜狗的产品线包括了网页应用和桌面应用两大部分。网页应用以网页搜索为核心，在音乐、图片、视频、新闻、地图领域提供垂直搜索服务。桌面应用旨在提升用户的使用体验：拼音输入法帮助用户更快速地输入；双核浏览器大幅提高用户的上网速度；云恶意网址库和实时查杀双重网页安全技术防止病毒木马通过浏览器入侵。搜狗的核心产品是网页搜索，目前中文网页收录量已超 500 亿，加上每天 5 亿网页的更新速度、独特的搜狗网页评级体系，确保信息海量、及时和精准。搜狗具有知立方、购物搜索、文档搜索、百宝箱、知识搜索、房产搜索、招聘搜索、智能搜索提示与扩展搜索等特色搜索功能。

尤其值得一提的是，搜狗搜索从用户需求出发，以一种人工智能的新算法，分析和理解用户可能的查询意图，对不同的搜索结果进行分类，对相同的搜索结果进行聚类，在用户查询和搜索引擎返回结果的过程中，引导用户快速准确定位所关注的内容。这一技术也使得搜狗搜索成为全球首个第三代互动式中文搜索引擎，是搜索技术发展史上重要的里程碑。

7. 360 搜索（http://www.so.com）

360 搜索是 360 搜索业务的名称。2012 年 9 月，360 搜索正式发布独立域名（so.com），S 代表 Safe（安全），O 代表 Open（开放）。360 搜索立志成为“干净、安全、可信任”的搜索引擎，让用户拥有搜索的选择权。它目前只支持搜索网页、新闻、视频和问答。

8. 即刻搜索（http://www.jike.com）

即刻搜索是由人民搜索网络股份公司于 2011 年 6 月 20 日推出的通用搜索引擎平台。即刻将“创新、公正、权威”作为自己的理念，以满足互联网用户日益多样化、个性化的搜索需求为目标，致力于建立以网页搜索为核心的产品线，在更广泛的领域为用户提供实时、准确的搜索产品及服务，目前推出的有新闻搜索、网页搜索、视频搜索、曝光台、食品安全 5 项服务。

9. AltaVista（http://www.altavista.com）

AltaVista 是由美国数字设备公司（DEC）于 1995 年研制推出的搜索引擎，曾是网上搜索资源最多、功能最全、使用率很高的搜索引擎之一，目前其地位已被 Google 取代，但仍然是常用的搜索引擎之一。

AltaVista 的检索界面简洁，其功能侧重于检索，兼备检索与浏览功能。AltaVista 支持 30 多种语种的网络信息资源检索，用户可以用指定语种进行检索，也可以以要求的语种对检索结果进行翻译。它除满足对 Web 资源的检索，还提供多种媒体如图像、音频、视频及新闻的检索。AltaVista 提供检索和浏览两种模式，能识别大小写和专业名词，且支持逻辑条件限制查询，高级检索功能较强。

10. Excite（http://www.excite.com）

Excite 是于 1995 年由斯坦福大学的学生创立的，搜索范围包括 Web 网页、图像、音频、视频、新闻、黄页、白页等，是偏重检索功能的知名搜索引擎之一。Excite 最大的特色在于智能概念提取技术，即系统将用户使用的检索词的所有相关概念，如同义词与近义词等进行搜索，并作为检索结果提交给用户。Excite 提供分类浏览和关键词检索两种检索方式。

11. MetaCrawler（http://www.metacrawler.com）

MetaCrawler 是一种元搜索引擎，1995 年 6 月在网上发布运行。MetaCrawler 运行初期，集成了 6 个著名的独立搜索引擎：Yahoo、Infoseek、WebCrawler、Lycos、Excite 和 AltaVista。随着 MetaCrawler 性能的不断改进，后来又把 LookSmart、AskJeeves、MSNSearch 等囊入其中，成为执行并操作功能较强的搜索引擎之一。目前 MetaCrawler 属于 InfoSpace 公司的一部分。

MetaCrawler 的工作机制是将接收到的用户检索请求转换为符合搜索引擎要求的专门指令，并分发给相应的独立搜索引擎，各独立引擎返回检索结果后，MetaCrawler 进行综合处理，并按相关性从高到低排序后以统一的格式输出到客户端。

据统计，互联网上有上千个独立的搜索引擎，除以上介绍的较常用的一些搜索引擎外，还不乏各有千秋的优秀搜索引擎，用户可根据自己的需要选择合适的搜索引擎。一些搜索引擎指南型网站可以作为选择评价搜索引擎的参考工具，它们介绍了搜索引擎的很多使用技巧，如中文的“中文搜索引擎指南”（http://www.sowang.com），英文的“搜索引擎观察”（http://www.searchenginewatch.com）等。

7.1.4　搜索引擎检索实例

检索实例一：检索关于“计算机网络”的免费中文图书。

在本章所介绍的搜索引擎中，Google 的图书搜索（books.google.cn）集成了大量的免费图书，本题可以试用 Google 的图书搜索进行检索。

（1）析出关键词。关键词为“计算机网络”（不必进一步切分）。

（2）构建检索表达式。为了提高查准率，用 Google 的字段限制算符指定仅在图书的标题中检索关键词“计算机网络”，检索表达式为“intitle：计算机网络”。

（3）输入检索表达式并获得检索结果，可以阅读片断或全文。

检索实例二：利用 Google 搜索引擎，检索最近一年内教育与科研类网站上发布的有关“信息资源检索”方面的中文 PPT 文档。

本例可以利用 Google 的高级搜索，具体步骤如下：

（1）进入 Google 高级搜索页面。

（2）检索策略。在“与以下字词完全匹配：”文本输入框中输入“信息资源检索”；在语言列表中选择“简体中文”；在地区列表中选择“中国”；在文件类型列表中选择“Microsoft Powerpoint（.ppt）”；在字词出现位置列表中选择“网页标题中”；在网站或域名中输入“edu.cn”。

（3）单击“Google 搜索”按钮，获得搜索结果。也可以通过以下方式来实现，即进入 Google 搜索主页，在输入框中直接输入“allintitle:信息资源检索 site:edu.cn filetype:ppt”检索式，然后单击“Google 搜索”按钮即可。

（4）下载保存检索结果。在记录项上单击鼠标右键，选择“目标另存为...”命令，将该文件下载并保存在本地硬盘的指定目录，随后在指定的目录中可以打开该文件。

检索实例三： 检索关于“全球变暖”的中文学术论文。

本课题检索的主题明确，主要考虑选用哪种检索工具可以取得较好的检索效果。大量的学术论文在互联网上一般存放在各数据库生产商制作的数据库中和论文作者的计算机或机构部门的服务器中。对于前者，可选用 Google 的学术搜索引擎检索；对于后者，可选用百度或 Google 的 PDF 文档（网上的免费学术论文大量是 PDF 格式）搜索功能进行检索。

方法 1：用 Google 的学术搜索引擎（scholar.google.com）检索。

① 析出关键词。关键词为“全球变暖”（不进一步切分）。

② 检索。直接在检索框中输入检索词“全球变暖”，单击“搜索”按钮即得到检索结果。

结果中有的记录来自维普数据库，有的来自万方。如果用户有获取维普和万方全文的权限，顺着链接单击，就可以阅读相关的期刊全文；如果没有权限，也可以根据页面提示，快速支付购买，实现查看全文的目的。

方法 2：用 Baidu 的 PDF 文档检索功能。

① 析出关键词。关键词为“全球变暖”（不进一步切分）。

② 构建检索表达式。检索表达式为“全球变暖 filetype:pdf”。

③ 检索。在百度的检索输入框中直接输入“全球变暖 filetype:pdf”，单击“搜索”按钮即得到检索结果。检索结果略。单击结果中的任何一个链接，均可阅读到该文的全文。

检索实例四： 利用 DogPile 元搜索引擎，查找有关“互联网与哲学（Internet and Philosophy）”方面的网页信息，并将搜索结果按搜索引擎排序显示。

具体操作步骤如下：

（1）通过 http://www.dogpile.com 登录 Dogpile，单击 Dogpile 主页上的“Preferences”链接，进入“Preferences（偏好）”定制页面，在页面的“Results Display”选项中选择“Search Engine”，即检索结果按搜索引擎排序，然后单击“Save Settings”按钮保存定制并回到 Dogpile 主页。

（2）在 Dogpile 主页中单击“Advanced Search”链接，进入其高级检索页面。Dogpile 提供检索的资源类型包括网页（Web）、图像（image）、音频（audio）、视频（video）、新闻（news）、黄页（yellow pages）和白页（white pages）等，本例选择 Web 资源类型，然后在“All of these words”框中输入检索词“Internet and Philosophy”。

如果是将多个词汇作为一个统一的概念，则应该在“The exact phrase”框中输入检索词“Internet and Philosophy”。

（3）单击“Go Fetch!”按钮，Dogpile 开始进行检索并显示检索结果记录的列表，单击检索结果记录中需要详细阅读的记录的网页题名链接，进入相应的页面阅读详细内容。

7.2 免费学术资源

网络免费学术资源是指可以在线免费获得的、具有学术研究价值的信息资源，它能极大地方便网络用户对学术信息的获取，降低科研创作成本。随着广大网络用户对免费学术信息资源日益深入的了解和开发，免费学术信息资源的意义和价值得到了前所未有的凸显。网络免费学术资源归纳起来主要有 4 类：开放存取学术文献、政府出版物、公共版权资源、其他免费资源。

7.2.1 开放存取信息资源

开放存取（Open Access，简称 OA）也称为开放获取。按照布达佩斯开放存取先导计划（Budapest Open Access Initiative，BOAI）中的定义，开放存取是指某文献在 Internet 公共领域里可以被免费获取，允许任何用户阅读、下载、复制、传递、打印、检索、超级链接该文献，并为之建立索引，用做软件的输入数据或其他任何合法用途。用户在使用该文献时不受财力、法律或技术的限制，而只需在存取时保持文献的完整性。对其复制和传递的唯一限制，或者说版权的唯一作用应是使作者有权控制其作品的完整性及作品被准确接受和引用。

开放存取是一种新的学术文献出版和学术交流方式，具有 4 个方面的特点：①数字化；②网络存档；③免费，几乎没有授权的限制；④使用者以免费方式存取信息，作者保留被存取之外的权利。其类型包括开放存取期刊（Open Access Journals）、开放存取图书（Open Access Books）、开放存取课件（Open Access Courseware）、开放存取学位论文（Open Access Thesis）、开放存取会议论文（Open Access Conference），以及学术机构收藏库（Repository）、电子印本资源（e-Print）等。

1. 开放存取期刊（Open Access Journals）

开放存取期刊（OA 期刊）是一种经同行评审、免费获取的网络型电子期刊。它与传统期刊的区别不在于期刊的载体是纸本还是电子，而在于对期刊的访问方式和访问权限。开放存取期刊提倡的是用户利用 Internet 可以不受限制地访问期刊论文全文。其出版模式较其他类型期刊有很大不同，编辑评审出版以及资源维护的费用不是由读者而是由作者本人或主办机构承担。开放存取期刊有两种形式：一种是传统期刊的开放存取化，另一种是网络版开放存取期刊。

据 ISI 发布的相关报告显示，开放存取期刊的种数按学科领域最多的为医学、生命科学，其次是物理、工程技术与数学、化学，而社会科学和人文科学较少，增长也比较缓慢。下面介绍几种主要的开放存取期刊。

（1）DOAJ（http://www.doaj.org）。DOAJ 是由瑞典隆德大学图书馆（Lund University Libraries）主办、OSI 和 SPARC 协办的一份开放存取期刊目录检索系统。DOAJ 目前免费提供 8426 种期刊的篇目检索和 4166 种期刊的全文检索，收录论文 93 万多篇（数据截至 2012 年 12 月），是 OA 资源中最有影响的热点网站之一。学科范围涵盖农业与食品科学、生物与生命科学、商业与经济学、化学、健康科学、语言与文学、数学与统计学、物理与天文学、技术与工程学、一般工程、艺术与建筑学、地球与环境科学、历史与考古学、法律与政治学、综合类目、哲学与宗教学、社会科学等 17 个主题。提供刊名浏览（Browse by title）和主题浏览（Browse by subject）两种浏览方式和期刊名检索（Search journals）、论文检索（Search articles）两种检索方式。

（2）HighWire Press（http://highwire.stanford.edu）。HighWire Press 是全球最大的学术文献出版商之一，于 1995 年由美国斯坦福大学图书馆创立，自称拥有全球最大的免费全文学术文献库。数据库目前已收录电子期刊超过 1700 种，学科范围覆盖生命科学、医学、物理学、社会科学等，在免费注册之后即可使用。

（3）FreeFullText（http://www.freefulltext.com）。FreeFullText 提供 7000 多种网上可以免费获取全文的学术期刊的链接，内容涉及医学、生物学、农业、计算机、物理、数学、教育等学科领域。FreeFullTex 只收录免费提供全文的期刊，一旦期刊停止提供免费全文服务，

FreeFullText 将把其从列表中去除。FreeFullText 可以用来补充图书馆的馆藏资源，有助于用户查找免费的全文信息。

（4）美国科学公共图书馆（http://www.plos.org）。美国科学公共图书馆（The Public Library of Science，PLoS）是一个有代表性的 OA 计划。它成立于 2000 年 10 月，是一个致力于使世界科技和医学文献成为可免费存取的公共信息资源的非营利组织，出版了 8 种生命科学与医学领域的期刊，用户可以对单本期刊进行浏览或对 PLoS 期刊进行文献检索。

（5）DOAR（http://www.opendoar.org）。开放存取知识库名录（the Directory of Open Access Repositorie）是 2005 年 2 月由英国诺丁汉大学与瑞典隆德大学合作开发，由 OSI、JISC、CURL 和 SPARC 欧洲部等机构资助，对各领域的开放存取知识库进行记录和分类，专门提供综合权威的机构知识库、学科资源库等资源的目录列表，用户可以通过知识库的地点、类型、收藏资料等方式检索使用这些知识库。DOAR 既适合那些希望在专门的知识库中查找原始研究论文的用户使用，也适合如搜索引擎等服务第三方使用，根据 2007 年 5 月的资料表明，在 DOAR 注册的机构知识库有 986 个。

（6）汉斯开源期刊（http://www.hanspub.org）。汉斯出版社是一家国际综合性开源学术期刊出版机构，目前已有国际开源中文期刊 50 余本，所有期刊都是开源的，可以免费下载。期刊已被国际知名 DOAJ 开源数据库以及中国万方、维普数据库收录。读者可随时随地免费下载所有期刊全文，无并发户限制，所有期刊均回溯至创刊。

（7）BioMed Central（http://www.biomedcentral.com）。BioMed Central（BMC）是英国伦敦生物医学中心最重要的开放存取杂志出版商之一，目前出版 140 多种生物学和医学方面的开放存取期刊，范围涵盖了生物学和医学的所有主要领域的 57 个分支学科。BMC 大多数期刊发表的研究文章即时在 PubMed Central 存档并进入 PubMed 的书目数据库，方便读者检索与浏览全文。BMC 系统提供简单检索和高级检索两种检索方式，简单检索提供主题词、作者、期刊名称等检索字段。

（8）J-STAGE（http://www.jstage.jst.go.jp）。J-STAGE（Japan Science and Technology Information Aggregator，Electronic，日本电子科技信息服务）向全世界即时发布日本科学技术研究的杰出成果和发展，它出版的期刊涉及各个学科领域。该系统不仅包括期刊，还有会议文献、报告。文献多为英文，少数为日文。截止至 2013 年 1 月 5 日，收录文献共 1725 种（其中期刊 1 597 种，会议录 128 种），全文 2 455 188 篇。

（9）PubMed Central（http://www.ncbi.nlm.nih.gov/pmc）。PubMed Central（PMC）是美国国立卫生研究院（National Institutes of Health，NIH）与美国国立医学图书馆（National Library of Medicine，NLM）联合建立的一个生命科学期刊文献全文免费检索系统。PMC International 是一个致力于促进国际间资源共享的合作项目，已有英国、加拿大两国的 PMC 加入，通过同一个检索系统实现数据共享。截至 2013 年 1 月 5 日，系统共收录 1201 种全文期刊，247 种 NIH 公文，1924 种部分存取期刊，共 26 000 000 多篇全文。

（10）SciELO（http://www.scielo.br）。SciELO 提供了 230 多种巴西网络版科技期刊，可以通过刊名字顺、学科主题和期刊名称 3 种方式查找期刊，可按作者或主题浏览论文，也支持高级检索功能。论文全文为葡萄牙语或者英语。

2. 开放存取图书（Open Access Books）

（1）Google 图书（http://book.google.com.hk）。谷歌公司于 2004 年启动了一个项目，旨

在对全球大学图书馆藏书进行数字化扫描，打造世界最大的数字图书馆。目前已扫描了来自全球各地图书馆和出版商的近千万种图书，并对读者提供免费预览。

（2）The National Academies Press（http://www.nap.edu）。NAP 是美国国家科学院下属的学术出版机构，主要出版美国国家科学院、国家工程院、医学研究所和国家研究委员会的报告，内容涵盖环境科学、生物学、医学、计算机科学、地球科学、数学和统计学、物理、化学、教育等诸多学科领域。根据 NAP 的政策，来自发展中国家的访问者在注册之后可以免费下载超过 600 本图书的 PDF 全文。

（3）eScholarship Editions（http://www.escholarship.org/editions）。由加州大学数字图书馆（California Digital Library）创立，目前有近 2000 种电子图书向加州大学师生开放，其中 500 多种可供公众免费在线阅读，内容涵盖艺术、科学、历史、音乐、宗教等学科领域。

（4）Project Gutenberg（http://www.gutenberg.org）。这是世界上最早的一个电子图书项目，目前通过其主站点可以免费在线浏览、下载超过 3 万种电子图书。

（5）其他。

① The Online Books Page（http://onlinebooks.1ibrary.upenn.edu）。

② Free-eBooks（http://www.free-ebooks.net）。

③ ManyBooks（http://manybooks.net）。

④ FreeBookSpot（http://www.freebookspot.in）。

⑤ FreeComputerBooks（http://freecomputerbooks.corn）。

⑥ FreeTechBooks（http://www.freetechbooks.com）。

⑦ OnlineFreeEBooks（http://www.onlinefreeebooks.net）

3. 开放存取课程（Open Access Courseware）

开放存取课程是教育学术机构及其成员建立的教育资源库，一门课程一般包括教学大纲、教学日程、讲义、参考读物、实验、作业、考试等内容，有些课程也包括实时录音和视频资料，全世界的教学人员和学习者都可以免费使用这些资源，以创新和发展教育，但课程资源提供方不负责安排与教师的联系和见面事宜，也不提供学分和学位。

（1）中国开放教育资源协会（http://www.core.org.cn）。中国开放教育资源协会（China Open Resources for Education，CORE）成立于 2003 年 10 月，是非营利机构，是一个以部分中国大学及全国省级广播电视大学为成员的联合体。CORE 网站使用汉语和英语，包括工科、理科和人文社会科学多个学科，分国外开放课程和中国精品课程两部分内容。国外开放课程主要是选择性地引进以美国麻省理工学院为代表的国外大学的优秀课件，并组织专家或志愿者进行课件的汉语翻译。中国精品课程主要是我国教育部评选的国家精品课程资料，并组织专家将部分课程资料翻译成英文。该平台还提供视频课程及与教学有关的开源工具等。

（2）国家精品课程资源网（http://www.jingpinke.com）。该网站是由国家教育部主导推动的国家级精品课程集中展示平台。网站汇集了海量国内外优质教学资源，博览全球众多高校、企业的开放课程，拥有来自 2 000 多所国内高校的注册会员，目前已形成国内覆盖学科、专业最完整，课程资源数量最大的教学资源库，并初步建成了适合各类优质教学资源存储、检索、运营的共享服务平台。课程内容涵盖全国本科和高职院校的各级精品课程、国家精品课程名师主讲的精品课程建设培训课程、欧美亚高等学府的 4 000 多门开放课程、国内外知名企业优质课程。课程按学科、专业分类展示，检索方式多样化，便于广大师生快捷地浏览课程、共享与交流。

（3）爱课程（icourse）（http://www.icourses.cn/home/）。爱课程网是中国大学视频公开课和中国大学资源共享课的共享展示平台，提供完备的互动交流和在线学习功能，构建以课程为核心的在线学习社区。网站运营实行网络信息实名登记制度，用户需要使用有效身份证件注册并经过身份认证，成为实名用户。课程建设团队的全部教师必须进行实名登记。游客和非实名注册用户仍可浏览课程，但所获取的服务与实名用户存在明显差异。

中国大学视频公开课自 2011 年 11 月 9 日首批上线以来，已经有 266 门课程陆续上线供公众共享，以提升在校大学生和社会大众科学文化素质水平为重点。中国大学资源共享课首批 120 门课程于 2013 年 6 月 26 日正式通过爱课程网向社会大众免费开放，以量大面广的高校公共基础课、专业基础课和专业核心课为重点，涵盖了理学、工学、文学、法学、经济学、教育学等 10 个学科门类，共享资源总数达到 31985 条，优质课程特色鲜明，比如有华南理工大学的《建筑设计基础》，南开大学的《大学语文》，中央财经大学的《金融学》等，为高校师生和社会学习者提供运用现代信息技术加工处理后的反映课程教学思想、教学内容、教学方法、教学过程的核心资源，不仅有课程全程教学录像，还包括课程介绍、教学大纲、教学日历、教案或演示文稿、重点难点指导、作业、参考资料目录等教与学活动必需的基本资源。

（4）MIT OpenCourseWare（http://ocw.mit.edu）。美国麻省理工学院开放课程（MIT OpenCourseWare，MIT OCW），由麻省理工学院开发并维护，用以发布该校本科生和研究生的课程资料，2007 年增加高中课程资料内容，目前网站提供 2000 多门课程的相关课件，包括讲义笔记、课程提纲、教学日程、阅读书目和专业课程分配表等内容。数据全文是英语，通过主页可以链接到中文等其他语种的翻译资料页面。MIT 课件可免费使用、复制、分享、翻译和修改，但仅限于非商业化的教学目的。

（5）World Lecture Hall（http://web.austin.utexas.edu/wlh）。由美国 Texas 大学创建于 1994 年，收录了世界范围内各个不同学科领域的课程，提供的资料包括课程进度表、书目、作业设置、多媒体教材等。

（6）Japan OCW（http://www.jocw.jp）。JOCW 目前有大阪大学、庆应义塾大学、东京大学、早稻田大学等 23 个正式成员（大学），除了提供网页和文本课件之外，还有不少大学将教师的讲课录制下来，利用 Podcast（播客）进行发布。

（7）开放课程计划（http://www.myoops.org）。开放课程计划（Open CourseWare Prototype System）主要致力于将世界上优秀的开放式课程翻译成中文，目前主要是将英文、日文的 OCW 翻译成繁体中文和简体中文。英文课程来源有麻省理工学院、约翰霍普金斯大学、犹他州立大学等的开放式课程，日文课程来源有大阪大学、京都大学、庆应大学、东京工业大学、东京大学、早稻田大学等的开放式课程。网站使用繁体中文和简体中文，包括工科、理科和人文社会科学多个学科。

4. 开放存取学位论文（Open Access Thesis）

（1）GCDS 全球名校学位论文整合服务系统（http://fods.gytec.net）。GCDS 是国内首家运作国外 OA 学位论文的数据库，收录了 2000 年至今欧美国家 50 余所院校 26 万余篇高质量的博硕士学位论文，覆盖农业与生物、工程与技术、人文与社科、医药卫生、自然科学五大学科范围。GCDS 融入中文检索理念，提供中文检索界面，检索手段包括双语检索、快速检索、高级检索、论文导航等，通过参考译文、母语浏览等多种途径全方位提高对外文的理解速度，有效提升外文资源的利用效果。

（2）香港大学论文库（http://sunzi1.lib.hku.hk/hkuto/index.jsp）。该库收录了1941年以来的20 163篇港大授予的硕士和博士论文，包含艺术、人文、教育、社会科学、医学和自然科学各学科。大部分论文都是与中国香港有关的研究论文。该数据库的论文主要为英文论文，部分为中英双语，部分为只用中文写成，用户可以按照论文题目、作者检索，也可按照学位、学科检索。

（3）The Networked Digital Library of Theses and Dissertations（http://www.ndltd.org）。NDLTD是美国国家自然科学基金的一个网上学位论文共建共享项目，利用 Open Archives Initiative（OAI）的学位论文联合目录，目前含全球70多家机构会员，学位论文多数有全文。

（4）其他开放存取学位论文的网站。

① MIT Theses（http://1ibraries.mit.edu/mit-theses）。

② DIVA Portal（http://umu.diva-portal.org）。

③ 诺丁汉大学电子学位论文（http://etheses.nottingham.ac.uk）。

5. 开放存取会议文献（Open Access Conference）

（1）中国学术会议在线（http://www.meeting.edu.cn）。该网站是经教育部批准，由教育部科技发展中心主办，面向广大科技人员的科学研究与学术交流的信息服务平台，利用现代信息技术手段，实施学术会议网上预报及在线服务、学术会议交互式直播/多路广播和会议资料点播三大功能，为用户提供学术会议信息预报、会议分类搜索、会议在线报名、会议论文征集、会议资料发布、会议视频点播、会议同步直播等服务。其中的“会议检索”提供了多种实用的检索入口，如可按世界著名的三大检索工具EI、SCI、ISTP收录的核心期刊名称检索和按学科检索等。

（2）中国电子信息科技文献数据库（http://lunwen.cnetnews.com.cn）。该数据库由中国电子学会主办，CNET科技资讯网承建。目前分为会议论文库、期刊论文库和公众文献库，文献数量数万篇。采用搜索引擎的形式，方便读者查询。

（3）ASEE Proceedings（http://www.asee.org/conferences）。这是美国工程教育学会（American Society for Engineering Education）网站，可检索或浏览该学会1996年以来的所有会议文献。

（4）Science Conference Proceedings（http://www.osti.gov/scienceconference）。该网站由美国能源部（DOE）科技信息局维护，主要收集一些专业学会和国家实验室的会议文献，学科包括粒子物理、核物理、化学、石油、航空航天、气象、工程、计算机、电力等。

6. 开放存取机构收藏库（Open Access Repository）

（1）MIT Dspace（http://dspace.mit.edu）。该网站是用Dspace软件开发的一个数字化学术成果存储与交流知识库，收录麻省理工学院教学科研人员和研究生提交的论文（包括已发表和待发表）、会议论文、预印本、学位论文、研究与技术报告、工作论文和演示稿全文等。

（2）香港科技大学机构收藏库（http://repository.ust.hk）。该库收录了本校教学科研人员和博士生提交的论文（包括已发表和待发表）、会议论文、预印本、博士学位论文、研究与技术报告、工作论文和演示稿。

（3）厦门大学学术典藏库（http://dspace.xmu.edu.cn/dspace）。厦大学术库（XMUIR）主要用来存储厦门大学教学和科研人员的具有较高学术价值的学术著作、期刊论文、工作文稿、会议论文、科研数据资料，以及重要学术活动的演示文稿等。

（4）Cambridge Dspace（http://www.dspace.cam.ac.uk）。这是剑桥大学图书馆与计算机服

务中心合作，加入MIT的Dspace联盟项目建立的Dspace@Cambridge存储库，用于存储剑桥大学图书馆自己数字化的资料和本校其他机构产生的数字资源，如学术交流资料（论文和预印本）、学位论文、技术报告、各个学部和大学档案等，以不同的格式（如多媒体、交互式课件、数据集、数据库等）形式存储。

（5）eScholarship Repository of California University（http://repositories.cdlib.org/escholarship）。这是美国加州大学研究成果的收藏库，是其数字图书馆电子学术（eScholarship）项目的一部分，所采用的管理系统来自Berkeley，可按不同学校浏览和检索资源。

7. 电子印本系统（e-Print Archive）

电子印本（e-Print）指以电子方式复制学术文献，一般包括预印本（Preprints）和后印本（Postprints）。预印本是指科研人员在其研究成果未在正式出版物上发表之前，出于和同行交流目的，自愿先在学术会议上或通过互联网发布的科研论文、科技报告等文献。后印本是指内容已经经过出版部门审核达到出版要求的文献。

（1）中国预印本服务系统（http://prep.istic.ac.cn/eprint）。该系统是中国科学技术信息研究所与国家科技图书文献中心联合建设的以提供预印本文献资源服务为主要目的的实时学术交流系统，是国家科学技术部科技条件基础平台项目的研究成果，于2004年3月18日正式开通服务，学科范围涵盖自然科学、农业科学、医药科学、工程与技术科学、图书馆、情报与文献学等。该系统由国内预印本服务子系统和国外预印本门户（SINDAP）子系统构成。国内预印本服务子系统主要收藏国内科技工作者自由提交的预印本文章，可以实现二次文献检索、浏览全文、发表评论等功能。国外预印本门户子系统由中国科学技术信息研究所与丹麦技术知识中心合作开发完成，实现全球预印本文献资源的一站式检索，用户只需输入检索式一次即可对全球知名的16个预印本系统进行检索，并可获得相应系统提供的预印本全文。

（2）arXiv（http://arxiv.org）。该库是美国国家科学基金会和美国能源部资助，于1991年8月由美国洛斯阿拉莫斯（LosAlamos）国家实验室建立的一个电子预印本文献库。2001年后转由美国康奈尔大学进行维护和管理，是世界上最大的电子预印本库。数据库内容涵盖物理、数学、非线性科学、计算机科学、数量生物学、数量金融学、统计学7个学科，我国在中科院理论物理研究所设有镜像站点，网址为http://cn.arxiv.org。

（3）奇迹文库（http://www.qiji.cn）。该库是由一群中国年轻的科学、教育与技术工作者创办的非营利性质的网络服务项目，其目的是为中国研究者提供免费、方便、稳定的ePrint平台，并宣传提倡开放共享理念。该库专门收录中文原创研究文章、综述、学位论文、讲义及专著（或其章节），同时也收录作者以英文或其他语言写作的资料。目前奇迹电子文库设有数学、物理学、化学、材料科学、生命科学和计算机科学等学科。

（4）中国科技论文在线（http://www.paper.edu.cn）。它是教育部科技发展中心建立的一个电子印本系统，旨在为科研人员提供一个方便、快捷的交流平台，提供及时发表成果和新观点的有效渠道，从而使新成果得到及时推广，科研创新思想得到及时交流。论文的专业领域涉及数学、物理学、天体物理与空间科学、化学与化学工程、地球科学、农业与生物学、生命科学、健康与医学、药物与毒理学、工程、能源与技术、环境科学与工程、力学、材料科学、计算机科学与信息技术、经济学与商务管理、其他学科及交叉学科等。它除提供在线论文发表及本站论文检索功能以外，还提供诸如名家精品、获奖论著、科技期刊、期刊预印论文及国内外著名信息资源库的介绍和链接。

（5）CogPrints（http://cogprints.org）。它是由英国南安普敦大学电子与计算机系开发的认知科学开放存储库，收录包括生物学、计算机科学、神经科学、语言学、医学、人类学、数学、哲学、心理学、社会科学等学科领域相关期刊论文或作者自己的学术研究。

（6）e-Print Network（http://www.osti.gov/eprints）。它是由美国能源部科技信息局建立的电子印本档案搜索引擎，可供检索存放在学术机构、政府研究实验室、私人研究组织以及科学家和科研人员个人网站的 e-Print 资源。

7.2.2 免费学术资源搜索引擎

免费学术资源的数量不断增加，质量不断提高，逐渐引起了图书馆界的重视。但是，这些免费学术资源分散多处，其登记也缺乏一个完整的机制，因而目前对其获取主要借助于一些搜索引擎，常用如 Socolar、Oaister、Scirus、Google Scholar 等。

1. Socolar（http://www.socolar.com）

Socolar 是目前全球最大的开放存取学术资源专业服务平台，是由中国教育图书进出口公司历时 4 年自主研发的开放存取资源一站式服务平台。用户通过 Socolar 可以检索到来自世界各地、各种语种的重要开放存取资源，并提供开放存取资源的全文链接，内容涵盖医药卫生、人文社科、经济、生命科学、工业技术等 18 个学科。目前该网站收录 11 739 种开放存取期刊，约 1350 万篇文章；收录 1048 个开放存取机构仓储，约 1039 万篇文章，数据每日更新。它提供初级检索、高级检索以及浏览。

2. OAIster（http://www.oaister.org）

OAIster 是美国密执安大学数字图书馆制作服务部主办，提供电子图书、电子期刊、录音、图片及电影等数字化资料的一站式检索的门户网站。OAIster 目前拥有来自全球 1100 个资源提供者的 2500 余万条记录，涉及农业、天文、生物、化学、计算机科学、地球科学、生态学、工程、医学、数学、物理和经济学等众多学科领域，提供电子图书、电子期刊、录音、图片及电影等数字化资料，数据每周更新。标引对象包括美国国会图书馆美国记忆计划、各类预印本及电子本文献服务器、电子学位论文、机构收藏库等，可按关键词、题名、创作者、主题或资源类型检索。检索结果含资源描述和该资源链接地址。

3. 微软学术搜索（http://academic.research.microsoft.com）

微软学术搜索（Microsoft Academic Search）是微软亚洲研究院开发的在线免费学术搜索引擎。早在 2006 年，微软就开发出了类似谷歌学术搜索的 Windows Live Academic Search，后来发展成今天的微软学术搜索。微软学术搜索 2009 年 11 月发布 Beta 版，后来不断更新，有很多新的应用。微软学术搜索涉及全学科领域，有 3600 万多条学术资源。它能提供学术会议预告、合作者关系图、引用图、学术领域等。

4. BASE（http://www.base-search.net）

BASE 学术搜索引擎是德国比勒费尔德（Bielefeld）大学图书馆开发的一个多学科的学术搜索引擎，提供对全球异构学术资源的集成检索服务。截至 2013 年 7 月 25 日，BASE 学术搜索引擎整合了全球范围内的 2647 个开放存取信息资源来源的 49 271 345 份文档。

5. OA 图书馆（http://www.oalib.com）

OA 图书馆是 Open Access 图书馆的简称。OA 图书馆致力于让中国人可以免费获得高质量的文献。该图书馆最早提供了很多 OA 数据库和资源，但是由于资源比较分散并且数据库存储格式不统一，利用起来非常不方便。在此基础上，OA 图书馆利用 Google 的搜索技术建立了 OA 内容的搜索，可以很方便搜索近 6000 多种期刊资料和 5000 多个 Open Access 的数据库资源。OA 图书馆主要分为两个部分，第一部分是 OA 资源（包括预印本资源、OA 期刊库、OA 电子课件、OA 机构存储库，OA 期刊等）和 OA 新闻（OA 基本知识和国内外最新的 OA 新闻）；第二部分是 OA 内容搜索（整合 OA 资源，方便使用者免费查找）。

6. Scirus（http://www.scirus.com）

Scirus 由爱思唯尔科学公司（Elsevier Science）于 2001 年推出，是互联网上最全面、综合性最强的科技文献搜索引擎之一。Scirus 收录了超过 4.5 亿条科学信息，研究人员在其中不仅能搜索到期刊内容，还能找到科学家的个人主页、课件、预印本资源、专利、机构库和网站信息等。它的学科领域以自然科学为主，也有部分社科资源，如经济学、商业、管理、语言文字学、法学、社会与行为科学、心理学、社会学等。Scirus 的检索界面友好，简洁方便，提供基本检索和高级检索两种方式，可利用期刊名称、文章题目、作者、关键词、ISSN、作者联系方式等检索，部分可利用 URL 进行检索。

7. WorldWideScience（http://www.WorldWideScience.org）

全球科学门户网站（WorldWideScience）由美国能源部、大英图书馆和其他 8 个参与国在华盛顿于 2007 年 6 月 22 日共同开启，可以为普通市民、研究人员及任何对科学感兴趣的人提供科学信息的搜索入口，以便他们能够轻松访问那些使用普通搜索技术不能访问的网站。

8. ipl2（www.ipl.org）

ipl2 启动于 2010 年 1 月，由美国德雷塞尔大学的信息科学与技术学院主办，是一个公共服务机构和学习及教学的网络平台。ipl2 由互联网公共图书馆（Internet Public Library，IPL）与图书馆员的互联网索引（Librarians'Internet Index，LII）合并而成，提供上万种经过图书馆员选择和评价的可检索的网络信息资源。

9. BUBL LINK（http://bubl.ac.uk/link）

英国的图书馆公告板网络化知识库（Bulletin Board for Libraries，Libraries of Networked Knowledge）提供的信息资源是经过选择、评价、编目和描述的，其收录的资源类型包括参考书目、传记、书店名录、词典、姓名地址录、邮件列表、参考数据、文档、词表、图书及文本、散文、导航指南、教学资料、期刊、期刊列表、杂志列表、诗歌、会议录等。

10. WorldCat（http://www.worldcat.org）

WorldCat 是由联机计算机图书馆中心（OCLC）组织世界上 1 万多个图书馆参加的全球联合编目数据库。读者可以搜索书籍、期刊、光盘等的书目信息和馆藏地址。

7.2.3 学科信息门户

学科门户网站，也称为主题门户、学科信息门户（Subject Based Information Gateways）或主题网关（Subject Information Gateway，SIG），是针对特定学科或主题领域，按照一定的资源选择和评价标准、规范的资源描述和组织体系，对具有一定学术价值的网络资源进行搜集、选择、描述和组织，并提供浏览、检索、导航等服务的专门性信息网站或网页。学科门户网站自 20 世纪 90 年代中期开始萌芽，最初为以浏览为主的学科信息导航系统，经过不断深化，逐渐发展为以检索为主的学科搜索引擎或浏览和检索相结合的学科信息门户等多种形式，是用户网上检索相关专业领域信息的一种重要资源。下面介绍目前国内外比较有影响的几个学科门户网站。

1. WWW 虚拟图书馆（http://vlib.org）

WWW 虚拟图书馆又称万维网虚拟图书馆，是万维网上最早的目录体系，由 HTML 和 Web 的创始人 Tim Berners-Lee 创建。不同于其他商业化的编目组织，它由一个松散组合的志愿者联盟运行并维护，联盟中的每一位成员负责他所擅长的领域的网页编目工作。目前，这一大型虚拟图书馆的数据库由 312 个独立建立和维护的分支虚拟图书馆组成，其维护者大多是某一学科领域的科研单位或专家，由他们建立的网页索引资源放置在遍布全球的成千上万个服务器上，而链接这些网页、提供同一检索界面的一套目录网页及其数据库则由 http://vlib.org 站点负责维护。通过不断征集和开发新站点，向更多分支单位开放，WWW 虚拟图书馆的学科覆盖范围日益增大，覆盖自然科学与人文社会科学的各个领域，已成为以英语为主要语种的大型学术性网络信息资源指南。系统提供分类浏览和主题检索两种查询信息的方式，其主页如图 7-2 所示。

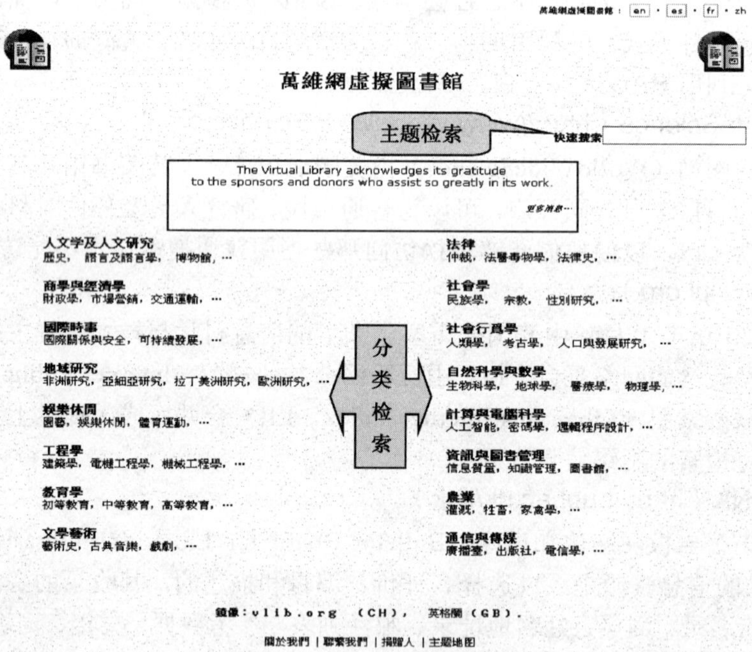

图 7-2 The WWW Virtual Library 主页

2. 信息矿藏 INFOMINE（http://infomine.ucr.edu）

信息矿藏始建于 1994 年，由加利弗尼亚大学、威克福斯特大学、加利弗尼亚州立大学、底特律—麦西大学等多家大学或学院的图书馆联合建立，目前的合作伙伴已包括加州所有院校及斯坦福等著名学府，是最早的网上虚拟图书馆。它拥有电子期刊、电子图书、公告栏、邮件列表、图书馆在线目录、研究人员人名录以及其他类型的信息资源 12 万多个，是一个优秀的学术信息门户网站。INFOMINE 以高质量的学术、教育资源取胜，成功地将图书馆加工技术用于网络资源组织，根据研究性大学的需求，重点选择学术性网络资源，涵盖内容广泛，覆盖信息量大，共有 100 000 个学术信息资源网络链接点，按学科主题和资源类型划分为多个数据库。它的检索功能包括基本检索、高级检索和浏览 3 种方式。

3. 社会科学信息门户（http://www.sosig.ac.uk）

社会科学信息门户（The Social Science Information Gateway，SOSIG）致力于为社会科学、

商业、法律和人力资源领域内的研究者和实践者提供可靠的、经过挑选的、高质量的免费网络信息。它是英国“资源发现网”（The UK Resource Discovery Network）的组成部分。SOSIG首先是通过搜索引擎获取同社会科学有关的网页，在此基础上由图书馆员、学科专家进行挑选、分析和编目形成导航数据库。收录信息包括：电子期刊、数字化图书、报告和论文、学术邮件列表、教育类软件、数据库、电子杂志、数据集、学术机构主页、参考文献、常用问题集和用户新闻组等。网站提供分类浏览和主题检索两种方式。

4. 中国科学院国家科学数字图书馆学科信息门户

中国科学院国家科学数字图书馆（CSDL）是国内系统建设学科门户网站的数字图书馆项目，按学科大类组建，通过学科专家对相关学科的核心、稳定和持续的网上学科信息资源进行分析、选择和整理，为用户提供权威的网络学科资源导航。建设的门户分为两种类型，一种为学科门户，包括化学、生命科学、资源和环境科学、物理和数学、图书情报等学科；另一种为专题门户网站，包括微生物、青藏高原、长江流域生态和环境、天然产物和天然药物、科技政策、中国种子植物、新生传染性疾病专题、专利信息、海洋科学、自然科学史等特色门户。

5. 国家科技图书文献中心（NSTL）热点门户

NSTL 热点门户是国家科技图书文献中心组织建设的一个网络信息资源门户类服务栏目，其目标是针对当前国内外普遍关注的科技热点问题，搜集、选择、整理、描述和揭示互联网上与之相关的文献资源、机构信息、动态与新闻以及专业搜索引擎等，面向广大用户提供国内外主要科技机构和科技信息机构的网站介绍与导航服务，帮助用户从总体上把握各科技热点领域的发展现状、资源特色与信息获取途径。NSTL 的热点门户于 2005 年启动，对全国用户免费开放，目前提供服务的热点门户包括以下领域：纳米科技、认知科学、食物与营养、艾滋病预防与控制、汽车科技、汽车电子、物流、塑料、环保科技、海洋生物技术、可再生能源、水资源可持续利用、节水农业、农业立体污染防治、工业控制与自动化、机床、低压电气。NSTL 热点门户对全国用户免费开放。

6. CALIS 重点学科网络资源导航库（http://navigation.calis.edu.cn/cm/）

2000 年 4 月，中国高等教育文献保障系统（CALIS）启动了“重点学科网络资源导航库”项目，目的是将互联网中相关重点学科的最优秀网络资源提供给读者，帮助高校科研人员快速、准确地获取所需信息。“十五”期间共有 54 个图书馆参加，完成了 217 个重点学科的导航库建设，基本覆盖了我国高校主要重点学科。导航库提供快速检索、高级检索、分类浏览、分类检索四种检索方式，确保用户查找信息快速准确。

7. 丁香园（http://www.dxy.cn）

丁香园生物医药科技网成立于 2000 年 7 月 23 日，自创办以来一直致力于为广大医药生命科学专业人士提供交流平台，是国内规模大、受专业人士喜爱的医药行业网络传媒平台。

8. 材料复合新技术信息门户（http://atmsp.whut.edu.cn）

材料复合新技术信息门户由材料复合新技术国家重点实验室资助，武汉理工大学图书馆于 2003 年 3 月创建完成，其服务对象是该学科的科研、教学和学习人员。建设的目标是建立本学科领域信息资源和信息服务的门户网站，提供权威和可靠的信息导航，整合文献信息资源系统及其检索利用，并逐步支持实现定题服务、个性化定制的开放机制。

9. 数字图书馆研究资源门户（http://www.libnet.sh.cn/sztsg）

网站由上海图书馆主办，是国内最早的学科信息门户之一，其前身是建立于 1999 年的“数字图书馆资源总汇表”。

10. 微网（http://www.mwtee.com/forum.php）

微网是天线技术门户社区，也是工程技术研发社区，号称中国最纯净的微波社区。

11. 中国无线门户（http://www.Anywlan.com）

中国无线门户成立于 2003 年，是中国最早建立的专业无线网站，以“Anywhere WLAN！AnyTime WLAN！随时随地无线”为目标，致力于推动中国无线技术的普及。

7.2.4 学术论坛

学术论坛是提供资源检索、资源互助、学术交流的网络平台。

1. 小木虫（http://www.emuch.net）

小木虫创建于 2001 年，是学术信息交流性质的综合科研服务个人网站，管理团队致力于把它打造成国内学术科研第一网站，为中国学术科研免费提供动力。该网站内容涵盖化学化工、生物医药、物理、材料、地理、食品、理工、信息、经管等学科，除此之外还有基金申请、专利标准、留学出国、考研考博、论文投稿、学术求助等实用内容。

2. 中国学术论坛（http://www.frchina.net）

中国学术论坛网是中国最大的学术类门户网站之一，倡导学术自由、知识共享、观念互动、智慧普世。该论坛围绕中外重大学术、思想话题，定期组织实施特别的研究项目、讨论话题，并且独立、公正、无偿协助其他研究机构和个人开展学术研讨活动，及时发布活动成果。中国学术论坛目前开设有 30 多个主要栏目，拥有中外知名教授、学者、专家和注册会员 1 000 多名。

3. CNKI 学术论坛（http://kbs.cnki.net/forums/Index.aspx）

CNKI 学术论坛于 2006 年 10 月 8 正式开通，主要围绕科学技术发展状况、学术前沿动态、展望未来发展趋势、交流新的学术思想和方法、分析新学科的生长点以及交叉学科的新问题、推广最新学术成果、介绍学术会议信息等讨论话题，让网友发表各自的学术观点和学术成果，寻求疑难问题的解答。论坛版块主要分为两类，即学科分类讨论区和综合讨论区。学科分类讨论区根据人文社会科学、自然基础科学、工程技术科学分为 10 大专辑版块，169 个主题论坛；综合讨论区目前有 8 个版块，包括自由讨论区、创业百味、考博信息交流等。

4. 维普学术论坛（http://bbs.cqvip.com）

维普学术论坛内容涵盖了医药卫生、工程技术、社会科学、自然和论文写作、文献检索等领域。

5. 学问社区（http://www.51xuewen.com）

学问社区成立于 2007 年 10 月，致力于成为一流的学术人群教学科研交流平台。学问社区以用户实名制为基础，为学术人群提供互动主页、博客、小组、科学软件、资源、问答等互助共享平台，满足学术人群对交流、资源、软件、个人展示服务等多方面的需求。

6. 三维网（http://www.3dportal.cn）

三维网成立于 2006 年 2 月，是机械技术类论坛型网站，内容涉及机械设计行业各个方面，努力营造技术讨论氛围和专业资料储备的建设，论坛会员如今已过百万。

7. 海川化工论坛（http://bbs.hcbbs.com）

海川化工论坛是一个非营利、纯学术性的工程技术交流网站，自 2004 年 8 月创办以来秉承共同学习、共同提高的原则，致力于成为化工人最好的技术信息交流平台。该论坛按专业划分有化工工艺、机械设备、公用工程、煤化工、石油化工、化肥、自动化、电气、土建等多个分区。

8. 人大经济论坛（http://www.pinggu.org/bbs/index.php）

人大经济论坛依托中国人民大学，成立于 2003 年，目前已经发展成为国内最大的经济、管理、金融、统计类在线教育和咨询网站，也是国内最活跃和最具影响力的经济类网站。

9. 百慕社区（http://bbs.biomsn.com）

百慕社区以医药生物为立坛之基，以生命科研为服务导向。侧重医学、药学、生物技术、生物软件和生物资源等方面的交流，为广大从事生物（或生命）研究的人员提供优良的共享平台。

10. 其他综合性学术论坛

（1）卓虎学术资源网（http://www.zohu.cn/bbs）。
（2）鸭绿江学术论坛（http://forum.e2002.com）。
（3）零点花园 （http:// www.soudoc.com/bbs）。
（4）愚愚学园（http:// www.yuyucollege.cn）。
（5）萍萍家园（http://www.pet2008.cn）。
（6）科学网论坛（http://bbs.sciencenet.cn）。
（7）诺贝尔学术资源网（http://www.i-nobel.com/bbs/index.php）。
（8）网上读书园地论坛（http://www.readfree.net/bbs/index.php）。
（9）中国化学化工论坛（http://www.ccebbs.com）。
（10）博士数学论坛（http://www.math.org.cn）。
（11）数学中国—数学建模（http://www.madio.net）。
（12）阳光石油论坛（http://www.sunpetro.cn/index.php）。

7.3 RSS 信息的获取

有没有一种技术，让我们足不出户，就可以领略大千世界的无限精彩？有，互联网！那么，有没有一种方式，让我们不用频繁地使用浏览器访问网络，就可以及时高效地获取感兴趣的网络信息？有，RSS！

RSS 是一种全新的网络信息获取方式，更代表着一场网络阅读的新革命，它带来了 Web 浏览的新方式。有专家预言，RSS 将会引发互联网自 WWW 之后最大的一次革新。

7.3.1 RSS 基础知识

1. 什么是 RSS

RSS 复杂的历史渊源，造成了它存在以下 3 种不同的英文解释：①Rich Site Summary，丰富的站点摘要；②RDF（Resource Description Framework，一种用于描述 Web 资源的标记语言）Site summary，RDF 站点摘要；③Really Simple Syndication，真正简单的联合或聚合。无论是“丰富的站点摘要”，还是“RDF 站点摘要”，RSS 指的都是一种描述、同步和共享网站信息资源（早期主要是 Blog 资源，现在扩展为各种信息资源）的新方式。

支持 RSS 的网站作为网络信息提供者，向用户提供了一些以 XML 语言（eXtensible Markup Language，可扩展标记语言）编写的 RSS Feed 文件，以记录并发布该网站（栏目、频道或版块）最新更新的信息，内容主要包括：最新更新文章的标题、摘要以及网络链接地址等。RSS Feed 文件内容随网站信息的更新而同步更新，但文件网址保持不变。

网络环境下，用户常规获取信息的方式是逐个打开提供信息的网站，如图 7-3 所示，比较费时。而有了 RSS 支持，用户只需订阅各网站提供的 RSS Feed 文件，无须访问网站就可以通过 RSS 客户端工具（即 RSS 阅读器）获取并阅读各网站的更新信息，如图 7-4 所示，大大提高了获取信息的效率。

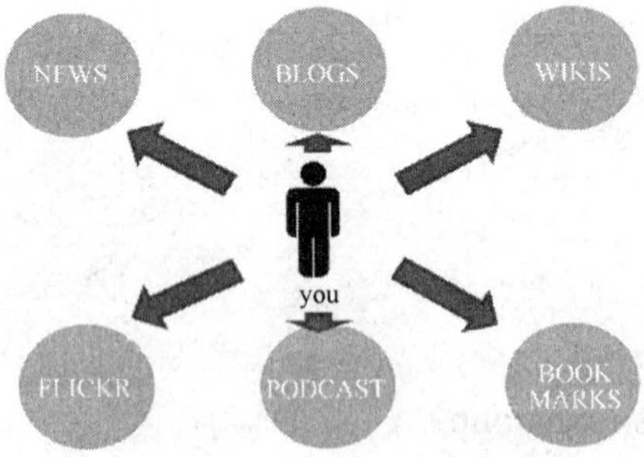

图 7-3　常规信息获取方式

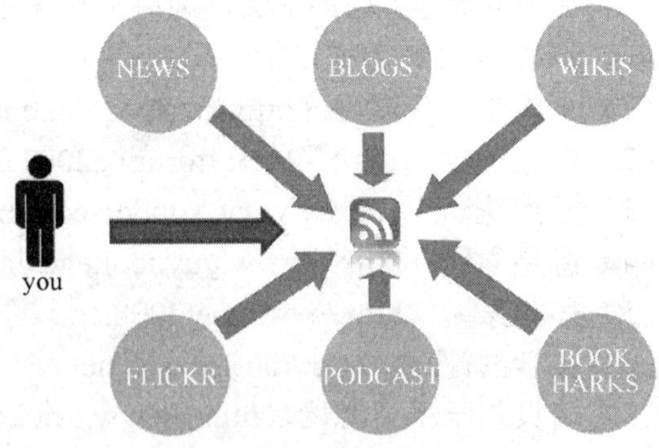

图 7-4　基于 RSS 的信息获取方式

2. RSS Feed 与 RSS 阅读器

实际应用 RSS，离不开 RSS Feed 与 RSS 阅读器。RSS Feed 文件反映网站最新的更新信息，RSS 阅读器则用于订阅、读取和分析 RSS Feed 文件，进而获取及时的网站更新信息。

（1）RSS Feed 文件。提供 RSS 服务的网站，通常采用以下两种方式向用户提供 RSS Feed 文件的相关信息。

① 单独放置方式。在网站（栏目、频道或版块）首页的显要位置标注 RSS Feed 文件的网络链接，一般采用有“XML”或“RSS”字样的橙色小图标进行标记。

② 集中放置方式。如图 7-5 所示是新华网新闻中心集中放置的 RSS Feed 列表，这是目前支持 RSS 的网站普遍采用的一种 RSS Feed 提供方式，即将网站所有的 RSS Feed 链接图标按照类别集中放置在同一个页面，统一向用户提供。

新华网RSS频道名称		
XML	时政频道	http://www.xinhuanet.com/politics/news_politics.xml
XML	国际频道	http://www.xinhuanet.com/world/news_world.xml
XML	社会频道	http://www.xinhuanet.com/society/news_society.xml
XML	军事频道	http://www.xinhuanet.com/mil/news_mil.xml
XML	图片频道	http://www.xinhuanet.com/local/news_province.xml
XML	台湾频道	http://www.xinhuanet.com/tw/news_tw.xml
XML	华人频道	http://www.xinhuanet.com/overseas/news_overseas.xml
XML	金融频道	http://www.xinhuanet.com/finance/news_finance.xml
XML	财经频道	http://www.xinhuanet.com/fortune/news_fortune.xml
XML	房产频道	http://www.xinhuanet.com/house/news_house.xml
XML	法制频道	http://www.xinhuanet.com/legal/news_legal.xml
XML	教育频道	http://www.xinhuanet.com/edu/news_edu.xml
XML	体育频道	http://www.xinhuanet.com/sports/news_sports.xml
XML	娱乐频道	http://www.xinhuanet.com/ent/news_ent.xml
[illegible]	[illegible]	http://www.xinhuanet.com

图 7-5　新华网 RSS 频道名称

（2）RSS 阅读器。RSS 阅读器分为在线阅读器和离线阅读器。在线阅读器的优点有：不受机器限制，只要联网通过浏览器就可以使用；速度比较快，阅读内容可以实时同步，不需要安装软件；可以分析用户阅读习惯；还可以获取一定的统计，相应增值服务比较多；强大的搜索比较方便。离线阅读器的优点有：可以将文章下载到本地离线阅读；不受浏览器限制，方便操作管理。表 7-3 列出了比较流行的一些中文 RSS 阅读器。

表 7-3　中文 RSS 阅读器

分　类	在线阅读器	离线阅读器
阅读器简称	google reader	鲜果
	抓虾	周伯通
	新浪点点通	看天下
	有道阅读	foxmail、outlook 等
	鲜果等	IE8、MyIE 等内置 RSS 阅读器
		GreatNews 等

3. RSS 订阅步骤

以下介绍以 Google Reader（简称 GR）在线阅读器为例。

（1）注册 Google 账号并登录阅读器。Google 账号可以用于 gmail、reader 以及 google wave 等。在 http://www.google.com/reader 创建账户，登录进入 GR 阅读器主页，如图 7-6 所示。

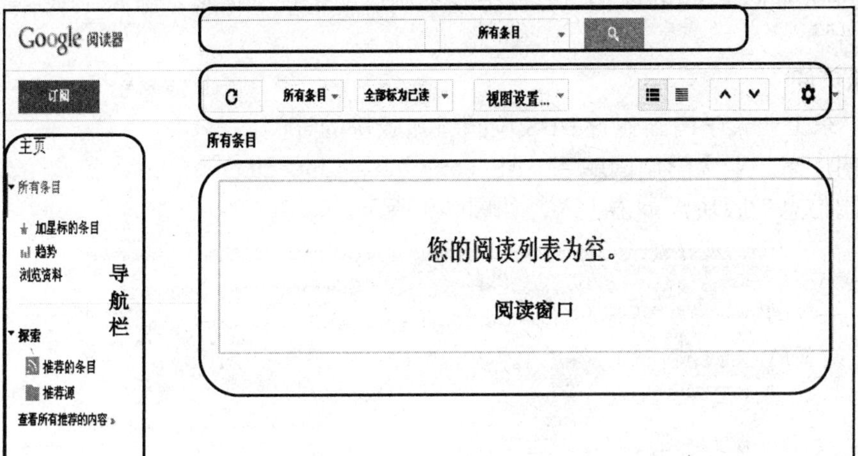

图 7-6　Google Reader 阅读器主页

（2）查找 RSS 源（即信息发布地址），将 RSS Feed 添加到阅读器中进行订阅，如图 7-7 所示。

（3）阅读和管理信息，包括创建文件夹、导入/导出订阅、分享等。

（4）注意事项。

① 不同阅读器的订阅方法略有不同；

② 同一种阅读器，如果使用不同的浏览器订阅方法也会有所不同；

③ 推荐 Google Reader 配合 Google Chrome 或 Firefox 浏览器使用。

图 7-7　在 Google Reader 阅读器中添加订阅

7.3.2　RSS 订阅方法详解

RSS 订阅虽然简单，但针对不同的信息准确查找到其 RSS Feed 却不一定能无师自通。下面使用 Google Reader + Firefox 浏览器，分别举例讲解论坛、博客、新闻、学术文献 4 种类型信息的订阅方法。

1. 论坛订阅

例 1：广东工业大学南国飘香 BBS 校园通知版块的订阅。

（1）访问广东工业大学南国飘香 BBS（http://bbs.gdut.edu.cn），进入校园生活版块，找到其中的“校园信息”版块，单击进入，如图 7-8 所示。

图 7-8　南国飘香 BBS 校园信息版块

（2）找到右上角的 RSS 订阅图标，单击鼠标右键，复制链接地址。

（3）打开 Google Reader 阅读器，单击左上方的红色“订阅”按钮，在地址栏中粘贴第 2 步中的链接地址，单击“添加”即完成订阅。图 7-9 是订阅成功后的页面显示。

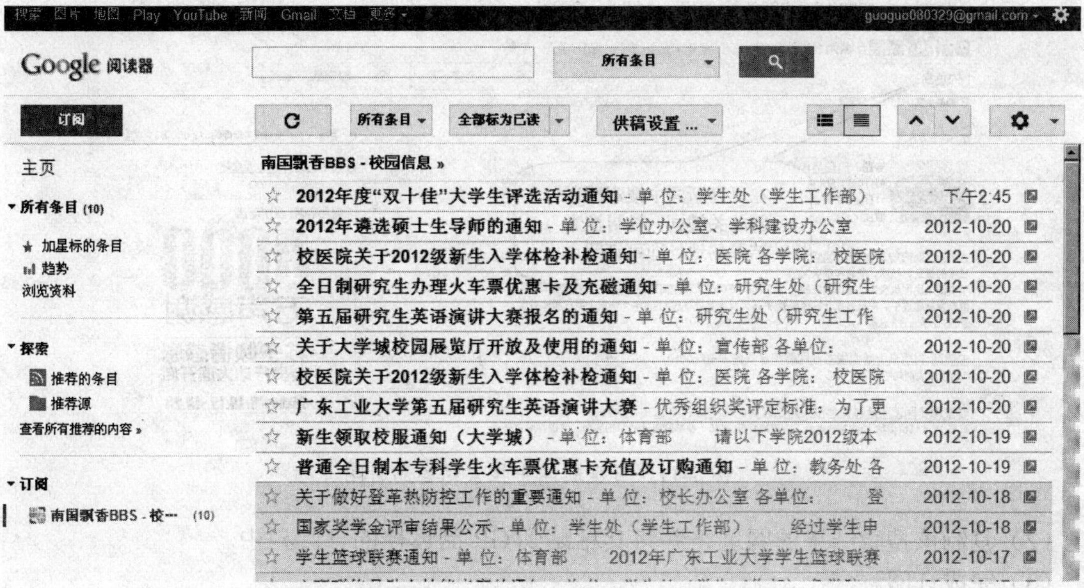

图 7-9　成功订阅南国飘香 BBS 校园信息版块

其他论坛的订阅可以参照以上方法。如遇论坛页面中未见 RSS 订阅图标的，可在百度或谷歌中搜索 RSS 订阅地址。

2. 博客订阅

博客的订阅方法最简单，直接将预订阅博客的网址粘贴到阅读器的订阅地址栏中，即可完成订阅。

3. 新闻订阅

对于新华网、新浪网之类的各大门户网站的新闻版块，有两种订阅方法。

方法一：链接到门户网站查找 RSS 源进行订阅。

方法二：用搜索引擎搜索 RSS 源（如图 7-10 所示），得到类似图 7-5 的 RSS Feed 列表文件，再进行订阅。

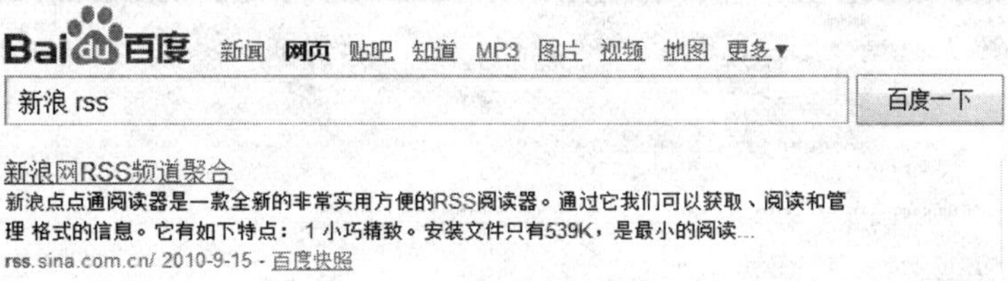

图 7-10　百度搜索新浪 RSS 源

如想订阅有指定关键词的新闻信息，可以在百度或谷歌的新闻搜索引擎中先搜索再订阅。

例 2：订阅关于钓鱼岛的新闻。

（1）在百度新闻搜索中输入“钓鱼岛”，如图 7-11 所示。

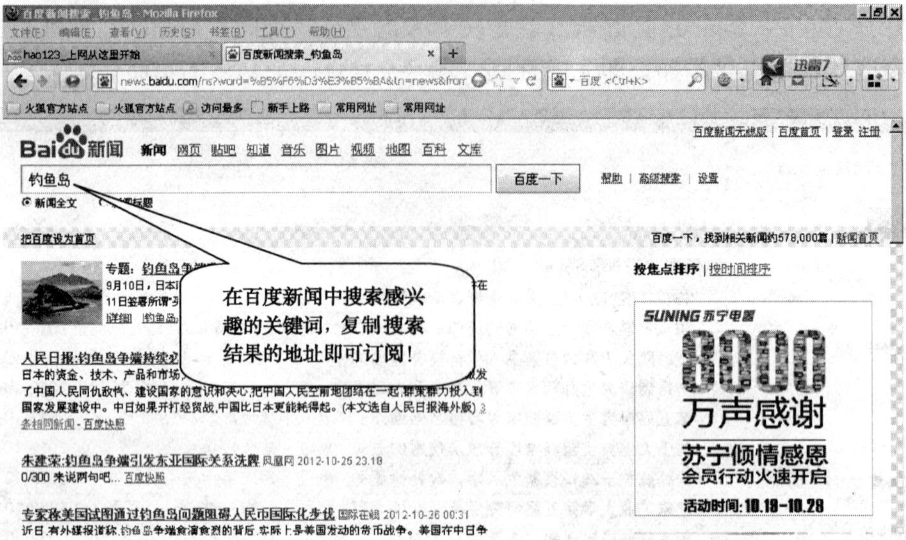

图 7-11　百度新闻中搜索钓鱼岛新闻

（2）复制该搜索结果的网址，并将其粘贴到 GR 阅读器的订阅栏中。

（3）完成订阅。

4．科学文献的订阅

科学文献的订阅主要包括科学新闻的订阅、学术文献数据库中文献资源的订阅、学术杂志的订阅和学术博客的订阅几个方面。学术新闻和学术博客的订阅方法同前，在此重点介绍另外两类资源的订阅。

（1）学术文献数据库中文献资源的订阅。学术文献数据库虽然数量众多，但针对关键词订阅相关文献的方法大同小异。以下以 SDOL（ScienceDirect）数据库为例，介绍文献的订阅步骤。有些数据库如 WOS（Web of Science），在文献订阅之前需先注册登录。

例 3：在 SDOL 数据库中订阅有关“Information Retrieval”的文献。步骤如下：

① 登录 http://www.sciencedirect.com ，进入 search 页面，按一般数据库检索的方法，选择检索字段，输入检索词 Information Retrieval，如图 7-12 所示。

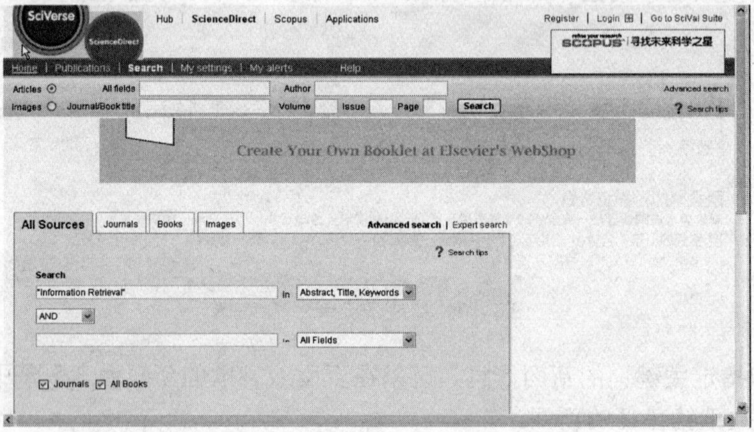

图 7-12　搜索“Information Retrieval”

② 在检索结果页面单击 RSS Feed，如图 7-13 所示。

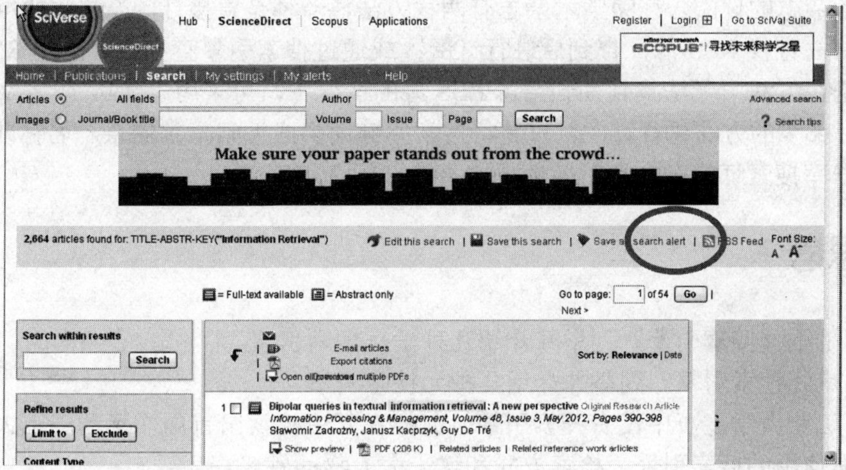

图 7-13 结果页面中的 RSS Feed

③ 给订阅命名，如图 7-14 所示，并单击“Continue”按钮。

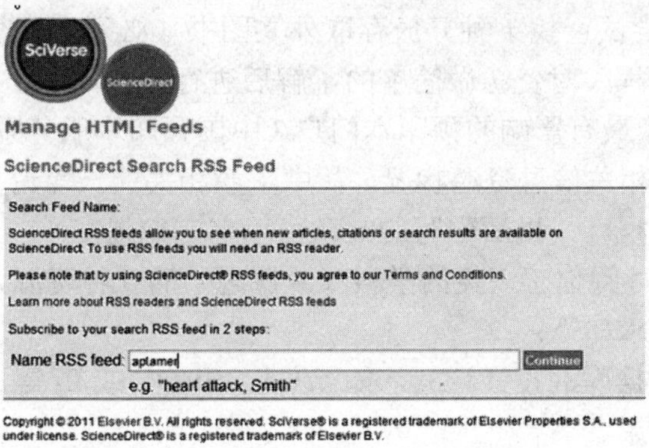

图 7-14 给订阅命名

④ 复制 RSS 地址，如图 7-15 所示。

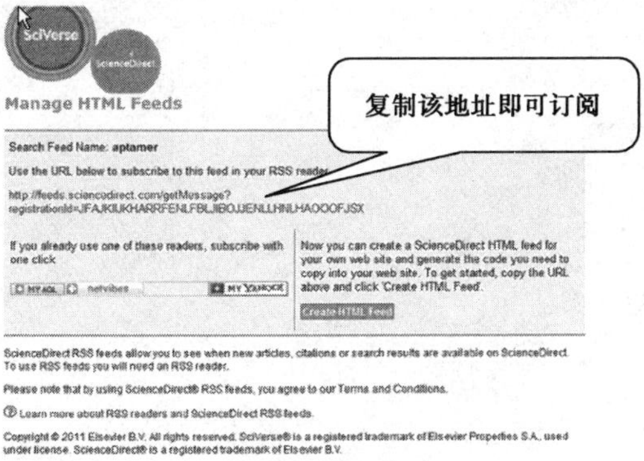

图 7-15 复制 RSS 地址订阅

⑤ 到GR阅读器中添加订阅地址，完成订阅。

（2）学术杂志的订阅。订阅学术杂志有两种方法，一种是直接订阅杂志，即可以直接链接到杂志社网站去查找RSS源，查到后进行订阅；或通过搜索引擎查找该杂志的RSS源进行订阅。第二种是在方法一无法找到期刊杂志RSS源的情况下，可采用“（1）学术文献数据库中文献资源的订阅”的方法进行订阅，只是将搜索关键词换成搜索指定的杂志名称即可。需要提醒的是，数据库搜索订阅杂志的时效性要比直接订阅杂志略差。

练习与思考7

1．什么是垂直搜索引擎？列举并介绍几种垂直搜索引擎。

2．什么是元搜索引擎？列举并介绍几种元搜索引擎。

3．广东工业大学主页中没有搜索引擎，怎样在其中搜索出首届“感动广工大”的十大人物？请写出你使用的搜索引擎、检索方式和这十大人物的姓名。

4．结合本章内容，尝试查找与所学专业相关的一种开放存取外文期刊，登录期刊页面并浏览（或检索），了解可下载论文全文的年限、全文格式（是PDF还是HTML或其他形式），然后对该期刊做一个简单的介绍和评价。

5．结合本章内容，尝试查找1种开放存取外文图书（必须可下载），或1种开放存取外文课程和1种中文精品课程，对资源做简单的了解后进行推荐，写出推荐的原因。

6．分别登录我国3个最有影响的预印本门户（中国预印本服务系统、中国科技论文在线、奇迹文库预印本），了解相关信息资源状况。从中下载相关的一篇论文，并下载、查阅有关评论信息，了解提交论文过程。（以后你写的文章可以向它们提交）

7．使用RSS阅读器订阅你感兴趣的学科（或课题）的5种资源，并把资源名称及相应订阅地址记录下来，具体要求如下：

（1）至少一个文献数据库的搜索订阅，如WOS、SDOL或Ei等。搜索某个关键词，记录检索方式，并订阅搜索结果。

（2）订阅一种学术杂志。

（3）订阅新闻、博客、论坛各1种。

第 8 章 在线参考工具资源

本章要点

- 掌握参考工具的类型及选用原则。
- 明确参考工具的方法和用途。
- 了解常用的在线参考工具网站。

信息检索可按结果分为文献检索、数据检索和事实检索。文献检索是指检索出与课题要求相关的资料，经常需要在科学研究和教育学习中进行文献检索。不过很多时候，用户也需要检索具体的事实和数据信息，如人名、地名、机构、事件及统计数据等。数据和事实检索主要使用参考工具。

8.1 参考工具概述

8.1.1 参考工具的定义与特点

参考工具（Reference Book）是根据一定的社会需要，广泛汇集某一科学领域的知识或资料，加以浓缩并按特定的方法排检，专供查阅和参考的特殊类型的出版物。随着电子计算机技术和网络技术的发展，同一种参考工具可以有不同的版本，包括印刷版、电子版或在网络上提供在线查询的大型事实型数据库。

与一般用于阅读的图书相比，参考工具具有以下特性。

1. 查考性

编写参考工具的宗旨，不像普通图书那样，供人们系统阅读，提供系统的知识，而是以其丰富的资料汇集供人们查考，解决疑难问题，提供知识和文献线索，因而具有查考性。例如，字典、词典供查找解决字、词的形、音、义的问题，年鉴、表谱供查找知识线索。一般需查询数据时才利用参考工具书，因此仅阅读所需部分即可，非以逐页整册阅读为目的。

2. 知识密集性

参考工具的内容具有知识密集性。工具书一般是广采博收论据，旁证宏引群书，力争做到简明、精确、广泛、概括，可为读者提供有关学科或某一事物的全面系统的梗概。而普通图书却是围绕一定主题、学科或领域，做深入的、连贯性的探讨，完整阐述著者观点。另外，从工具书的内容性质上看，工具书大部分属于二、三次文献。不过有些工具书也凝聚着著者亲身研究的最新成果，因此这些工具书又含有一次文献的内容。

3. 易检性

工具书在编辑体制、条目排列上具有易检性。一般均按照一定体例加以编排，如注音、笔画、部首、字母顺序等，以供查检。而普通图书一般按问题或学科本身的系统，分章节论述与编排。比如，《英汉词典》每词一条，每条都以英语词汇、音标、注释和词的用法等固定格式编写，并把各个词条按字母顺序加以编排，只要人们了解编排体例，就可一检而得。

4. 汇集材料阶段性

为维持数据内容的新颖性，避免提供错误或过时的数据，参考工具书通常会修订，以维持数据的利用价值。

8.1.2 参考工具的类型与选用

1. 参考工具的类型

参考工具因其选材、编排方式不同，答疑解难的范围、角度和要求也不同，形成很多不同的类型。常见类型如下。

（1）字典、词典（Dicitionary）。汉语中，字典、词典有区别。字典是解释汉字的形、音、义及其用法的工具，词典是解释词语的概念、意义及其用法的工具。英语中通称词典，是语词的求音、解义及其用法的工具。

从文种上划分，可分为单种语言、双语及多种语言对照词典；从注释繁简、篇幅长短上区分，可分为词典、词汇；根据取材范围、编辑目的区分，可分为综合性、专业性、缩略语等类型。

如《中华大字典》、《辞源》、《辞海》、《中国百科大辞典》、《牛津英语词典》、《韦氏第三版新国际词典》等属于综合性词典，《现代科学技术词典》、《英汉科技大词库》、《汉英科技大词典》、《农业词典》、《英汉畜牧科技词典》、《英汉园艺学词典》等属于专业性词典，《英汉缩略语词典》、《科技英文缩写词典》、《英汉农业缩略语词典》等属于缩略语类型的词典。

（2）百科全书（Encyclopedia）。“百科全书”一词源于希腊文 enkyklios（范围）和 paideia（普通教育）二词，经过衍义，演化为“诸科学问之总汇”或“知识分类概要”，即百科知识的总汇。我国古代的类书也属于百科全书。

百科全书有完善的检索体系，读者能够迅速而准确地查获答案。一般 10 卷左右称为“百科全书”，20 卷以上称为“大百科全书”。按收录范围、学科性质和通俗程度，可分为综合性、专业性和通俗性 3 种。如《永乐大典》、《古今图书集成》、《中国大百科全书》、《大英百科全书》、《苏联大百科全书》等属于综合性百科全书，《麦克劳希尔科学技术百科全书》、《食品科学百科全书》、《现代管理百科书》等属于专业性百科全书，《旅游百科全书》属于通俗性百科全书。

（3）名录。名录包括人名录、机构名录和行业名录（或企业名录）。它是科技人员考查人名、机构名称、企业名称，了解其基本情况的工具。

① 人名录（Who's Who）。人名录源于名人传记，是一定区域、一定时间、一定专业范围内，某些知名人物的姓名和简传的汇集。其正文条目包括姓名、生卒年月日、出生地、简历、学历、职务、住地、邮政编码、通信地址、主要科研成就、科研作品目录等项目，为人们考查名人及其成就、水平和著述，提供了较为系统的资料和线索，是一种实用性较强的工具。如《国际人名录》、《世界名人录》、《美国科学家名录》、《世界农业人名录》等属于此类。

② 机构名录（Directory、Guide）。机构名录是各种机构名称和基本情况的汇编，又称为机构名称指南、总览、名鉴等。早期的机构名录内容比较简单，只包括名称、缩写和地址等，多按名称字顺编排，类似辞典。现在的机构名录的著录项目较为详细，一般包括机构的全称、简称、国际流行译名、创建日期、地址、宗旨、沿革、组织概况、负责人姓名、活动情况、成员情况、会议情况、出版物和奖励办法等。

常用的机构名录大体有3种类型，即国际性、国家地区性和单一性，如《美国政府研究中心名录》（Government Research centers Directory）、《中国高等学校简介》、《中国图书馆名录》、《中国农业科学研究机构》、《世界大学名录》、《中国科学研究与开发机构名录》等。

（4）年鉴（Annual、Yearbook）。年鉴又称年报、年刊，是一种按年度连续出版的工具。它以当年政府公报和文件，以及国家重要报刊的报导和统计资料为依据，及时汇集一年（或几年）内的社会科学和自然科学等领域的重大事件、重要时事文献、科学技术的新进展和统计数据，有些还附有大量图表和插图等。年鉴编辑单位具有一定权威性，多为政府有关部门、学术团体或研究机构，也有由报社编辑部门或大百科全书出版社编辑出版。

年鉴按其编辑内容、性质和用途分为记事、综述和统计年鉴，按其取材范围分为综合性、专门性和区域性年鉴。年鉴出版及时、篇幅适中、报导新颖、材料完备系统，有明显的总结性和连续性的参考价值，可为广大科技人员迅速、系统地提供新资料，因而成为人们经常查阅的重要参考工具，如《中国百科年鉴》、《世界知识年鉴》、《联合国统计年鉴》、《中国农业年鉴》、《中华人民共和国水文年鉴》、《中国统计年鉴》、《中国教育年鉴》、《中国医药年鉴》等。

（5）手册（Handbook、Manual）。手册的名称很多，有指南、便览、要览、一览、宝鉴、必备、大全、全书等。手册是汇集某一方面的重要文献和基本知识，专供经常翻查文献的随身备用的参考工具。手册的编排体例简便、易查，一般以分类排列，近代手册附有字顺索引。手册属于二、三次文献，但有的手册还包括了作者的直接经验和科研工作结晶，因而还具有一次文献的性质。

手册通常分为综合性和专科性两种。专科性手册占比例较大，如《简明化学手册》、《气相色谱手册》、《汉语拼音中国地名手册》、《微生物学手册》、《真菌鉴定手册》、《农业科技常用数据手册》、《蔬菜病虫害防治手册》、《肉品卫生检验手册》、《兽药手册》等。

（6）图录。图录是汇集有关方面（或某一学科）的事物，用图像形式绘录和摄制下来，加以分类编排的一种直观性参考工具，主要包括地图和事物图谱，如《中华人民共和国分省地图集》、《世界地图》、《甘肃省土壤图集》、《中国年降水量图》、《中国气候等级图》、《中华人民共和国植被图》、《美国农业地图集》属于地图类，《图解现代生物学》、《中国高等植物图鉴》、《电子显微镜下的病毒》、《植物病毒图鉴》、《有毒植物的彩色图谱》、《天故昆虫图册》、《中国蛾类图鉴》、《主要作物营养失调症状图谱》、《苹果主要品种原色图谱》、《家畜解剖图谱》、《鸡胚胎发育图谱》、《家畜解剖图谱》等属于图谱类。

（7）表谱（Tables）。表谱也称表册，是一种表格的专辑。它是汇集某一方面或某一专题的有关资料，一般采用表格形式进行编排的参考工具，主要包括年表、历表和专门性表谱。

年表是查考历史年代、大事的工具。历表是查考、换算不同历法年月日的工具。专门性表谱主要包括年谱、地理沿革表以及科技领域里常用的检索表、表解等。此类工具在生物科学、地理科学领域比较多见，如《中外历史年表》、《中国历史纪年表》、《中国历史大事年表》、《1821—2020 年二百年历表》、《新编万年表》、《温度查算表》、《地形测量高差表》、《世界有花植物分科检索表》、《猪鸡饲料成分及营养价值表》、《两千年中西历对照表》等。

2. 参考工具的选用原则

（1）目的性。针对不同的问题选择合适的工具书，做到有的放矢。

（2）权威性。考虑编辑是否体现了科学性和规范化，编者是否是权威学者或有关方面专家，出版者是否久负盛名等因素。

（3）完备性。收录知识内容是否详实可靠、全面系统，释义是否简明扼要、准确无误。

（4）新颖性。尽量选用最新版次和版本的工具。

（5）易检性。尽量选择提供了多种辅助索引、简明易查的工具。

8.1.3 常用排检方法

1. 部首法

部首法是我国古老传统的检字方法，早在东汉时期，许慎编写了我国第一部字典——《说文解字》，首创了这种方法。部首法依据汉字的形态特征，按部首、偏旁相同的部分归类，再按部首、偏旁的笔画多少排列，若部首、偏旁相同的字，再按部首以外的其余笔画多少排列。《康熙字典》、《中华大字典》等均用此法排检。部首法的缺点是部首位置不固定，难以捉摸，比如，按字取部首时，或上下，或左右，或在中间，规定不一，同时对同一部首的字，笔画相同，排列时，谁先谁后，也无定论，故不是一种十分完善的检字法。

2. 笔画笔顺法

笔画法是按汉字的笔画数多少排列，少笔数排前，多笔数排后的检字法。笔顺法是按汉字笔形顺序，确定排列先后的检字法，如按“、”“一”“丨”“丿”“㇇”为序。使用时，二者往往相结合，成为先按画数多少排，同画数的字再按笔顺次序排列的笔画笔顺法。如图书馆书名目录、著者目录均用该法排检。其优点是排检原理简单、易学易检、使用方便；缺点是笔画多少不均，加上各种工具书对笔画、笔形笔顺的规定不一，因此给查找工作带来一定困难。

3. 号码法

号码法是形序法的一种变形。它把汉字形体归纳起来，编成阿拉伯数码，再把所取的笔形数码连接成一体，然后按号码数量多少加以排列。号码法流行的有四种：四角号码法、中国字庋撷法、起笔笔形法以及五笔字形法。其中，四角号码法是根据汉字的方块形体，找出相同或相似笔形，归为十种，用 0～9 的十个数码表示，按每个字的四个角的笔形，依左上、右上、左下、右下为序，分别依形取号，连成一组号码，按大小排列。十种笔形口诀是：“横一垂二三点捺，叉四插五方块六，七角八八九是小，点下带横变零头”。号码法的优点是以笔形编码，取码位置固定，只要记住号码、位置次序，检索迅速，使用方便；缺点是学习掌握较难，只有经过反复练习，才能运用自如。

4. 音序法

音序法是按字音的顺序排检字、词的方法。外文词典类参考工具书皆按此法排检。汉字按音序法排检已有悠久历史，早在隋朝，《切韵》成书，就采用了韵部排检法。以后，有些工具书又使用注音声母排检法。解放以后，很多工具书采用了拼音字母音序排检法。该法的优点是使用拉丁字母作为拼音字符，简化了编排方法，检索方便、准确；缺点是读者必须学会普通话，语言要求标准，否则发音不准，不易查找。

5. 分类法

分类法是将文献或知识，按学科或事物性质的系统性进行排列的方法，是书刊资料常用的分类法。使用工具书时，必须熟悉分类体系，了解排列顺序。现在常用的有“中国图书馆分类法”、“中国科学院图书分类法”、“中国人民大学图书馆图书分类法”、“国际十进制分类法”等。

6. 主题法

主题法是按既定的主题汇集和编排资料的排检法。它从文献内容中抽取规范化的自然语言，标引文献中心内容，这些规范语言，按字顺排检。主题法不受学科领域限制，能使同一事物的知识相对集中，再利用参照项，沟通相关知识，使用范围较广。年鉴、百科全书等以主题法排检。

7. 时序法

时序法是按事件、事物发生、发展的时间次第性的顺序加以组排的方法。这种排检法常用于年表、历表、大事记、年鉴、年谱等工具书。

8. 地序法

地序法是按地理区划或行政区划的顺序编排的一种方法。这种排检法主要用于编制和检索地理和地方资料工具，如《中外地图集》、《地方志》、《地名录》等。

8.1.4 参考工具的用途

1. 查字、词

字和词是构成书面语言最基本的材料。汉语中，字、词的数量极其庞大，形、音、义也非常复杂。《中华字海》是国家“八五”规划重点图书，共收录汉字 8.6 万多个，比《康熙字典》多收字近 1 倍，比《汉语大字典》多收 3 万余字，堪称当今收录汉字最多的字典，也是收词最多的词典，收词量达 30 多万条，但是很难说已经囊括了全部的汉语字、词，因为同一字、词可能有多种读音、多种形体，还有纵向、横向的发展变化，依据一定的构词规则，还可以不断地创造出新词。

汉字数量庞大，但是，我们经常打交道的不过 1/10 左右，甚至还不到这个数字。尽管如此，由于人们文化程度高低有别，还是难免碰到生字、难字，这就要求我们学会字典、词典的使用。在平常的学习、研究中，主要利用字典和词典类工具，解决查寻字、词的问题。

2. 查科技名词术语与百科知识

在阅读科技文献时，读者难免会遇到形形色色的科技难字、各专业名词术语及有关知识，阅读相关或交叉学科文献时，这些问题尤为突出。随着科技发展与科研深入，各学科的新名词术语大量出现。查找科技名词术语，以使用近期出版的各学科的有关词典为主，以求意义明确、规范统一，并参考过去的百科词典、百科全书对照解决。

3. **查成语典故，诗文警句**

古人赋诗作文爱引经据典，这是为了增强作品的说服力，或形象性表述。今人作诗写文、演讲报告，也常用成语典故，引用诗文、警句、格言等，以增强形象性和感染力、说服力，使人们加深理解。可利用参考工具了解其原意和出处。

4. **查人物资料**

查找人物资料主要使用人名录、人名词典、科学家传记汇编、综合性词典、百科全书、年鉴等工具以及生卒年表、年谱等。查找人物资料时应注意以下两个问题。

（1）中华民族姓氏相当复杂。姓是代表有共同的血缘关系的氏族称号。氏则是由姓繁衍后的分支。姓起源于母氏社会，氏起源于父系社会。随着生产的发展，氏族的繁衍，姓氏概念也发生了变化。至战国后期，姓氏逐渐融合，汉代通称为姓。已知中华民族古今姓氏有 6 000 余个。今人之姓，是从先人姓氏继承而来的，常见的不过 2 000 个。姓有单姓和复姓之分。复姓有双字（如欧阳）、三字（如莫贺弗）、四字（如刹利邪伽），甚至五字。外国人也有复姓问题，复姓区别在拼写上用大写字母，用连接符号（“-”）或前揆形式出现，如 UL-Hassan、Mchill、A'AP 等。查姓氏可用《新编千家姓》、《中国古今姓氏词典》等工具。

（2）同名异人问题。同名同姓是常见的现象。要准确查出一个人的姓名，要求善于辨别同姓名者。遇到同姓名而产生怀疑时，即使学识丰富的学者，也要翻阅有关的工具书，才可避免弄错。解决同姓名难题，可查考《古今同姓名大辞典》等工具，同时还可使用其他传记类参考工具，查出同姓名生平历史，再做判断。

5. **查地理资料**

查寻地理资料可利用以下参考工具。

（1）综合性工具，有综合性辞典、大百科全书、年鉴、类书、政书、方志等。

（2）专科性工具，有地名词典、地名手册、地名录、行政区划手册、地理志等。

（3）图册类工具，有综合性地图集、历史地图册、土壤图册、气候资料图册、卫星遥测地理图册、航测地图册、矿产资料图册、交通图册、旅游图等。例如查南沙群岛，南沙群岛是我国领土的一部分，先从综合性辞典、地图册等入手，再逐步深入，确认早在公元三世纪，我国人民对南海诸岛就已有了管辖和开发，是我国固有领土；2012 年，国务院批准设立地级三沙市，管辖西沙群岛、中沙群岛、南沙群岛的岛礁及其海域。三沙市人民政府驻西沙永兴岛。而国外的地理资料也说明南沙群岛历来就是中国领土。

6. **查史实、大事件**

（1）查找科技史料。主要使用百科辞典、百科全书、类书、年鉴、大事年表（或大事记）、史料汇编。要确切了解和研究以下问题：史实发生的国家、时代特点、背景和具体时间；新发明、新发现、新观点的代表人物和学派，是什么人发现、发明的；发明、发现的事实、定律、理论的内容与经过；妨碍发明、发现的错误观念、宗教迷信等情况；有关评论、评述等。

（2）查找历史上发生的大事件。主要使用《辞海》、《大百科全书》、《人民手册》等工具，还可利用史料汇编、地方文献以及报刊资料等进行查找。应弄清以下问题：事件发生的时间、地点及经过；参加事件的人物及其详细资料，有关政治派别或集团的背景材料；事件的性质、规模、具体口号、内容及组织等；事件的影响和评价等。

（3）查当代大事件。当代大事件主要包括政治、经济、文化、工农业、交通、科技研究新成果及其发展动态和趋势等，即近年来发生的社会科学和自然科学领域中的大事。一般使用综合性年鉴、专科性年鉴、综合性年表、专科性年表等，如《中国百科年鉴》、《科学年鉴》、《自然科学年鉴》、《中国农业年鉴》、《中国哲学年鉴》、《医药学年鉴》、《新中国大事典》、《国内外大事记》、《中外历史年表》等。查找时应弄清楚何时何地发生，以及事件的影响和贡献等。

7. 查机构、企业概况

查找机构、企业概况，可用《企事业名录》、《国际社会科学机构》、《中国科学研究与科技开发名录》、《中国科研单位名录》、《全国高等学校总览》、《全国信息机构名录》、《世界大公司名录》、《世界工商企业指南》、《世界跨国公司便览》等。使用时应注意以下问题。

（1）一般工具书和手册、年鉴等，虽编有这方面资料，但不够全面，最好使用专门查找机构、企业的工具。

（2）有些国内外企事业单位经常使用缩写，查找时，需先使用机构缩写指南类工具。

（3）有些外国机构译名与原名不统一，要核实原名，否则查不到。

（4）查找名录时，查到所需机构（单位），要看其内容，如地址、国别等，进一步核实。

（5）查到有关机构的基本概况后，还要进一步弄清其详情、发展状况及现状。

8. 查数据、法规条约

（1）查数据与统计资料。现代科学技术研究对“数”和“量”提出了更高的要求。大量的数据不仅有助于评价科研效率，更重要的是通过这些数据能发现事物的变化和新的运动规律。数据可分为两种类型，一类是观察和实验直接记录的数据，称为“观测数据”；另一类是通过对原始记录的演算产生的数据，称为“导出数据”。统计数据是二者综合。在科学技术研究中，不仅会碰到数据问题，也常遇到公式、定理、定律等数学关系式。

查科技数据、公式、数表等资料，常用各种有关的手册、年鉴及专用的数据、公式、数表手册和专门的数表，如对数单位换算表、积分表、速算表、开方乘方表、三角函数表等。查统计数据，常用政书、类书、地方志、各国出版的各种年鉴、统计资料汇编、报刊资料、平均增长速度查对等表。

（2）查法规、条约。我们研究古籍、历史，学习时事政治以及日常生活工作与学习中经常碰到法律、法规、条例的问题。这方面的资料也是经常碰到的检索问题。

① 查找古代典章制度。主要利用新旧版的《辞源》、《辞海》、《通典》、《文献通考》、《会要》等工具进行检索。

② 查找辛亥革命后、新中国成立前的法规条约。主要使用旧中国编辑的法规汇编，如《中华民国法规大全》、《中华民国法规汇编》、《外交法规汇编》、《中外旧约章汇编》、《国际条约集》等。

③ 查找解放后的法规条约。可利用《中央人民政府法令汇编》、《中华人民共和国法规汇编》、《中华人民共和国法律全书》、《中华人民共和国条约集》等。

9. 查历法、年月日

年月日问题，是人们随时会遇到的问题。今天世界上绝大多数国家都使用公历，但是，在历史上，古今中外曾出现过五花八门的历法。历法是根据地球、太阳、月亮三者的相互运动、判别季节、记载时间、确定计算时间标准的法规。世界上常用历法主要有阳历（即太阳历，又称公历）、阴历（又称太阴历）、阴阳历（也称夏历、农历、旧历，我国民间常简称为“阴历”，是我国旧时通用的历法）三种。

日常学习研究、阅读历史文献、查考历史事件时，经常需要把不同的纪年、纪月、纪日换算为公历，以便掌握时间背景。解决不同纪年、纪月、纪日的换算问题，主要用年表、历表对照互换，可使用《两千年中西历对照表》、《新编万年表》、《中外历史年表》、《二百年历表简编》等工具。如“宣统 3 年 8 月”换算成公历，用《新编万年历表》查得为 1911 年 10 月。

8.2 在线参考工具选介

8.2.1 字典和词（辞）典

1. 汉语言文学工具

（1）在线新华字典（http://xh.5156edu.com）。在线新华字典共收录了 20 998 个汉字、52 万个词语。在搜索框内输入条件，单击检索，就可以找到相应汉字的拼音、部首、笔画、注解、出处。可以根据拼音、笔画、部首等条件找到相应汉字内容。此外有汉语实用附录，可根据个人需求进行不同查找。

（2）汉语读音查询字典（http://www.51windows.net/pages/pinyin.asp），可提供汉字读音检索，界面简洁，检索便捷。

（3）中华在线词典（http://www.ourdict.cn）。该词典共收录 12 部词典中的汉字 15 702 个、词语 36 万个（常用词语 28 770 个）、成语 31 922 个、近义词 4 322 个、反义词 7 691 个、歇后语 14 000 个、谜语 28 071 个、名言警句 19 424 个。

（4）成语词典（http://www.kingsnet.biz/Idiom），共有 13 000 条成语可查。

（5）成语大全（http://www.guoxue.com/chengyu/CYML.htm），共收录 2 万多条成语解释。

（6）爱诗词（http://www.ishici.com），可以查找诗词句、诗词名、作者、解释、成语、汉语词典、在线字典、谜语、名言。

（7）中国语言（http://www.chinalanguage.com），提供中文字典（可按部首、英文关键词、汉语拼音、粤语、客家话、日语、韩语、四角号码、仓颉、字符代码查找）、汉英词典、客家话词典。中国语言的主页如图 8-1 所示。

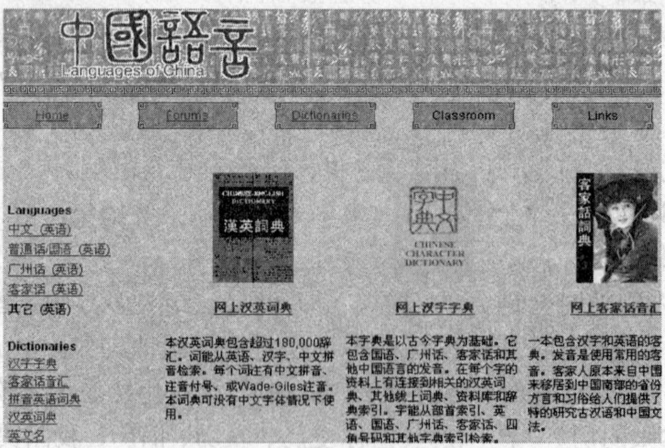

图 8-1　中国语言的主页

（8）汉典（http://www.zdic.net），免费站点，内容由网站收集整理以及由网友提供。有汉语字典、成语词典，提供部首检字和拼音索引。字词条目有基本解释、详细解释、康熙字典、说文解字。汉典的字典搜索如图 8-2 所示。

图 8-2　汉典的字典搜索

2. 双语和多语对照词典

（1）爱词霸（http://www.iciba.com）：提供词典、短句、翻译等，支持英汉、汉英查询，拥有大量专业词汇，包括 150 多种通用和专业词典，词语查找结果如图 8-3 所示。

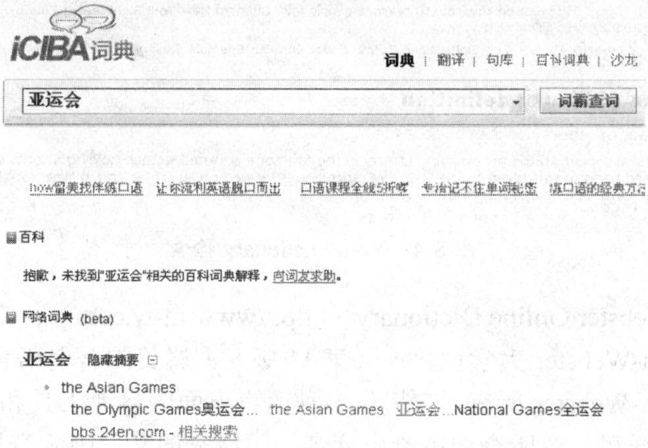

图 8-3　爱词霸词典搜索结果

（2）word sniffer（http://www.iicnet.com/wsniffer/ub/）：万字通字典世界，北京大学图书馆提供试用的网络词典工具，提供世界多种著名的语言类及科技类字典/词典。

（3）洪恩在线有声英汉汉英双语和成语词典（http://study.hongen.com/dict）。提供单词的简单词义、详细词义和例句、词组、同义词以及反义词等相关内容查询。

（4）Lexiconer Dictionary（http://www.lexiconer.com）：吕氏网上字典，提供英汉、汉英互查功能，可选用中文简体或繁体界面。具备 TOEFL 背单词、GRE 背单词功能。

（5）林语堂当代汉英词典（http://hermes.arts.cuhk.edu.hk/Lexis/Lindict）：较权威的在线汉英词典，繁体，由我国香港中文大学出版社出版，备有词典凡例、汉字部首索引、汉语拼音索引、英语索引缩略词表、勘误报表等功能栏目。

（6）英汉汉英在线字典（http://www.tigernt.com/dict.shtml）。

（7）太阳雨（http://sunrain.net/）：提供英汉、汉英字典。

（8）Yahoo!奇摩字典（http://tw.dictionary.yahoo.com）：输入中英文均可，可按字顺浏览。

（9）yahoo 语言工具（http://tw.search.yahoo.com/language）：多国语言互译，可翻译整段和网页。

（10）Altavista 各国语言在线翻译（http://babelfish.altavista.com）。

（11）Your Dictionary（http://www.yourdictionary.com）：YourDictionary.com 是美国一家语言产品和服务公司，提供 250 多种语言的 1 800 多本词典的在线检索，是最权威的在线词典门户之一，英文界面。此外，还提供 100 多种语言课程、50 多种专业词汇表，以及缩略词表、语言技巧游戏、讨论语言问题的论坛等。如图 8.4 所示，为搜索 Statue of Liberty，并采用《韦伯斯特新世界大学词典》所得的相关解释和定义。

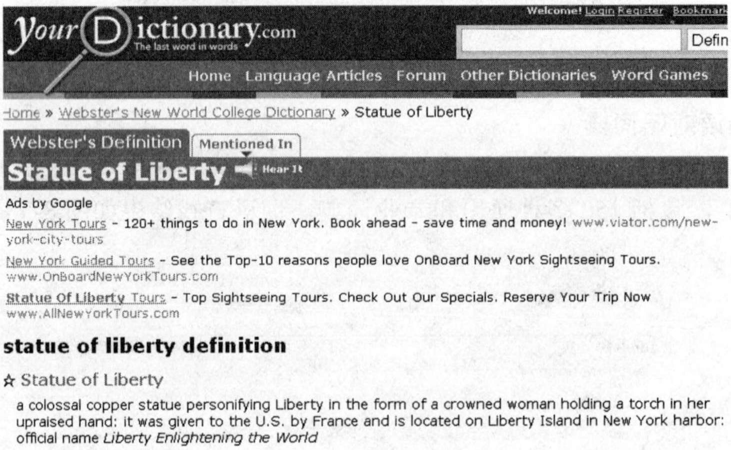

图 8-4　Your Dictionary 检索

（12）Merriam-Webster Online Dictionary（http://www.m-w.com）：韦氏大词典在线版，词条主要来自《Merriam-Webster 大学词典》（第 11 版），属美国著名语言工具书出版商、拥有 150 年历史的 Merriam-Webster 所有。它提供多种语言方面的参考工具和语言课程，使用方便，收词范围全面，注释详尽，对所查词条给出读音、词性、词义、国际音标、相关词等信息。

（13）OneLook Dictionary Search（http://www.onelook.com）：是单词和词组的搜索引擎，网站收录了 750 多万个词条，提供了 900 多个在线解释和翻译字典，可以按学科类别或语种选择字典。支持截词检索，使用截词符“*”（表示任意个字符）和“？”（单个字符），如查 bluebird，可输入“blue*”、“*bird”、“bl????rd”、“bl*：snow”等。此外还提供反义词典，其主页如图 8-5 所示。

（14）Allwords.com（http://www.allwords.com）：英语在线语义词典，宣称“First，Fast and Free！”，支持英语、荷兰语、法语、德语、意大利语和西班牙语的 750 多本词典的多语检索，可用字首、字尾查找单词，也可是包含和匹配的关系。可以按字顺浏览字典，其主页如图 8-6 所示。

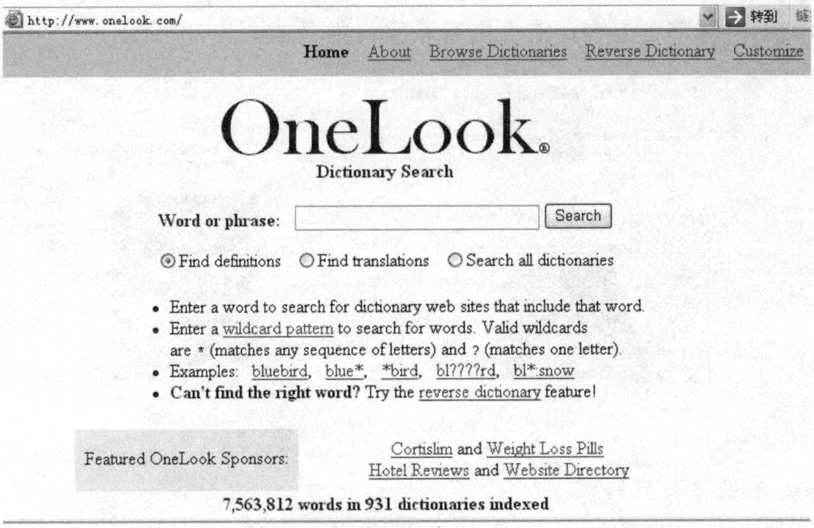

图 8-5 OneLook 主页

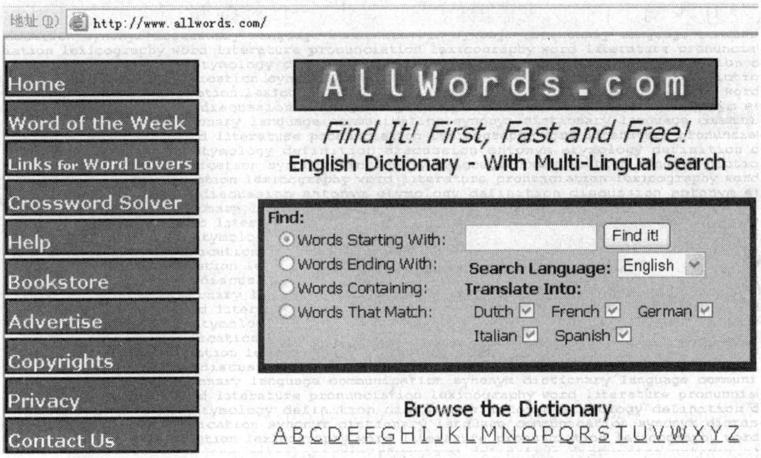

图 8-6 Allwords 主页

（15）Langenberg.com（http://dictionary.langenberg.com）：一个多语种的联机翻译词典，提供多种英语字典、押韵词、纵横字谜、拼字游戏、计算机词典、法律词典、同义词、反义词、相关词、形近词的搜索。

（16）同义词典（http://thesaurus.reference.com）：提供字典、同义词典、百科全书、其他参考工具和网页的检索。

3. 部分专业性词典选介

（1）音乐类在线参考工具。

① 音乐百科词典（http://www.21cnmc.com/Default.aspx）：隶属于“知识在线”，是介绍中国和世界音乐的知识性网站，包括中外音乐家、乐器、作品、理论和表演术语、音乐学、表演团体、教育机构、著名乐器制作公司和音乐出版社等，收词 6 600 余条。要注册成会员才能浏览全文。

② 格鲁夫音乐辞典（http://www.oxfordmusiconline.com/public/）：格鲁夫音乐辞典在线版

可方便快捷地搜索整套辞典内容。格鲁夫音乐辞典主页如图 8-7 所示。

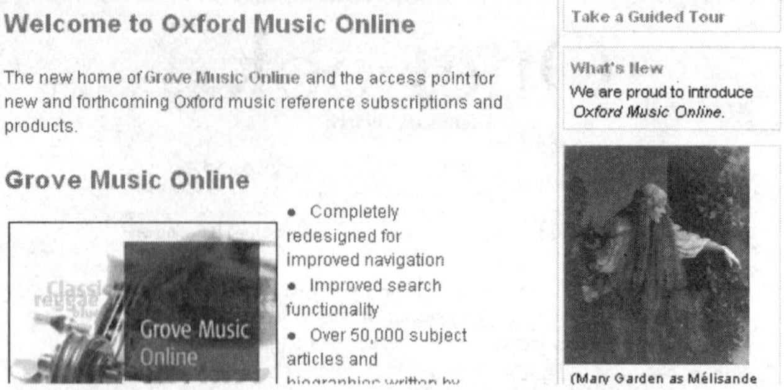

图 8-7　格鲁夫音乐辞典的主页

（2）经济类在线参考工具。

① 股市词典（www.gushicidian.com）：网站建于 2009 年 1 月，是一个专业的股市名词网站，收录股市词汇术语，按英文字母顺序排列。网站参考《中国股民实用大辞典》、《证券知识读本》以及互联网上的知识编辑而成，提供一千多条股市名词。股市词典主页如图 8-8 所示。

图 8-8　股市词典主页

② 中英对照之外汇辞典（http://www.forex123.com）：介绍外汇术语的定义和外汇最新数据统计及外汇图形的网站。外汇辞典搜索页面如图 8-9 所示。

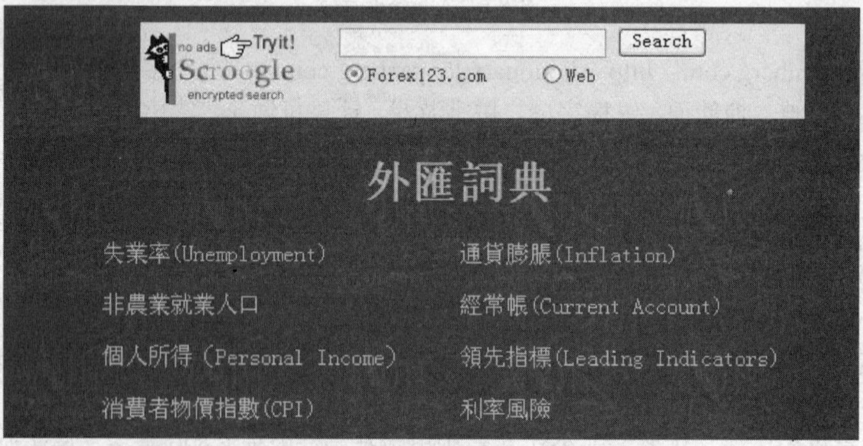

图 8-9　外汇辞典搜索主页

③ 巴克利综合财经词汇（http://www.oasismanagement.com/glossary）：巴克利国际公司研发的金融词典，按英文字母顺序查询金融词汇释义。巴克利国际公司成立于 1985 年，提供高品质的商业服务，这些服务包括资本市场的咨询、诉讼支持，以及技术解决方案。巴克利综合财经词汇主页如图 8-10 所示。

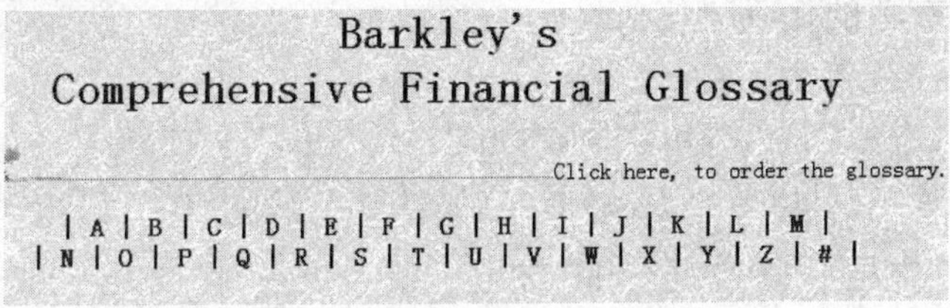

图 8-10 巴克利综合财经词汇主页

（3）法律类在线参考工具。

① 法律图书馆（http://www.law-lib.com）：来自东方法眼网，提供法律数据库、法学论文、裁判文书、律师黄页、法治动态、司法考试资料、图书信息、书刊目录、法律书摘、著者介绍、出版社介绍等资料。

② 法律词典（http://www.wwlia.org/LegalDictionary.aspx）：由万维网法律信息协会（简称“WWLIA”）开创，按字母顺序查找法律信息。

（4）生物类在线参考工具。

① 生命科学在线词典（http://biotech.icmb.utexas.edu）：包括生态学、湖沼学、湖泊学、药理学、药物学、生物工艺学、医学等方面的专业术语，词汇量约 8 300。

② 生物学在线词典（http://www.emc.maricopa.edu/faculty/farabee/biobk/biobookgloss.html）：生物学专业术语名词解释，按词语的首字母顺序浏览。

③ 生物学字典（http://www.ucmp.berkeley.edu/glossary/glossary.html）：包括生物化学、植物学、细胞生物学和生态学等。

④ 遗传学词汇（http://www.weihenstephan.de/~schlind/genglos.html）：有两种方法检索遗传学专业相关词汇，一是按字母顺序检索，二是直接输入词组检索。

⑤ 生化与分子生物学词汇（http://www.portlandpress.com/pp/books/online/glick/search.htm）：Portland 出版社的在线生化与分子生物学词汇释义。

⑥ 北美植物、动物词典（http://www.enature.com/home/）：约 4 800 种物种，配图片。

⑦ Kimball's Biology Pages（http://users.rcn.com/jkimball.ma.ultranet/BiologyPages/）：网站编排简洁，附带有对词汇的解释，还有相关链接、图片、分子结构式等。

⑧ 生物技术缩略词词典（http://darwin.nmsu.edu/~molbio/bioABACUShome.htm）：可查生物技术缩略词。

（5）化学化工类在线参考工具。

① 化工字典（http://china.chemnet.com）。现有词汇量 300 000 条。按产品的中文名称、英文名称、别名或者 CAS 登记号（即美国化学文摘登记号）进行检索，还可以获取相关供应商的地址和联系电话。

② 理论化学英文缩写辞典（http://old.iupac.org/reports/1996/6802brown/index.html）：按理论化学词汇的首字母缩写检索。

③ 材料大全 A 到 Z（http://www.azom.com/materials.asp）：网站按材料首字母进行查询，介绍材料的密度、硬度、易燃性，并讨论它们的优缺点。提供相关的新闻及材料科学界观点和发展的趋势，文章全部为免费获取。

④ 化学查询网（http://www.chemnet.com）：可直接在检索框中输入具体的化学名称、分子式、结构等来查询有关的化学物质信息。

（6）信息技术类在线参考工具。

① 免费的在线计算机词典（http://foldoc.org）：可查名词术语等。

② 英汉电子工程辞典（http://www.eetchina.com/EGLOSSARY/GLOSSARY_QUEST.HTM）：共收录超过 23 000 条电子行业最新的技术词汇。

③ 控制论与系统论专业术语汇编（http://pespmc1.vub.ac.be/ASC/INdexASC.html）：按字母顺序浏览控制论与系统论专业术语内容。

（7）建筑工程类在线参考工具。

① 土木建筑工程电子字典（http://www.tumuren.com/word.asp）：可用中文和英文查询土木建筑类专业名词。

② 建材英汉大词典（http://www.chinabmnet.com/wxzl/kjcg/shuini-cg1.htm）：隶属于国家建材网，英汉、汉英建材大词库。

8.2.2 百科全书

1. 综合性百科全书

（1）百度百科（http://baike.baidu.com）。

（2）维基百科（http://en.wikipedia.org/wiki/Main_Page）：一个在 GNU 自由文档协议证书下发布的内容开放的百科全书，内容由世界各地的网民提供，可按主题浏览。有中文版和英文版本。

（3）Encyclopedia Britannica（http://www.britannica.com）：最著名的百科全书网站，不仅收录了《大英百科全书》的词条，提供词条、相关词、近义词的解释，还收录了 70 多种世界最著名杂志的精选文章，提供网站指南、网页、新闻、产品及购书等多方面信息，是一个提供高质量信息的网上工具。提供检索和浏览方式，其主页如图 8-11 所示。

图 8-11　Encyclopedia Britannica 主页

（4）Encyclopedia.com（http://www.encyclopedia.com）：网上优秀的免费百科全书之一，来源于《简明哥伦比亚电子百科全书》（Columbia Encyclopedia）且常更新，提供 57 000 多篇

全文及数字图书馆（elibrary）中 1 300 万篇文献和图片的链接，内容包括全文报纸、杂志文章、电视和广播报道、国际新闻专线、经典著作、地图、照片、参考工具书等。

（5）世界百科全书（http://www.countryreports.org）：建立于 1997 年，立足于国际关系和文化，完全基于网络，内容包括各国信息，如领导者、文化、统计信息等，提供覆盖宽泛主题的 26 000 个网页，很多内容是原创和唯一的，每日更新，其统计数据和文化信息特别适用于学生、父母、教师和研究人员。其主页如图 8-12 所示。

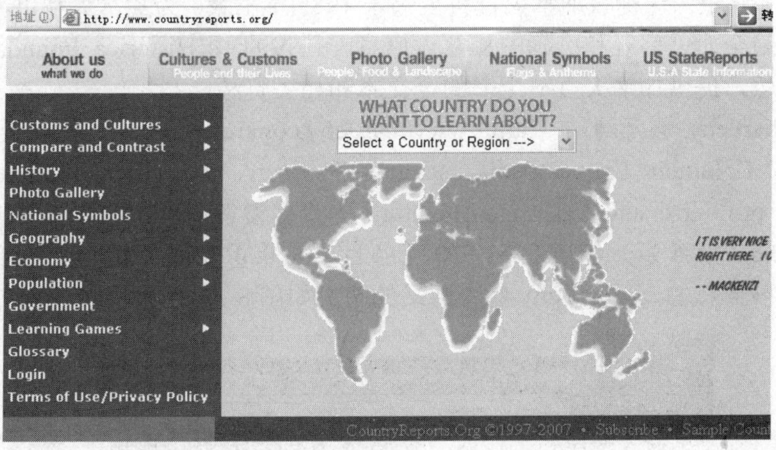

图 8-12　世界百科全书主页

（6）Encyclopedia of the orient（http://i-cias.com/e.o/）：东方百科全书，有关北非和中东国家，收集了从北非西北部古国毛里塔尼亚到东部的伊朗，从北部的土耳其到南部的苏丹之间的所有国家的文化信息。可查阅各国电子地图。所有信息全部免费，每周更新，可按字顺浏览。

（7）Wiley EMRW 在线参考工具（http://cn.onlinelibrary.wiley.com）：John Wiley & Sons 公司始于 1807 年，是全球知名的出版机构，出版期刊、图书等出版物。Wiley InterScience 是该公司创建的动态在线内容服务，Wiley EMRW 数据库就在这个平台上使用，包括了上百种工具书，学科领域包括化学、物理、工程、生命科学、统计学等。其主页如图 8-13 所示。

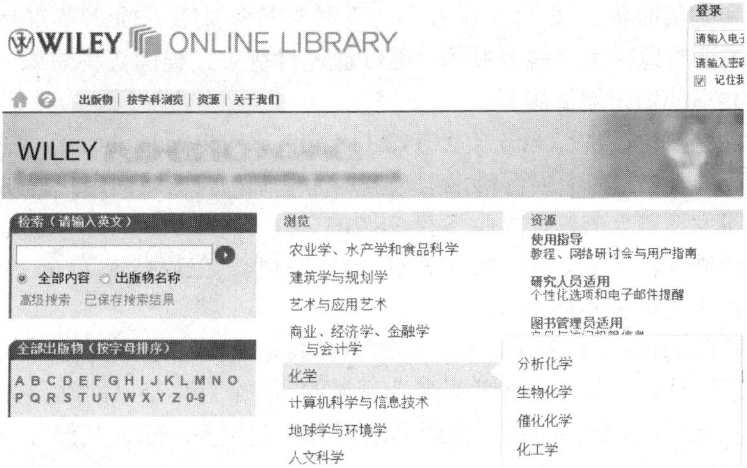

图 8-13　Wiley EMRW 在线参考工具

（8）Online Encyclopedia（http://www.informationsphere.com）：免费百科全书，可直接进行检索，也可按字顺或按分类进行浏览。

（9）MSN Encarta（http://encarta.msn.com/encnet/refpages/artcenter.aspx）：是微软公司提供的免费简明百科全书，内容包括 Dictionary、Thesaurus、World Atlas（世界地图集）、Multimedia、Education 等。

（10）The Canadian Encyclopedia（http://www.thecanadianencyclopedia.com）：加拿大百科全书，可选英语和法语。印刷版加拿大百科全书于 1985 年出版，为加拿大和世界各地的学生、读者和学者提供最全面、客观和准确的加拿大信息。1999 年由 Historica Foundation 作为公共服务推出了在线版，提供加拿大百科全书的全文本和相关资源。

（11）美国 bartleby 参考网站（http://www.bartleby.com/reference）：美国最大的在线免费参考网站。设有 Columbia Encyclopedia、Roget's Thesauri、American Heritage Dictionary、Columbia History of English and American Literature 等众多参考词典。更新快，内容丰富。其中，哥伦比亚百科全书（第 6 版）包括近 51 000 个条目，80 000 多超文本参考信息，是最完善和最具时效性的百科全书之一。bartleby 参考网站的主页如图 8-14 所示。

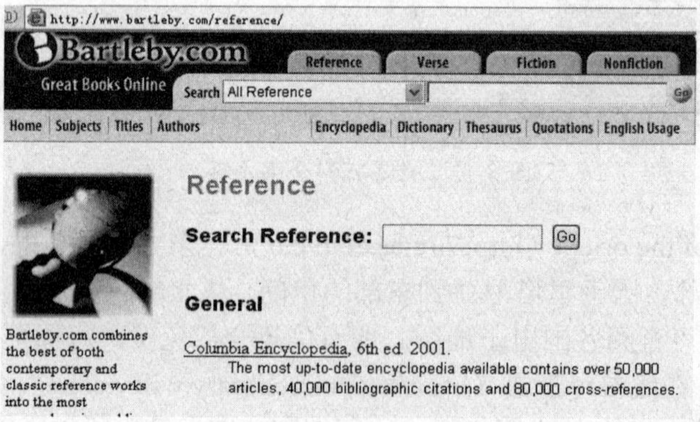

图 8-14　美国 bartleby 参考网站主页

（12）智慧藏百科网（http://www.wordpedia.com）：提供百科知识的查询与社群服务，以及相关内容的下载和购买服务，如 13 000 万字的百科全书资料库、31 万英汉字词的字典通资料库、编撰中的中国台湾地区大百科全书等。可以通过付费方式查询百科知识，也可以加入知识社群，享受共建共享的知识增值服务。

（13）中国大百科全书网络版（http://202.112.118.40:918/web/index.htm）：中国大百科全书网络版以《中国大百科全书》和中国百科术语数据库为基础，向局域网用户提供在局域网范围内检索使用的《中国大百科全书》，共收条目 78 203 条，计 12 568 万字，5 万余幅图表。内容涵盖了哲学、社会科学、文学艺术、文化教育、自然科学、工程技术等 66 个学科领域，提供多种检索方式，其主页如图 8-15 所示。

（14）知识在线（http://www.db66.com）：知识在线是专业在线中文百科知识库，现有世界知识、文物、音乐、体育、经济、哲学等多个领域的 13 个百科全书网站，提供智能检索、在线浏览阅读、网上论坛、下载等服务。该网站采用会员制服务，除浏览部分内容外，均须注册成为会员后方可使用。

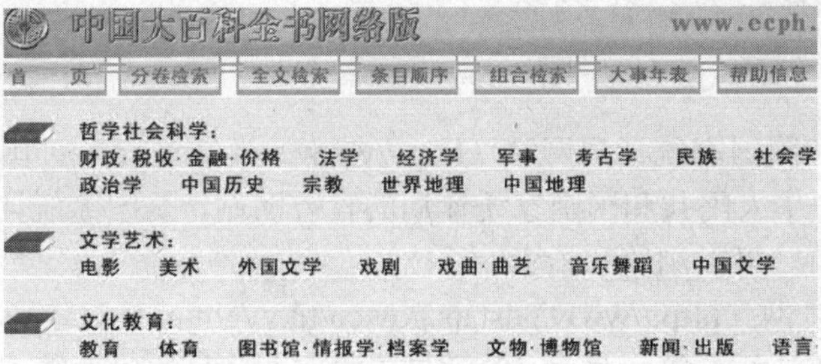

图 8-15 中国大百科全书网络版主页

（15）中青网大百科（http://www.cycnet.com.cn/encyclopedia）：中青网的简明大百科，设有教育考试、天文地理、探索飞船、历史博览、文学欣赏、军事大观、动植物国、体育大观、艺术长廊各类。并提供了部分其他百科全书的链接。

（16）国家百科全书网（http://countries-book.db66.com）：是一个系统地全方位地介绍世界各国的知识性网站，收录 200 多万字，包括 10 个知识栏目，引领用户了解与认知世界各国的民风、民俗、风光、文化、人文、国情和地理、气候，以及各国的科技发展状况。分为检索和浏览两大系统，可以二次检索，并且提供了部分其他百科全书的链接。

2. 专科性百科全书

（1）The Literary Encyclopedia（http://www.litencyc.com）：文学百科全书和文学字典，由知名学者编撰，每周更新，包括传记、文学作品、文学术语等。可查找人物、著作、主题和事件等。

（2）全球音乐乐器百科（http://www.si.umich.edu/chico/instrument）。

（3）互联网哲学百科全书（http://www.iep.utm.edu）：综合哲学站点，可按字母顺序检索。其主页如图 8-16 所示。

图 8-16 互联网哲学百科全书主页

（4）马克思主义百科全书（http://www.marxists.org/glossary/frame.htm）：是一部介绍马克思主义、工人阶级和世界革命的完整参考指南。按字母顺序检索。

（5）斯坦福哲学百科全书（http://plato.stanford.edu/contents.html）：可按字母顺序和人物名称排列检索，是哲学方面的信息资源总汇。

（6）心理学百科全书（http://www.psychology.org）：心理学以及相关领域网站的资源。

8.2.3 年鉴

（1）中华人民共和国国家统计局网站（http://www.stats.gov.cn）：国家统计局网站，又称中国统计信息网，是中华人民共和国国家统计局的官方网站，是国家统计局对外发布信息、服务社会公众的网络窗口。可以浏览和检索。

（2）广东统计信息网（http://www.gdstats.gov.cn/tjkw/gdtjnj）：该网站提供统计资料、统计数据、统计法规、统计标准等。每月 20 日左右发布上一月的月度数据，每季度第一个月的 20 日左右发布上一季度的数据，年度数据以统计年鉴的方式发布。

（3）广州年鉴（http://www.guangzhou.gov.cn/node_450）：用户可通过该网站了解年鉴概况，浏览各年年鉴内容。

（4）国际商品贸易统计（IMTS）（http://unstats.un.org/unsd/default.htm）：国际商品贸易统计属联合国商品贸易统计司统计的数据，数据库收录 1962 年后各国的贸易资料，用户注册后可免费查阅。国际商品贸易统计主页如图 8-17 所示。

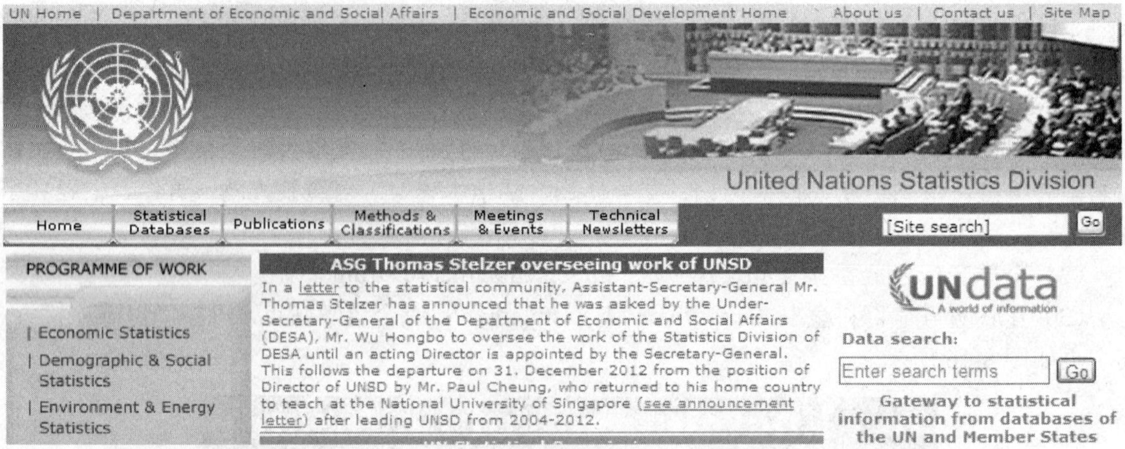

图 8-17　国际商品贸易统计主页

（5）International Social Indicators（http://unstats.un.org/unsd/demographic/products/socind）：是联合国提供的各国统计信息。

（6）World Almanac（http://www.worldalmanac.com）：世界年鉴，OCLC 的重要数据库之一，一种杂集式年鉴，1868 年首次出版，范围广泛。

（7）Statistical Information（http://www.noodletools.com/debbie/resources/math/stats.html）：统计数据搜索引擎，提供统计数据资源链接，是美国各行业的统计数据。

（8）Statistical Resources on the Web（http://www.lib.umich.edu/govdocs/stats.html）：美国密歇根大学图书馆收集的统计资源，包括农业、商业和工业、宽泛主题、消费者、居住成本、人口统计、经济、教育、能源、环境、金融、外国政府数据资源、国际经济、外贸、政府金融、健康、住房、劳动力、军事、政治、科学、社会学、旅游、交通、天气等。

（9）咨询年鉴（http://www.infoplease.com）。

（10）儿童年鉴（http://www.yahooligans.com/content/ka）：以视频、音频或图画的形式展现相关内容。

（11）计算机年鉴（http://www.cs.cmu.edu/afs/cs.cmu.edu/user/bam/www/numbers.html）。
（12）1999—2000 年政治参考年鉴（http://www.polisci.com/almanac/almanac.htm）。

8.3 在线参考工具查找示例

8.3.1 查找成语和典故

【检索课题】查找“锦上添花”的概念解释。
【检索工具】中华在线（http://www.ourdict.cn）
【检索步骤】检索步骤如下：
（1）进入中华在线主页，在搜索关键词的检索栏中输入“锦上添花”，单击“检索”按钮，如图 8-18 所示。

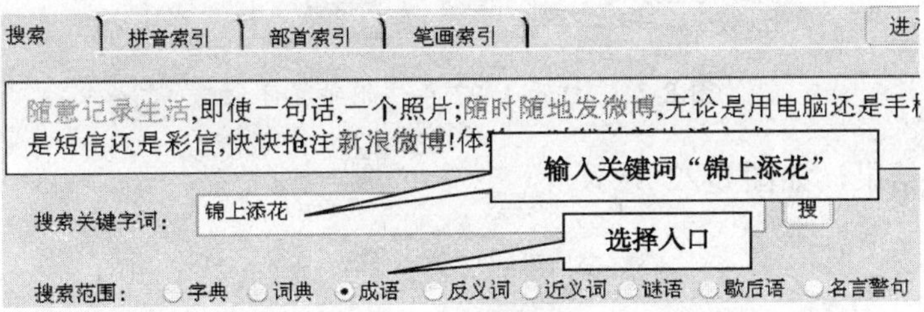

图 8-18 中华在线的检索页面

（2）得到检索结果，单击“锦上添花”的条目解释及出处等，如图 8-19 所示。

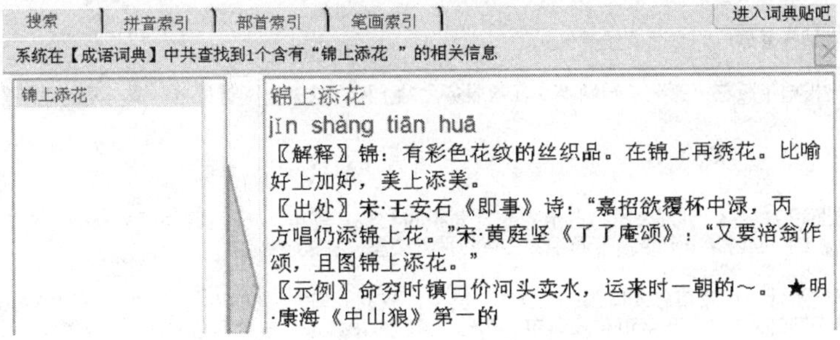

图 8-19 检索结果

8.3.2 查找数据课题

【检索课题】查找 1996 年广州市发生的大事以及当时广州的人口和面积状况。
【检索工具】广州年鉴（http://www.guangzhou.gov.cn/node_450）
【检索步骤】检索步骤如下：
（1）浏览年鉴内容，找到“1997 年广州年鉴目录”，单击进入，如图 8-20 所示。

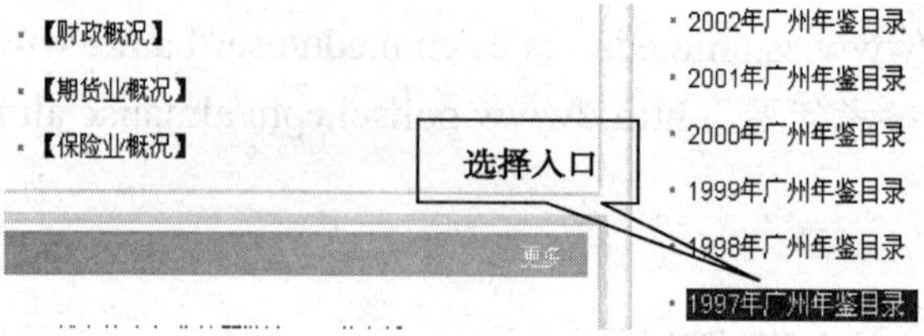

图 8-20 广州年鉴内容浏览

（2）在广州年鉴中选择“大事记”和“广州概貌”分别进入，如图 8-21 所示。

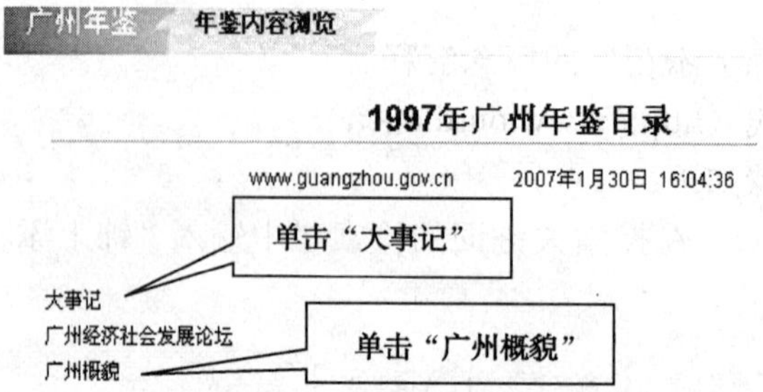

图 8-21 打开 1997 年广州年鉴目录

（3）得到检索结果，如图 8-22 所示。

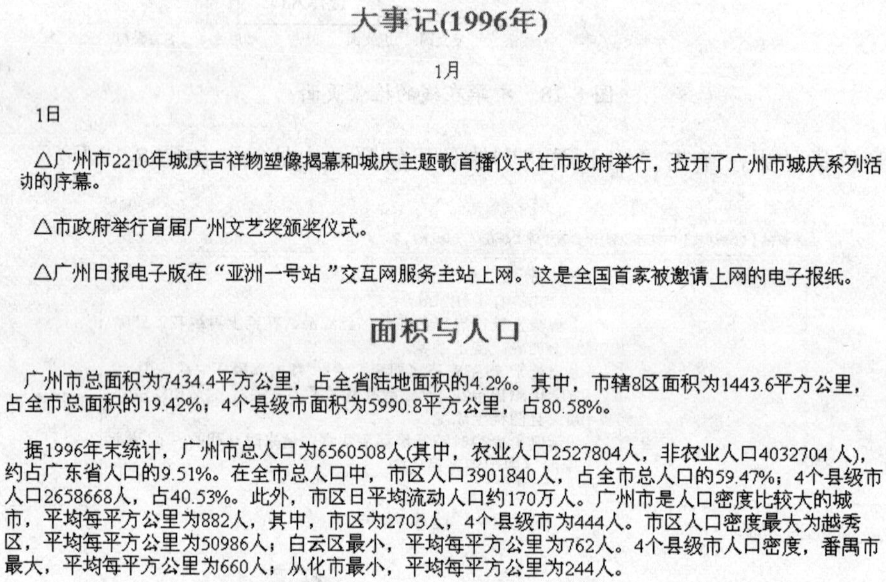
大事记(1996年)

1月

1日

△广州市2210年城庆吉祥物塑像揭幕和城庆主题歌首播仪式在市政府举行，拉开了广州市城庆系列活动的序幕。

△市政府举行首届广州文艺奖颁奖仪式。

△广州日报电子版在“亚洲一号站”交互网服务主站上网。这是全国首家被邀请上网的电子报纸。

面积与人口

广州市总面积为7434.4平方公里，占全省陆地面积的4.2%。其中，市辖8区面积为1443.6平方公里，占全市总面积的19.42%；4个县级市面积为5990.8平方公里，占80.58%。

据1996年末统计，广州市总人口为6560508人(其中，农业人口2527804人，非农业人口4032704 人)，约占广东省人口的9.51%。在全市总人口中，市区人口3901840人，占全市总人口的59.47%；4个县级市人口2658668人，占40.53%。此外，市区日平均流动人口约170万人。广州市是人口密度比较大的城市，平均每平方公里为882人，其中，市区为2703人，4个县级市为444人。市区人口密度最大为越秀区，平均每平方公里为50986人；白云区最小，平均每平方公里为762人。4个县级市人口密度，番禺市最大，平均每平方公里为660人；从化市最小，平均每平方公里为244人。

图 8-22 检索结果

练习与思考 8

1．试比较参考工具和检索工具的异同。

2．你常用的字典类网站有哪些？试选两个介绍它们的功能、特点和检索方式。

3．比较 yourdictionary、onelook、m-w、allwords 这几个国外字典网站的检索功能。
4．使用 CNKI 翻译助手查找专业名词术语，用缩略语网站试查专业缩略语的全称及含义。
5．使用 World Factbook 网站查找一个欧洲国家的国旗、地图和地理情况。
6．通常在什么情况下你会利用百科全书？
7．Wikipedia（维基百科）是一个内容开放的百科全书网站，尝试去了解。
8．用中国统计信息网查找最近年度某种家电产品的进出口量与进出口值。
9．利用网络查找某产品的价格。
10．想查找马丁·路德·金的生平资料，你能用哪些网站来查找？
11．如果想了解英国的帝国理工学院，你能通过“世界大学索引”找到相关信息吗？
12．用黄页可以查得哪些信息？
13．查找明朝有哪些年号，以及各自的起止年月。

第 9 章 文献管理软件

本章要点

- 文献管理软件的作用。
- NoteExpress 文献管理软件的使用。

文献调研在科研工作中必不可少，花在文献方面的时间会占到整个科研活动的很大一部分。在网络信息海量存储和增长、便捷获取和下载的情况下，个人保存的文献越来越多，光靠记忆来管理越来越不现实。在撰写论文的过程中，不同期刊要求的投稿格式各不相同，参考文献的插入和整理一直令写作者头疼。有没有什么方法或工具可以帮助写作者呢？有，这就是参考文献管理类软件。

9.1 文献管理软件简介

传统的科研参考文献，靠研究人员亲自查阅，然后摘录有关文献的信息，按照一定的格式加工整理而成。在当今数字化时代，随着期刊和论文数量的激增，各学科的文献总量也随之水涨船高，信息传播的路径也越来越多、越来越便捷，文献服务的时效性变得非常突出，用户需要及时、动态、高效的文献服务。中国知网、万方、维普、SCI、EI、SDOL 等数据库的检索结果如何规范化永久保存到计算机？当搜集的文献总量积累到一定程度后，仅仅靠大脑记忆很辛苦，如何面对海量的研究信息？阅读时产生的思考如何实时记录并与文献本身联系起来？写论文时手工输入文中标引和文后参考文献列表，这一过程既沉闷又容易出错，特别是不同期刊要求有不同的参考文献引用格式，让人苦不堪言，能否自动化地一键完成这一过程？当传统的手工式科研参考文献方法越来越无法满足高度竞争的科研环境的压力和需要时，信息过滤和管理变得极其重要，科研人员迫切需要有效管理和利用海量参考文献的工具，参考文献管理软件（以下简称“文献管理软件”）便应运而生了。

文献管理软件是研究者用于记录、组织和调阅引用文献的计算机程序。通过文献管理软件，学者或作者可以高效、方便、准确地管理和利用检索到的各种信息和文献，在科研、写作和学习流程中高效地利用电子资源，并促进最终研究成果的产出。

文献管理软件有很多种，功能上差别不大，一般均提供检索、管理、分析、发现和写作几大类功能。目前比较常用的国产专业文献管理软件有 NoteExpress、Notefirst，支持中文，适合于中文科技期刊的作者使用。国外软件有 Endnote、RefWorks、Procite、Zotero 和 Mendeley 等，主要针对英文作者。限于篇幅，本章仅介绍 NoteExpress 文献管理软件的使用方法，其他软件的操作类似，用户可自行了解掌握。

9.2 NoteExpress 文献管理软件的使用

9.2.1 下载和安装

NoteExpress 由北京爱琴海乐之技术有限公司开发，提供信息导入、过滤、全文下载以及文献管理功能，可以提高研究者的文献管理和研究效率。其核心功能是帮助用户整理组织摘要和全文，在撰写论文、专著或报告时，在正文中的指定位置添加文中注释，按照不同的期刊和论文格式要求自动生成参考文献索引。

用户可以根据自己所处的网络环境选择从公网（http://www.RefLib.org/download_chs.htm）或者教育网（http://www.SciNote.com/download_chs.htm）网站上下载安装程序。个人用户下载标准版，集团用户下载相应的集团版。

NoteExpress 2.X 版适合于运行在 Microsoft Windows 环境下的各个版本，写作插件需要安装 MS Office 2000 或以上版本，也支持 WPS Office 2010、Open Office、TeX/LaTeX。硬件要求为 64MB 及以上内存，PII300 或以上频率 CPU，50MB 或以上硬盘空间。如果使用在线检索文献功能，必须确定计算机已经连接了互联网。

NoteExpress 安装版提供了标准的 Windows 应用程序安装向导。下载成功后，双击安装文件，根据相关向导即可完成安装。如在安装过程中遇到防火墙软件或者杀毒软件提示，选择“允许”。也可将 NoteExpress 加入信任列表。

NoteExpress 主程序界面如图 9-1 所示。

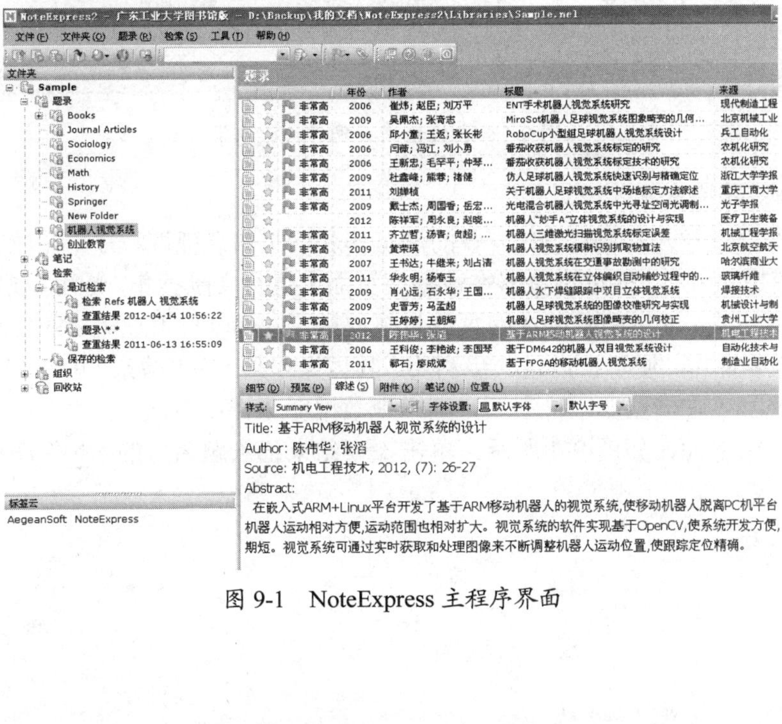

图 9-1 NoteExpress 主程序界面

9.2.2 数据导入

NoteExpress（以下简称“NE”）安装完毕后首次启动会打开自带的 Sample 示例题录数据库，该数据库存放在“我的文档”目录下，供新用户练习使用。用户正式使用时可建立自己新的数据库。在 NE 主程序的“文件”下拉菜单中单击“新建数据库”按钮，然后选择保存位置即可。

NE 是通过题录（文献、书籍等条目）为核心进行管理的，建立新的题录数据库后，用户所需要的文献题录如何添加到数据库中呢？NE 提供了以下导入题录的方式。

1. 在线检索导入

在主界面“检索”下拉菜单中选择“在线检索”，再选择“选择在线数据库”，出现检索窗口，输入检索条件即可，如图 9-2 所示。NE 支持数以百计图书馆的书库和电子数据库，如万方、维普、知网、SDOL、ACS、OCLC、美国国会图书馆等，检索结果可以永久保存。

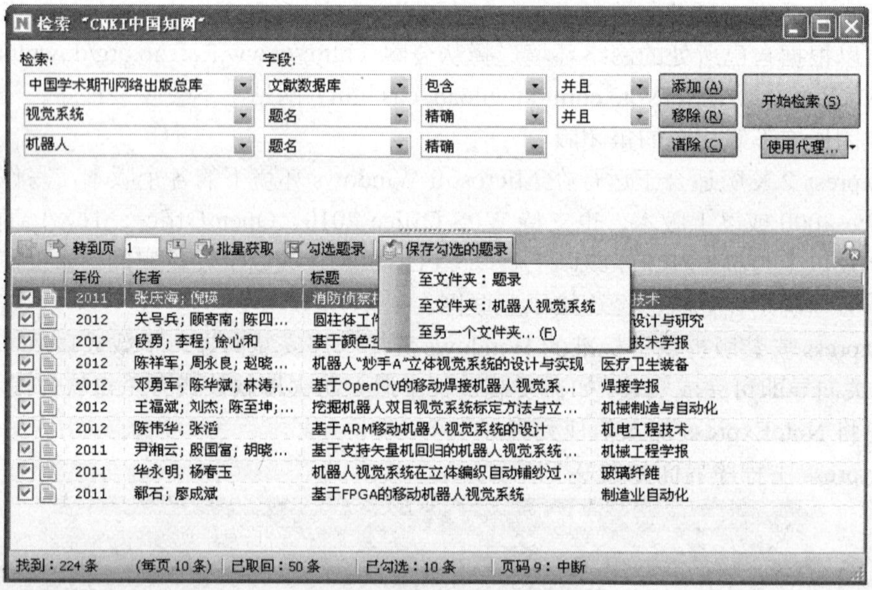

图 9-2 在线检索并保存检索结果

2. 内嵌浏览器检索导入

内嵌浏览器检索导入是通过 NE 内置的浏览器和网页信息抓取程序，完成在数据库页面上的文献检索、筛选和保存。通过浏览器在数据库页面上进行文献搜集，是用户最为熟悉的方式，也是最为常用的方式。通过配置好的网页信息抓取程序，可以将用户需要的信息快速准确地保存在 NE 本地数据库中，便于日后进一步利用。具体操作是，在“检索”的下拉菜单中选择“在线检索”，再选择“在浏览器中检索”，则出现数据库选择窗口，如图 9-3 所示，选定后进入所选数据库的检索界面，如图 9-4 所示，单击检索结果记录题名后的“N”图标即可将记录保存到 NE 中。

图 9-3 内嵌浏览器检索—选择数据库

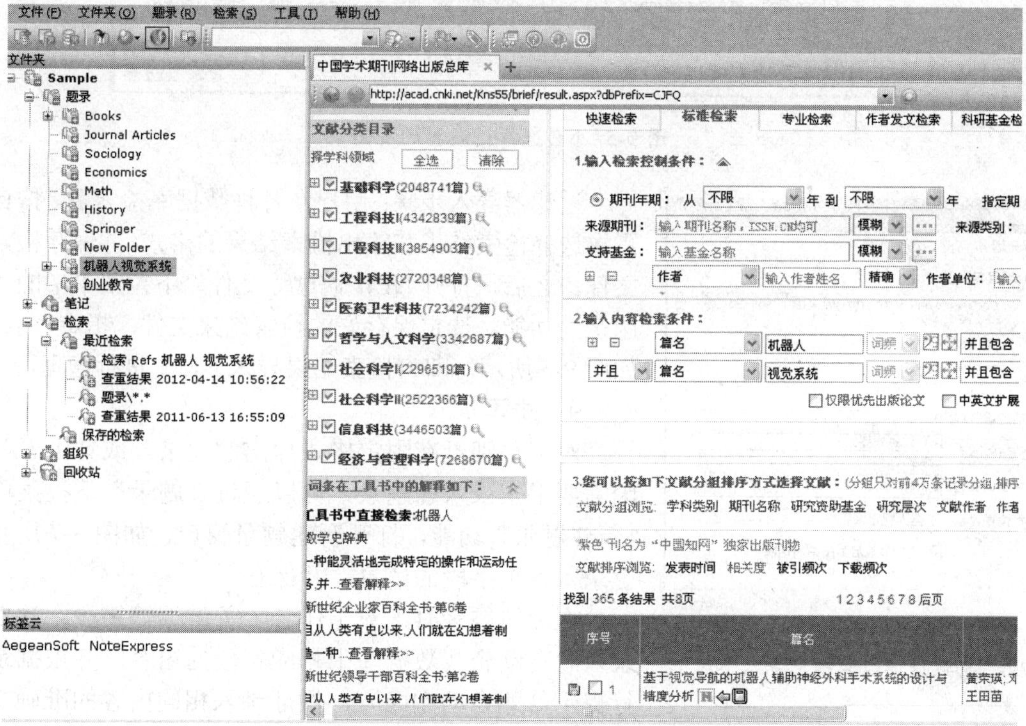

图 9-4 内嵌浏览器检索—数据库检索

3. 过滤器导入（即网上数据库导入）

过滤器用于"过滤"数据。不同数据库的检索结果有不同的格式，导入 NE 后需要以相同的格式显示出来。因此，需要选择相应的过滤器。NE 集成了几乎所有常用的数据库的过滤器，如图 9-5 所示。

图 9-5　NE 选择过滤器的页面

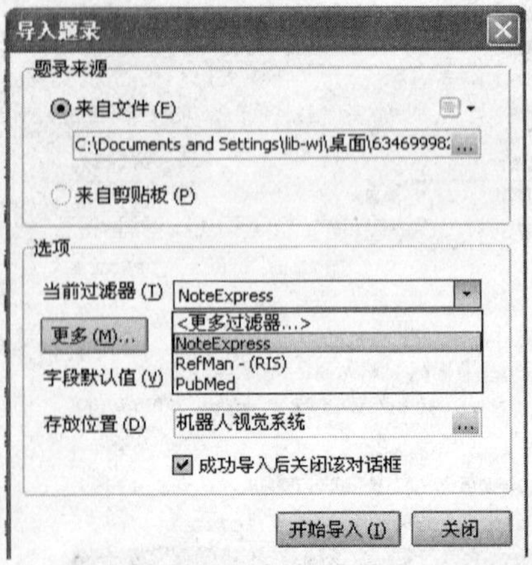

图 9-6　将数据库检索结果导入 NE 中

过滤器导入步骤：用户在各种数据库检索后，按自己的需求选择检索结果和输出检索结果的格式，并保存检索结果文件。之后，打开 NE，通过"文件"下拉菜单中的"导入题录"功能，选定保存好的检索结果文件，指定存放位置，如图 9-6 所示，即将检索结果导入 NE 中进行管理。

4. 手工录入

对于个别没有固定格式导出的题录，或者由于其他原因需要手工录入的题录，可以通过"题录"下拉菜单中的"新建题录"功能，打开新建题录窗口，如图 9-7 所示，手工录入各个字段的信息，并保存。

在编辑题录时，对于作者、关键词等字段，软件会在录入时自动查找数据库中相应字段的内容，并根据录入进行提示（即自动完成），保证录入相同内容的准确性，也提高了录入速度。

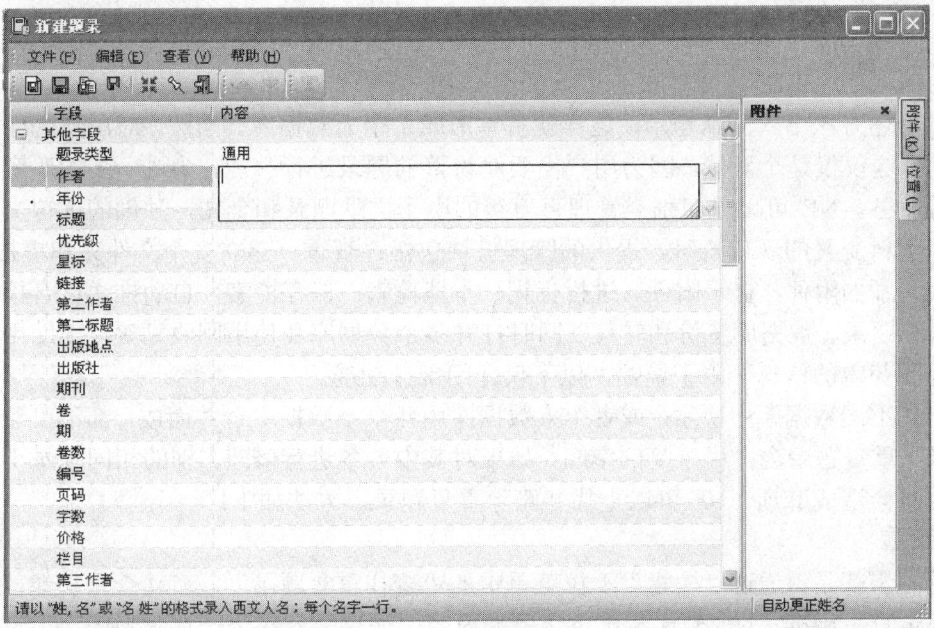

图 9-7 手工录入题录

如果题录的"作者"字段为机构名称如"World Health Organization"，在论文写作时，最终输出的结果为缩写格式"Organization，W.H"。如果希望保持原样输出，可在机构名称末尾加上一个英文逗号"，"，即"World Health Organization，"。保持原样输出的另外一种方法，是使用半角双引号把作者名括起来，即""张涵庆[美]""、""Honda Motor Co., Ltd.""形式。如果作者名含有其他字符，且不需要对姓名格式进行处理，建议使用半角双引号。

手工录入费时费力，差错率高，建议用户尽可能使用网上检索减少手工录入的劳动。需要手工录入时，也可以先复制一个与录入题录内容较为接近的题录，然后通过修改这条新题录来减少手工录入的劳动强度。

5. 对保存在本地的全文编制题录

对于已经下载了大量全文的用户，如何对这些保存在本地的全文编制文献题录？NE 提供另外一种非常有效的导入方式，可以快速解决这一问题。只需要两步操作：

（1）导入需要编制的文件夹（目录）或单个全文文件。具体操作是：单击"文件"下拉菜单中的"导入文件"按钮，选择需要导入的文件或文件目录，设定导入的目标文件夹，单击"导入"按钮即可。

（2）使用在线更新功能。导入全文时自动生成的题录只有有限的信息：题录类型以及标题，可以通过"检索"下拉菜单中的"在线更新题录"，手工或自动从在线数据库中获取精确的题录，这样就可以将导入全文生成的简单题录更新为需要的详细题录，可作为"导入文件为题录"功能的补充。

在线更新题录有手动和自动两种更新方式。手动更新用于更新某一条选择的题录，自动更新用于同时更新多条题录，检索结果（候选题录）在列表中显示。自动更新的操作是，首先在主界面上选中需要更新的题录，然后单击鼠标右键选择"在线更新"，再选择"自动更新"，指定查找更新的数据库开始更新，选择适合的题录更新结果，并应用更新。

9.2.3 管理

通过上述方法导入文献题录，这样就基本形成了个人数据库。当然，对用户的研究和管理工作而言，这仅仅是个开始，因为用户需要对纷繁的题录进行整理，为进一步的研究设计或文章撰写等服务。NE 可以分门别类管理百万级的电子文献题录和全文，独创的虚拟文件夹功能更适合多学科交叉的现代科研。提供的管理模块包括：查重、建立多个文件夹和虚拟文件夹、全文下载、添加附件、显示附件、进行标识、本地检索、保存检索、自动推送符合检索条件的题录、组织题录、数据库备份和转移、同时打开多个数据库和使用回收站等，帮助用户充分高效地掌控所获得的信息。限于篇幅，以下仅介绍部分功能。

用户在不同数据库中检索，或者个人数据库由几个小数据库合并而成，都不可避免地出现重复题录。重复题录会占用重复的空间，如果对其中一条进行修改，别的相同题录不能同时更新，引用时会造成麻烦。NE 可以查找并删除重复题录。方法如下：

1. 查重

查重的步骤是，通过“检索”下拉菜单中的“查找重复题录”，启动查重功能，选择查重范围，限定查重标准。NE 会比较选定字段的内容，如果内容完全一致，则认定为重复题录，一般情况下默认即可。重复题录会被蓝色高亮标出，在重复题录上单击鼠标右键，选择对重复题录的操作，如图 9-8 所示。

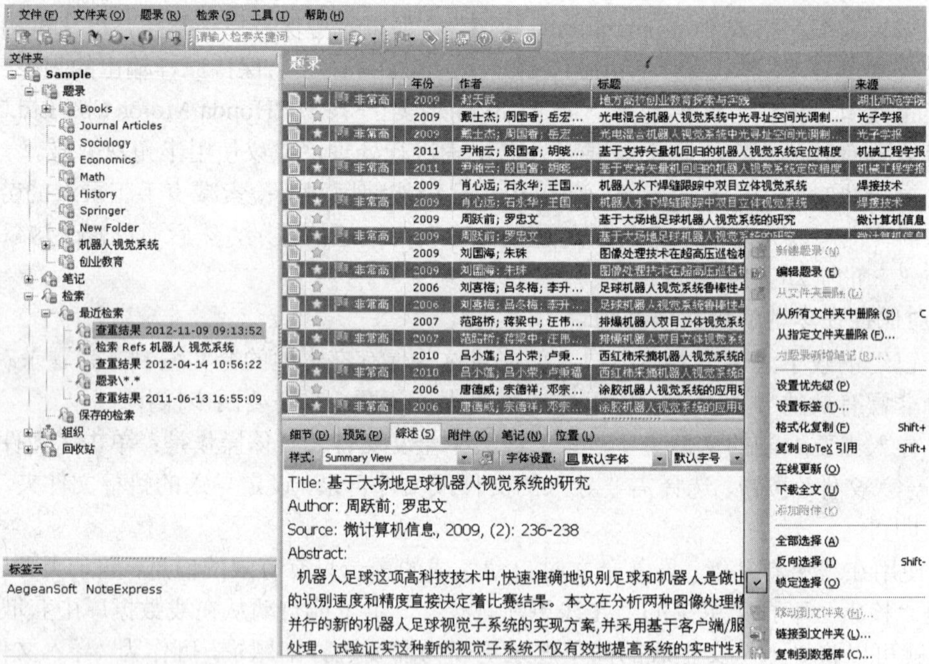

图 9-8 重复题录显示及处理

2. 管理文件夹

在文献管理软件出现以前，研究者通常使用文件夹对自己掌握的电子文献进行分类整理，如果分类正确，可以非常方便地找到需要的信息。NE 的文件夹功能可以将文献进行分类整理。对于一条题录同属于两个或以上文件夹（研究方向）的情况，NE 提出虚拟文件夹的概念，可以实现同一数据库下有不同的文件夹，类似于在数据盘下建立了许多的文件夹，也类似于资源管理器，可以通过文件夹的树形结构清晰地看到文件夹之间的关系，可以根据自己的需求方便地建立、删除和转移文件夹。

3. 全文下载

从数据库导入的题录，只有基本的题录信息，这些基本信息可以让我们大致了解某一文献的价值所在，决定是否有必要进一步阅读全文。选中需要下载全文的题录，在选中的题录上，单击鼠标右键，选择“下载全文”，并“选择全文数据库”，从列表中选择下载全文的数据库，单击“确定”按钮，NE 会弹出提示对话框，单击“确定”按钮后，根据“全文保存对话框”确定文件下载保存位置。根据提示信息可以了解文章的下载情况，比如下载成功、下载权限限制、下载中和等待中等。如果需要删除或重新下载列表中的题录，用鼠标右键单击该题录即可。下载对应题录的 PDF 全文需要有相关的下载权限。

4. 附件添加和附件标识

在 NE 中，可以为每一条文献信息添加附件，方便用户在需要的时候快速打开全文。NE 支持任意的附件格式，比如常见的 PDF、word 格式等，当然还有文件夹、URL 等，用户也可以添加多个附件。这样，文献题录信息就会与全文信息关联在一起了。

添加单个附件的步骤是，选中需要添加附件的题录，单击下方的附件，出现附件功能窗口，单击鼠标右键选中添加的附件即可。附件可以是文件、文件夹、网络链接、题录和笔记。批量添加附件的操作是，在主程序中单击“工具”下拉菜单中的“批量链接附件”，之后选择需要添加附件的题录文件夹，选择附件所在路径，选择各个选项，单击开始，显示匹配列表后，根据需要在所选题录处单击鼠标右键进行相应修改，设定文献信息与文件名匹配程度等条件，单击应用之后，会出现链接成功的对话框。

添加了全文附件的题录，可以在“题录相关信息命令”栏看到一个回形针标志，单击回形针，或者使用“Shift+Ctrl+A”的快捷键，可以迅速打开附件。

NE 可以为文献题录添加附件、笔记，可以关联题录和文件夹。如果在你的数据库中，你为多条文献添加了多项信息，而且都非常重要。那么，你如何非常直观地判断某条文献是否有附件、笔记，或者关联了题录和文件夹呢？NE 在题录列表栏中，第一列的图标显示题录类型，第二列可能有小的色块，如果你添加过附件、笔记，或是关联了题录和文件夹，你可以看到四个不同颜色的色块。这样，你就可以非常方便地了解某条文献的相关附件信息了。

5. 数据库备份和转移

辛辛苦苦地整理和管理了个人数据库，为了尽量减少误操作或其他原因带来的麻烦，需要定期对个人数据库进行备份，或者有需要对数据库进行转移，便于携带共享。建议定期备份数据，备份时尽量选择不同的磁盘存放。

如果只需要备份题录和笔记，在菜单“文件”下，有“备份数据库”选项。

如果希望手工备份，特别是附件（如全文）也备份，步骤是：在“文件”的下拉菜单中选择“新建数据库”命令，单击它可以新建数据库，选择存放位置（注意不要放在系统盘），并为数据库命名即可。扩展名为.nel 的文件是 NE 的数据库文件，在任何一台装有 NE 的计算机上都可以打开。需要转移到其他计算机时，可以在 NoteExpress 找到*.nel 数据文件。如果在开始使用 NE 时，通过“工具”菜单的“选项”设置过附件文件夹的位置，也可以将附件文件夹下的内容（比如全文等）同时拷贝到其他计算机，在新的计算机上打开数据文件*.nel 后，再次通过“工具”菜单的“选项”指定到该文件夹即可。

9.2.4 分析

如果有时候你觉得收集的文献信息过多，或者你需要对某个研究者或期刊的文献信息进行整理，传统的统计方法费时又费力。NE 可以方便快捷地对检索结果进行多种统计分析，从而使研究者快速了解某一领域的重要专家、研究机构和研究热点等。分析结果能导出为.txt 和.csv 等多种格式，方便做出精准的报告。

NE 可以对整个数据库以及每个文件夹进行统计。操作步骤是：选中需要进行统计的文件夹，单击鼠标右键，选择菜单“文件夹信息统计”，或单击“文件”下拉菜单中的“文件夹信息统计”按钮。可以对所有字段进行统计分析，包括题录类型、作者、年份、出版地点、出版社、期刊、被引用次数、引用参考文献数、DOI、关键词、主题词、作者机构等，获得直观的统计结果。比如，对期刊字段进行统计，可以为向哪一个期刊投稿提供参考，对年份进行统计，可以了解各年的文献量情况。年份分析结果如图 9-9 所示。

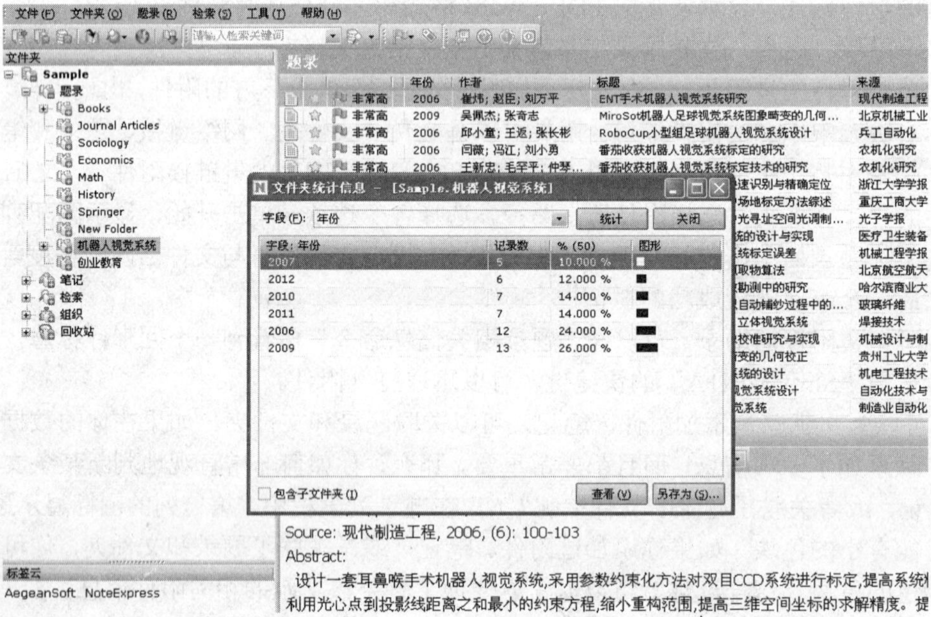

图 9-9 文件夹统计分析结果

9.2.5 发现

NE 提供了“综述”和“笔记”两项功能。

通过“综述”，可以尽可能多地阅读文献题录信息，包括作者、标题、来源和摘要等。通过“笔记”，可以随时记录下看文献时的想法和关于研究的设想，这些信息都与文献信息关联在一起，便于日后进一步开展工作。选择需要查看综述的题录，在窗口中单击“综述”，即可看到所选题录的信息，参见图 9-1 右下区部分。

“笔记”功能可以让用户在思维火花迸发的题录下记录笔记，这样笔记与题录会一直紧密相连。当用户对自己导入的题录进行阅读和整理时，经常会有关于下一步研究的想法，或许会因为几篇相关文章的启示产生新的研究思路，或许想着重对某一文献展开讨论。对于这些思想火花，通常的方法可能是随手写下来，或者新建 Word 文档，或者使用其他的笔记软件。但这些方式会使得想法与最初的文献题录之间的关联被削弱，或许一段时间后已经把从那里得到的想法忘得一干二净，这对于用户的研究来说，不能不说是种损失。通过 NE 与文献相互关联的笔记功能，能随时记录阅读文献时的思考，方便以后查看和引用。检索结果可以长期保存，并自动推送符合特定条件的相关文献，为长期跟踪某一专业的研究动态提供了极大方便。

添加笔记的步骤是，选择需要添加笔记的题录，在窗口中编辑笔记，选择笔记保存的位置，保存笔记。如果另存笔记，之后保存笔记的默认路径为上一次另存笔记的路径。如果在写文章时需要插入所记录的笔记，在 Word 插件中点击即可做到。

9.2.6 写作

使用 NE 管理文献的主要目的之一是撰写论文。NE 内置 1600 种国内外期刊和学位论文的格式定义，支持 Word 和 Latex，在论文写作时可以随时引用保存的文献题录，然后使用需要的格式进行格式化，并自动生成符合要求的参考文献索引。

通过 NE 插入文献，快速自动地生成参考文献，这样在写文章和论文的过程中，就可以从手工编辑与管理文献的繁重工作中解脱出来，而且可以根据需要随时调整参考文献的格式。如果 NE 没有需要的文献格式，也可以方便地编辑自己需要的格式。NE 提供多国语言模板功能，能自动根据所引用的参考文献语言不同实现差异化输出。其脚注支持和 Word 脚注兼容，第二引文模板功能则可解决有些期刊要求引用类型的引文和注释类型的引文在文中需要使用不同格式的问题。添加了 NE 插件的 Word 工具栏如图 9-10 所示，最下边工具栏中的按钮功能依次为：转到 NE、在数据库中检索、插入引文、插入注释、插入笔记、格式化参考文献、编辑引文、定位引文、查找引文、去除格式化、更新题录信息、设置、排列窗口位置、NE 帮助。

图 9-10 添加了 NE 插件的 Word 工具栏

本书仅介绍 NE 的基本功能，更多高级功能及技巧可通过访问 NE 的演示教程或网站（http://www.scinote.com）获取。

练习与思考 9

1．请根据自身需要下载安装一种文献管理软件。

2．进行文献管理软件的操作练习，如检索、查重、添加笔记、导入题录等。

3．在自己的论文写作中应用 NE 插件功能，帮助自己自动添加参考文献，并尝试按不同期刊的不同格式要求进行更换。

第10章 信息评价、分析与利用

本章要点

- 信息评价原则与信息分析方法。
- 文献综述的撰写。
- 科技论文的撰写与投稿。
- 文后参考文献的著录格式。
- 科技查新程序。
- 专题信息调研案例。

大学教育是从事专业研究的开始。在进行科研活动时，一方面要借鉴前人和同行的研究成果，或解决问题，或在此基础上有所创新；另一方面要避免课题的重复研究，以免浪费精力和时间。无论是为课题研究寻找答案，还是为学术论文写作积累资料，都涉及怎样运用科学的方法进行课题查询和怎样搜集和运用信息资源的问题。大学生如果具备良好的信息素质，就可以以较少的时间和精力获得最有用的信息资源，起到事半功倍的效果。在需要信息的时候知道信息存储在何处，熟悉各种检索方法和检索工具，具备信息检索、信息评价、信息分析及运用的能力，这是一个大学生进行独立学习及研究的重要能力与基本素质。

10.1 信息评价与分析

10.1.1 信息评价

期刊论文、会议论文或学位论文等学术论文是学术信息的重要部分，也是学术信息检索和交流的主要对象。随着计算机检索的智能化发展，信息检索过程的技术难度正在降低，获得大量的学术论文摘要以及索取原始文献也不是大问题，而如何快速有效处理接下来的整理、筛选工作，挑选出高质量的、有参考价值的信息，显得越来越重要。

1. 信息评价的基本原则

获得检索结果后，需要对信息的价值做出评价。信息价值评价可以从可靠性、先进性和适用性这三个方面来判断和评价。

（1）可靠性。信息价值的可靠性主要是指信息的真实性，通常也包含完整性、科学性和典型性这三个方面的内容。在利用信息之前，对信息价值的可靠性进行鉴定、判断和评价的方法可以概括为几方面：①看作者的知名度；②看出版机构的学术性；③看文献的品位档次；④看信息来源的渠道；⑤看被引用率的高低；⑥看引文的权威性和规范性；⑦看发表时间的先后；⑧看程度的深浅、密级的程度；⑨看内容的完整性和可信性；⑩看公众的评价和反映。

当然，上述方法必须是综合考虑，不能单独地用来作为判断信息可靠性的标准。

（2）先进性。信息价值的先进性通常是个相对的概念，至少与时间和地域要素有关，其判断和评价一般可选用操作性较强的指标：①看文献的品位档次；②看出版机构的学术性；③看发表时间的先后；④看文献计量学的特征；⑤看文献内容的新颖性；⑥看信息发生源的背景和优势；⑦看推广应用的情况；⑧看技术参数的优劣；⑨看经济指标的好坏。

（3）适用性。信息价值的适用性判断和评价通常是在可靠性和先进性基础上进行的，并要将信息供需双方的情况加以比较，分析二者的异同。可靠而先进的信息可按照适用性的要求作进一步的筛选：①看条件的相似性；②看实践的效果；③看近期目标的需求；④看长远发展的需要；⑤看专家的评价和反映；⑥看综合利用的可能性。

这些信息价值评价的方法和内容可供选择参考，但切不可生搬硬套，一定要具体问题具体分析，灵活应用。

2. 网站信息资源评价

学术网站资源对于今天学术研究的作用，其重要性是不可估量的。然而，网站资源无以计数而且参差不齐，究竟哪些网站学术水平较高？哪些网站内容比较丰富？哪些网站内容比较可靠？这些已经成为获取网上信息必须要做，却并不容易做的棘手问题。

目前人们已经对网站优选和评价提供了一些工具和方法。这些方法归纳起来，主要有客观和主观两类。所谓客观方法，是利用网上现成的工具或者评价结果；主观方法就是浏览者自己根据某种标准进行评价。实际应用时可根据需要选择其一或结合使用。

（1）网络信息资源的定量评价。定量评价是指按照数量分析方法，利用网上自动搜集和整理网站信息的评价工具，从客观量化角度对网络信息资源进行的优选与评价。目前在互联网上有许多信息评价工具。例如在一些搜索引擎中，有些（如 Excite）能把网页搜索软件发往每一个站点，记录每一页的所有文本内容并统计检索词的出现频率；有些（如 Google）可以测定站点的链接数量；有些（如 Megaspider）可以自动统计网站的点击率。一般来说，站点被用户访问的次数越多，说明该网站上的信息越有价值。而一个网站被链接的数量越多，也可以断定该网站的内容比较重要。某特定主题的词汇在一个网站出现的频率越高，也可以反映该网站的专业化程度。这样，将有关网站的访问次数、下载情况、链接数量等进行整理排序，就可以对网站影响力、站点所提供信息的水平和可信度等做出评判，进而选出常用站点，给出热门网站。这种方法类似于传统文献信息工作中通过引文等方法来确定核心期刊。

（2）网络信息资源的内容评价。内容是评价与选择的核心，从中可以反映网络信息资源的本质。评价网络信息资源的内容可从以下几方面考察。

① 完备性。网站收录信息资源的范围要全面广泛，应该基本涵盖相关主题的所有概念，能使用户全面、准确、系统地了解和掌握特定主题基础知识、研究方向以及相关课题研究的具体成果。要包括世界上主要语种圈内有关研究的信息；既有文字信息，又有图像信息；既提供

原始文献，又提供其他网址的资源链接；既提供一次文献，又提供二次文献；既有数字化的印刷型材料，又有原创的电子文献。电子文献要包含多种格式的资源。

② 可靠性。网站上应有明确的创建者，并能使用户检索到关于创建或拥有网站的机构或个人的说明。每项信息要标明作者及其身份，要提供作者、网站创始人或管理人的联系地址。引用其他信息来源时应当注明出处，以备用户进一步核查，并确保引用事实和数据的准确。所有信息都要经过核实并可以通过其他信息验证。网站要保证其内容没有政治问题与色情暴力倾向，不含商业性广告色彩。作者在文章中不使用过激的词语，不能带有某种偏见。语言表述要严谨、规范，有很高的精确度，无拼写和语法错误。

③ 权威性。网站的主办者要具有专业背景，在学术界拥有较大的影响力。作者或信息提供者应在本专业领域具有一定的声望。信息要能够经常被其他权威网站摘引、链接与推荐。通常情况下，可以通过主页上的“about me”、“contact me”等链接提供的内容，来考察网站的作者、发布者以及网站信息来源的权威性。一般来说，某个专业较著名的权威机构或专家所拥有的网站和发布的信息会具有较高的质量。尤其是大学和研究机构的网站，一般在发布前已对信息作过审查、筛选，这样的信息权威性较强。

④ 原创性。在互联网上，相同的主题常常会有许多网站，但这些网站发布原始信息的数量和质量均具有较大的差别。有的网站以发布原始信息为主，有的网站主要是有关该主题链接的集合，还有一些则是其他网站信息的镜像。通常发布原始信息的网站，其研究结论是经过严肃思考而得出的，与那些简单地照搬别人信息的网站相比，具有较强的独创性。

10.1.2 信息分析

信息分析就是根据特定课题的需要，对搜集的大量文献信息资料和其他多种有关的信息进行研究，系统地提出可供用户使用的资料。广义的信息分析是在占有所需信息的基础上，对信息进行整理、综合、分析、推理，从而发现新的知识或发明新的技术的过程。除了纯粹的抽象思维外，它实际上是一般科学研究中必不可少的环节，或者就是科学研究的后半过程。即使是实验性、实证性研究，最终也需要对获取的信息进行整理和分析。狭义的信息分析，是在进行信息调研的基础上，对大量已知信息的内容进行整序和以科学抽象为主要特征的信息深加工的活动，其目的是为了获取经过增值的信息产品，从而为决策提供支持和预测服务。信息分析的方法有以下几种。

1. 引文分析法

引文分析法是 1955 年美国科学情报研究所所长尤金·加菲尔德博士的创新，他利用科学论文相互之间的引证关系，不仅构建了一种揭示各学科内部联系的新型组织与检索方法，同时产生了这种学术论文的定量评价方法。引文分析法的依据是在某一学术领域内，某一篇论文的被引用次数在某种程度上可以反映该论文在某一时期内的学术影响。经常被引用的论文称为高被引论文，以此为基础，再考虑其他衡量因素（如学科间的应用差异、论文发表时间的长短等），可以筛选出某一学科或领域中较有影响力的论文，即高影响力论文。

从不同的角度和标准来划分，引文分析方法有着不同的类型。如果从获取引文数据的方式来看，有直接法和间接法之分。前者是直接从来源期刊中统计原始论文所附的被引文献，从而取得数据并进行引文分析的方法；后者则是通过“科学引文索引”（SCI）、“期刊引用报告”（JCR）等引文分析工具，查得引文数据再进行分析的一种方法。若从文献引证的相关程度来看，则有自引分析、双引分析、三引分析等类型。如果从分析的出发点和内容来看，引文分析大致有三种基本类型：引文数量分析、引文网状分析和引文链状分析。引文数量分析主要用于评价期刊和论文，研究文献情报流的规律等；引文网状分析主要用于揭示科学结构、学科相关程度和进行文献检索等；引文链状分析是基于科技论文间存在着一种“引文链”，如文献 A 被文献 B 引，B 被文献 C 引，C 又被文献 D 引等，对引文的链状结构进行研究，可以揭示科学的发展过程并展望未来的前景。

2. 内容分析法

内容分析法是对文献内容进行客观、系统、量化分析的一种科学研究方法，其目的是弄清或检测文献中本质性的事实和趋势，揭示文献所含有的隐性情报内容，对事物发展作情报预测。它实际上是一种半定量研究方法，其基本做法是把媒介上的文字、非量化的有交流价值的信息转化为定量的数据，建立有意义的类目分解交流内容，并以此来分析信息的某些特征。内容分析法具有以下几个方面的优点。

（1）较为客观的研究方法。内容分析是一种规范的方法，对类目定义和操作规则十分明确与全面，它要求研究者根据预先设定的计划按步骤进行，研究者主观态度不太容易影响研究的结果，不同的研究者或同一研究者在不同时间里重复这个过程都应得到相同的结论，如果出现不同，就要考虑研究过程有什么问题。

（2）结构化研究。内容分析法目标明确，对分析过程高度控制，所有的参与者按照事先安排的方法程序操作执行，结构化的最大优点是结果便于量化与统计分析，便于用计算机模拟与处理相关数据。

（3）非接触研究。内容分析不以人为对象而以事物为对象，研究者与被研究事物之间没有任何互动，被研究的事物也不会对研究者做出反应，研究者主观态度不易干扰研究对象，这种非接触性研究比接触研究的效率高。

（4）定量与定性结合。这是内容分析法最根本的优点，它以定性研究为前提，找出能反映文献内容的一定本质的量的特征，并将它转化为定量的数据。定量数据只不过把定性分析已经确定的关系性质转化成数学语言，不管数据多么完美，仅是对事物现象方面的认识，不能取代定性研究。因此定量与定性结合能对文献内容所反映本质有更深刻、更精确、更全面的认识，得出科学、完整、符合事实的结论，获得一般从定性分析中难以找到的联系和规律。

（5）揭示文献的隐性内容。内容分析可以揭示文献内容的本质，查明几年来某专题的客观事实和变化趋势，追溯学术发展的轨迹，描述学术发展的历程，依据标准鉴别文献内容的优劣。其次，揭示宣传的技巧、策略，衡量文献内容的可读性，发现作者的个人风格，分辨不同时期的文献类型特征，反映个人与团体的态度、兴趣，获取政治、军事和经济情报，揭示大众关注的焦点等。

内容分析法较调查法、实验法、观察法容易达到研究目的，研究者总可以在调查法、实验法行不通时采用内容分析法。另外内容分析法弥补过失比其他研究就容易得多，研究者只需要对资料进行重新编录，而无须一切从头开始，而假如调查结果不理想，重做一遍，无疑要耗双倍时间和经费；如果一项实验研究失败了，要重做也许根本不可能。内容分析法适合作纵向趋势分析。

3. 核心网站评价法

核心网站主要指这样的一些网站/网页：它们中所含有的学术信息在其发布的所有信息量

中占有极大的比例，而且与其他网站/网页中的同类信息相比，具有更高的学术价值，从中可以反映该学科专业主题领域的最高研究水平、最新研究成果和发展动态，而且具有较高的相对稳定性和专业人士访问率。专业核心网站的确定，将大大地方便科研人员尽快地获得高质量的专业信息，从而提高科研速度和效率；方便科研人员了解学术研究最新成果，跟踪最新科研进展和热点、焦点问题。核心网站评价法主要有以下几种：

（1）用户评价法。网络信息用户是网站优劣的直接感受者，查找和选择网站以及利用网站信息的经历给用户以深刻的印象，从而使他们成为最有发言权的群体。对网站进行评估时，可以列出若干项指标，采取问卷调查的方式，让用户将自己对某一网站或某一类网站的真实感受表达出来。在设计问题时，既可以用肯定或否定的回答方式，也可用打分或标等级的办法，最后将无数随机自愿回答问题的用户答卷汇总起来，进行综合评比，确定一阈值，大于阈值的就可称为核心网站。

（2）专家评价法。邀请有关学科专家、政府领导、网络技术精英、网站主管等组成专家组，依照一定的指标体系（如核心网站评定准则）对网站进行投票评比，将评比得分相加后，依高分到低分顺序排列，确定一阈值，排在阈值之前的即为核心网站，这种方法在操作中有些类似于用户评价法。

（3）指标体系评价法。这种方法就是将网站内容和形式细化成若干指标，并分别赋予一定权重，逐项加以评价，最后求得多个网站的综合得分，并依从高分到低分排序来确定核心网站。评价指标体系包括内部特征指标和外部特征指标。内部特征指标主要是用来评价网站所提供的具体信息，因为要评定核心网站（特别是学术性核心网站）不能不考虑其所发布的信息质量；外部特征指标主要是用来评价网站外表状态（上网检索信息时可以首先直接感觉到的特征）。在具体的评定过程中，可以根据不同指标在不同类型网站中重要程度的不同，赋予适当的权重。

10.2 文献综述的撰写

10.2.1 文献综述的定义、类型和作用

1. 文献综述的定义

文献综述是对某一学科、专业或专题的大量文献进行整理筛选、分析研究和综合提炼而成的一种学术论文，是高度浓缩的文献产品。它反映当前某一领域中某分支学科或重要专题的历史现状、最新进展、学术见解和建议，能比较全面地反映相关领域或专题的历史背景、前人工作、争论焦点、研究现状和发展前景等内容。“综”是要求对文献资料进行综合分析、归纳整理，使材料更精炼明确、更有逻辑层次；“述”就是要求对综合整理后的文献进行比较专门的、全面的、深入的、系统的评述。

2. 文献综述的类型

历史、成就、展望是文献综述不可缺少的三个组成要素。其中某个要素在综述文章中所占的比重大小和突出程度，决定着综述的性质。综述的写作，实际上都是回顾性的，具有四个特点：写作方法是概括地回顾过去事实；写作人称是第三人称的陈述；写作态度上是客观的，不

夹杂个人的分析推论；文章范围是十分限定的，专题性极强不能庞杂。根据涉及的内容范围不同，综述可分为综合性综述和专题性综述两种类型。综合性综述是以一个学科或专业为对象，而专题性综述则是以一个论题为对象的。文献综述也可以分为以下四种类型。

（1）动态性综述。动态性综述就一个专题，按年代和学科本身发展历史阶段，由远及近地综合分析，反映这方面研究工作的进展。其在内容安排上的特点是：时间顺序严格，注重介绍历史阶段性的成就，关键是学科发展阶段要判断准确，重点选择每一阶段有代表性的文献，其他次要的文献则可多可少。

（2）成就性综述。成就性综述专门介绍某一方面某一项目的新成就、新技术、新进展。这种文献综述可不考虑或避开叙述有关的历史和现状，而是直接跨到所需的时间上来。此类综述颇有实际价值，对当前工作有指导意义。

（3）学术观点争鸣性综述。学术观点争鸣性综述系统地总结出几种学术观点，由作者加以分类、归纳和总结，按不同的观点，安排材料，分别叙述。这样的综述，时间顺序和具体成果不是主要的要求。在这类学术争鸣性文献综述中，原文的引用更为严格，而且“综”与“述”，都要用原文的事实和观点，作者的概括、分析则极少。

（4）综合简介性综述。综合简介性综述为作者概括多方面的事实、现象，对某一个问题的文献资料进行综合的叙述，完全不考虑时间顺序，只按内容本身的特点加以分段安排，多见于首次介绍的问题。

3. 文献综述的作用

撰写文献综述是积累、理解和传播科学资料、培养组织材料能力、提高科学思维能力的好办法，是搞好科研工作的必经之路，它有助于科研工作的各个环节。

文献综述高度浓缩了几十篇甚至上百篇散乱无序的同类文献之成果与存在问题或争论焦点，对其进行了归纳整理，使之达到了条理化和系统化的程度。它不仅为科研工作者完成科研工作的前期劳动节省了用于查阅分析文献的大量宝贵时间，而且还非常有助于科研人员借鉴他人成果、把握主攻方向以及领导者进行科学决策。

文献综述为科研选题提供理论上的依据，提供选题线索，扩大选题来源。这是因为文献综述的过程可以帮助作者有意识地改变科研题目的组成，改制出新的选题；发现前人工作中的空白、欠缺和不足，拟定出新的选题；引用边缘科学资料，合成新的课题。通过文献综述，作者可以认真分析思考自己研究题目中的理论，对自己题目中的假说进行深入理解和分析，为选题打下较坚实的理论基础。此外，在实验手段和指标选择上均可有所参考和借鉴。写好一篇文献综述，会在学术思想上有所启发，对科学实验方法有所借鉴，对自己从事的研究课题的水平有所衡量，对将取得结果有所预见。

10.2.2 文献综述的选题与资料的搜集

1. 选题原则

（1）结合所学知识选自己专长的或有基础的题目，否则难以写出水平较高的综述。

（2）根据所占有文献资料的质和量选题。

（3）选题要能反映出新的学科矛盾的焦点、新成果、新动向。

（4）题目不宜过大，范围不宜过宽。这样查阅文献的数量相对较小，撰写时易于归纳整理。如果题目选得过大，查阅文献花费的时间太多，而且归纳整理困难，容易导致最后写出的综述大题小作或者文不对题。

2. 文献资料的搜集

（1）文献资料的搜集工具。

① 利用有关的检索工具（目录、文摘、索引、全文数据库等）搜集文献资料。

② 利用国际联机检索系统搜集文献资料。

③ 利用原始文献（包括专业期刊、科技报告、专利文献、学位论文、会议文献、专著和标准等）搜集文献资料。

④ 利用三次文献（包括综述、述评、百科全书、年鉴和手册等）搜集文献资料。

⑤ 通过网络、搜索引擎搜集文献资料。

（2）文献资料的搜集方法。文献资料的收集主要有以下几种方法。

① 阅览。在图书馆情报机构内或通过全文数据库浏览或精读书刊，既是搜集文献最普通的方法，又是获取情报较直接的一种途径。

② 借用。指从图书情报机构或个人处借用所需文献。在治学和研究过程中所需的大部分文献不能靠个人购买。

③ 购买。自己经常使用的资料，图书馆漏订或者不外借（如孤本、善本）的资料，最好个人购买。另外，个人书刊可根据需要勾画、批注、剪裁，随时引用，比借用更为方便。个人购买的资料一般是报刊、新书、工具书等。

④ 复制。通过抄写、照相、复印、下载、拷贝等手段复制文献，也是搜集文献的常用方法。

⑤ 现场搜集。研究人员可根据自己的需要和条件，到现场（会议、展览、单位等）通过索取、交谈、抄写等方式搜集文字材料、照片、实物等。现场搜集的资料在数量上有限，但其搜集的速度快、质量高，可及时获取一些第一手的、重要的、新颖的、非公开的资料，而这些资料采用其他方法往往不太容易得到。

⑥ 通过网络检索搜集。利用互联网搜集文献资料信息量大、覆盖面广，又具有快捷便利等诸多优点，已经成为一种最主要的方式。

10.2.3 文献综述的格式与写作技巧

1. 文献综述的格式

文献综述的格式与一般研究性论文的格式有所不同。这是因为研究性的论文注重研究的方法和结果，而文献综述要求向读者介绍与主题有关的详细资料、动态、进展、展望以及对以上方面的评述。除综述题目外，其内容一般包含四部分，即前言、主题、总结和参考文献。撰写文献综述时可按这四部分拟写提纲，再根据提纲进行撰写工作。

（1）前言部分。前言部分主要是说明写作的目的，介绍有关的概念、定义以及综述的范围，扼要说明有关主题的现状或争论焦点，使读者对全文要叙述的问题有一个初步的认识。要提出问题，点出主题并指出意义，加上大致的学术背景。文字极少，以100～200字为宜。

（2）主题部分。主题部分是综述的主体，其写法多样，没有固定的格式。可按年代顺序综述，也可按不同的问题进行综述，还可按不同的观点进行比较综述。不管用哪一种格式综述，都要将搜集到的文献资料归纳、整理及分析比较，阐明有关主题的历史背景、现状和发展方向，以及对这些问题的评述。

主题部分应说明主题所提出的问题，根据文章的性质，可再分段落或加小标题，每个段落或小标题下面都是从不同侧面、不同层次上解释题目的中心内容，而且段落之间各有分工并保持内在联系。主题部分的每一段落开始，应是综合提炼出来的观点，即论点。接着是既往文献所提出的实验结果和调查事实，即论据。可见，主题部分是按论点和论据组织材料。如果作者所要归纳的观点与前人文献所述一致，可把前人论点引证出来，作为开头。如果前人的观点分散或不甚明确，则需作者整理、概括出来，成为开头。总之，综述主体部分是综述概括的论点开头引路，继之以诸家的资料、实验结果为论据展开层次论证。所以，综述也是一篇论证文章的体裁，只是论点和论据均由前人文献提供。

（3）总结部分。总结部分可有可无，当文章较长、涉及内容较多时，最后可回应主题，加上结尾。结尾的内容可以是概括精炼地明确文章的结论，交代本专题尚待解决的问题及对前景的展望。有的综述可自然结束，不另加结尾部分，只在主体部分最后写几句加以收笔。

（4）参考文献。参考文献是文献综述必不可少的附属部分，虽然放在文末，但却是文献综述的重要组成部分。它不仅表示对被引用文献作者的尊重及引用文献的依据，而且也为评审者审查提供查找线索。参考文献的编排应格式规范，条目清楚，查找方便，内容准确无误。

2. 文献综述的写作技巧

了解了文献综述的组成因素、格式特点，要写综述并不困难，关键是掌握文献资料，运用写作技巧。

（1）定好综述的标题。标题要画龙点睛，概括全文的中心问题，并反映说明问题的程度与角度。标题包括文章主要涉及的对象和对这个对象的说明语言，包括研究、进展、关系、简介等，如《益生菌的保健作用与研究综述》、《富营养化水体中微囊藻毒素（MCs）去除技术研究进展》。

（2）精确提炼观点。收集的文献资料有许多是分散的，是从不同侧面阐明问题的。作者要把它们归纳概括起来，按综述文章格式的层次归类，将同类性质问题的归到一起，标注重要资料如字句和段落，作为综述文章待用的内容。其中，有的是原著的语言，有的是作者理解后的记录。在资料已分组、内容已经充实的基础上，可对各组资料提炼出概括的观点。这种观点如有原文则用原文，如无原文则用作者的语言。归纳的这些观点问题在综述主体部分中，则成为牵头引线的语言，即所谓问题开头，观点引路。

（3）运用好连接性语言。综述主要使用既往文献资料，越接近于和应用于原文越好。因此，综述文章中作者要加的则多半是承上启下、牵头引路的语言，通过概括、综合把各科文献资料的观点、事实等资料融为一体，变成简明、和谐、流畅的一篇论文。

（4）安排必要的铺垫性资料。有的综述内容较深，一般读者不易理解，需要在文献综述开头介绍一些基础资料，作为读者进入这个知识领域的铺垫。这些资料可在文章之前，也可在中间的一个过渡段里面。这部分内容不是某篇文献中记述的，而是作者归纳整理后写进去的。这部分内容不宜过多，只限于极需要的部分。

（5）尽量引用一次文献。写综述时尽量多引用原始文献，即一次文献。文献综述的主要资料来源是公开发表的单篇文献，其次是综述、文摘、简报，再次是教科书、专著、专题等。如果一篇综述大部分资料来自二次文献，则提炼的观点和事实不足以令人信服，而且会导致片面的结论。文献综述中，教科书和专著为有关问题提供了基本知识和基础材料，也应当利用。尽管他们的材料大部分不能写进综述中去，但起到打基础的作用，十分重要。

10.3 科技论文的撰写和投稿

10.3.1 科技论文的撰写

科技写作是人类从事科学技术信息书面存储的社会实践活动的全过程。世界著名物理学家和化学家法拉第指出："科学研究有三个阶段，首先是开拓，其次是完成，第三是发表。"科技论文是创新性科学技术研究工作成果的科学论述，是理论性、实验性或观测性新知识的科学记录。按照国际科学界的规定，任何一项科研成果的确立（尤其是基础理论研究成果），都必须以在公开学术刊物发表为依据。专业学术期刊是进行科技信息交流的理想工具。将研究成果撰写成论文，投往专业学术期刊，就是把科技成果公之于世，确定科技成果的优先权。科技写作能力是创新性人才的必备素质之一。

1. 科技论文的概念和分类

（1）科技论文的概念。科技论文是报道自然科学研究和技术开发创新性工作成果的论说文章，是阐述原始研究结果并公开发表的书面报告。科技论文是以科技新成果为对象，采用科技语言、科学逻辑思维方式，并按照一定的写作格式撰写，经过正规严格的审查后公开发表的论文。写科技论文的目的是报告自己的研究成果，说明自己对某一问题的观点和看法，接受同行的评议和审查，以图在讨论和争论中渐近真理。理解科技论文的定义，有利于科技论文的写作和发表。

中国国家标准 GB 7713—1987 所指的学术论文是："某一学术课题在实验性、理论性或观测性上具有新的科学研究成果或创新见解和知识的科学记录；或是某种已知原理应用于实际中取得新进展的科学总结"。该国标还指出，鉴于我国科技水平较低，消化、模仿国外引进技术中的工作，也可作为学术论文的写作内容。

（2）科技论文的分类。科技论文的分类就像它的定义一样，有很多种不同的分类法。下面从两个不同的角度对科技论文进行分类，并说明各类论文的概念及写作要求。

① 科技论文按其发挥的作用可分为学术性论文、技术性论文和学位论文三类。

- 学术性论文指研究人员提供给学术性期刊发表或向学术会议提交的论文，它以报道学术研究成果为主要内容。学术性论文反映了该学科领域最新的、最前沿的科学水平和发展动向，对科学技术事业的发展起着重要的推动作用。这类论文应具有新的观点、新的分析方法和新的数据或结论，并具有科学性。
- 技术性论文指工程技术人员为报道工程技术研究成果而提交的论文，这种研究成果主要是应用已有的理论来解决设计、技术、工艺、设备、材料等具体技术问题而取得的。技术性论文对技术进步和提高生产力起着直接的推动作用。这类论文应具有技术的先进性、实用性和科学性。
- 学位论文指学位申请者提交的论文。这类论文依学位的高低又分为学士论文、硕士论文和博士论文。

② 科技论文按研究的方式和论述的内容可分为六类。

- 实（试）验研究报告。这类论文不同于一般的实（试）验报告，其写作重点应放在“研究”上。它追求的是可靠的理论依据，先进的实（试）验设计方案，先进、适用的测试手段，合理、准确的数据处理及科学、严密的分析与论证。
- 理论推导。这类论文主要是对提出的新的假说进行数学推导和逻辑推理，从而得到新的理论，包括定理、定律和法则。其写作要求是数学推导要科学、准确，逻辑推理要严密，并准确地使用定义和概念，力求得到无懈可击的结论。
- 理论分析。这类论文主要是对新的设想、原理、模型、机构、材料、工艺、样品等进行理论分析，对过去的理论分析加以完善、补充或修正。其论证分析要严谨，数学运算要正确，资料数据要可靠，结论除了要准确而外，一般还须经实验验证。
- 设计计算。它一般是指为解决某些工程问题、技术问题和管理问题而进行的计算机程序设计；某些系统、工程方案、机构、产品的计算机辅助设计和优化设计，以及某些过程的计算机模拟；某些产品（包括整机、部件或零件）或物质（材料、原料等）的设计或调、配制等。对这类论文总的要求是相对要“新”，数学模型的建立和参数的选择要合理，编制的程序要能正常运行，计算结果要合理、准确，设计的产品或调、配制的物质要经试验证实或经生产、使用考核。
- 专题论述。这类论文是指对某些事业（产业）、某一领域、某一学科、某项工作发表议论（包括立论和驳论），通过分析论证，对它们的发展战略决策、发展方向和道路，以及方针政策等提出新的独到的见解。
- 综合论述。这类论文应是在作者博览群书的基础上，综合介绍、分析、评述该学科（专业）领域里国内外的研究新成果、发展新趋势，并表明作者自己的观点，作出发展的科学预测，提出比较中肯的建设性意见和建议。一篇好的综合论述，对于学科发展的探讨，产品、设计、工艺材料改进的研究，科学技术研究的选题，以及研究生学位论文的选题和青年科技人员及教师进修方向的选择等的指导作用都是很大的。对这类论文的基本要求是：资料新而全，作者立足点高、眼光远，问题综合恰当、分析在理，意见和建议比较中肯。

2. 科技论文的特点

科技论文与一般的科技文章有共同之处，具有准确、鲜明、生动的特点，但作为科技论文，它又有自身的特殊属性。

（1）创新性或独创性。科技论文报道的主要研究成果应是前人（或他人）所没有的。没有新的观点、见解、结果和结论，就不成其为科技论文，这是科技论文的灵魂，是有别于其他文献的特征所在。它要求文章揭示的事物现象、属性、特点及事物运动时遵循的规律，或者这些规律的运用必须是前所未见的、首创的或部分首创的，必须有所发现，有所发明，有所创造，有所前进，而不是对前人工作的复述、模仿或解释。

（2）科学性和准确性。这是科技论文在方法论上的特征，它不仅描述的是涉及科学和技术领域的命题，而且更重要的是论述的内容具有科学可信性，是可以复现的成熟理论、技巧或物件，或者是经过多次使用、已成熟、能够推广应用的技术。

一篇论文有了创新性和理论性，还只能定性地说它已经具备了一篇论文最主要的东西，在具体的研究及写作阶段还必须使论文具有科学性和准确性。所谓科学性，就是要正确地说明研究对象所具有的特殊矛盾，并且要尊重事实，尊重科学。具体说来，包括论点正确，论据必要而充分，论证严密，推理符合逻辑，数据可靠，处理合理，计算精确，实验重复，结论客观，等。所谓准确性，是指对客观事物即研究对象的运动规律和性质表述的接近程度，包括概念、定义、判断、分析和结论要准确，对自己研究成果的估计要确切、恰当，对他人研究成果（尤其是在做比较时）的评价要实事求是，切忌片面和说过头话。

（3）理论性或学术性。理论性指一篇科技论文应具有一定的学术价值，它有两个方面的含义：第一，对实验、观察或用其他方式得到的结果，要从一定的理论高度进行分析和总结，形成一定的科学见解，包括提出并解决一些有科学价值的问题；第二，对自己提出的科学见解或问题，要用事实和理论进行符合逻辑的论证与分析或说明，总之要将实践上升为理论。所以，写一篇论文，如果仅仅是说明解决了某一实际问题，讲述了某一技术和方法，是远远不够的。从事科学研究，特别是从事工程技术研究的科技人员，应注意并学会善于从理论上总结与提高，争取写出既有创新性又有理论价值的科技论文来。

（4）规范性和可读性。撰写科技论文是为了交流、传播、储存新的科技信息，让他人利用，因此，科技论文必须按一定格式写作，必须具有良好的可读性。在文字表达上，要求语言准确、简明、通顺，条理清楚，层次分明，论述严谨。在技术表达方面，包括名词术语、数字、符号的使用，图表的设计，计量单位的使用，文献的著录等都应符合规范化要求。一篇科技论文失去了规范性和可读性，将严重降低它的价值，有时甚至会使人怀疑它报道的研究成果是否可靠。

3. 科技论文的撰写

（1）题名（title）。科技论文的题名又叫“题目”、“标题”或“文题”，有的题名还包括副标题或引题。一篇论文一般还有若干段落标题，也称为层次标题或小标题。题名是一种标记，题名不是句子，它比句子更简洁。

中国国家标准 GB 7713—1987 规定：“题名是以最恰当、最简明的词语反映报告、论文中最重要的特定内容的逻辑组合。题名所用每一词语必须考虑到有助于选定关键词和编制题录、索引等二次文献可以提供检索的特定实用信息。题名应该避免使用不常用的缩略词、首词字母缩写、字符、代号和公式等。题名一般不宜超过 20 字。报告、论文用于国外交流时，应有外文（多用英文）题名，外文题名一般不宜超过 10 个实词”。

（2）作者署名（signature）。作者署名一般应列于标题之下。署名的作用表明作者对成果有优先权，是论文法定主权人；表明作者的责任，是论文的负责者；便于读者联系。

《中华人民共和国著作权法》（1991 年 6 月 1 日起施行）中规定：“著作权属于作者”；著作权包括“署名权，即表明作者身份，在作品上署名的权利。”

（3）作者单位（department）。标明作者单位主要是便于读者与作者联系，如索取复印件、商榷某一观点、邀请讲学等。同时也为其作品提供负责单位。署名单位应写全称，加上邮政编码，写在作者名下，用小一号字体印出。如果论文作者来自不同的单位，则要求用不同的符号或阿拉伯数字标注清楚。

（4）摘要（abstract）。摘要一般由三部分组成：第一，研究目的，简要陈述研究目的、研究内容及需要解决的问题；第二，研究方法，简要介绍研究所采用的实验方法和基本步骤；第三，研究结果，简要描述实验主要发现、主要结论及其论文的价值。

摘要应放在文章题目、作者姓名及工作单位之下，这样利于读者在阅读文章之前了解该文章的内容，决定是否需要继续阅读。关于英文摘要，目前国内的专业期刊中，有的刊物将摘要放在题目之下正文之上，有的放在文章的最后，还有的把刊中所有的摘要放在该刊最后的文摘页上。从习惯上来看，还是应当把英文摘要放在中文摘要之后正文之前为好。摘要不应分段，但长篇报告和学位论文的摘要可分段。摘要的字数视需要而定。一般中文稿 250～300 字左右；英文稿以 1000 印刷符号为宜，原则上不超过全文的 3%。写论文摘要时，应尽量将文中的内容和理解这些内容的主要要素写入摘要中。

（5）关键词（keywords）。关键词是为了文献标引工作，特别是适应计算机自动检索的要求，从论文标题、摘要、结论中提炼抽取出的具有实质意义的、表达论文主题内容的词（单词或组合词）或术语。每篇文章选取 3～8 个词，置于摘要的下方。作者应选用能反映论文内容特征的、通用性强的、为同行所熟知的词。根据联合国科教文组织的规定，全世界公开发表的科技论文，都必须附有英文关键词。因此，为了扩大国际学术交流，发表的论文要用英文给出题名、作者、摘要及关键词，放在中文摘要的后面。

（6）引言（introduction）。引言又称导言、概述、绪论、前言等，是论文开头部分的一段短文，也是论文主体部分的开端。它向读者交代本研究的来龙去脉，引导读者阅读和理解全文。引言的内容包括：说明本研究工作的缘起、背景、目的、意义等；介绍本研究相关领域前人研究的历史、现状、成果评价及其相互关系；陈述本项研究的宗旨，包括研究目的、理论依据、方案设计、要解决的问题等。引言文字要简练，突出重点，不应与论文摘要雷同。

（7）材料与方法（materials and methods）。不同学科、不同类型论文的表述方式不同。一般应描述完成研究的时间、地点，选用的实验材料，说明实验方法和过程。如果是采用前人的方法，只需写出实验方法的名称，注明出处。如果是自己设计的独特新方法，则需详细说明。材料与方法是论文科学性的基础，是提供论文科学性的依据。该项所描述的程度应以别人能再现文中的实验结果为标准。但是，需要指出的是，涉及保密和专利的内容不要写进去。这是因为科技文章既有理论上（学术上）的馈赠性，又有技术上的经济性（专利性）。要正确处理交流与保密的关系，交流是指学术上的交流，保密是指技术诀窍的保密。对于技术上的要害问题要含而不露、引而不发。

（8）结果与讨论（results and discussion）。实验结果就是实验过程中所获取的数据和所观察到的现象，它是论文的核心，论文是否具有创新性应从这里体现。结果引发讨论，导出推理。研究结果的表达方式不仅限于文字，通常还可用表格、插图、公式等表示。讨论应从实验和观察的结果出发，从理论上对其分析比较、阐述、推论和预测；推论中要提出自己的新见解，要着重讨论新发现、新发明和新启示以及从中得出的结论；应比较本研究所得的结果和预期的结果是否一致；应与前人研究的结果进行比较，寻找其相互之间的关系，指出下一步需开展工作的设想和建议。这部分内容是论文的重点，是交流赖以产生的基础，也是评价该研究论文学术价值高低的最重要的部分。研究简报一般将这部分合在一起写。充实的研究论文将结果与讨论分开写。

（9）致谢（acknowledgements）。致谢位于正文后、参考文献前。编写致谢时不要直书其名，应加上“某教授”、“某博士”等敬称，如“本研究得到×××教授、×××博士的帮助，谨致谢意”，“试验工作是×××单位完成的，×××工程师、×××师傅承担了大量试验，对他们谨致谢意”。

致谢的对象一般是曾经帮助过本项研究又不符合论文作者署名条件的团体或个人，以示作者对别人的劳动成果的尊重和感激之情。包括在本科研工作中给予指导或提出建议的人；对本项研究工作给予经费、物质资助的组织和个人；承担部分实验工作的人员；对论文撰写提供过指导或帮助的人；提供实验材料、仪器设备及给予其他方便的组织与个人；为本项研究承担某项测试任务、绘制插图或给予过技术、信息等帮助的人。

（10）参考文献（references）。参考文献是科技论文中的一个组成部分。它是非常重要的，因为当今的大部分科研成果是在前人研究成果或工作基础上发展起来的。论文中的参考文献可以反映论文真实可靠的科学依据；反映作者对前人劳动的肯定和尊重；便于同行了解该研究领域的动态以及采用追溯法查找与此研究方向相关的文献；有助于科技情报人员进行文献情报研究。

① 参考文献引用的原则。第一，引用参考文献要精选，一般仅限于最必要的、最新的文献，并且作者对这些文献应亲自阅读过；第二，科技论文写作时，未经公开发表的文献资料不能引用；第三，采用规范化的参考文献著录格式；第四，作者如想引用尚未正式出版的文献资料（编辑部拟刊用并已交付印刷），应经所投稿的编辑部的允许，在文中列入参考文献。此外，还应在该文献的最后加上“印刷中”或“in press”字样。

② 参考文献的著录格式。论文中参考文献的著录方法，国际上流行的有好多种，而我国国家标准《GB7714—87 文后参考文献著录规则》中规定采用“顺序编码制”和“著者-出版年制”这 2 种。其中，顺序编码制为我国科学技术期刊所普遍采用，所以这里只介绍这一种。

“顺序编码制”即按引用文献先后顺序编号的标注体系。在论文正文中引用文献的作者姓名或成果叙述文字的右上角，用方括号注阿拉伯数字，依正文中出现的先后顺序编号。例如“…，表明已低到 2500m 的高度[2]”，“…文献[2]指出，此高度已低到 2500m”，“MacFarland[2]指出，此高度已低到 2500m”。在参考文献表中著录时，按此序号顺序列出。论文中参考文献表置于“致谢”段之后，“附录”段之前。

③ 各类文献著录的通用格式。中文参考文献的类型标识应按照 GB 7714—2005 规定标注在参考文献的题名之后，见表 10-1。

表 10-1　GB 7714—2005 规定中的常用参考文献类型标识

类型	图书	论文集	报纸	期刊	学位论文	报告	标准	专利	汇编	电子文献
标识	M	C	N	J	D	R	S	P	G	EB

● 图书。图书在文后参考文献中的著录格式如下。

［序号］主要责任者. 书名［M］. 版本（第 1 版不写）. 出版地：出版者，出版年.页码

示例：［1］杜伟. 信息检索［M］. 北京：科学出版社，2009.2

图书中析出的文献在文后参考文献中的著录格式为：

［序号］析出责任者. 析出题名［M］. 析出其他责任者（如编者、译者，供选择）//专著责任者.书名.版本（第 1 版不写）. 出版地：出版者，出版年.起止页码

示例：［2］白书农. 植物开花研究［M］//李承森. 植物科学进展. 北京：高等教育出版社，1998：146-163

● 期刊。期刊在文后参考文献中的著录格式如下。

［序号］析出责任者. 析出题名［J］. 刊名，出版年，卷号（期号）：起止页码

示例：［3］王智红，潘晓丽，吴晓鸥. 近十年来我国网络信息检索研究主题分析［J］. 情

报杂志，2009，(7)：1-6

[4] Tanaka S，Sugata，H.，Tokunaga T，Tsuchida T. Information Retrival over the Internet [J]. *Mitsubishi Denki Giho*，1997，71（2）：6

- 报纸。报纸在文后参考文献中的著录格式如下。

[序号] 析出责任者. 析出题名 [N] .报纸名，年-月-日（版次）

示例：[5] 张田勘. 环境保持的另一个思维 [N]. 科技日报，2000-09-09（4）

- 会议文献。会议文献在文后参考文献中的著录格式如下。

[序号] 析出责任者. 析出题名 [C] //文集编者（英文姓名后加 ed 或 eds）. 文集名（供选择

项：会议名，会址，会期）出版地：出版者，出版年.起止页码

示例：[6] 张艳，周国祥. Web 挖掘在个性化信息检索中的应用 [C]. 全国第 18 届计算机技术与应用学术会议（CACIS），宁波，2007.763-766

- 学位论文。学位论文在文后参考文献中的著录格式如下。

[序号] 责任者.题名 [D]：学位授予地址：学位授予单位，年份

示例：[7] 吴兵华. 基于深度网络的信息检索模型研究 [D]：武汉：武汉理工大学，2008

- 专利文献。专利文献在文后参考文献中的著录格式如下。

[序号] 专利申请者. 专利题名 [P]. 专利国别（或地区），专利号，出版日期

示例：[8] 广东工业大学. 嵌片式复合工具及电化学机械复合加工装置及其加工方法 [P]. 中国专利，200810028989.1，2009-01-14

- 标准文献。标准文献在文后参考文献中的著录格式如下。

[序号] 标准颁布机构 [S]. 标准名称. 标准号

示例：[9] 中华人民共和国国家质量监督检验检疫总局. 机械振动客船和商船适居性振动测量、报告和评价准则 [S]. GB/T 7452-2007

- 电子文献。电子文献在文后参考文献中的著录格式如下。

[序号] 主要责任者. 题名：其他题名信息 [文献类型标志/文献载体标志]. 出版地：出版者，出版年（更新或修改日期）[引用日期]. 获取和访问路径.

示例：[10] Bethesda Statement on Open Access publishing [EB/OL]. [2007-10-15]. http://www.earlham.edu/~peters/fos/bethesda.htm.

(11) 附录。设立附录材料的原因包括：为论文占有材料的完整性，但在正文中有损条理性和逻辑性；材料过长；对专家有用而对一般读者可有可无的材料，不可多得的珍贵、罕见材料等。

① 附录的形式。补充图与表，包括设备、技术、计算机程序、数学推导、结构图、统计表等。

② 附录的书写。在参考文献后，依次用大写正体 A、B、C 等编号如：附录 A、表 B1。每一个附录另起一行（参见 GB 7714—1987）。

(12) 注释。注释是对题名及论文内容的解释。直接注释时，在文中用括号。不随文列出的注释叫脚注。脚注用加半圆括号的阿拉伯数置于需注释词或句子的右上角，脚注内容置于本页地脚，即本页左下用短细线（1/4 版面宽）与正文分开。例如：题名：……的特性 1)。

10.3.2 科技论文的投稿

1. 科技论文投稿的目的

学术论文撰写完成就需要在学术期刊上发表，以供他人阅读。这就面临如何选择投稿目标刊。选择原则是根据自己论文水平，在争取发表的同时，获得最大的投稿价值。所谓投稿价值，是指论文发表所产生影响的总和。最高的投稿价值可概括为：论文能够以最快速度发表在能发表的最高级刊物上；并能最大限度地为需要的读者所检索到或看到；能在最大的时空内交流传递。了解科技论文投稿可以利用目标刊的征稿启事或作者须知，通过浏览目标刊近期已发表论文的目录和内容等获得目标刊的动态和变化情况，以利于选择期刊。

2. 选择投稿的期刊

（1）论文水平自我评估、论文及期刊的分类。投稿前对论文的水平或价值（理论价值与实用价值）做出客观、正确的评估，是一个重要而困难的工作过程。评估的标准是论文的贡献或价值大小以及写作水平的高低。作者可采用仔细阅读、与同行讨论、论文信息量评估等办法。其中信息量包括：真实性、创造性、重要性、学术性、科学性和深难度。评估的重点在于论文是否有新观点、新材料和新方法。

对论文理论价值评估是对作者在构造新的科学理论、利用最新理论研究过程和结果的评估，视其是否在理论研究上开辟了新领域、有突破或创见。属于具有国际先进理论水平的论文是：提出了新学说、新理论、新发现、新规律；对国际前沿科研课题做出重要补充或发展；对发展科学具有普遍意义。具有高或较高理论水平的论文是：论文涉及或采用最新科学理论；有独立的科学推论；有抽象模型以及逼近客体原型；构造有新的术语或概念；运用新的研究方法。一般先进理论水平的论文是：在前人的基础上提出新看法、增添新内容、找到新论证方法，其观点、方法虽不是创见，但解决了前人未能解决的问题。

论文分类大致包括：理论论文、理论与技术论文、技术论文、综述、评论和简报快报等。不同类型的论文的投向取决于目标期刊的类型，即理论型（学术型）期刊、技术型期刊等。

（2）期刊报道的范围、读者对象。不同科技期刊有不同的宗旨、不同的论文收录报道范围，这决定了投稿论文的主题内容范围。科技期刊的收录范围和期刊的类型及级别基本决定了该刊的读者对象，也基本决定了稿件的写作风格与详简程度。

（3）期刊的学术地位、影响和期刊等级。科技期刊的学术地位和学术影响表现在期刊所收录论文的水平、主编、编辑单位、在专业人员心中的地位等方面。从图书情报界的角度看期刊的学术地位和学术影响，则表现在期刊的影响因子的大小、是否被国内外检索工具收录、是否为学科核心期刊等方面。期刊的学术地位和学术影响与所称的期刊“级别”有密切关系。

（4）出版周期。出版周期是指某刊的出版频率，一般分为年刊、半年刊、季刊、双月刊、月刊、半月刊、旬刊、周刊和不定期刊。不定期刊、年刊和半年刊不投稿或少投稿为好。

（5）出版论文容量。期刊的论文容量是指某刊一年或一期能发表多少篇论文。例如，某种半月刊每期容量为 20 篇，则年容量为 480 篇。一般来说，应尽量选择出版周期短、容量大的期刊投稿。

（6）对作者是否有资格要求。有的科技期刊对作者有资格要求。例如，要求作者具有某国国籍、属某地区、某研究机构、某协会会员等资格。作者应从作者须知等处了解某刊对作者是否有资格要求，不具有某刊作者资格要求的作者不要向其投稿，除非论文合作者有资格。

（7）语言文种。从科技文献交流体系看，汉语的使用范围、中文刊的发行范围以及中文论文被世界性检索工具的收录比例等因素制约了中文论文影响力的发挥。而且中国科技人员人均占有刊比例小，发稿不易。英语是一种科技交流的世界性语言，在国际影响大的英文刊物上发表自己的论文，能提高论文作者及其单位的学术地位，因此向国外投稿也受到中国科技界的重视。

（8）版费。向国外一些学术刊物投稿被接受后，出版社将向文稿作者征收出版费，这些费用被称为版费或出版费。之所以如此，是因为有的出版社把版费作为科研费用的必要组成部分，视版费为作者所在单位对传播其研究成果的费用和对出版社的资助。不同国家、不同刊物收费标准不同。

（9）当前组稿倾向与论文时效性。科技期刊有年度出版计划、主题选择、专题出版和在一段时间倾向某种内容的情况。要掌握目标刊的这些情况，可向期刊出版社索取年度计划，或查阅该刊的近期目录和内容。对具有倾向性和时效性较强的论文，应尽量投向出版周期短的半月刊、月刊和快报。

3. 投稿期刊的选择评价工具

选择投稿目标期刊总的原则是：在力争尽快发表的前提下，综合考虑各种因素，获得较大的投稿价值。基于论文水平情况下，向外投稿应尽量选择：SCI、EI 等检索系统收录的国外期刊；本学科的国外核心期刊；影响因子大的国外期刊。向国内投稿应尽量选择：中国信息研究所选用的统计源期刊、本学科的国内核心期刊等。可利用图书情报界对期刊的研究结果；利用计算机进行检索与统计；利用有关期刊评价与报道目录；利用期刊的作者须知等。

（1）图书情报界对期刊的研究及结果——期刊评价工具。对期刊进行研究与评价是图书情报界的工作之一。其中，主要研究及成果有：论文与引文的关系和统计（《科学引文索引》和《中国科学引文索引》）；学科领域的国内外核心期刊测定；期刊评价与报道目录等。

（2）核心刊。核心刊一般指某学科的核心期刊，即刊载与某一学科领域有关的信息较多、水平较高、能够反映该学科最新成果和前沿动态、受到该专业读者特别关注的那些期刊。查找国内外科技核心期刊可利用《国外科技核心期刊手册》、《国外科学技术核心期刊总览》和《中文核心期刊要目总览》。

（3）统计源——中国科技信息研究所统计用期刊。从 1989 年起，中国科技信息研究所（简称中信所）受国家科委委托，每年对 SCI、EI、ISTP 收录的中国论文、被选做统计用的中国科技期刊上的论文情况进行统计分析，统计结果作为国家正式统计数字向社会发布。其中，所谓“中国论文”是指论文第一作者的所在单位属于中国的论文。被中信所选作统计用的中国科技期刊简称为统计源刊或统计源。统计源每年约 1200 种，而且每年有所变动，统计源期刊的选择确定因照顾了学科及地区平衡，学术水平要求不如学科核心刊。

10.4 科技查新

科技查新（以下简称查新）是科技部为了避免科研课题重复立项，以及希望客观正确地判别科技成果的新颖性、先进性而设立的一项工作，主要用于为科研课题的立题、成果的评审和奖励提供依据和决策参考。查新是针对某一特定的研究课题进行的，首先通过计算机检索和手工检索等手段查出国内外公开发表的与该课题相关的文献；再对查出的文献与被查课题进行对比分析；最后根据分析结果对被查课题的新颖性、先进性进行判定。查新的结果是为被查课题出具一份查新报告。

10.4.1　查新的定义、类型和作用

1. 查新的定义

2001 年 1 月 1 日实施的《科技查新规范》对查新做出了规范的定义："查新是科技查新的简称，是指查新机构根据查新委托人提供的需要查证其新颖性的科学技术内容，按照本规范操作，并做出结论。"

这里所说的查新机构是指具有查新业务资质，根据查新委托人提供需要查证其新颖性的科学技术内容，按照科技查新规范操作，有偿提供科技查新服务的信息咨询机构。查新委托人是指提出查新需求的自然人、法人或者其他组织。新颖性是指在查新委托日以前查新项目的科学技术内容部分或者全部没有在国内外出版物上公开发表过。

2. 查新的类型

（1）科研立项查新。科研立项研究是科学研究的基础，只有把握好立项研究，对研究项目的先进性、新颖性、实用性等特征进行科学的评价，才能保证科学研究的质量和水平。科研立项查新的目的是为主管科研立题的专家和领导提供客观的文献信息依据，能真实地反映这些科研项目在国内外的研究现状和进展情况，以避免科研项目的重复，避免人力物力资源的浪费，从而将有限的科研经费用到急需研究的项目上。同时，也使科研人员在开题之前比较全面地研究文献信息，达到优化科研项目的总体设计，缩短科研周期，少走弯路以及快出成果的目的。科研立项查新要求科研人员提供科研立项申请书，提供全面、充分的科研背景材料，明确的研究目标和具体的研究内容等。

（2）科技成果查新。科技成果查新是指申请科技成果鉴定之前，需要查证科技成果的创新性，为成果评审专家提供该成果相关的事实依据。其目的在于帮助专家客观公正地评价研究成果，减少评审失误，保证成果的质量，增强科学的严肃性，实事求是地反映科研水平。科技成果查新是申报科技成果奖励的必备条件，是成果鉴定和评审的重要依据和基础。

成果查新需要对成果进行全面系统的文献检索，证实其具有"新颖性"。检索的文献范围广、文献类型多，要求查找出与申报成果最密切相关的对比文献，并以此证明所申报的成果名副其实。因此，要求科技成果查新的委托人提供科技成果申报书的各项内容，包括本项成果的主要研究内容、关键技术方法、主要技术指标、主要特点和技术创新等；还需要提供已经在国内外发表论著、专利证书、科研合作单位及其知识产权关系的证明材料等。科技成果查新一般同时要求提供论著被引用的证明。

（3）专利申报查新。专利申报查新与成果查新是有差异的，我国专利的新颖性是混合性的，要求国内外未公知，国内未公用，检索时间限制是申请月或优先权日之前 15～20 年。而成果查新可以有国外新颖性、国内新颖性、地区或行业内新颖性等特征和区分。成果查新的文献检索时间限制也因课题、学科差异而有所不同，科技部规定要求检索文献的时间至少 15 年。按照世界专利合作条约的规定，专利查新最低文献量均为英、美、法、德、日、俄、意七国及 PCT、EP 两组织的专利说明书和数百种核心期刊。而科技成果查新的文献检索范围应当包括

图书、期刊、研究报告、专利、产品样本、会议资料、标本等。专利分为发明专利、实用新型专利和外观设计专利三种，其侧重点是不同的。因此，专利查新要求委托人提供具体类型的专利申请的全部资料，查新机构根据专利类型进行相关内容和相应范围的检索并出具查新证明。

3. 查新的作用

查新工作在科技研究开发、科研管理和国民经济建设中发挥着十分重要的作用，主要是为申请科技立项、科技成果鉴定、成果申报奖励、申请专利、技术引进和新产品开发等方面的研究课题服务，具体表现在以下几个方面。

(1) 为科研立项提供客观依据。科研课题在论点、研究开发目标、技术路线、技术内容、技术指标、技术水平等方面是否具有新颖性，在正式立项前，首要的工作是全面、准确地掌握国内外的有关情报，查清该课题在国内外是否已有人研究开发过。通过查新可以了解国内外有关科学技术的发展水平、研究开发方向；是否已研究开发或正在研究开发；研究开发的深度及广度；已解决和尚未解决的问题等，对所选课题是否具有新颖性的判断提供客观依据。这样可防止重复研究开发而造成人力、财力、物力的浪费和损失。

(2) 为科技成果的鉴定、评估、验收、转化、奖励等提供客观依据。例如某企业为成果鉴定，要求通过查新确认他们的“轻烃燃气灶具”项目为国内首创，经查新证实，国内已有此灶具的报道，从而否定了“国内首创”的评价。该企业十分后悔在立项时未经项目查新而造成的人力、物力和财力的损失。

查新还能保证科技成果鉴定、评估、验收、转化、奖励等的科学性和可靠性。在这些工作中，若无查新部门提供可靠的查新报告作为文献依据，只凭专家小组的专业知识和经验，难免会有不公正之处，可能会得不出确切的结论。这样既不利于调动科技人员的积极性，又妨碍成果的推广应用。高质量的查新，结合专家丰富的专业知识，便可防止上述现象的发生，从而保证鉴定、评估、验收、转化、奖励等的权威性和科学性。

(3) 为科技人员进行研究开发提供可靠而丰富的信息。随着科学技术的不断发展，学科分类越来越细，信息源于不同的载体已成为普遍现象，这给获取信息带来了一定的难度。查新机构一般具有丰富的信息资源和完善的计算机检索系统，能提供从一次文献到二次文献的全面服务，内容涉及各种学术会议和期刊的论文、技术报告、专利、标准和规范、通告等，收藏的数据最早可追溯到 19 世纪，最新可查到几分钟前公布的信息。通过专业查新人员查新，可以大量节省科研人员查阅文献的时间。

10.4.2 查新程序

科技查新工作是一项专业性强、难度大、要求高的信息服务工作，为保证高质量完成这项工作，科技部在制订《科技查新规范》时，根据以前的经验总结了一套程序供人们参考：查新委托→受理委托→检索准备→选择检索工具→规范检索词→确认检索方法和途径→实施检索→完成查新报告→提交查新报告。

1. 委托

科技查新委托是指科技查新委托人将查新任务委托、交付给科技查新机构，供其完成后续的具体查新工作和提供合格的查新报告。在进行查新委托时，查新委托人需要索取并按照详细要求填写相关的查新委托书，交纳相关的费用，并签订正式的查新合同。

(1) 选择委托的查新机构。查新机构是指具有查新业务资质的信息咨询机构，目前主要是分布在各级科技信息咨询机构和各大高校的科技查新工作站。查新委托人应该按照就近、权威、方便、快捷的总体要求，选择一个科技查新工作站，以便完成后续的查新委托服务。

（2）填写科技查新委托书。科技查新委托书是双方建立委托关系的一种凭证式文档资料。

科技查新委托书应由课题负责人或掌握课题全面情况的研究人员填写，据实、完整地向所选择查新机构提供查新必需的相关技术资料和有关资料，包括项目的科技资料、技术性能指标、中英文对照的检索词、参考文献、国内外同类科学技术和相关学科的背景资料等，加盖委托者所属单位公章。填写时需要注意以下几点。

① 查新项目名称。应与立项书或鉴定书上的项目名称一致，国外查新需填英文名称。

② 查新目的。查新目的的表述一般有：科技立项（申报各级、各类科技计划）、科技成果鉴定、申报科技成果奖励、申报专利、新产品及其他。

③ 查新点与查新要求。查新点是体现查新项目新颖性的技术创新点，应逐条列出。查新点一般从技术要点中提取，或者是技术要点中技术关键的全部，但注意不要把查新项目中的一般性技术特征列为查新点。查新要求是指查新委托人对查新提出的具体愿望，主要包括三方面：对本查新项目的新颖性作出判断；查找国内外是否有与本项目相同或类似的研究或技术；查找国内外有关本项目的科技文献和专利报道，并根据检索结果做出对比性结论。

④ 查新项目的科学技术要点。科学技术要点是研究课题的概要，重点表述查新项目的主要技术特征、技术参数或指标、应用范围、查新委托人自我判断的新颖性等。删除空泛叙述以及修饰性、广告性用语；适当精简篇幅；补充具体技术内容；复核技术数据；核查标准变更动态；注意计量单位的换算；注意文字与术语规范；注意纠正某些技术性缺陷。

⑤ 关键词。关键词（含规范词、同义词、缩写词、相关词）应从查新项目的查新点中抽出，同时应属于查新项目所属专业文献常用词汇。化学物质除提供化学名称外，应尽可能提供其商品名、俗称、分子式、结构式及CA登记号。

2. 受理委托与签订合同

现行的《科技查新机构管理办法》和《科技查新规范》规定了科技查新机构的查新范围，因此查新机构在受理查新时要首先考虑委托课题是否属于自己的受理范围，而后根据委托人提供的相关资料确定是否可以受理。查新人员要确认委托人提交的材料是否齐全，确认是否能满足委托人的查新要求，确定完成查新的时间。如果可以接受委托，就要根据《科技查新规范》关于查新合同的要求与委托人签订查新合同。

查新委托人与查新机构所签订的查新合同是具有法律效力的，就是说一旦合同成立，双方就要为此承担相应的法律责任，因此查新人员不仅要具有熟练掌握有关查新方面的技术，而且要熟悉相关的科技法律制度，如国家科技进步法、科技组织方面的相关法律、关于科技成果方面的立法、科技奖励法律制度、关于科技人员管理方面的立法、技术合同与技术市场的立法、关于国际科技合作与交流方面的相关法律制度等。

3. 检索准备

在实施查新之前，查新人员要进行课题分析，仔细阅读委托人提供的相关资料，了解委托人查新的目的和对查新的具体要求，并尽可能多地了解课题的研究情况，这对制订检索策略和进行文献对比很重要，必要时还要进行专家咨询。

4. 选择检索系统

应根据查新项目所属专业涉及面选定检索系统，以能够全面覆盖查新课题范围为原则。

（1）首先要选择综合性的数据库，如 SCI、Ei Village、INSPEC 等，这些数据库不仅收录的学科全、范围广、年限长，且收录的期刊及其他类型的文献资料均为各学科领域的研究前沿出版物，尤其是对一些跨学科的查新项目最重要。

（2）专业数据库。其特点是收录本学科的资料全，因此在必查之列。另外现在各研究领域之间相互交叉与渗透，理论和应用涉及多学科，因此内容相关的其他专业数据库也要列入检索的范围。

（3）国内外专利数据库。

（4）重大课题也有必要对一些重要期刊（如 Nature 和 Science）进行专门检索。

（5）其他网络资源。从检索系统的类型上要兼顾目录型、题录型、文摘型、全文型；从检索手段上要以计算机检索为主，而手工检索作为机检的补充不能忽略。

5. 选择检索词

检索结果是否准确与全面，是关系检索报告结论的决定性因素，而检索词准备得如何是影响检索结果的查准率和查全率的关键，因此检索词的选择十分重要。

检索词一般由委托人先来提供，但有些委托人不能准确提供主题词，许多情况下提供的是自然语言，查新人员应对照查新课题的内容，对委托人提供的主题词进行逐一核对，必要时查新人员要与委托人员反复面谈，然后对主题词加以完善，使自然语言变成计算机可以识别的规范语言，以便根据主题制定检索策略。

查新中使用最多的是描述文献主题内容的词（如主题词、关键词或者分类号等）；在特定情况下（如已知某人有与查新课题相同的研究），也会使用描述文献外部特征的词（如作者、出处、专利号等）进行专指性检索。互联网检索要注意选择适用的搜索引擎。

6. 实施检索

制定好完整、确切表达查新委托人要求和查新课题主题内容的检索策略后，根据课题学科特点确定检索年限，实施检索。

一个检索式中参与检索的概念或检索词要恰当，检索结果要适中，既不能为零，也不能过多，因为科技领域的任何工作或多或少都是在前人的研究基础之上的，可以没有相同文献，但不会没有相关文献，而检索到的文献过多，则会给分析对比增加许多困难。在实际工作中，很难做到一次检索成功，经常会遇到检索结果太多或为零、检索到的结果与查新课题不相关等情况，这样就要用增加、减少、调整、修改检索词的方法来优化检索策略，有时要反复多次，才能得到满意的结果。要慎重使用新的概念词，尤其是委托人提供的新概念词。

随着计算机技术和网络技术的发达，全文数据库越来越多，需要注意的是，文本型的全文数据库可以做到全文检索，而图像型全文数据库（如全文为 PDF 格式）的全文检索只是对元数据部分（书目、题录、文摘等）进行检索。

7. 完成并提交查新报告

查新报告包括相关文献分析和编写检索报告。对检索出的文献进行全面分析，筛选出与查新课题内容相关的文献，这些文献要能反映其研究水平、技术指标、参数要求，与查新课题有较高的可比性。

查新报告是查新机构用书面形式就查新事务及其结论向查新委托人所做的正式陈述，也是体现整个查新工作质量和水平的重要标志，查新人员要对查新课题内容及查新点与检索到的结果（即相关文献反映出的现有研究或技术水平）进行比较，实事求是地做出文献评述论证结论。

报告应包括以下内容。

（1）基本信息：包括查新报告编号，查新项目名称，查新委托人名称，查新委托日期，查新机构的名称、地址、邮政编码、电话、传真、电子信箱，查新员和审核员姓名，查新完成日期。

（2）内容信息：包括查新目的，查新项目的科学技术要点，查新点和查新要求，文献检索范围，检索策略，检索结果，查新结论，查新员与审核员声明，以及与查新课题密切相关的原文在内的各种附件。

① 文献检索范围及检索策略。检索范围是指根据查新项目所属专业涉及面选定的检索工具。检索范围应当符合具体要求，做到大小合适。在该项中要列出查新员在对查新课题进行分析后确定和选择的检索工具的名称、年限、列出实际使用的检索词和检索策略、列出从各检索工具中检出的文献数。

② 检索结果。对检出文献按与项目查新点的相关程度归类，应当反映出通过对所检数据库和工具中的相关文献情况及对相关文献的主要论点进行对比分析的客观情况，一般可分为密切相关文献和一般相关文献。包括：对所检数据库和工具中的相关文献情况进行简单描述；依据检出文献的相关程度分国内、国外两种情况，分别依次列出；对所列主要相关文献逐篇进行简要描述（一般可用原文中的摘要或利用原文中的摘要进行抽提），对于密切相关文献，可节录部分原文并提供原文的复印件作为附录。

③ 查新结论。《科技查新规范》第 9 部分规定，查新结论应当包括：相关文献检出情况；检索结果与查新项目的科学技术要点的比较分析；对查新项目新颖性的判断结论。查新结论在体例上应是一篇相对独立的具有鉴证性的短文，将检索结果与课题查新点进行对比分析，以综述的形式形成查新结论。应特别注意撰写的完整性、逻辑性和客观性，为专家评审和科研管理部门提供科学的真实的依据。应注意：查新结论的撰写要注意规范；每个论点都应有文献依据（注明文献号）；对查新点分别逐条给出对比结论，可对国内、国外分别给予结论。

查新机构完成报告后，按照查新合同的约定向查新委托人提交查新报告和相应的附件。

10.4.3 查新案例分析

1. 有关查新点的提炼及案例分析

查新点一定要反映委托课题的主要技术创新点。在提炼查新点时，一定要仔细审阅委托课题的科学技术要点，提炼主题概念。查新点的撰写主要是依据项目的科技要点，从项目的全部关键性的技术特征中提炼出来。注意，一是不要把查新项目中的一般性技术特征列为查新点；二是相对独立的查新内容不要合在一处作为查新点。

提炼的查新点准确与否，反映了查新人员对查新课题的实质内容的理解与掌握程度，是检索的前提，是对比分析的依据，是查新质量一个较为重要的影响因素。从用户的角度看，希望查新课题的查新点越多越好，所以往往把假想创新点列出很多。这实际上干扰了查新人员的检索思路及检索策略的制定。因此，查新点不应该完全由用户确定。首先，查新人员应与用户建立相互信任的关系，在对用户课题保密的前提下，与用户进行开诚布公的交流，这样才能由用户与查新人员一起通过对课题的分析，充分利用查新人员课题分析及概念组配能力较强的优势，全面准确地理解查新内容，找出真正的查新点。

查新点应少而精，一般课题其查新点只有一到两个，最多不超过三个。通过这种方法确定查新点，使查新人员对课题的理解得以加深，明确检索目标。查新点提炼不当，往往导致查新人员在选择检索词、制定检索策略时出现偏差，直接影响查新结论的可靠性和针对性。

案例：CMOS 数字图像获取、存储与显示传输装置原理样机。

用户提供的查新项目的科学技术要点：本项目研制的 CMOS 数字成像显示装置已在图像传感器、图像压缩存储、数据通信、控制器、软件平台等方面取得成果，具备了开发 CMOS 数字照相机的技术水平。本项目的现阶段技术成果如下。

（1）CMOS 数字成像技术：本项目是与英、美两国联合开展 CMOS 图像传感器的产品性能完善与实用化工作，已有阶段性成果，CMOS 图像传感器目前已可用于普及型数字相机。

（2）图像压缩技术：已取得成熟成果，压缩比可达到一至几十倍，达到数字相机所要求的 4～5 倍，并已有成熟的软件及硬件结构，现正进行动态图像软件压缩硬件化新产品研制。

（3）CMOS 数字照相机：CMOS 数字成像系统的具体应用是 CMOS 数字照相机，本项目研制组即将开发成功的 CMOS 数字照相机图像传感器取代 CCD 图像传感器；采用我国独立开发的图像压缩计算专用芯片，使 CPU 只参与管理，不参与计算，即采用“最简易 CPU+专用图像计算芯片”的组合；新开发的 CMOS 数字相机还将具有连拍功能。本项目的 CMOS 数字成像技术还可应用于数字摄像机、网络电话系统、国际互联图像实时监控网等方面。

用户提供的本课题的技术要点内容较多，但归结起来，它的查新要点就是：CMOS 数字图像获取、存储与显示传输装置。

2. 检索词和检索策略的确定及案例分析

查新检索首先要求查全——不能漏检重要文献库；其次要求查准——检出的文献应尽量包含查新要点的主要概念。

（1）关键词选择。关键词选择正确与否直接影响查新质量。在整个文献检索过程中，检索主题是了解课题的研究动态及发展变化的最直接、最简单的检索手段，也是最快实现检索目的的基本途径之一。检索主题往往是指关键词，而关键词是指出现在文献标题、文摘、正文中，对表征文献主题内容具有实质意义的语词，它是对揭示和描述文献主题内容非常重要的、关键性的语词。科技查新和一般文献检索都需要用户将要查找的信息以关键词的形式较准确地描述出来，查新员在对用户课题通过有效沟通理解后，在相关工具书的帮助下进行检索，进行归纳整理，根据词的同类、隶属、相关等关系，列出一系列词，并考虑到同义词、近义词、学名、俗名，尽可能较全面地选择具有同一关系的检索词，这里说的同一关系是指两个或两个以上的词所表示的概念相同或相近，并且彼此可以互换的关系。同时，要避免选择概念过大或过小的检索词，概念过大的检索词是指内涵较深刻的检索词，它不能代替内涵比较浅的检索词；反之，概念过小的检索词同样不能代替内涵比其深的检索词。因此，检索前可以从以下几个方面考虑。

① 所用检索词是否覆盖查新点。

案例：盐碱地改良。

我们不能单纯选择盐碱地与改良相组配。表面上看是覆盖了查新点，但实际和用户进一步沟通得知，盐碱地改良是通过生物技术实现的。所以，加上生物技术更能体现出查新点。

② 所选关键词尽可能考虑到各种可能的表达方法——同义词。从规范词入手，充分考虑一物多名。同时注意缩写词的选择。

案例：以植物多糖为原料生产生物助凝剂。

该项目通过从多种植物中提取多糖，并进行改性处理，研制出天然生物助凝剂，能使絮凝剂的使用量降低 50%～70%，即达到或超过单独使用大量絮凝剂的絮凝效果；且效果稳定、用量少、安全无害、可生物降解。查新点：①用植物多糖制备生物助凝剂；②通过改性提高生物助凝剂助凝效果。因此，在选择关键词时，应将其同义词考虑进去，以免漏检。例如，“植物多糖”同义词有“淀粉”、“藻多糖”等，“生物”同义词有“改性”等，“助凝剂”同义词有“促凝剂”等。

③ 在选择同义词的基础上注重专业词的选择，或专业性很强的术语、专用名词、甚至代码之类的唯一性的检索词。但谨防所研究内容分支过细，范围过窄。例如“重组溶菌酶”，重组可用“recombine”、“reform”、“recombinant”、“recombination”、“regroup”、“recompose”表示，虽然有 6 个同义词，但是广为使用的是“recombine”或“recombinant”。又如，鸡用“hen”比用“chicken”要好。诸如此类的例子很多。

另外，检索某一物质的合成或制备，用英文词检索，尽管也能检索到文献，但效果不如用化学物质登记号（RN=94-86-0P）好，专利检索用专利分类号往往比用英文词更切题。

（2）检索策略制定。检索式编制的好坏，直接影响检索效果，也可以说检索式是灵魂，对检索结果起着举足轻重的作用，尤其是国际联机检索系统，上机就开始计费。要得到满意的结果，必须有正确的检索策略。那么，如何合理地组配检索式，避免导致失误呢？制定检索策略时应注意以下几点。

① 正确把握查全率和查准率的关系。顾及到查准就会影响到查全，反之亦然。查新应以查全为准，尤其是科研立项、专利查新等，万一漏检容易造成重复劳动，给委托用户带来人力、物力的损失。但对于已经取得成果的课题查新，则可以以查准为主，在准的基础上尽量全，以便进行比较借鉴，从而进行对比分析。

② 避免检索结果为零。当检索结果为零时，就表明该项技术没先例，是创新，这显然不符合实际。查新人员只要记住一条，从科技发展的规律来看，科学的继承性使得任何成果都不能完全脱离于前人的成果。也就是说，任何一项科研都是在另一项科研基础上有所创新和发展的结果。对检索不到相关文献或密切相关文献为零的课题，要究其原因，尽可能重新制定检索策略，采用逐渐逼近的方法，即先大范围检索，然后再不断增加检索词组配面，缩小检索范围。

案例：红外线探测设备检测车。

如用检索式：红外线*检测车，检索条数为 0 篇。通过与用户的交流及对内容的进一步分析，可知该检测车是对轨道沿线的红外线检测装置进行测试。所以采用检索式：红外线*检测，则检索出许多红外线轴温检测设备的文献。为此更改检索式为：红外线*（检测+测试）*（地面+地上），这样即可检索到对轨道沿线红外线检测装置进行测试的一种装置，虽非车轮移动式，但因其功能相似，即确认为本项目的密切相关文献。

10.4.4 查新报告案例（仅列主要内容）

【课题名称】大口径直缝钢管连续预焊双波长焊缝跟踪机的研制

Large Diameter Longitudinal Welding Pipe Pre-dual-wavelength Continuous Seam Tracking Machine

1. 查新项目的科学技术要点

针对大口径直缝钢管的焊接，研制气保护连续预焊双波长焊缝跟踪机，实现焊缝自动跟踪控制。由于焊管尺寸长，纵向焊缝会出现直缝偏转，形成三维空间复杂曲线焊缝，因此自动焊接装置必须具备准确的焊缝识别和跟踪能力。具体技术要点如下：

（1）应用近红外光和可视结构光分别获取双波长的熔池形态及熔池前端焊缝信息，并通过双目 CMOS 视觉传感信息融合技术实现焊缝位置识别。该方法可消除弧光干扰，实现焊缝图像三维重建和焊缝位置测量。

（2）所研制的焊缝跟踪机主要用于大型直缝钢管的气保护连续 MIG/MAG 预焊，钢管直径可达 1800mm 以上，最大长度 12m 以上，焊缝间隙小、尺寸长。焊缝跟踪机的跟踪精度为 0.2mm，跟踪速度最大 6m/min，识别焊缝最小间隙 0.15mm。

（3）建立焊炬三轴联动及焊缝跟踪控制系统，应用卡尔曼滤波进行状态最优估计，准确预测焊缝偏移量、偏移方向和偏移速度，消除过程噪声和测量噪声的随机干扰影响。

（4）研究三维曲线焊缝视觉信息与焊炬三轴伺服驱动的融合技术，实现三维复杂曲线焊缝的跟踪控制。研制出大口径直缝钢管气保护连续 MIG/MAG 预焊双波长焊缝跟踪机。

2. 查新点

（1）近红外光和可视结构光双波长工业 CMOS 双目测量和识别三维曲线焊缝位置的方法。

（2）大口径（1800mm 以上）、长距离（12m 以上）直缝钢管气保护连续 MIG/MAG 预焊的焊缝自动跟踪。

3. 检索词

（1）焊缝跟踪（seam tracking）

（2）近红外、红外光、红外线（infrared）

（3）结构光（structured light）

（4）互补金属氧化物半导体（Complementary Metal Oxide Semiconductor，CMOS）

（5）活性气体保护焊（MAG）

（6）惰性气体保护焊（MIG）

（7）直缝钢管（straight steel pipe/tube、straight seam steel pipe/tube、longitudinally welded steel pipe/tube）

4. 检索式

（1）焊缝跟踪 and（近红外 or 红外光 or 红外线 or 结构光 or CMOS）

（2）焊缝跟踪 and（MAG or MIG or 直缝钢管）

（3）seam tracking and（infrared or structured light or CMOS）

（4）seam tracking and（MAG or MIG）

（5）seam tracking and（longitudinal* or straight*）and steel and（pipe* or tube*）

5. 选择数据库文献检索范围

（1）维普中文科技期刊全文数据库	1989～2010.8
（2）中国科技经济新闻数据库	1992～2010.8
（3）中国期刊全文数据库	1994～2010.8
（4）中国博士学位论文全文数据库	1999～2009
（5）中国优秀硕士学位论文全文数据库	1999～2009
（6）万方学位论文全文数据库	1989～2009
（7）万方学术会议论文全文数据库	1993～2009
（8）万方中国科技成果数据库	1999～2009

（9）中国专利数据库　　1985～2010.8
（10）国家科技成果网　　1978～2010.8
（11）中国科技论文在线　　2003～2010.8
（12）Dialog 国际联机检索（部分数据库）　　1898～2010.8

6. 检索结果记录

A．国内部分

[1] 侯晓峰. **焊缝自动识别与跟踪** [D]. 哈尔滨：哈尔滨工程大学，2004.

[2] 王含宇，马惠敏，闫春航. **一种结构光式焊缝跟踪系统的设计** [J]. 电焊机，2010,40(4):25-29.

[3] 龚烨飞，戴先中，李新德. **一种基于结构光视觉的焊缝跟踪特征提取方法** [J].电焊机，2009,39(4):51-55.

[4] 金振扬. **基于结构光的焊缝跟踪系统的设计与实现** [D]. 南京：东南大学，2008.

[5] 崔广礼. **基于主动视觉的焊缝跟踪方法的研究** [D]. 北京：中国地质大学，2009.

[6] 郑志强，季秀才，刘斐. **基于 CMOS 的双目视觉定位系统的设计** [J]. 国防科技大学学报，2003,25(6):1-4,34.

[7] 上海交通大学.**机器人 MIG 焊双目视觉传感系统** [P].中国专利公开（公告）号：CN101612736,2009-12-30.

[8] 上海交通大学.**焊接机器人伺服双目视觉传感器** [P]. 中国专利公开（公告）号：CN1600505,2005-03-30.

[9] 南京工程学院.**多结构光双目复合视觉焊缝跟踪方法及装置** [P].中国专利公开（公告）号:CN101486124,2009-07-22.

[10] 原宗. **履带式爬行焊接机器人焊缝跟踪控制系统研究** [D]. 武汉：华中科技大学，2008.

[11] 浙江久立特材科技股份有限公司.**大直径焊管纵缝焊接自动跟踪装置** [P].中国专利公开（公告）号:CN101011773.2007-08-08.

[12] 薛家祥，刘晓，张丽玲等.**基于小波变换的 MAG 焊焊缝跟踪** [J].焊接学报,2006,27(6): 13-16.

B．国外部分

[13] A. De (Indian Institute of Technology Mumbai, Bombay, India), D. Parle. **Real time seam tracking system for automated fusion arc welding.** Science and technology of welding and joining,2003,8(5):340-346.

[14] Chen, Wuzhu (Tsinghua Univ, China), Wang, Yong, Ma, Juwen, Zhong, Minlin. **Two directional seam tracking system with a scanning infrared sensor and its applications in industry.** Welding in the World, Le Soudage Dans Le Monde, 1994,34:341-348.

[15] Howard Clyde Wikle (Materials Research and Education Center Auburn University Auburn, AL 36849, U.S.A.), Fuhu Chen, Sundaram Nagarajan, Bryan Allen Chin. **Survey of infrared sensing techniques for welding process monitoring and control.** Journal of the Chinese Institute of Engineers,1998,21(6):645-657.

[16] Wu, M (Foreign Technology Div., Wright-Patterson AFB, OH.), Chen, W., He, F., Yan, B., Su, Y. **Seam Tracking Modulated Infrared Optical Sensor for Use in Welding.** 1991, NTIS Report number: FTD-ID(RS)T-1431-90.

[17] Kang, Min-Goo (Department of Robot System Research, Samsung Heavy Industries Co. Ltd., Daejeon, Korea, Republic of), Kim, Joon-Hong, Park, Young-Jun, Woo, Gap-Joo. **Laser vision system for automatic seam tracking of stainless steel pipe welding machine.** ICCAS 2007 - International Conference on Control, Automation and Systems,2007,p1046-1051.

[18] Liu, C.J (State Key Laboratory of Precision Measuring Technology and Instruments, Tianjin University), Li, Y.B., Zhu, J.G., Ye, S.H. **Study on sensor design technique for real-time robotic welding tracking system.**

Journal of Physics: Conference Series, 2006, V 48,(1) :811-816.

[19] Zou, Y. (Chinese Academy of Science, Shenyang, China), Zhao, M., Zhang, L., Jiang, C. **Development of laser stripe sensor for automatic seam tracking in robotic tailored blank welding.** Proceedings of the World Congress on Intelligent Control and Automation (WCICA) 2008, Article number 4593410, Pages 3062-3066.

7. 查新结论

根据委托方提供，本查新项目是：大口径直缝钢管连续预焊双波长焊缝跟踪机的研制。其查新点是：（1）近红外光和可视结构光双波长工业 CMOS 双目测量三维曲线焊缝位置的方法。（2）大口径（1800mm 以上）、长距离（12m 以上）直缝钢管气保护连续 MIG/MAG 预焊的焊缝自动跟踪。

在上述国内外数据库及检索范围内对检出的相关文献进行阅读、分析、对比，结论如下：

A．国内文献部分

国内已有研究采用窄带近红外光源，形成了具有一定形式的光带，使像元一维几何排列的线阵 CCD 同时获得水平和垂直两维跟踪信息的焊缝跟踪系统的文献报道（文献 1）；有基于线结构光视觉传感的焊缝跟踪系统的文献报道（文献 2～4）；有基于 CMOS 视觉芯片的双目视觉定位系统设计方案的文献报道（文献 5、6）。但上述文献的研究与本查新项目应用近红外光和可视结构光分别获取双波长的熔池形态及熔池前端焊缝信息，并通过双目 CMOS 视觉传感信息融合技术实现焊缝位置识别，实现三维复杂曲线焊缝的跟踪控制的研究方法不同。

除上述密切相关文献外，国内在大口径直缝钢管连续预焊双波长焊缝跟踪研究的文献报道中，（1）有涉及机器人 MIG 焊双目视觉传感系统（文献 7、8）和多结构光双目复合视觉系统（文献 9）实现焊缝跟踪的研究；（2）有涉及大直径焊管纵缝焊接自动跟踪装置（文献 10、11），系统工作时由 CCD 摄取焊缝图像，滤波去噪、图像增强等处理后，再送入焊缝智能识别系统进行焊缝偏差识别；（3）有基于 M 带 Bubble 小波变换进行 MAG 焊熔池边缘检测以及焊缝识别（文献 12）。但这些文献的研究都与本查新项目应用近红外光和可视结构光分别获取双波长的熔池形态及熔池前端焊缝信息，并通过双目 CMOS 视觉传感信息融合技术实现焊缝位置识别的方法不同。

B．国外文献部分

国外已有利用红外光源照射焊缝，通过 CCD 摄取焊缝的图像，实现了对焊道的两维实时跟踪研究的文献报道（文献 13～16），与本查新项目同时采用红外光和结构光（利用 CMOS 摄取焊缝图像，并能测量三维曲线焊缝位置）的研究方法不同。

除上述密切相关文献外，国外在大口径直缝钢管连续预焊双波长焊缝跟踪研究的文献报道中，（1）有使用 CCD 摄像头焊缝轨迹的二维图像，利用三角测距原理计算出焊缝轨迹的三维坐标的研究（文献 17），与该查新项目采用 CMOS 摄取焊缝图像的方法不同，也未见采用近红外光的内容报道。（2）有采用 CMOS 摄像机摄取焊缝图像（文献 18、19），但文献内未见利用红外光的内容报道。

综上所述，在上述国内外数据库及文献检索范围内，未见有与本查新项目“大口径直缝钢管连续预焊双波长焊缝跟踪机的研制”查新点内容相同的文献报道。

10.5 专题信息调研案例

在学习、科研和工作中，往往需要针对某一主题进行全面、系统地信息查找，并对所获得的信息做综合研究和分析，这就是专题信息调研，是确定科研课题或论文选题的一种科学方法。

专题信息调研的内容范围可以很广泛，包括全面查找课题相关资源，评价选择书目及二次文献资源，发现馆藏，确定学科重要人物，理论影响性评价，引文分析，各种内容和信息的专题了解，跟踪最新信息等。通过专题信息调研，可以将调查和检索到的分散、零星、断续和众多的素材进行加工整理，使之系统化、综合化，从而发现其所包含的客观规律或某种趋势；通过逻辑思维和创造思维，使认识进一步升华，从而提出建议、方法或方案。将专题信息调研与专业课题相结合，可以帮助我们拓深专业知识，启发科研思路，建立科学假设。

利用数据库进行专题信息调研的一般步骤为：①分析课题；②选择数据库；③拟定检索词；④制定和调整检索策略；⑤浏览文摘，阅读下载全文；⑥文献阅读与综述。

下面是一个专题信息调研案例。

在生活中，我们处处会用到与PVC有关的材料。PVC即指聚氯乙烯，是世界通用的五大合成树脂之一，其制品也是产量较大的一种通用塑料产品，具有自熄、阻燃、耐磨、强度较高、电绝缘性和化学稳定性较好等优点，且价格低廉，广泛应用于工农业生产的各个领域，目前产量仅次于聚乙烯，居世界第2位。但是，PVC结构中存在缺陷，热稳定性差，在加工温度下易发生脱氯化氢形成共轭多烯，导致颜色加深，进而深度交联，失去力学性能，影响其使用及寿命，因而需要添加热稳定剂。热稳定剂的需求和产量随PVC的需求和产量的增长而增长，对热稳定剂的研究和生产将是一个热门的方向。

【课题名称】 有机物用作PVC热稳定剂的研究

1. 课题分析

聚氯乙烯是一种使用一个氯原子取代聚乙烯中的一个氢原子的高分子材料。热稳定剂是一类能防止或减少聚合物在加工使用过程中受热而发生降解或交联，延长复合材料使用寿命的添加剂。热稳定剂可以通过取代不稳定的氯原子、中和氯化氢、与不饱和部位发生反应等方式，抑制PVC分子的降解，帮助减少加工条件下的反作用。目前的稳定剂主要包括铅盐类、金属皂类和有机锡类等。本专题拟查找有机化合物用做PVC热稳定剂的中英文文献，认识如何使PVC的使用寿命更长，更加绿色环保。有机是指含碳的，尤指其中氢原子连接到碳原子上的化合物的有机溶剂。课题中所指的有机物，可以用有机物、有机化合物、有机化合物基、有机锡、有机钙、有机锑、有机酯锑及各种具体的有机物名称表示，因此，本课题使用有机作为关键词，以涵盖各种表达方式。

关键词：

（1）有机（organic）

（2）聚氯乙烯（polyvinyl chloride，PVC）

（3）热稳定剂（heat stabilizer、thermal stabilizer）

文献也可能采用热稳定性、热稳定性能（thermal stability、heat stability、thermostability）

的表达，所以进行中文检索时可直接使用“热稳定”进行检索，以利于简化检索式并提高查全率，英文检索时则可进行截词处理。

2. 选择数据库

本课题使用万方、中国知网、维普查找中文文献，使用ISI web of knowledge、Engineering Village、Elsevier SDOL、RSC英国皇家化学学会查找英文文献。

3. 检索策略记录

检索时间范围、期刊范围等限制条件按数据库默认范围处理。本次检索时间2012-11-01。

3.1 万方数据库

检索式（1）：title：有机 title：（PVC+聚氯乙烯）title：热稳定。

检索结果：30篇。

检索式（2）：subject：有机 subject：（PVC+聚氯乙烯）subject：热稳定。

检索结果：288篇。

检索结果分析：篇名字段检索查准率高，但查全率低。主题字段查全率高，但查准率降低。为保证查准率，可采用篇名检索字段。

同理，查得专利文献、科技成果。

3.2 中国知网

检索条件如图10-1所示。

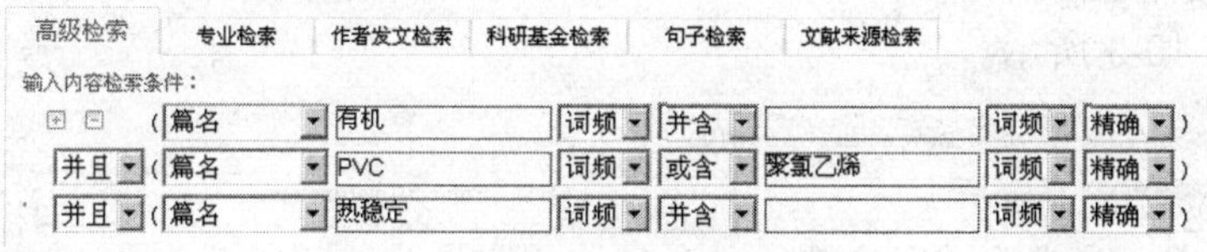

图10-1 检索条件示意图（一）

也可写做专业检索式：TI=有机 and TI=（PVC+聚氯乙烯）and TI=热稳定

检索结果：找到31条结果。

3.3 维普

检索式：T=有机*T=（PVC+聚氯乙烯）*T=热稳定

检索结果：共找到39条，均为对本课题较有参考价值的相关文献。列部分如下：

[1] 李明 张亮 王林 严海彪.HWG系列有机热稳定剂在PVC制品中的应用[J].塑料助剂，2012(3): 19-24,44.

[2]朱军峰 张光华 董惟昕 申淞夫.聚氯乙烯有机稀土热稳定剂的制备与性能研究[J].塑料科技，2010(9): 77-80.

[3]刘海军.硬聚氯乙烯有机热稳定剂的研究进展N-芳基邻苯二甲酰亚胺[J].塑料制造，2010(6): 52-56.

[4] 傅佳 刘建平.有机类PVC热稳定剂的研究现状[J].塑料制造，2010(5): 60-63.

[5] 刘海军.硬聚氯乙烯有机热稳定剂亚巴豆基和亚肉桂基硫代巴比土酸的研究进展[J].塑料制造，2010(5): 67-70.

[6]赵亮亮 姜亦文 曹长青.有机钙锌热稳定剂在硬质PVC中的热稳定性[J].青岛科技大学学报:自然科学版，2010(2): 169-172.

[7]鲁圣军 徐明 王丽娥 官耀华 罗筑 于杰.电石法PVC有机锡热稳定体系研究[J].聚氯乙烯，2010(2):

32-35.

[8] 刘海军.硬聚氯乙烯有机热稳定剂的研究进展苯并咪唑基乙腈及其衍生物 [J] .塑料制造，2010(3): 94-96.

……

3.4 Web of Knowledge

检索条件如图 10-2 所示。

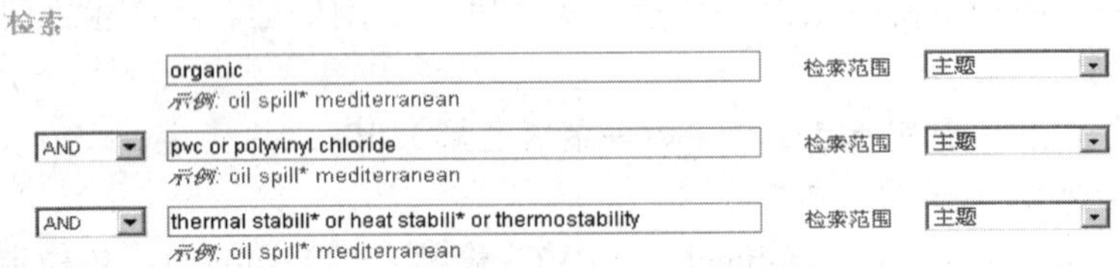

图 10-2 检索条件示意图（二）

检索式：主题=(organic) AND 主题=(pvc or polyvinyl chloride) AND 主题=(thermal stabili* or heat stabili* or thermostability)

时间跨度=所有年份 检索语言=英文 词形还原=打开

检索结果：100 条记录。

3.5 Engineering Village

检索条件如图 10-3 所示。

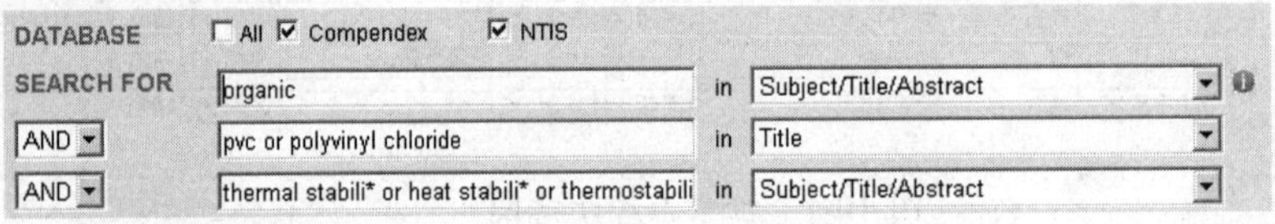

图 10-3 检索条件示意图（三）

检索式：organic WN KY AND (pvc or polyvinyl chloride) WN TI AND (thermal stabili* or heat stabili* or thermostability) WN KY

检索结果：87 records in Compendex & NTIS for 1899-2013.

3.6 Elsevier SDOL

检索式：TITLE-ABSTR-KEY(organic and (pvc or polyvinyl chloride)) and TITLE-ABSTR-KEY(thermal stabili* or heat stabili* or thermostability)

检索结果：41 articles found.

3.7 RSC 英国皇家化学学会

检索方式：复杂查询

检索式："pvc or polyvinyl chloride"AND "thermal stabili* or heat stabili* or thermostability"

命中结果数：4。

4. 检索结果记录

从上述检索结果中，选择记录以下相关文摘，作为学习参考。

4.1 有机类 PVC 热稳定剂的研究现状（期刊论文）

[作者] 傅佳 刘建平

[机构] 温州大学化学与材料工程学院,325035

[刊名] 塑料制造-2010(5).-60-63

[关键词] PVC 热稳定剂 有机化合物 现状

[分类号] TQ320.4 [文摘] 热稳定剂是一类能防止或减少聚合物在加工使用过程中受热而发生降解或交联，延长复合材料使用寿命的添加剂。常用的 PVC 稳定剂按照主要成分分类可分为盐基类、脂肪酸皂类、有机锡化合物、复合型热稳定剂及纯有机化合物类。本文着重对有机化合物类的 PVC 稳定剂做了总结，得到了 PVC 在各种热稳定剂改性后的性能。并对其发展趋势做了客观的预测。

4.2 PVC 热稳定剂有机锑的热稳定性能研究（期刊论文）

[作者] 谢建鹰 [1] 陈静 [2] 郑行懿 [1]

[机构] [1] 上饶师范学院,江西上饶 334001 [2] 上饶市环境监测站,江西上饶 334000

[刊名] 上饶师范学院学报-2007.27(3).-63-66

[关键词] PVC 热稳定剂 有机锑 热稳定性

[分类号] O69 [著者标引]

[文摘] 以三氧化二锑或三氯化锑分别和苯甲酸、巯基乙酸、巯基乙酸异辛酯等为原料，合成相应的有机锑化合物，研究了其光稳定性以及各合成产物对 pvc 的热稳定作用。实验结果表明，有机锑可以提高 PVC 的热稳定性，其中三（巯基乙酸异辛酯）锑对 PVC 具有优良的热稳定作用。

4.3 一种新型有机锡类 PVC 热稳定剂的合成研究（期刊论文）

[作者] 申梓皓 [1] 戴险峰 [2] 黄君涛 [3]

[机构] [1] 南京先声东元制药有限公司,江苏南京 211800 [2] 华南理工大学化工与能源学院,广东广州 510640 [3] 广东光华化学厂有限公司,广东广州 510280

[刊名] 广东化工-2007.34(11).-30-33

[关键词] 有机锡 异辛酸巯基乙酯 二丁基锡双（异辛酸巯基乙酯）热稳定剂

[分类号] TQ325.304 [文摘] 利用异辛酸巯基乙酯和二丁基二氯化锡反应，合成了一种新的有机锡化合物二丁基锡双（异辛酸巯基乙酯）。探讨了溶剂种类、不同的 HCl 吸收剂、反应时间等操作参数对产率的影响，并通过正交实验确定了最佳的合成工艺条件，通过红外光谱和液相色谱-质谱联用仪对合成产物进行了结构表征，证明了实验产物为目标产物。

4.4 2,4-二（正十二烷基硫亚甲基）-6-甲酚对 PVC 的热稳定作用 （期刊论文）

[作者] 刘鹏 [1,2] 陈德宏 [1,2] 张怀平 [1,2] 祝纶宇 [1,2] 许凯 [1] 何涛 [1] 陈鸣才 [1]

[机构] [1] 中国科学院广州化学研究所,广州 510650 [2] 中国科学院研究生院,北京 100039

[刊名] 化学建材-2006.22(6).-15-17

[关键词] 热稳定剂 聚氯乙烯 有机稳定剂

[分类号] TU578.12 [著者标引] [文摘] 以邻甲酚、甲醛、二甲胺和正十二硫醇为原料合成了 2，4-二（正十二烷基硫亚甲基）-6-甲酚（DD），并通过核磁共振检测证明了其结构。采用热失重和 haake 流变仪等测定了 DD 对 PVC 的稳定作用，并与传统的钙，锌和甲基锡热稳定剂进行比较。结果表明 DD 对 PVC 的稳定性优于参比样品。在氧气存在下，DD 对 PVC 的热稳定性与氮气条件下相当，这主要是由于 DD 具有捕捉聚合物过氧化自由基、分解氢过氧化物和取代活性氯的功能。

4.5 Novel Antimicrobial Organic Thermal Stabilizer and Co-Stabilizer for Rigid PVC（期刊论文）

题目翻译：用于刚性 PVC 的新型抑菌有机热稳定剂和联合稳定剂。

作者: Fahmy, MM (Fahmy, Mona M.)1; Mohamed, RR (Mohamed, Riham R.)1; Mohamed, NA (Mohamed,

Nadia A.)1

来源出版物: MOLECULES　卷: 17　期: 7　页: 7927-7940

DOI: 10.3390/molecules17077927

出版年: JUL 2012

摘要: Biologically active N-benzoyl-4-(N-maleimido)-phenylhydrazide (BMPH) was synthesized and its structure was confirmed by elemental analysis and various spectral tools. It was examined as a thermal stabilizer and co-stabilizer for rigid poly (vinyl chloride) at 180 degrees C in air. Blending BMPH with reference samples in different ratios greatly lengthens the thermal stability value and improves the extent of discoloration of PVC. TGA confirmed the improved stability of PVC in presence of the investigated organic stabilizer. GPC measurements were done to investigate the changes occurred in the molecular masses of the degraded samples of blank PVC and PVC in presence of the novel stabilizer. BMPH showed good antimicrobial activity towards two kinds of bacteria and two kinds of fungi.

入藏号: WOS:000306752700023

文献类型: Article

语种: English

作者关键词: PVC; thermal stability; discoloration; antimicrobial activity

4.6　Thermal stabilization of PVC using organic modified montmorillonite（会议论文）

题目翻译: 有机改性蒙脱土用作 PVC 热稳定剂

Thongpin, C.1; Tangchantra, N.1; Kositchaiyong, A.2; Sagnuanmoo, R.1; Jantham, J.1; Sooksa-ard, A.1

Source: Advanced Materials Research, v 55-57, p 345-348, 2008, Smart Materials - Int. Conf. Smart Materials Smart/Intelligent Materials and Nanotechnology, (Smartmat-'08) and the 2nd International Workshop on Functional Materials and Nanomaterials, (IWOFM-2); ISSN: 10226680; ISBN-13: 9780878493562; Conference: International Conference on Smart Materials-Smart! Intelligent Materials and Nano Technology, (SmartMat-'08) and also the 2nd International Workshop on Functional Materials and Nanomaterials (IWOFM-2); Publisher: Trans Tech Publications

Author affiliations:

1 Materials Science and Engineering Department, Silpakorn University, Sanamchandra Palace Campus, Nakornpathom, 73000, Thailand

2 Polymer Processing and Flow (P-PROF) Group, School of Energy, Environment and Materials, KingMongkut's University of Technology Thonburi (KMUTT), Thungkru, Bangmod, Bangkok, Thailand

Abstract: There has been a number of works trying to improve thermal stability of PVC as it is one of the most widely used plastics for various applications. The incorporation of heat stabilizer is a general method to stabilize PVC. However, its thermal stability could also be improved by blending with polyethylene. Organoclay, montmorillonite (MMT) in particular, has been found to improve thermal stability of polymers due to its high temperature resistance. This research is aimed to use organic modified MMT (OMMT) to improve thermal property of PVC. It was found from the research that organic grafted MMT (O-g-MMT) could improve thermal stability of PVC better than OMMT. The mechanical properties of O-g-MMT/PVC and OMMT/PVC of the blends were also reported © 2008 Trans Tech Publications, Switzerland.(7 refs)

4.7 含有机锡组分聚合型PVC热稳定剂的合成研究（学位论文）

[作者] 刘建平

[学科专业] 高分子材料

[授予学位] 博士

[学位授予单位] 大连理工大学

[导师姓名] 郑玉斌

[学位年度] 2009

[分类号] TQ314.245.1 TQ325.3

[关键词] 有机锡　聚氯乙烯　热稳定剂　热稳定机理　分子设计

[文摘] 聚氯乙烯（PVC）是五大通用塑料之一，但是其热稳定性差，在加工温度下易发生脱氯化氢形成共轭多烯，导致颜色加深，进而深度交联，失去力学性能，需要添加热稳定剂。PVC 的热分解是从不稳定氯原子上引发的一种链式脱氯化氢反应，生成共轭多烯，同时氯化氢对PVC降解有自动催化作用。各种热稳定剂对PVC的作用机理各不相同，主要包括吸收氯化氢，置换不稳定氯，阻断共轭多烯结构形成等。目前的稳定剂主要包括铅盐类、金属皂类和有机锡类等。铅盐类稳定剂毒性大，易造成环境污染等问题，有机锡类成本较高，金属皂稳定剂要么有一定毒性，要么热稳定性不好。随着全球环保要求越来越高，研究新型、高效、无毒性的热稳定剂是非常重要的。本课题的目的就是通过分子设计，合成一系列含马来酸二烷基锡组分高分子化合物，从而期望获得一类综合性能优异的聚合型稳定剂。

4.8 PVC用有机化合物基热稳定剂研究进展（会议论文）

[作者] 王兴为 [1] 沈杰 [1,2] 张立华 [2] 张灿明 [2]

[作者单位] [1] 河北精信化工集团，衡水，053000 [2] 中国塑协塑料功能助剂研发中心，053000

[母体文献] 中国塑料技术高层论坛暨2010中国塑协塑料技术协作委员会年会论文集

[会议名称] 中国塑料技术高层论坛暨2010中国塑协塑料技术协作委员会年会

[会议时间] 2010年8月11日

[会议地点] 兰州

[关键词] 聚氯乙烯　有机化合物基　热稳定剂　环境保护

[文摘] 根据各国对PVC热稳定剂的环保要求，提出有机化合物基热稳定剂是未来稳定剂的发展方向。总结了有机热稳定剂国内外的研究现状，并对其在国内的发展提出了建议。

4.9 一种PVC稳定剂及其制备方法（专利论文）

[发明（设计）人] 许家友,班华真

[申请（专利权）人] 广州大学

[专利代理机构] 广州市天河庐阳专利事务所 44244

[申请（专利）号] CN200910213629.3

[公开(公告)号] CN101717551A

[主分类号] C08L27/06(2006.01)I,C,C08,C08L,C08L27

[申请日期] 2009年12月7日

[文摘] 本发明公开了一种PVC稳定剂，该PVC稳定剂含有50-75重量份的有机弱酸稀土盐和25-50重量份的沸石反应器，其中，所述的有机弱酸稀土盐由1摩尔份的有机弱酸与1-5摩尔份的天然稀土化合物在碱性条件下反应得到，其中，所述的有机弱酸为苯甲酸、油酸、硬脂酸和氨基酸中的一种或两种以上，所述的稀土化合物为镧、铈、钕和钠的天然化合物中的一种或两种以上；所述的沸石反应器是指通道和笼里吸附有马来

酸酐的沸石。本发明所述的PVC稳定剂具有用量小，自润滑，抗黄变，无麻点等优点，用本发明所述的稳定剂所制备的PVC材料具有良好的热稳定性和塑化性。

4.10 PVC的有机酯锑热稳定剂（科技成果）

［完成人］刘建平

［完成单位］大连工业大学

［应用行业名称］合成材料制造

［关键词］PVC 有机酯锑热稳定剂

［项目年度编号］hg08004807

［中图分类号］TQ314.245.1

［成果简介］项目简介：现今PVC材料用量越来越大，然而，PVC加工时存在着一个致命的弱点是热稳定性差，不能加工，为了能顺利加工就必须加入1～4份的稳定剂，可是现在使用稳定剂大多是有毒的（包括稀土），该项目介绍一种新型高效低价位无毒热稳定剂——有机锑酯热稳定剂。有机锑热稳定剂状态为：微黄色油状透明液体。应用特点：具有突出的抑制PVC早期初着色性能，中长期的热稳定性好。无毒，可直接用于食品包装材料、上下水管。可用于软硬制品。与钙助剂并用有良好的协同效果。

4.11 超有机锡的PVC高效复合稳定剂（科技成果）

［完成人］吴崇周

［完成单位］四川联合大学

［应用行业名称］合成材料制造

［关键词］聚氯乙烯塑料 助剂 塑料助剂 有机锡热稳定剂 热稳定剂 复合稳定剂 超有机锡

［项目年度编号］94211827

［中图分类号］TQ325.304

［成果简介］我国每年聚氯乙烯的产量已超过100万吨，需要的热稳定剂达数万吨，其中铅盐已超过1万吨。由于铅盐稳定剂对人健康的危害和对地球环境的污染，已属限制发展产品。超有机锡的PVC高效复合稳定剂在这种情况下应运而生。它是由少量铅盐、协同剂及低毒、无毒组分而成的一种低毒型热稳定剂，铅含量仅为30%左右的白色粉状或颗粒物，其热稳定性不仅高于有机锡，而且也高于德国熊牌的318，230，5SP，更优于国内其它复合稳定剂；可用于PVC软硬非透明制品。该稳定剂成本低，具有广阔的应用前景和销售市场。

5. 文献综述

聚氯乙烯（PVC）是产量仅次于聚乙烯（PE）的第二大通用塑料，具有强度高且可增塑、耐腐蚀、难燃、绝缘性好、透明性高等优点，通过加入适当的添加剂和使用适当的工艺和设备可生产出各式各样的塑料制品，包括板材、管材、管件、异型材等硬制品和膜、管、鞋、玩具、电缆料、人造革等软制品，广泛应用于工业建筑、农业、日用品、包装、电力、公用事业等领域。但是，PVC存在热稳定性差，在通常的加工温度下发生严重降解的缺点。因此，热稳定剂是PVC加工的必须添加剂。

发展有机类PVC热稳定剂，需要了解PVC热稳定机理，文献1对其机理进行了讲解，介绍了各种有机类PVC热稳定剂，包括主要物质、稳定性能、优缺点、机理等，还预测了未来有机类热稳定剂发展的方向。文献2～4分别介绍了有机锑、有机锡、2,4-二（正十二烷基硫亚甲基）-6-甲酚的合成方法，以及它们作用于PVC后，PVC的热稳定性变化过程，从它们的作用结果来判断其热稳定性性能，并探讨其热稳定机理。文献5～11分别探讨了新型抑菌有机热稳定剂、有机改性蒙脱土热稳定剂、含有机锡组分聚合型PVC热稳定剂、有机化合物基热稳定剂、有机酯锑热稳定剂和超有机锡高效复合稳定剂等。从所查得文献的数量上看，国外文献多于国内文献，说明该课题的国外相关研究较国内多。

传统 PVC 加工大量使用含铅和含镉的热稳定剂，但是，随着人们环保意识被唤醒，开发新型无重金属热稳定剂是当前的主流之一，而有机类的热稳定剂将成为重点的发展方向。

本题检索要点：

（1）关键词的全称和缩写通用时，检索时两者都要考虑，以利于查全。

（2）关键词有多种词形相近的表达方式时，可进行截词检索处理。

（3）本题检索时主要使用了题名检索字段，注重查准率。

练习与思考 10

1．什么是引文分析法？它有几种基本类型？

2．什么是内容分析法？内容分析法有哪几个方面的优点？

3．什么是核心网站？核心网站评价法有几种？

4．简述文献综述的格式。

5．简述科技论文的撰写过程。

6．把下列信息改写成标准的文后参考文献著录格式。

（1）Copyright enforcement and product quality signaling in markets for computer software。Takeyama，Lisa N.（Department of Economics，San Francisco State University，1600 Holloway Avenue，San Francisco，CA 94132，United States）Source：*Information Economics and Policy*，v 21，n 4，p 291-296，November 2009

（2）篇名：汽车电控系统常见疑难故障及诊断方法

【作者中文名】王璠

【文献出处】科技信息，2009（17）：86-87

（3）用废止两年的房贷政策“没收”定金，顾艳伟、王荔珏，中国消费者报，2009.10.14

7．什么是科技查新？简述查新程序。

附录 A

各国信息素质评价标准

一、美国高等教育信息素养能力标准

标准一：有信息素养的学生有能力决定所需信息的性质和范围。

表现指标：

（1）有信息素养的学生能定义和描述信息需求。成果包括：

① 通过与老师交流，参与课堂讨论、学习小组、网上论坛来确定研究课题和所需信息。

② 草拟一个主题，根据信息需求列出相关问题。

③ 通过浏览广泛的信息来源来熟悉课题。

④ 限定或修改信息需求以抓住重点。

⑤ 确定可以描述信息需求的概念和术语。

⑥ 认识到现有信息可以结合原有的想法、试验和/或分析来产生新的信息。

（2）有信息素养的学生可以找到多种类型和格式的信息来源。成果包括：

① 了解信息是怎样正式或非正式地产生、组织和散布的。

② 认识到把知识按学科分类可以影响获取信息的方式。

③ 找出以多种格式（如多媒体、数据库、网页、数据、声像和书籍）存在的潜在资源的价值和不同之处。

④ 找出潜在资源的目的和用户，如大众化的或是学术性的，当代的或历史性的。

⑤ 区分主要来源和次要来源，并认识到他们在不同学科有不同的用处和重要性。

⑥ 认识到信息有时要从主要来源的原始数据综合而来。

（3）有信息素养的学生能权衡获取信息的成本和收益。成果包括：

① 决定所需信息是否存在，并根据情况扩大信息搜索范围（如图书馆的馆际互借，利用其他地方的资源，获得图片、音像和文本）。

② 研究为了搜集所需信息并理解其内容而学习一种新的语言或技巧（如外语或基于学科的信息）的可行性。

③ 拟订一个现实的计划和时间表来获取所需信息。

（4）有信息素养的学生能重新评估所需信息的性质和范围。成果包括：

① 重新评估所需信息来澄清、修改和改进现有问题。

② 描述用来做信息决策和选择的依据。

标准二：有信息素养的学生可以有效地获得需要的信息。

表现指标：

（1）有信息素养的学生能选择最适合的研究方法或信息检索系统来查找需要的信息。成果包括：

① 确定几种适宜的研究方法（如实验、模拟和实地调查）。

② 研究不同研究方法的好处和适用性。

③ 研究信息检索系统的规模、内容和组织。

④ 挑选可以有效从研究方法或信息检索系统获取所需信息的方法。

（2）有信息素养的学生能构建和运用有效的搜索策略。成果包括：

① 草拟一个与研究方法相符的研究计划。

② 确定所需信息的关键字、同义词和相关术语。

③ 挑选适用于学科或信息检索来源的受控词表。

④ 运用恰当的信息检索命令构建搜索策略（如对搜索引擎要用逻辑算符、截词符、位置算符；对书籍要用索引）。

⑤ 在不同的信息检索系统中实现这个搜索策略。这些信息检索系统拥有不同用户界面和搜索引擎和使用不同的命令语言、协议和搜索参数。

⑥ 用适合于学科的研究方法实现搜索。

（3）有信息素养的学生能运用各种各样的方法从网上或亲自获取信息。成果包括：

① 运用不同的信息检索系统检索格式不同的信息。

② 运用不同的分类法和其他系统（如图书编目号码或索引）在图书馆查找信息资源或确定要亲自去查找的地点。

③ 利用所在机构的专业化的网上或面对面的服务来获取信息（如图书馆馆际互借、文献传递服务、专业组织、研究机构、社区资源、专家和有经验的人员）。

④ 运用调查、写信、采访和其他的查询方式来获取原始的信息。

（4）有信息素养的学生能改进现有的搜索策略。成果包括：

① 评估搜索结果的数量、质量和相关性来决定是否应该运用其他的信息检索系统或研究方法。

② 找出现有信息的不足之处，然后决定是否应该修改现有的搜索策略。

③ 运用改进后的搜索策略再进行搜索。

（5）有信息素养的学生能摘录、记录和管理信息和它的出处。

① 在不同的技术中挑选最合适于析取所需信息的技术（如复制/粘贴软件、复印机、扫描仪、声像设备或探索仪器）。

② 建立一个信息组织系统。

③ 区分引用资源的类型，熟悉不同类型资源的引用的组成部分和正确语法。

④ 记录所有相关的引用文献以备将来参考。

⑤ 运用不同的技术来管理经过挑选和整理的信息。

标准三：有信息素养的学生能评价信息和它的出处，然后把挑选的信息融合到他（她）们的知识库和价值体系。

表现指标：

（1）有信息素养的学生能从收集到的信息中总结要点。成果包括：

① 阅读原文，汲取要点。

② 用他（她）们自己的语言重述原文思想，然后准确挑选数据。

③ 确定适合于引用的文字。

（2）有信息素养的学生能清晰表达并运用初步的标准来评价信息和它的出处。成果包括：

① 检查和对比来自不同出处的信息旨在评价信息的可靠性、准确性、正确性、权威性、时间性、观点或偏见。

② 分析论点或论证方法的结构和逻辑。

③ 找出偏见、欺诈和篡改。

④ 找出信息产生时的文化的、物质的或其他背景信息，并认识到这种环境对诠释信息的影响。

（3）有信息素养的学生能综合主要思想来构建新概念。成果包括：

① 认识到概念之间的相关性，初步把它们组合成有论据支持的语句。

② 如果可能，扩展初步分析，在更高抽象层次上建立新的假设。新的假设可能需要更多的信息。

③ 运用计算机和其他技术（如电子表格、数据库、多媒体和声像设备）来研究新概念和其他现象的相互作用。

（4）有信息素养的学生，通过对比新旧知识来判断信息是否增值，或是否前后矛盾，是否独具特色。成果包括：

① 确定信息是否满足研究或其他信息需要。

② 运用有意识地选择的标准来决定信息是否抵触或证实来自其他出处的信息。

③ 在总结所收集的信息的基础上得出结论。

④ 运用适合学科的方法（如模拟装置和实验）来检验现有的理论。

⑤ 通过质疑数据来源，信息收集工具和策略的不足以及结论的合理性决定大概的准确度。

⑥ 把以前的信息和知识和新信息融合起来。

⑦ 选择可以为主题提供论据的信息。

（5）有信息素养的学生能决定新的知识对个人的价值体系是否有影响，并采取措施消除分歧。成果包括：

① 研究在文献中遇到的不同观点。

② 决定是否接受或摒弃新的观点。

（6）有信息素养的学生能通过与其他人、学科专家和/或行家的讨论来验证对信息的诠释和理解。成果包括：

① 参与课堂和其他讨论。

② 参与以有关课程的主题讨论为目的的电子论坛（如电子邮件、电子公告、聊天室）。

③ 通过多种机制（如采访、电子邮件、电子邮件清单）征求专家意见。

（7）有信息素养的学生能决定是否应该修改现有的查询。成果包括：

① 决定信息是否满足原先的需求，还是需要更多的信息。

② 评价搜索策略，适当地融合其他的概念。

③ 评价现有的信息检索资源，如果需要可以包括其他信息来源。

标准四：不管个人还是作为一个团体的成员，有信息素养的学生能够有效地利用信息来实现特定的目的。

表现指标：

（1）有信息素养的学生能够把新旧信息应用到策划和创造某种作品或表现形式中。成果包括：

① 重新组织信息使得它能支持作品或表现形式的用途和样式（如提纲、草稿、摘要）。

② 清晰明白地说明以往经验中可以帮助策划和创造某种作品或表现形式的知识和技巧。

③ 融合新旧信息，包括引用和直译，使得它能支持作品或表现形式的用途。

④ 如有需要，修改电子文本、图像和数据的位置和格式，使得它们适合新的环境。

（2）有信息素养的学生能修改作品或表现形式的开发步骤。成果包括：

① 把与信息查询、评估和传播过程有关的活动载入日志。

② 总结以往的经验、教训，研究是否有其他可以选择的策略。

（3）有信息素养的学生能够有效地与别人就作品或表现形式进行交流。成果包括：

① 选择最适合作品或表现形式和受众的通信媒体和形式。

② 运用一系列的信息技术应用软件来创造作品或表现形式。

③ 结合设计和传播的原理。

④ 采用一种最适合受众的风格与别人清楚地交流。

标准五：有信息素养的学生熟悉许多与信息使用有关的经济、法律和社会问题，并能合理合法地获取信息。

表现指标：

（1）有信息素养的学生了解与信息和信息技术有关的伦理、法律和社会经济问题。成果包括：

① 找出并讨论印刷和电子出版环境中与隐私和安全相关的问题。

② 找出并讨论与免费和收费信息相关的问题。

③ 找出并讨论与审查制度和言论自由相关的问题。

④ 显示出对知识产权、版权和合理使用受专利权保护的资料的认识。

（2）有信息素养的学生遵守与获取和使用信息资源相关的法律、规定、机构性政策和礼节。成果包括：

① 按照公认的惯例（如网上礼仪）参与网上讨论。

② 使用经核准的密码和其他的身份证明来获取信息资源。

③ 按规章制度获取信息资源。

④ 保持信息资源、设备、系统和设施的完整性。

⑤ 合法地获取、存储和散布文字、数据、图像或声音。

⑥ 了解什么构成抄袭，不能把他人的作品作为自己的。

⑦ 了解与人体试验研究有关的规章制度。

（3）有信息素养的学生能在宣传作品或表现形式时声明引用信息的出处。成果包括：

① 始终如一地使用一种适宜的引用格式。

② 如有需要，使用受专利权保护的资料时要显示版权及免责声明。

二、英国信息素养的 7 个支柱模型

英国信息素养咨询委员会（Advisory Committee on Information Literacy，ACIL）1999 年创建了“信息素养的 7 个支柱模型”，2004 年作了修订。下面列出了模型的一、二级指标，并作简要说明。

1. 基本的图书馆技能

标准一：识别信息需求的能力。

一个人能认识到有信息需求以及能够分析这种需求是信息素养至关重要的第一步。大学里的作业和课程都有显而易见的信息需求。然而，学生可能会发现确定他们已知的和需要知道的信息之间的差距非常困难。研究表明，在工作场所这个问题更加严重，如商业人士可能无法看到存在于商业问题中的信息需求。

标准二：寻找辨别信息的能力，包括：

- 知道恰当的信息源，包括印刷品和非印刷品。
- 选择最佳的信息源来完成手头的任务。
- 能够了解影响信息可获取性的问题。

一旦确定了已知和未知之间的差距，就需要意识到满足信息需求的方式多种多样。获得信息的来源和渠道非常广泛：书籍、电子期刊、网站、人、组织，等。掌握第二项技能不仅要确定可能的信息源，还要明确能完成任务的最佳信息源。

标准三：为资源定位制定策略的能力，包括：

- 明确信息需求，找到最匹配的信息源。
- 根据信息需求制定检索策略。
- 了解创建数据库的原则和产生过程。

不存在一种策略适合所有的信息源。具有信息素养的一个内容就是要不断学习面对一种信息源时如何从中获取最佳信息。适合 Google 的搜索策略不一定适合图书馆馆藏目录，在书中查找信息与专家回复邮件也大相径庭。这一技能要求学生明白每种信息来源是如何工作的，以便于将信息需求和信息源相匹配，得到有效的结果。

标准四：寻找并获得信息的能力，包括：

- 构建适当的检索策略。
- 使用通信和信息技术，包括国际学术网络条款。
- 使用合适的索引和摘要服务，引证索引和数据库。
- 使用实时更新方法，以跟上时代。

在确定了最佳信息源和信息查找策略后，需要拥有获得信息和提炼信息的知识和技能，如信息和通信技术的使用、具备相关的学术素养（如记笔记等）。要会熟练应用不同的搜索技术，如能在搜索引擎里利用布尔逻辑创建一个最佳的检索式。

不同的信息来源在搜索的不同阶段作用不尽相同，如通过摘要服务和引用搜索能找到关键的参考文献。该技能不只包括查找行为，还包括使用任何恰当的方式获得信息，如通过网页浏览或 RSS 跟踪等。

2. IT 技能

标准五：比较、评价从不同来源获得的信息的能力，包括：

- 认识到偏见和权威的问题。
- 清楚学术出版的同行审查程序。
- 从信息中提取符合自己需要的信息。

不同的信息来源的作者和发布者会提供不同的观点。至于哪个观点最适合你，取决于信息需求的性质。只有具备信息载体的相关知识，并且了解学术研究程序，才能够基于信息需求审慎而批判性地评价获得的信息。有时为了比较和评价信息，还需要专业性软件帮助人们熟练地处理数据。

标准六：以恰当的方式组织、利用并与他人交流信息的能力，包括：

- 在项目报告和论文中引用参考文献。
- 创建一个个人的书目系统。
- 利用信息解决手头上的问题。
- 使用合适的媒介去有效地沟通。
- 充分了解版权和剽窃问题。

在学术环境里，信息的交流和分享涉及导师和学生之间的沟通；在工作和个人生活中，信息的交流和分享涉及经理、客户、家庭或公众。对媒介的使用，如书面形式、面对面交流、网上聊天、发 E-mail 等应因地制宜。一个具有信息素养的人能够根据任务灵活有效地选择适当的媒介交流信息。在某些环境下，能有效地组织信息以便他人检索和交流至关重要，这就要求知道如何使用编目软件和其他个人信息管理工具。最后，该能力还包括在不同的环境里、基于不同目的来应用信息，如解决问题和支持决策等。

标准七：在现有信息的基础上综合信息，创建新的知识的能力。

一个信息素养能手能够通过确定、选择、对比和分析获得的信息实现对信息的综合和创新，提供一个新的观点或创建新的知识。例如，可能建一个网站提供综合信息，不只是链接到了其他信息，而是包含了新的内容，提供独一无二的信息产品。在高等教育领域，信息素养应该包括个人的见解，即基于对现有信息的综合和发展而最终创造出某个特定学科领域的新知识。

三、北京地区高校信息素质能力标准体系

《北京地区高校信息素质能力标准体系》分为 7 个一级指标、19 个二级指标和 61 个三级指标，内容如下。

北京地区高校信息素质能力指标体系

维度一

具备信息素质的学生能够了解信息以及信息素质能力在现代社会中的作用、价值与力量。

指标：

（1）具备信息素质的学生具有强烈的信息意识。

指标描述：

① 了解信息的基本知识；

② 了解信息在学习、科研、工作、生活各方面产生的重要作用；

③ 认识到寻求信息是解决问题的重要途径之一。

（2）具备信息素质的学生了解信息素质的内涵。

指标描述：

① 了解信息素质是一种综合能力（信息素质是个体知道何时需要信息，并能够有效地获取、评价、利用信息的综合能力）；

② 了解这种能力是开展学术研究必备的基础能力；

③ 了解这种能力是成为终身学习者必备的能力。

维度二

具备信息素质的学生能够确定所需信息的性质与范围。

指标：

（1）具备信息素质的学生能够识别不同的信息源并了解其特点。

指标描述：

① 了解信息是如何生产、组织与传递的；

② 认识不同类型的信息源（如图书、期刊、数据库、视听资料等），了解它们各自的特点；

③ 认识不同层次的信息源（如零次、一次、二次和三次信息），了解它们各自的特点；

④ 认识到内容雷同的信息可以在不同的信息源中出现（如许多会议论文同时发表在学术期刊上）；

⑤ 熟悉所在学科领域的主要信息源。

（2）具备信息素质的学生能够明确地表达信息需求。

指标描述：

① 分析信息需求，确定所需信息的学科范围、时间跨度等；

② 在使用信息源的过程中增强对所需求信息的深入了解程度；

③ 通过与教师、图书馆员、合作者等人的讨论，进一步认识和了解信息的需求；

④ 用明确的语言表达信息需求，并能够归纳描述信息需求的关键词。

（3）具备信息素质的学生能够考虑到影响信息获取的因素。

指标描述：

① 确定所需信息的可获得性与所需要的费用（如有的信息是保密的，无法获取；有的信息需要支付馆际互借的费用）；

② 确定搜集所需要的信息需要付出的时间与精力；

③ 确定搜集所需要的信息和理解其内容是否需要应用新的语种和技能（如信息是以非中文/英文的语种表达信息内容的，要了解其内容，则需要先学习一门新的语言；或是理解信息内容需要应用到还未学过的学科知识）。

维度三

具备信息素质的学生能够有效地获取所需要的信息。

指标：

（1）具备信息素质的学生能够了解多种信息检索系统，并使用最恰当的信息检索系统进行信息检索。

指标描述：

① 了解图书馆有哪些信息检索系统（如馆藏目录、电子期刊导航、跨库检索平台等），

了解在每个信息检索系统中能够检索到哪些类型的信息（如检索到的信息是全文、文摘还是题录）；

② 了解图书馆信息检索系统中常见的各种检索途径，并且能读懂信息检索系统显示的信息记录格式；

③ 理解索书号的含义，了解图书馆文献的排架是按照索书号顺序排列的；

④ 了解检索词中受控词（表）的基本知识与使用方法；

⑤ 能够在信息检索系统中找到“帮助”信息，并能有效地利用“帮助”；

⑥ 能够使用网络搜索引擎，掌握网络搜索引擎常用的检索技巧；

⑦ 了解网络搜索引擎的检索与图书馆提供的信息检索系统检索的共同点与差异；

⑧ 能够根据需求（查全或是查准）评价检索结果，确定检索是否要扩展到其他信息检索系统中。

（2）具备信息素质的学生能够组织与实施有效的检索策略。

指标描述：

① 正确选择检索途径，确定检索标识（如索书号、作者等）；

② 综合应用自然语言、受控语言及其词表，确定检索词（如主题词、关键词、同义词和相关术语）；

③ 选择适合的用户检索界面（如数据库的基本检索、高级检索、专业检索等）；

④ 正确使用所选择的信息检索系统提供的检索功能（如布尔算符、截词符等）；

⑤ 能够根据需求（查全或是查准）评价检索结果、检索策略，确定是否需要修改检索策略。

（3）具备信息素质的学生能够根据需要利用恰当的信息服务获取信息。

指标描述：

① 了解图书馆能够提供的信息服务内容；

② 能够利用图书馆的馆际互借、查新服务、虚拟咨询台、个性化服务（如 MyLibrary）等；

③ 能够了解与利用其他信息服务机构（如 CALIS）提供的信息服务。

（4）具备信息素质的学生能够关注常用的信息源与信息检索系统的变化。

指标描述：

① 能够使用各种新知通报服务（alert / current awareness services）；

② 能够订阅电子邮件服务和加入网络讨论组；

③ 习惯性关注常用的印刷型/电子型信息源。

维度四

具备信息素质的学生能够正确地评价信息及其信息源，并且把选择的信息融入自身的知识体系中，重构新的知识体系。

指标：

（1）具备信息素质的学生能够应用评价标准评价信息及其信息源。

指标描述：

① 分析比较来自多个信息源的信息，评价其可信性、有效性、准确性、权威性、时效性；

② 辨认信息中存在的偏见、欺诈与操纵；

③ 认识到信息中会隐含不同价值观与政治信仰（如不同价值观的作者对同一事件会有不

同的描述）。

（2）具备信息素质的学生能够将选择的信息融入自身的知识体系中，重构新的知识体系。

指标描述：

① 能够从所搜集的信息中提取、概括主要观点与思想；

② 通过与教师、专家、合作者、图书馆员的讨论来充分理解与解释检索到的信息；

③ 比较同一主题检索到的不同观点，确定接受与否；

④ 综合主要观点形成新的概念；

⑤ 应用、借鉴、参考他人的工作成果，形成自己的知识、观点或方法。

维度五

具备信息素质的学生能够有效地管理、组织与交流信息。

指标：

（1）具备信息素质的学生能够有效地管理、组织信息。

指标描述：

① 能够认识参考文献中对不同信息源的描述规律；

② 能够按照要求的格式（如文后参考文献著录规则等），正确书写参考文献与脚注；

③ 能够采用不同的方法保存信息（如打印、存档、发送到个人电子信箱等）；

④ 能够利用某种信息管理方法管理所需信息，并能利用某种电子信息管理系统（如Refworks）。

（2）具备信息素质的学生能够有效地与他人交流信息。

指标描述：

① 选择最能支持交流目的的媒介、形式（如学术报告、小组讨论等），选择最适合的交流对象；

② 能够利用多种信息技术手段和信息技术产品进行信息交流（如使用 PowerPoint 软件创建幻灯片、为研究项目建立网站、利用各种网络论坛等）；

③ 采用适合于交流对象的风格清楚地进行交流（如了解学术报告幻灯片的制作要点，了解如何撰写和发表印刷版或网络版的学术论文）；

④ 能够清楚地、有条理地进行口头表述与交流。

维度六

具备信息素质的学生作为个人或群体的一员能够有效地利用信息来完成一项具体的任务。

指标：

（1）具备信息素质的学生能够制定一个独立或与他人合作完成具体任务的计划。

（2）具备信息素质的学生能够确定完成任务所需要的信息。

（3）具备信息素质的学生能够通过讨论、交流等方式，将获得的信息应用到解决任务的过程中。

（4）具备信息素质的学生能够提供某种形式的信息产品（如综述报告、学术论文、项目申请、项目汇报等）。

维度七

具备信息素质的学生了解与信息检索和利用相关的法律、伦理和社会经济问题，能够合理、合法地检索和利用信息。

指标：

（1）具备信息素质的学生了解与信息相关的伦理、法律和社会经济问题。

指标描述：

① 了解在电子信息环境下存在的隐私与安全问题；

② 能够分辨网络信息的无偿服务与有偿服务；

③ 了解言论自由的限度；

④ 了解知识产权与版权的基本知识。

（2）具备信息素质的学生能够遵循在获得、存储、交流、利用信息过程中的法律和道德规范。

指标描述：

① 尊重他人使用信息源的权利，不损害信息源（如保持所借阅图书的整洁）；

② 了解图书馆的各种电子资源的合法使用范围，不恶意下载与非法使用；

③ 尊重他人的学术成果，不剽窃；在学术研究与交流时，能够正确引用他人的思想与成果（如正确书写文后参考文献）；

④ 合法使用有版权的文献。

附录 B 开放存取资源

本附录介绍第 7 章第 2 节免费学术资源中未列出的开放存取资源。

一、OA 期刊库

1. SSRN（Social Science Research Network，SSRN）（http://www.ssrn.com）

社会科学研究网由大量的各个社会科学分支专门研究网络组成。SSRN 电子图书馆（SSRN eLibrery）由两部分组成：摘要数据库和电子文献库。摘要库来自已发表的学术论文和将要发表的论文。电子文献库有可以全文下载的 PDF 格式文档，也包含部分付费文献。

2. ABC Chemistry（http://www.abc.chemistry.bsu.by/current/fulltext.htm）

这是化学方面的免费全文网上期刊数据库，由白俄罗斯国立大学化学系的一位教授建立，分为永久期刊和临时期刊两大类，集合很多化学方面的期刊链接，本身并不存取这些期刊数据。

3. CiteSeer 自动引文索引（http://citeseer.ist.psu.edu）

CiteSeer 是 NEC 研究院在自动引文索引（Autonomous Citation Indexing，ACI）机制基础上建设的一个学术论文数字图书馆，它提供了一种通过引文链接检索文献的方式，目标是从多个方面促进学术文献的传播与反馈。CiteSeer 检索互联网上 Postscript 和 PDF 文件格式的学术论文。目前在其数据库中可检索到超过 500 000 篇论文，主要涉及计算机科学领域，主题包括互联网分析与检索、数字图书馆与引文索引、机器学习、神经网络、语音识别、人脸识别、元搜索引擎、音频/音乐等。CiteSeer 在网上提供完全免费服务（包括 PS 或 PDF 格式全文），全天 24 小时实时更新。

4. Open Science Directory（http://www.opensciencedirectory.net/）

该网站包括了大部分开放存取的期刊，现可查到 13 000 个 OA 期刊。其中包含了一些著名的 OA 期刊目录，例如 DOAJ、Open J-Gate、BioMed Central、HighWire Press、PubMed Central（PMC）以及一些专门的免费期刊项目：全球农业研究文献在线获取（Access to Global Online Research in Agriculture，AGORA）、健康科学研究计划跨网存取（Health InterNetwork Access to Research Initiative，HINARI）、环境科学成果在线存取（Online Access to Research in the Environment，OARE）和电子期刊文献传递服务（The eJournals Delivery Service，eJDS）等收录的期刊。

5. Bentham Open（http://www.bentham.org/open/）

Bentham 科学出版社提供的 200 多种开放存取期刊，内容涵盖科学、医药、工程设计等学科。文章都经过同行评议，质量较高。接受在线投稿，按照作者付费读者免费的模式进行。包括 79 种科学、技术及医学期刊，以满足医药、生物及医疗研究行业的信息需求。

6. AgZines 期刊列表（http://usain.org/agzines.html）

它收集了农业、食品、环境三大类数十种期刊，都可以免费下载全文。

7. 开网（http://www.paperopen.com/）

这是空军工程大学电讯工程学院开发的开放存取论文数据库和搜索引擎，主要目标是把网上开放存取资源通过蜘蛛技术爬取下来，提供文献服务。目前已收录 18 383 份期刊和 555 958 篇论文。

8. 中国科学系列杂志（http://www.scichina.com/new_web_Fa/index.asp）

中国科学杂志社是隶属于中国科学院和中国科学出版集团的学术期刊出版单位，是国内最重要和最有影响的学术期刊编辑与出版的专业化机构之一，出版有《科学通报》、《中国科学》、《中国科学 A 辑：数学》、《中国科学 B 辑：化学》、《中国科学 C 辑：生命科学》、《中国科学 D 辑：地球科学》、《中国科学 E 辑：技术科学》、《中国科学 F 辑：信息科学》、《中国科学 G 辑：物理学、力学、天文学》等，具有很高的国际知名度，大部分都被 SCI 等收录。

9. 电脑商情报电子版（http://www.cbinews.com/epaper/cbinews.jsp）

电脑商情报电子版是 IT 类刊物，提供从 2004 年到现在的电子版。另外，电脑商情报集团下属的几个刊物同时提供电子版：电脑商情报、网吧世界、渠道快报。

10. 开放存取的中国期刊

期刊全文可免费从其主页下载，方便没有 CNKI、维普等数据阅读权限的读者进行学术研究。

（1）理工类期刊。

① 生态学报（http://www.ecologica.cn）：在中国科技期刊影响因子和总被引频次的排序中位居环境科学/生态学类期刊前列。

② 中国肺癌杂志（http://www.lungca.org）：主要提供英文版的文章。

③ 植物分类学报（http://www.plantsystematics.com）：除被 SCI 网络版收录外，还被很多专业数据库收录。可提供最新全文。

④ 生物多样性（http://www.biodiversity-science.net）：被美国 BP、化学文摘等数据库收录。可提供最新全文。

⑤ 动物学研究（http://www.zoores.ac.cn/或 http://www.bioline.org.br/zr）：被美国化学文摘等收录，所有文章全文都可在网上下载。

⑥ 西安交通大学学报（自然版）（http://unit.xjtu.edu.cn/unit/xb/zrb/index.html）：Ei 核心期刊，目前所有文章分别分散在新旧网站上（新网站地址：http://www.jdxb.cn）

⑦ 西安电子科技大学学报（http://xuebao.xidian.edu.cn）：Ei 收录刊，有最新文章全文。

⑧ 重庆大学学报（英文版）（http://qks.cqu.edu.cn/qikan/index.asp?qikan=3）：被美国化学文摘、剑桥文摘等收录，可提供英文全文。

⑨ 中国科学技术大学学报（http://just.ustc.edu.cn）：被美国化学文摘等收录。

⑩ 弹箭与制导学报（http://www.djzdxb.cn）。

⑪ 昆明理工大学学报（理工版）（http://www.kustjournal.com）：被美国化学文摘等

收录。

⑫ 船舶与海洋工程学报（哈尔滨工程大学学报英文版）：可检索部分年份文章。

⑬ 计算机应用研究（http://www.arocmag.com）：被英国科学文摘等收录。

⑭ 西北大学学报（自然科学版）（http://jonline.nwu.edu.cn）：网络版免费提供期刊全文。

（2）医学类期刊。

① 第四军医大学学报（http://journal.fmmu.edu.cn）：被美国化学文摘等收录。

② 南方医科大学学报（第一军医大学学报）（http://www.jfmmu.com）：被美国化学文摘等收录。

（3）农业类期刊。

南京农业大学学报（http://nauxb.njau.edu.cn）：被美国化学文摘等收录。

二、OA 存储机构库

1. AgEcon，农业及应用经济（http://ageconsearch.umn.edu）

由明尼苏达大学经济学院建立，学科主要包括农业、食品、能源、环境和经济学等，有工作论文、会议材料、期刊论文等，可以免费获得所有文件，多为 PDF 格式。目前有 2 万多个文档。

2. RePEc，经济学库（http://repec.org）

提供期刊杂志及研究论文链接，而不是全文。不过，大部分杂志和论文的全文可以通过链接来得到。可以通过链接进入某个数据库进行查询，大部分期刊和书都能免费下载全文。

3. ArtsEdge（http://artsedge.kennedy-center.org）

这是美国肯尼迪艺术中心下属网站，负责为全美各类学校老师学生提供艺术教育（包括舞蹈、音乐、美术等一切可用于教学和开启学生灵感的）网上内容。同时运用肯尼迪艺术中心演出节目的机会对艺术家进行访谈等资料记录，以作为史料。网站资料可下载，不收任何费用。Artsedge 提供从幼稚园到 12 年级的免费、适于专业发展的教材和教学资料，内容主要是教材名称和全文。可根据科目、艺术类型、年级三种方式来搜寻资料。

4. Thinkfinity 免费教育资源网（http://www.thinkfinity.org）

这是美国 Verizon Foundation 基金会资助的重点教学与基础教育项目，提供超过 55 000 个标准化基础、分级制细化的幼稚园至 12 年级课程计划，以及与众多全美文化教育机构合作提供的其他教育资源，并致力于增强对家庭暴力的认知与防患力度。网站根据“老师”、“学生”和“家长”分类来提供各类的资源，适合学习和研究教育的人。

5. Educators Reference Desk，教育工作者参考网（http://www.eduref.org）

这里提供超过 100 万个有关教育研究、理论和时间的资料。很多文献有 PDF 或打印格式。

6. freebooks4doctors，免费医学书（http://www.freebooks4 doctors.com）

这里提供质量较高的生物医学书，可免费查看和阅读。

7. All Conference，全球会议在线（http://www.allconferences.com）

收录世界各地的会议、贸易展览、专题研讨会的信息，并提供分类检索和查询。还提供很多会议的日程安排。可查询的会议类型多样，既有专门学术的，也有各种普通的会议。

8. 澳大利亚国立大学机构典藏库（http://dspace.anu.edu.au）

该校学术水平很高，是澳大利亚最好的大学之一，在理工科和金融等很多领域有很好的声望。该机构典藏库保存了众多学校的论文、书籍以及各种各样的多媒体文件，还保存了一部分中国 1966 年～1976 年文革时期的文本和照片资料。

9. 澳大利亚阿得莱德大学仓储库（http://digital.library. adelaide.edu.au/dspace/）

该库收藏包括该校以及澳大利亚一些机构的论文、会议文章和书等资料。文理科的内容都有，目前资料有 4 万多份。绝大部分期刊类文章可以免费得到全文。

10. Australasian Digital Thesis，澳大利亚电子论文库（http://adt.caul.edu.au）

ADT program 原先由澳大利亚七所大学共同组织发起，至今已发展到全澳大利亚的大学，提供各校研究生论文全文免费下载，目前已超过 8 万多份资料。

11. UKPMC，英国 PubMed Central（http://ukpmc. ac.uk）

这是仿照美国国立卫生研究院（NIH）下属的 PubMed Central 建立起来的，免费提供医学和生命科学领域中经同行评议的研究成果开放存取。这也是英国第一个开放存取的在线资源，可以找到英国目前最为前沿的生命和医学的文献，并可免费下载。

12. 丹麦奥尔堡大学电子收藏库（http://www.aub.aau.dk/phd）

主要收藏该大学的部分博士论文，以及相关的讲座和研究论文。

13. 香港理工大学机构存储库（http://repository.lib.polyu.edu.hk/jspui）

这是由该校图书馆用 Dspace 软件开发的，收录由该校教学科研人员和攻读学位学生提交的期刊论文、会议论文、预印本、图书、专利、学位论文等，浏览方式可按院、系、机构（Communities& Collections）、出版时间（Issue Date）、作者（Authors）、题名（Titles）和学科等。检索途径有关键词、作者、题名、学科和文摘等。

14. NSL-IR，中国科学院国家科学图书馆机构知识库（http://ir.las.ac.cn）

主要收集国家科学图书馆全体员工以及在国科图资助或牵头的项目中产生的各种知识内容和知识产品。主题涉及图书情报学的相关知识。保存的内容既有期刊论文、学位论文和会议论文，也包括专著和演示报告等内容，都可以免费得到全文。提供浏览和检索。

15. 中国科学院科学数据库（http://www1.csdb.cn）

这是目前中国国内信息量最大、学科专业最广、服务层次最高、综合性最强的科学信息服务系统。中国科学院作为中国自然科学的研究中心，在长期的科学研究实践中，通过观测、考察、试验、计算等多种途径产生和积累的大量具有重要科学价值和实用意义的科学数据和资料，是中国科学数据库数据的来源。它包括生物、理化、材料三大领域很多基础科学数据。

16. 全国文化信息资源共享工程（http://www.ndcnc.gov.cn）

这是由我国文化部牵头，整合包括图书馆、博物馆、美术馆、艺术院团、研究机构等现有的文化信息资源，在全国范围内实施的“全国文化信息资源共享工程”。提供图书、音乐、美术、戏剧、戏曲、文物、文化旅游、文化科技、艺术教育、文化市场、对外文化交流、文化史料、全国知名艺术家等信息。尤其是有很多艺术和演出的视频资源，非常珍贵。

17. 中国气象科学数据共享网（http://cdc.cma.gov.cn）

这是提供气象资料共享的公益性网站。任何符合公益性条件的单位和个人均可以申请成为不同等级的会员用户，实现气象资源共享。

18. 中国西部环境与生态科学数据中心（http://westdc.westgis.ac.cn）

这里汇总中国西部环境与生态科学重大研究计划产出的科学论文、专著、报告（包括演示文件）、野外考察资料、照片和视频等；汇集与“西部计划”有关的其他科学文献，对相关研究领域各种文献信息进行整合与集成。数据分为两大类：一些基础数据在“数据产品与服务”可见，下载或查看需免费注册；另一些论文等资料在“知识积累”中可查询到。

参考文献

[1] 林豪慧，孙丽芳．信息资源检索与利用．第2版．北京：电子工业出版社，2007.

[2] 燕今伟，刘霞．信息素质教程．武汉：武汉大学出版社，2008.

[3] 文南生．大学生信息素质论纲．成都：西南财经大学出版社，2008.

[4] 陈华．参与式教学法的原理、形式与应用[J]．中山大学学报论丛，2001，21(6)：159-161.

[5] 宋明武，杨世松．信息素质论．北京：军事科学出版社，2006.

[6] 高飞．网络信息实用检索．北京：中国计量出版社，2006.

[7] 关志英，郭依群．网络学术资源应用导览 科技篇．北京：中国水利水电出版社，2007.

[8] 刘廷元．数字信息检索教程．上海：华东理工大学出版社，2006.

[9] 隋莉萍．网络信息检索与利用．北京：清华大学出版社，2008.

[10] 王知津．工程信息检索教程．北京：机械工业出版社，2008.

[11] 谢德体，陈蔚杰，徐晓琳．信息检索与分析利用．北京：清华大学出版社，2007.

[12] 肖希明等．数字信息资源建设与服务研究．武汉：武汉大学出版社，2008.

[13] 袁津生等．搜索引擎与信息检索教程．北京：中国水利水电出版社，2008.

[14] 袁润，刘红光．理工科信息检索与利用教程．镇江：江苏大学出版社，2008.

[15] 周晓兰，金声，谢红．科技信息检索与利用．北京：中国电力出版社，2008.

[16] 赵静．现代信息查询与利用（第2版）．北京：科学出版社，2008.

[17] 潘桂贤．教师信息素质与教育效益．沈阳：辽宁民族出版社，2001.

[18] 辛万鹏．高校信息素质教育基础教程．兰州：兰州大学出版社，2006.

[19] 王岩．社会科学信息检索与利用．北京：海洋出版社，2008.

[20] 方意平．图书馆信息服务理论与实践．武汉：武汉出版社，2008.

[21] 蔡莉静．图书馆信息服务．北京：海洋出版社，2009.

[22] 张树华等．数字时代的图书馆信息服务．北京：北京图书馆出版社，2005.

[23] 黄子房．浅谈文献搜集的方法与整理．湖北师范学院学报：自然科学版，2006（2）：56-58.

[24] 曾健民．信息检索技术实用教程．北京：清华大学出版社，2012.

[25] 王培义，蔡丽萍.信息检索教程．北京：北京邮电大学出版社，2010.

[26] 邓发云.信息检索与利用.北京：科学出版社，2010.

[27] 邹广严，王红兵.信息检索与利用.北京：科学出版社，2011.

[28] 蒋永新.自然科学技术信息检索教程.上海：上海大学出版社，2010.

[29] 颜端武.信息获取与用户服务.北京：科学出版社，2010.

[30] 朱静芳．现代信息检索实用教程．北京：清华大学出版社，2008.

[31] 尚越建，冯钢，左秀玲．信息学术研究：图书情报工作交流（2003 年）．北京：中国科学技术出版社，2003.

[32] 宁波理工学院信息检索网络教材. http://odp.nit.net.cn/xxjs/index.php

[33] 中文搜索引擎指南网. [2012-12-6]. http://www.sowang.com

[34] 中文元搜索引擎简单比较. [2012-12-6].
http://www.sowang.com/zhuanjia/StoneWang/20061111.htm

[35] 开放存取资源图书馆. [2012-12-10]. http://www.oalib.com/Index.html

[36] Google 产品. [2012-12-10]. http://www.google.com/intl/zh-CN/options

[37] 学科信息门户列表. [2012-12-9]. http://wxr.512j.com/dushu/xuekemenghu_list.htm

[38] 国内外名校开放课程. [2012-12-12]. http://www.yxres.com/opencourse.htm

[39] 科技论文的撰写和投稿. [2012-10-15].
http://hi.baidu.com/tiantianyumi/blog/item/00ab0226ecf83a148a82a16e.html

[40] 陈秀莹. 参与式教学法在文献检索课中的应用尝试[J]. 图书馆学研究，2007 (10): 38-39，42.

[41] 聂华，朱玲. 网络级发现服务——通向深度整合与便捷获取的路径[J]. 大学图书馆学报，2011，29(6):5-10，25.

[42] 秦鸿，钱国富，钟远薪等. 三种发现服务系统的比较研究[J] . 大学图书馆学报，2012，30(5):5-11，17.

[43] 包凌，蒋颖. 图书馆统一资源发现系统的比较研究[J]. 情报资料工作，2012，(5):67-72.